사랑,
속담이 말한다

사랑은 수고를
아끼지 않는다

사랑, 속담이 말한다

첫째판 1쇄 인쇄 | 2025년 8월 7일
첫째판 1쇄 발행 | 2025년 8월 18일

지 은 이	정종진
발 행 인	장주연
편집디자인	최정미
표지디자인	이영경
발 행 처	군자출판사(주)
	등록 제 4-139호(1991. 6. 24)
	본사 (10881) 파주출판단지 경기도 파주시 회동길 338(서패동 474-1)
	전화 (031) 943-1888　팩스 (031) 955-9545
	홈페이지	www.koonja.co.kr

ⓒ 2025년, 사랑, 속담이 말한다 / 군자출판사(주)
본서는 저자와의 계약에 의해 군자출판사에서 발행합니다.
본서의 내용 일부 혹은 전부를 무단으로 복제하는 것은 법으로 금지되어 있습니다.

* 파본은 교환하여 드립니다.
* 검인은 저자와의 합의 하에 생략합니다.

ISBN 979-11-7068-327-8 (03810)
정가　20,000원

이 책의 본문은 '을유1945' 서체를 사용했습니다.

사랑,
속담이 말한다

사랑은 수고를
아끼지 않는다

정종진 지음

군자출판사

서문

　박인환의 시 〈목마와 숙녀〉에는, "인생은 외롭지도 않고 / 그저 잡지의 표지처럼 통속하거늘"[1] 하는 표현이 있다. 삶이 외롭지도 않고 통속通俗하기도 한 까닭은 대부분 사랑 때문이겠다. 사랑으로 영혼이 고귀해질 수도 있지만, 오히려 더 쉽게 통속할 수도 있다. '사랑은 인간을 짐승으로 만들기도 하고, 짐승을 인간으로 만들기도 한다'는 말이 그것을 요약한다. 노래에서 "사랑은 늘 도망가" 하는데, 사랑을 붙잡고 있는 동안에는 인간적이고, 놓친 사람은 짐승에 가까워진다고 하겠는가. 늘 도망만 다니는 사랑을 붙잡지 못하면, 짐승으로 머무는 시간이 더 많겠는가. 감당할 수 없다고 사랑을 쉬면 반수반인半獸半人일 것인가.

　인간은 진화를 계속하고 있는가? 자신 있게 그렇다고 대답할 수 없다. 진화는커녕 오히려 퇴행 또는 역진화하는 중이라고 대답해야 할 판이다. 문명은 첨단, 최첨단이라는 새로운 것들을 자꾸 만들어 내어 풍성한 것 같지만 사랑은 점점 궁핍해져 간다. 공감 능력, 감수성이 한껏 둔화하여 인간다움이 약해지니 인간사회가 나아진다고 생각되지 않는다. 문명과 사랑의 진화가 서로 상생하지 않으니 현대인의 아픔이 커진다. 소설가 올더스 헉슬리의 《멋진 신세계》가 이미 1930년쯤에 그런 암시를 했다.

　'그물코가 천이라도 벼리가 으뜸이라'고, 세상에 많은 문제가 있지만 결국 사랑의 문제가 벼리, 즉 핵심이다. 인간사를 이어가는 핵심은 사랑이라서 여기에 더욱 집중해야 하는데, 갈수록 사랑을 감당하지 못하고 중도 포기하는 사람들이 늘어간다. 사랑해야 삶이 풍성해짐은 물론 혼인도 하고 애도 낳는데, 그런 것들을 두려워하는 사람이 점점 늘어난다. 그저 꽃 잔치나 즐기고 열매 없는 사랑 정도로 만족하겠단다. 법구경, 성경, 코란 같은 경전이나 명작, 명화, 드라마에서 아무리 인간들을 각성시키고 변화시키려 해도 도로아미타불, 우이독경, 마이동풍이다. '말로 떡을 하면 입에 들어갈 것이 없다', '말 단 집에 장 단 집 없다'고 했듯이, 말로만 사랑한다고 주절거린다. 사랑한다고 손가락으로, 팔로, 몸을 휘어서, 시도 때도 없이 신호를 보낸다. '정이 소홀하면 겉으로는 친한 체 한다'는 생각이 들어 씁쓸한 마음이 더할 것이다. 사랑을 포기하면 세상에 될 일이 없다는 것을 알기는 아는 것이다.

사람들이 제 몸에서 끝없이 내놓을 수 있는 생산적 감정이 정, 사랑이다. 그런데 이런 감정을 충분히 내놓지 못하는 사람이 점점 늘어간다. 사랑으로 이겨낼 수 없는 세상사가 파상공격을 해댄다는 강박증을 갖는 사람들의 규모가 자꾸 커간다. 어설픈 사랑이 폭력을 부르기도 한다는 두려움에 한껏 움츠리는 사람도 점점 많아진다.

개개인이 한평생 다른 사람들에게 쏟아낸 사랑이 얼마나 될까. 정, 사랑의 총량보다 미움, 증오의 총량이 더 많은 것은 아닐까. 분노를 일삼아 쏟아내는 사람들이 늘어만 가니, 사랑은 위축되어 사회가 점점 생기를 잃어간다. 먹고 살기가 힘드니까, '정을 따르자니 앞날이 울고, 앞날을 따르자니 정이 운다'는 식의 진퇴양난에 처한 사람이 허다하다.

'정은 아무리 쏟아도 끝이 없다'고 했다. 음식점에서 애용하는 이른바 "무한 리필"이란 게, 정작 사랑에서 진실로 가능한 것이겠다. "세상에는 너무나 많은 끈들이 있고, 너무나 많은 사람들 사이에 사랑이 진행되고 있다. 사랑에 참여하고 사랑을 주는 것은 인생의 가장 위대한 보답이다. 사랑에는 끝이 없으며 영원히 언제까지나 계속되는 것처럼 보인다"[2]고 말한 건 《조화로운 삶》을 쓴 니어링 부부다. 제가 이 세상에 맺고 있는 수많은 끈이 사랑으로 이어져 있나 늘 확인하며 살아야 탈 없는 삶이 될 것이다. 사랑을 받는 것보다 사랑을 주는 데서 살맛이 난다는 것을 깨우쳐야 한다.

'정들면 극락이라'고 했다. 무한정 쏟아낼 수 있는 게 정이고 사랑이라면, 극락으로 변하지 않는 세상이 이상한 셈이다. 정 또는 사랑을 셈속으로만 주고받든지, 사랑으로 가는 길에 놓여 있는 크고 작은 덫들을 극복하려 드는 용기가 줄어서 그렇다. 제 사랑에만 골몰하여 '콩 튀듯 팥 튀듯' 하다가, 제풀에 지치고 말면 삶에 보람이 있겠는가. 살아가는 길에 놓여 있는 숱한 장애물이나 덫을 사랑이란 힘으로 헤쳐가야 한다. 사랑으로 번져나가는 제 언행이 최상의 지혜임을 깨우쳐야 할 일이다.

사랑을 말하는데 동원될 수 있는 속담은 헤아릴 수 없이 많다. 인간의 언행 모두가 사랑에 연관되기 때문이다. 사랑에 대한 세 가지 큰 영역 중에 여기서는 에로스, 즉 이성 간의 사랑에 초점을 맞춰 말한다. 그러자니 성에 대해서도 말하게 되고, 상말 혹은 성 속담도 숱하게 동원된다. 말하고 듣기에 쑥스럽다 해도 용기와 이해가 필요한 부분이다. 너무 노골적인 속담의 경우, 성기 또는 성행위를 가리키는 말 대신 "거시기"로 대체했다. '거시기는 귀신도 모른다'고 하지만, 성에 대해 한정시켰기 때문에 자연스럽게 알 수 있을 것이다. 재빨리 바꿔 읽으면 되겠다.

책을 외면하는 사람들이 들끓는 세태에 우리 삶의 기억들을 소중히 보존하려고 애쓰는 장주연 사장님께 감사드린다.

2025년 봄에
정종진 삼가 씀.

차례

총론 '사랑은 수고를 아끼지 않는다' 1

1장 '사람에게는 저마다 짝이 있다' 11
    1. '바람 먹어서 바람 똥 싸는 사람 없다' • 16
    2. '사람은 사귈수록 정이 두터워진다' • 20
    3. '사람은 인정에 막히고, 귀신은 경문에 막힌다' • 23
    4. '연분은 따로 있다' • 26
    5. '숯불도 한 덩이는 쉽게 꺼진다' • 28

2장 '물을 쏟으면 줄고, 정은 쏟으면 붇는다' 33
    1. '사랑은 마음속에서 자란다' • 36
    2. '마음도 하나, 임도 하나, 가는 길도 하나' • 39
    3. '임이 있으면 금수강산이고, 임이 없으면 적막강산이라' • 42
    4. '남을 사랑하면 그도 나를 사랑한다' • 44
    5. '말하지 않으면 귀신도 모른다' • 47

3장 '성격이 팔자다' 51
    1. '얼굴 일색이 마음 일색만 못하다' • 55
    2. '남자는 배짱으로 살고, 여자는 절개로 산다' • 59
    3. '여자는 기가 보드러워야 되고, 남자는 대가 세어야 한다' • 62
    4. '남자의 오장은 얕아야 하고, 여자의 오장은 깊어야 한다' • 65

4장 '개도 사랑할 땐 운율에 맞춰 짖는다' 69
   1. '남녀가 반한 데는 고치는 약도 없다' • 72
   2. '사랑하면 서로 이롭게 된다' • 75
   3. '사랑하면 손실이 따르게 된다' • 77
   4. '사랑이 깊어질수록 고통은 커진다' • 82

5장 '돈으로 비단은 살 수 있어도 사랑은 살 수 없다' 85
   1. '가난이 창문 틈으로 새어들면 사랑은 대문 열고 도망간다' • 88
   2. '가난해도 정만 있으면 산다' • 91
   3. '고생도 해야 정을 안다' • 93
   4. '검약하면 넉넉하다' • 95

6장 '몸이 천하라' 99
   1. '얼굴은 마음의 거울이라' • 105
   2. '사람 몸이 열 냥이라면 눈이 아홉 냥이다' • 108
   3. '코 큰 총각이 실속 없다' • 112
   4. '입이 보배다' • 114
   5. '마음 가는 데 몸 못 간다' • 116

7장 '남녀 음양에는 임자가 따로 있다' 121
   1. '내 임 보고 남의 임 보면 심화가 난다' • 124
   2. '사내란 모두 수캐 넋이다' • 127
   3. '된장에 상추쌈 궁합, 찰떡에 조청 궁합' • 130
   4. '밑 깨진 시루에 물 붓기' • 133

8장 '총각 처녀 중매는 개 빼놓고는 다 된다' 137

1. '중매 열만 하면 지옥 갈 사람도 극락 간다' • 139
2. '중매와 물길은 끌어대기에 달렸다' • 142

9장 '혼사는 일 중의 일이라' 145

1. '궁합이 맞아야 혼인도 한다' • 148
2. '억지 결혼은 있어도 억지 사랑은 없다' • 150
3. '고와도 내 임이요, 미워도 내 임이라' • 152

10장 '살대고 살면 정이 생긴다' 155

1. '아내는 이불 속에서 길들인다' • 157
2. '좋은 아내는 집안의 보배다' • 160
3. '일색 소박은 있어도 박색 소박은 없다' • 162
4. '한 이불 속에서나 내 서방이다' • 166

11장 '정든 부부는 도토리 한 알만 먹어도 산다' 169

1. '서방과 무쇠솥은 헌것이 좋다' • 171
2. '고운 정 미운 정 다 들었다' • 174
3. '장가든 바에야 후생을 남겨라' • 176
4. '무자식이 상팔자라' • 179

12장 '정떨어진 부부는 원수만도 못하다' 183

1. '몸이 멀어지면 마음도 멀어진다' • 186
2. '마주 누우면 한 몸이고, 돌아누우면 타인이라' • 188
3. '가깝던 사람이 원수 된다' • 190
4. '길 터진 곳에 마소 안 들어갈까' • 192

13장 '반짝 사랑 영 이별' 197

    1. '죽은 이별보다 생이별이 더 서럽다' • 201

    2. '나간 며느리 다시 안 데려온다' • 204

    3. '죽어 이별은 문 앞마다 한다' • 207

14장 '홀아비 사정은 과부가 알아준다' 211

    1. '같은 값이면 홀어머니 집 머슴살이를 하랬다' • 215

    2. '홀어미라고 험담 말랬다' • 217

    3. '홀아비와 과부를 업신여기지 말랬다' • 220

    4. '과부 좋은 것과 소 좋은 것은 동네에서 나가지 않는다' • 222

15장 '주색에는 선생이 없다' 227

    1. '거시기 얘기를 하면 돌부처도 돌아앉아 웃는다' • 231

    2. '눈 어둡다면서 다홍 고추만 잘 딴다' • 235

    3. '거시기는 비위 좋은 놈이 잘한다' • 238

    4. '거시기한 다음에는 달라진다' • 241

16장 '남녀 간의 정분이란 하늘도 모른다' 245

    1. '꽃과 나비는 한곳으로 간다' • 247

    2. '잠깐 인연도 길이길이 못 잊는다' • 250

    3. '모르는 게 상팔자' • 252

17장 '음양에는 천벌이 없다' 257

    1. '세 살 때 못 만난 것이 한이다' • 260

    2. '아이 버릇과 거시기 버릇은 길들이기에 달렸다' • 262

    3. '겁은 나도 도둑 거시기 맛이 제일이라' • 265

    4. '품마다 사랑이 있다' • 268

    5. '다 해도 씨도둑은 못 한다' • 270

18장 '샛밥은 한번 먹으면 못 끊는다' · 273

    1. '샛밥 맛이 더 좋다' • 275

    2. '샛서방하고 정이 들면 본서방 정은 떨어진다' • 278

    3. '오입질은 할수록 늘고, 서방질은 할수록 샛서방이 는다' • 281

    4. '꿀이란 많이 먹으면 독약이다' • 283

    5. '샛서방 정은 삼 년이고, 본서방 정은 백 년이다' • 285

19장 '화류계의 정은 삼 년, 본댓 정은 백 년' · 289

    1. '닭은 콩과 기생첩은 곁에 두고 못 참는다' • 291

    2. '화류계의 정은 돈이 든다' • 294

    3. '눈물로 사귄 정은 오래 가지만 돈으로 사귄 정은 잠깐이라네' • 297

    4. '여우하고 계집은 피 안 나게 사내를 잡아먹는다' • 299

    5. '하고 나니 개떡 같은 게 거시기다' • 301

20장 '주색은 사람을 함정에 빠지게 한다' · 305

    1. '속이 편하려면 한 팔에만 여자를 뉘어라' • 307

    2. '거시기가 하자는 대로 하다가는 망신당한다' • 309

    3. '세상에 남자의 원수는 술과 계집이라' • 313

21장 '거시기에는 염치도 없고 체면도 없다' · 317

    1. '말도 사촌까지 상피한다' • 320

    2. '수간하는 놈도 낮잠 자는 놈보다 낫다' • 323

    3. '좋은 버릇은 들기 어렵고, 나쁜 버릇은 버리기 어렵다' • 326

    4. '천성 고치는 약은 없다' • 328

22장 '정이 원수요, 정이 병이다' 331

1. '정이 지나치면 원수가 된다' • 333
2. '사람의 정이란 더러운 것이다' • 335
3. '애정이 헛벌이한다' • 338
4. '정을 베는 칼은 없다' • 341

23장 '젊어서는 색으로 살고, 늙어서는 정으로 산다' 345

1. '꽃도 한철 나비도 한철' • 348
2. '색은 나이를 좀 먹어야 참맛을 안다' • 350
3. '색정하고 원한은 한 가닥이라' • 352

24장 '늦게 든 정이 더 뜨겁다' 357

1. '나무는 구새먹어 보여도 단 사과가 열린다' • 360
2. '달걀도 굴러가다가 서는 모가 있다' • 362
3. '색정과 욕심은 죽어야 없어진다' • 364

25장 '일이 사랑이라' 369

'사랑은
수고를 아끼지 않는다'

　　어느 가수가, "다른 사람 몰라도 / 사랑 없인 난 못 살아요" 하고 노래한다. 다른 사람 모른다는 게 당연히 시치미 떼는 말이다. 모를 것도 없다. 누구도 사랑 없이 살 수 없기는 마찬가지다. 다만 사랑의 방법이 각양각색일 뿐이다. 짧은 평생을 살면서 수없이 되풀이하는 게 사랑이다. 사랑에 배신을 당해 죽어도 다시는 사랑하지 않겠다고 스스로 맹세한 사람도, 언제 그랬느냐는 듯 또 사랑에 빠진다. 마치 '이 우물의 물 안 먹는다고 똥 싸고 가도, 다시 그 물을 먹는다'는 격이다. 사랑 중독이 됐든, 사랑 멀미가 됐든 사람은 사랑이라는 코뚜레를 벗어나기 힘들다. 그것도 한때가 아니라 평생토록 그렇다. 평생을 앓기도 하고 즐기기도 하며 감당해야 할 가장 큰 주제며 삶 그 자체다. '초장에 초싹, 파장에 파삭'하는 게 아니란 말이다. 그러니 사랑도 천형天刑, 하늘의 형벌이라는 생각이 드는 것이다.

　　인간 개개인이 자신을 예지적 인간 또는 지혜로운 사람으로 전제하고, 제 인생사를 성찰하면 도리어 "어리석음의 역사"라고 판단을 하게 되겠다. 제 삶의 과정이 아무리 정상적이고 높은 윤리의식으로 살아왔다고 자부를 해도, 여전히 어리석고 부끄러운 구석이 있기 마련이다. 사랑이라는 것 때문이다. 한껏 정성을 들인다 해도, 사랑이란 게 서로 간 셈법이 달라서 그렇다. '개구리와 남녀 사이란 어느 쪽으로 뛸지 모른다'는 말이 맞다. 지식

1

인도 수도자도 고관대작도 필부필부도, 사랑 때문에 스스로 열패감을 맛보는 것이 예삿일이다. '선 미련 후 슬기'라고 하지만, 사랑은 몇 번을 다시 시작해도 지혜가 트이지 않는 경우가 허다하다.

행복이란 것이 그렇듯이 사랑도 삶의 최종 목적이 아니라, 삶을 위한 조건이자 살아가는데 필요한 에너지다. 삶의 종착역에서 기다리는 큰 것이 아니라, 일상생활 속에 자주자주 느낄 수 있는 사랑이어야 한다. 작은 사랑을 수없이 반복해서 느껴야만 삶에 의욕이 생긴다. 사랑해야 삶이 생기있고 의욕이 충전된다. '정만 있으면 천 리 길도 멀지 않다'고 했듯이, 어떤 고난도 이겨내겠다는 의지가 생겨나니 삶의 짐이 가볍게 여겨진다. 그러니 사랑하는데 머뭇거릴 수가 없다. 부끄러울 일도 아니고 비밀에 부칠 일도 아니다. 개인은 물론 사회에 힘을 돌게 하는 원천이기 때문이다. '사랑하는 마음이 있으면 용감하게 된다'고, 개인과 공동체에 용기를 주게 된다.

사랑은 온 마음, 온몸으로 실천해야 겨우 조금 이루어진다. 마음에서 남몰래 키운 정을 한껏 표현해야 작은 열매라도 맺는다. 남의 생각과 말에 전전긍긍하다가는 제 사랑을 온전히 성취할 수 없다. '꽃 중의 꽃은 인ㅅ꽃이 제일이라'는데, 인꽃을 가꾸는 일에 평생을 투자해도 후회가 없겠다. 사랑은 일종의 모험이어서 시도만으로도 제 활력을 높인다. "- 사랑하는 것은 / 사랑을 받느니보다 행복하나니라 / 오늘도 나는 너에게 편지를 쓰나니 / - 그리운 이여 그러면 안녕 / 설령 이것이 이 세상 마지막 인사가 될지라도 / 사랑하였으므로 나는 진정 행복하였네라"[3]고 시인은 절절하게 내뱉었다. 제 사랑으로 만들지 못했더라도, 저 스스로 만족했으면 남은 한이 크지 않으리라.

사랑하는 사람을 소유하려는 것은 사랑이 아니다. 소유는 곧 지배라서 그렇다. 세상에서 가장 폭력적인 것은 남을 지배하려는 행동이다. 제 애인이든 아내, 남편, 자식, 후배, 제자, 이 모두는 지배대상이 아니다. 군대나

회사에서 부하나 고용인도 지배하려 해서는 안 된다. 소유하거나 지배하려면 폭력으로 이어진다. 어떠한 폭력도 사랑이 될 수는 없다. 애인을 가스라이팅gaslighting하는 것은 폭력이라서 사랑이라 할 수 없다. '인정 없는 문이 열리며, 사정 없는 문이 열리랴'고 했다. 지배자는 정과 사랑이 나오는 문을 닫는 사람이다.

'오장육부 열어놓고 바람을 쐰다'는 말이 있다. 마음에 품고 있는 생각을 마음껏 말한다는 뜻이다. 그런데 제 사랑에 대해 아주 속 시원히 말할 수 있는 사람이 과연 얼마나 있을까? '오장육부가 홍어 속이 된다'고, 한껏 속으로 움츠러들어 내놓고 말 못 할 사연이 저마다 있는 것이 사랑이겠다. 순수한 사랑이 됐든 간음이 됐든, 오장육부에 계속 들어차는 사랑이나 욕정을 어찌 다 솔직하게 쏟아낼 수 있겠는가.

호손은 그의 소설 《주홍글자》에서 말한다. "인간의 천성이 이기심에 작동하지 않는 한, 남을 미워하기보다는 사랑하는 것을 좋아한다는 사실은 인간의 본성이 지닌 장점이다. 본래의 적대감을 끊임없이 새롭게 건드리지 않는 한, 미움도 조금씩 조용한 사랑으로 바뀌게 된다."[4]는 것이다. 인간의 모든 언행에 '구실을 뒤집으면 이기심이 드러난다'고 하지만, 그 이기심이 사랑하는 마음에 의해 자연히 억제될 수 있다는 뜻이겠다. 사람마다 저만큼의 사랑에 게으름을 피우지 않는다면, 사회가 점점 평안해질 것은 틀림없는 사실이다. 요즘 세태처럼 사회가 점점 불안해져 간다면, 분명 사랑에 대한 사람들의 태도가 잘못 돼가고 있다는 증거가 된다.

대개 사랑을 세 범주로 말한다. 에로스eros – 감각적 사랑, 필리아philia – 인격적 사랑, 아가페agape – 신적 사랑이 그것이다. 품격이 좋을수록 에로스에서 필리아로, 필리아에서 아가페로 발전해간다고 생각하는데 꼭 그렇지 않다. 세 가지는 혼합되어 있지, 순도 높게 분리해 있거나 단계가 있는 것은 아니다. 짧은 인생사에 개개인의 사랑이 사뭇 진화하기는 지극히 어렵다. 사랑을 훈련하는데 충분한 시간도 없거니와 에너지도 쉽게 소모되기 때문이다. 에로스가 변태적 풍조로 변해가고, 필리아에 게으르고, 아가페가 광적인 추세로 변하면 진화하는 사회가 될 수 없다.

 서양철학이 시작부터 풍성했다는 것은 사랑에 대한 논의를 일찍부터 빠뜨리지 않았기 때문일 것이다. 플라톤의 《향연》만 봐도 사랑에 대한 인식이 얼마나 대단했던가를 알게 된다. 사랑에 대해 한 사람씩 제 생각을 말하고, 이에 대해 열띤 토론을 벌여 진실에 이르려는 노력에 경외감을 느끼게 한다. 인간의 아름다움이나 추함, 성, 지혜에 대한 당시의 논의를 보면 현대인의 지식이나 지혜가 고대인을 뛰어넘는다고 생각할 수 없다. 소크라테스, 알키비아데스, 아가톤, 디오티마와 같은 사람들이 펼친 사랑에 대한 연설과 토론은 그들의 높은 식견을 과시한 데 그치는 것이 아니다. 한 시대의 풍조를 형성하는 지표가 된다는 게 중요하다. 철학자들이 사랑에 대한 생각을 다양하게 제시함으로써 인간들의 정신적 진화에 동력이 될 수 있었다는 사실이다.[5]

 사랑에서 정열을 무조건 찬양하는 경우가 허다하다. 정열에는 악마적 정열도 있고 천사적 정열도 있는 법이다. 악마적 정열마저 사랑이란 이름 아래 정당하게 여겨질 수는 없다. 격조 높은 사랑은 억지 정열을 내세우지 않는다. '가만 바람이 대목을 꺾는다'고, 은근한 정열로 이룬 사랑이 크다. 로렌스의 《채털리 부인의 사랑》이란 작품에서 채털리 부인이 시종일관 "부드러운 사랑"이라는 것을 내세우는 의도를 알아야 한다.

 사랑의 감정, 정열을 생산하는 정도는 사람마다 차이가 있는 것은 당연하다. 유난히 사랑의 호르몬이 약한 사람도 있겠고, 남다르게 강한 사람도 있겠다. 스스로 강하다고 또는 약하다고 하는 사람 모두 제 사랑의 밭을 개간하고 기름지게 해야 한다. 사랑은 마음에서 저절로 생겨나야 한다는 생각에서 벗어나야 한다. 사랑은 스스로 개척하고 만들어내야 한다. "사랑은 귀중한 은혜이자 동시에 고귀한 예술이다. 사랑은 절대 인간이 임의로 지배하거나 간단히 조종할 수 있는 것이 아니다. 사랑은 인간을 행복하게 하는 선물로 허용되는 한에서 귀중한 은혜이며, 또한 손쉽게 저절로 주어지는 것이 아니라 오랜 세월에 걸쳐 힘겨운 투신과 노력을 거쳐야 비로소 얻게 되므로 하나의 고귀한 예술이라고 할 수 있다"[6]는 주장이 그 뜻이다.

사랑을 예술의 경지까지 끌어올리는 사람들이 얼마나 될까. 쉽지 않지만 사랑은 예술이라고 믿고 시작해야 할 일이다. 사랑은 예술이기에 장인정신이 필요하다. 장인匠人 또는 베테랑이 되려면 무진 애를 써야 한다. 그래서 '사랑은 수고를 아끼지 않는다'고 한 것이다. 누구를 위해 수고를 아끼지 않는단 말인가. 그러면 사랑이라는 게 순전히 이타적인 것일까. 에릭 프롬은, "이기심과 자기애自己愛는 동일한 것이 아니라 오히려 전혀 반대되는 것이다. 이기적인 사람은 자신을 너무 많이 사랑하는 것이 아니라 너무 적게 사랑하고 있다. 사실 그는 자신을 혐오한다. 자신에 대한 애정과 배려의 결여는 그의 생산성이 부족하다는 증거이며, 그를 공허와 좌절의 상태로 몰아넣는 것에 지나지 않는다. 이기주의자는 반드시 불행하다"[7]고 했다.

무진 애를 써야 하는 게 사랑이라고 해서 지레 겁을 먹어서는 안 된다. 끝내 불완전한 인간인데 완전한 사랑이라는 게 어디 있겠는가. 너나없이 사랑은 어설프다. 그래서 예전에는 사랑에 빠지는 것을 두려워했다. "일단 사랑에 사로잡히면 패가망신이지. 인간의 마음을 괴롭히는 격정이란 하늘 아래 한두 가지가 아니지만, 사랑만큼 우리를 엉망진창으로 짓이겨 놓는 것도 없어."[8] 하는 경우가 그렇다. 햄릿을 두고 오필리어 아버지가 하는 말이다. 사랑에 대해 이렇게 부정적인 생각을 하는 것은 비생산적인 충고나 교육이다. 어차피 불완전한 인생이라서 사랑마저 불완전한 것이 당연하다. 짧은 인생사에서 사랑의 수렁에 허우적거리다 빠져나와 황혼에 조금 깨우치게 되는 것이 사랑이다.

각종 미디어에서 성에 대한 정보나 성교육이 차고 넘치는 세태다. 학생들이 학교 성교육을 무척 시시껄렁하다고 코웃음을 칠 것이다. '개 풀 뜯어 먹는 소리'나 지껄인다고 생각하겠다. 교사나 부모들이 짐작하는 수준을 훨씬 뛰어넘는 수준에서 선행학습이 은밀히, 또는 공공연하게 이루어지고 있는 현실이다. 학교에서 가르치는 성교육은 '개구리에게 헤엄 가르치기'일 뿐이다. 특히 여성 유튜버들의 성교육 활동이 요란할 정도다. 어른과 미성년자들을 구별하지 않는 성에 대한 유튜브의 해설이나 유혹은 너무 강해, 유소년 청소년들에게는 그야말로 충격일 것이고 따르고 싶은 충동 또한 강하게 발동할 게 뻔하다. 기성세대, 특히 남성들을 향한 교육이 지배적이다. 어쩌다 어른이 되었지, 성에 대해서 남성들이 무지하다고 보는 것이다. 주색에는 선생이 없다고 했는데, 자기가 선생이 되겠다고 나선 여성들이 부지기수다. '지렁이 용 되는 시늉한다'고 했는데, 꼭 그런 모습이다. 예전에는 남성이 성의 세태를 이끌었지만, 이젠 여성에게 고삐를 넘겨주었다고 하겠다. 여성보다 남성의 성 인지도와 실천력이 떨어진다고 보는 것이다.

'다짜고짜가 왕이라', '다짜고짜가 으뜸이라'고, 고차원 성의 기교를 교육하는 꼴이니 이런 충격도 없다. 풋사랑을 어떻게 성숙한 사랑으로 키우는지에 대한 과정을 생략한 채, 성행위 비법을 가르치겠다니 '대가리에 쉬 슬었다'고 할 인간을 만들겠다고 작정한 것과 다를 바 없다. 말로만 사랑이 마음에서부터 고이 길러야 한다고 말한다. 그리움도 설렘도 없는 사람을 만들까 봐 걱정이 커진다. 풋사랑을 성숙한 사랑으로 키우는 교육은 '눈 씻고 봐도 없다'고 하겠다. 성은 사랑의 열매 같은 것인지라 사랑의 본질이다. '꽃이 먼저 피고 열매는 나중 맺는다'는 것이 이치거늘, 꽃 피우는 방법을 가르치려 하지 않는 세태가 되었다. 대부분의 유튜브가 돈벌이 목적이지만 이런 점에서 해악이 적지 않겠다. 그렇지만 '꼴뚜기 장사도 장사라' 하겠고, '냉수에 이 부러질 소리'라도 다소간 얻을 것도 있겠다.

《제1의 성》이란 저술을 통해 헬렌 피셔는, "더욱 많은 여성들이 자신들의 성적 관심을 솔직히 표현함으로써 침실 생활에 열정을 불어넣고 있다. 그들은 친밀함과 로맨스의 의미까지 변화시키고 있다. 또한 사회의 '혈통 지킴이'로서 그들은 아주 색다른 방식으로 가족의 삶을 바꿔나가고 있다"[9]고 주장한다. 유튜브를 성실히 시청해서 남성들이 과연 침실 생활에 열정을 불어넣는 효과도 물론 있을 것이다. 한편 여성들의 성적인 욕구가 저렇게 섬세하고도 강렬한 것인가, 하고 남성들이 움츠러들지 않을까 생각되기도 한다.

유튜브가 조장하는 세태는 사랑이 곧 짝짓기로 생각을 몰아간다는 점이다. 사랑을 마음에서 키우기 전에 몸으로 밀어붙이는 것으로 생각하게 된다는 말이다. 그럴 때 셰익스피어의 말을 상기할 필요가 있다. "인생을 저울이라 칩시다. 그 저울 한쪽에 정욕의 접시만 매달려 있고 다른 쪽에서 이성의 접시가 조화를 맞춰주지 않으면, 인간 본래의 정욕만을 드러내 놓는 추잡한 결과를 초래하기 쉽죠. 그러나 우리에게는 이성이 있기 때문에, 흥분이나 성적 충동이나 타오르는 욕정을 억제할 수 있답니다. 당신이 말하고 있는 사랑도 결국은 이런 근성의 한 가닥이요 한 토막이죠."[10]라고 한 말이 그것이다. 이 시대에 셰익스피어가 "왜 거기서 나와" 할 것인가. '가게 기둥에 주렴'이고 '거적문에 국화 돌쩌귀' 격이라 하겠는가.

물론 사랑을 말하면서 성에 대한 말을 하지 않을 수는 없다. 프랑스 작가인 아나톨 프랑스가 했다는 말을 새겨볼 필요가 있다. "모든 성적 일탈 가운데서 가장 이해할 수 없는 것이 순결이다"[11]라고 했다는 것이다. 순결을 강요했던 역사가 오히려 어리석었고, 그런 생각에 고착되었던 사람들이 편협했다는 말이 된다. 사랑하면서 짝짓기를 억제하는 것이 자연스런 일은 아니라는 뜻이겠다. 인간의 역사와 함께 성 풍습은 변화하면서 간다. 어쨌든 인간의 영혼을 자유롭게 하는 풍조로 가는 대세를 막을 길은 없는 것이 사실이다.

인간은 남녀 구분 없이 짝짓기에서 베테랑이 되어 있다. 사자가 한배의 새끼를 낳기 위해 수백 수천 번의 짝짓기가 필요하며, 닭들이 쉴 새 없이 해댄다고 해도 양과 질 면에서 인간을 따라오기 어렵다. 왜 그런가. 헬렌 피셔는 인간이 살아남기 위함이라고 대답한다. "자연은 여성에게, 그리고 남성에게도 왜 이렇게까지 선심을 쓰며 선물을 준 것일까? 그 대답은, 살아남기 위해 우리들의 선조가 섹스 '베테랑'이 되어야 했던 먼 옛날의 안개 속에 깊이 잠겨 있다"[12]는 말이 그것이다. 인간이라는 종種을 번식하여 유지하기 위한 짝짓기라는 결론이다. 그러나 인간은 종을 유지하는 것뿐만 아니라 쾌락을 극대화하는 쪽으로 성을 변화시키고 있다. 성이 쾌락을 극대화하는 것이 죄가 될 일은 아니겠지만, 오히려 종의 번식 유지가 위태로워지고 있는 것도 사실이다.

이제 남은 일은 가정의 해체라고 인류학자들은 주장해왔다. 가정의 해체가 정상적인 성인들이 원하는 진정한 자유인가를 묻지도 않는 세태다. 사랑의 창조보다는 오히려 파괴나 쇠퇴를 염려하는 세태가 되었다. 현대인은 지혜로운 것 같으면서도 무기력하게 풍조나 세태에 쉽사리 밀려 넘어진다. 가정의 해체가 인간을 더 자유롭게 하는지는 몰라도 평화로운 세상으로 가는 길인지 확신할 수 있을까. AI 때문에 인간이란 종이 머지않아 멸종할 것이라는 예언이 쏟아지고 있다. 첨단, 최첨단이란 문명이 사랑을 위축시키는 것이며, 결국은 사랑의 쇠퇴가 인간 멸종의 원인이 되는 셈이다.

세상 돌아가는 풍조가 인공의 천국이 되어가듯, 사랑과 성도 비인간적인 것으로 변해갈까 염려가 된다. AI로 작동되는 섹스 인형을 끼고 제 욕심을 해소하는 인간상이 진화하는 모습은 아닐 것이다. '사람 너울을 뒤집어썼다'고 하지, 진정 사람답다고 하겠는가. "인간의 어리석음을 무시하지 말라"는 경고에 항상 귀 기울여야 한다. 세상 인간들이 몰려가는 방향이 항상 옳다고 생각할 일이 아니다. '똑똑한 새가 그물에 걸린다'고 했다. 앞 못 보는 멍청한 똑똑이들이 세상에 얼마나 많은가. 그들을 앞세우면 모두 개천에 빠지게 될 것이다. 사람을 사랑하지 않고 사랑만을 사랑하는 사람들이 늘어가는 세태라면, 사랑이 영영 인간에게 짐이 될 게 뻔하다.

인간을 충분히 알기 위해서는 사랑과 성에 대한 탐구가 핵심이다. 사랑은 수고를 아끼지 않는다고 하는데, 그 수고가 어떤 것이고 무엇을 위한 것인지 탐구하는 일은 인간학의 기본이다. '사람 가꾸기가 소 가꾸기보다 어렵다'는데, 어려운 정도가 아니라 오리무중에 갇혀 앞길을 잃은 세태라 하겠다. 법이나 제도를 만들고 심각하게 무언가를 추구해 나가지만, 언제나 풍속의 힘에 휩쓸리고 만다. 인간사회를 예견하는 일은 '새 모로 날아가는 소리'일 따름이다.

여기서 제시되는 속담은 지난 시대의 것이 대부분이라서, 남성과 여성이 불평등한 특징을 갖게 된다. 특히 성 속담은 내놓고 지배 관계를 강하게 드러내기도 한다. 케이트 밀렛은 《성 정치학》이라는 책을 통해 남녀의 섹스가 정치적인 관계, 즉 지배와 종속이라는 사실을 통찰해낸다. 문학작품의 성 묘사와 현실 세계에서 여성에게 성 역할을 할당하고 있다고 주장한다. "성 역할은 각 성에 적절한 행위와 몸짓, 태도에 대한 조화롭고도 정교한 코드를 할당해 준다. 행위에 대해서 살펴보자면, 성 역할은 여성에게 가사와 육아를, 남성에게는 이를 제외한 인간적 성취, 이해관계, 야망 등을 할당한다. 여성은 생물학적 경험 수준에 머물러 있는 제한된 역할을 부여받는다"[13]는 것이다. 성 역할은 짝짓기에서 더욱 강하게 드러난다는 생각이다.

짧디짧은 속담의 언어에서도 지배와 종속 원리를 깨우칠 수 있다. 특히 성 속담을 재미로만 읽을 것이 아니라 남녀의 정치적 관계를 읽어내는 게 중요하다. 누가 누구를 지배하는 것은 어느 경우라도 정당하지 않다. 이를 깨달으면 유통기한이 지난 속담이 아니라는 것을 알게 된다. '잡귀신 젯밥 씹는 소리한다'고 여기지 않으면 새롭게 새길 일이 적지 않겠다.

1장

'사람에게는 저마다 짝이 있다'

'길동무가 좋으면 먼 길도 가깝다'고 했다. '길 가다 돌을 차도 연분이라' 했는데, 평생의 짝이 되어 함께한다면 더없는 복이겠다. '나막신도 짝이 있고, 젓가락도 짝이 있고, 고리짝도 짝이 있고, 맷돌짝도 짝이 있고, 헌신짝도 짝이 있다'고 길게도 말한다. 하물며 사람에게 짝이 없겠느냐고 하는 말이다. 그런데 이런 생각을 뒤집는 세태가 됐다. 정말 '기가리가 막혀서 매가리가 안 돌아간다'고 해야 마땅하다. 기가 막혀 맥이 빠진다는 충청도의 사투리다. '우물을 곁에 두고 목 말라 죽는다'더니, 사태가 나도록 사람은 많은데 제 짝을 찾을 수 없으니 정말로 환장할 일이다. '사내가 어디 가나 옹솥하고 계집은 있다', '사내는 아무리 가난해도 계집과 탕반기는 있고, 여자는 아무리 가난해도 사내와 신발은 있다'는 말들이 무색하게 된 시대가 되었기 때문이다.

사랑이란 것이 껍데기와 알맹이로 나눌 수 있다면, 알맹이는 어디로 가고 껍데기인 말만 남아 '가로 왈 세로 왈 한다'거나, '가로 뛰고 세로 뛰는' 세태라 할 수 있다. 사람 뒤에 드리워져 있는 그림자, 돈이나 재물 권력과 학력에 이끌리는 것을 사랑이라 부르게 하는 술수에 숙달된 세태다. "껍데기는 가라"고 했는데, 어디로 가겠는가. 대부분 사람이 허울로 쓰고 있다. 사랑의 알맹이를 찾을 수 없으니, 진정한 짝도 찾을 수 없는 세상이 되었다. 상대의 배경이나 조건을 까다롭게 따져 만족할 때 사랑을 깃들게 하려니, 진실한 사랑의 짝은 되기 힘들 수밖에 없다. '꽃펴야 열매 맺고, 하늘을 봐야 별을 딴다'고 했는데, 사랑이란 게 방향을 잘 잡아가고 있는지 도무지 알 길이 없는 세태다.

'사람마다 임자가 있다', '짚신에도 제 짝이 있다'는 말을 당연하다고 생각할 수 없게 된 것은, 혼인하지 않고 홀로 사는 남녀가 예사롭지 않게 많고 또 점점 늘어나고 있으니 그렇다. 게다가 돌싱이나 나이 많은 홀아비, 홀어미까지 친다면 짝 없이 사는 사람이 더 많아질 수도 있다. 짝을 맞춰 사는 일이 정말 쉽지 않다는 것을 절감하게 된다. '총각 속에서 총각 못 고른다'는 말이 있는데, "처녀 속에서 처녀 못 고른다"는 말도 가능하겠다. '총각으로 늙어 죽은 귀신은 있어도, 처녀로 늙어 죽은 귀신은 없다'는 속담이 있지만, 여자가 귀할 때 하던 말일 뿐이다. 이젠 총각과 처녀가 많고도 많아 안타까움이 큰 현실이다. 그러니 하고많은 사람 중 제 짝을 찾는 일은, '겨자씨 속에서 담배씨 찾기' 만큼이나 어려운 게 사실이다.

사람이 없다고 흔히들 말한다. 제가 원하는 사람이 없다는 것이다. '입에 맞는 떡은 구하기 어렵다'고 했다. '입에 맞는 떡이 먹기도 좋을까' 했는데, 일단 잠시 구미에 맞는 사람을 구해도 오래도록 함께 살기도 어렵다는 말이겠다. 이제 '검은 머리 파뿌리 될 때까지 산다'는 말을 하며 자신감을 가지지 못한다. 잘 살다가도 황혼이혼이나 졸혼을 예사롭게 해대는 시대다. 함께 살든 홀로 살든, 제 인생의 미래를 가늠해보고 자발적으로 내린 결단이겠다. 각자의 바람이 각양각색이다 보니, 함께 산다는 것에 지레 겁을 먹을 만도 할 것이다.

마음 놓고 사랑을 할 수 없는 사회적 분위기 때문에 그럴까? 짝을 맞춰 사는 수고보다는 홀로 사는 게 편하다는 생각이 지배하는 이유에 대해 깊이 생각할 것도 없겠다. 돈으로 돌아가는 세상인데 돈이 충분치 않아 그럴 것이다. '돈에 울고 돈에 죽는다'는 세상이고, '돈이 없으면 세상이 귀찮다'고 하지 않는가. '돈이 없으면 악만 남는다'는 것을 잘 알아서 그렇다. 돈만 풍성하면 제 짝이 성실하지 못해도, 육아가 아무리 어렵다 해도 돈 쓰는 재미로 어느 정도는 상쇄할 수 있다는 생각도 하겠다. 그렇지만 재벌이나 재력가인 연예인들이 오히려 더 쉽사리 이혼하는 것을 보면 돈이 전부는 아닌 게 확실하다. 많은 돈이 오히려 사랑을 더 빨리 식게 하는 수도 있다.

'꺽꺽 푸드덕 장끼 갈 제 아로롱 까투리도 따라간다'는 속담이 재미있다. 남녀, 또는 암수가 늘 붙어 다닌다는 뜻으로 비유하는 말이다. 애인끼리 부부끼리 늘 붙어 다니며 애정 어린 언행을 하면 흔히 닭살 돋는다고 말한다. 하지만 '보는 바가 크면 이루는 바도 크다'고 했다. 많은 사람이 애정 어린 눈으로 보고 따라 하게 되면, 사랑에 대한 각성이 새로워지고 사회 분위기나 풍속도 밝아지기 마련이다. 사랑을 시기하거나 질투하지 않고, 제가 모범을 보이는 것이 크게 이루는 것이다. 사랑보다 큰 것이 무엇 있겠는가.

'가을 메뚜기처럼 안고 죽자 업고 죽자 한다'는 속담도 있다. 짝짓기에 오랫동안 여념이 없다는 뜻으로 쓰는 말이다. 메뚜기를 식용으로 즐기던 시대에, 시골에 살았던 사람들은 잘 알 것이다. 늦은 가을 메뚜기나 방아깨비가 쌍을 이루어 날고 뛰는 것이 아주 흔해 빠졌다. 암컷보다 몸집이 훨씬 작은 수컷이 등에 올라타고 아주 오랫동안 떨어지지 않고 붙어 다닌다. 몇 날 동안 그러는지 알 수는 없지만, 꼭 붙어 다니다 잡힐 때도 쌍으로 잡히기 일쑤다. '메뚜기도 한 철'이란 말이, 메뚜기의 생애 전체를 말할 수도 있지만, 짝짓기에 몰두하는 때만을 뜻하는 말일 수도 있겠다.

이렇게 죽을 듯 살 듯, 붙어 다닐 수 있는 짝을 만난다는 건 행운이라 해야겠다. 팔자는 짝을 맞춰봐야 안다고 했는데, '인절미에 조청 궁합', '상추쌈에 된장 궁합'으로 여겨진다면 팔자가 쉽게 틀어질 수는 없겠다. 상대방에 권태를 느끼지 않고 사뭇 붙어 다니는 게 가끔은 지겨울 수도 있지만, 버릇 들이기 마련이다. 사실 버릇이라기보다는 늘 사랑이 식지 않게 하는 노력이 드는 일이다. '사람은 이웃집에 불 담으러 온 신세라'는 말이 있다. 이웃집에서 불씨를 얻어 꺼지지 않도록 매우 조심해야 하는 처지라는 뜻이다. 그 불씨가 사랑이라 해보자. 사랑을 꺼지지 않게 해야 하는 신세라는 뜻이 되겠다. 제 짝을 잃지 않도록 늘 조심해야 하는 게 운명인 셈이다.

'사내는 죽을 때 계집과 돈을 머리맡에 놓고 죽으랬다', '사내는 죽을 때 아내 무릎 베고 죽어야 팔자가 좋다'는 말들은, 어쨌든 짝을 맞춰 살아낸 사람들에게는 남모를 비법이 있는 것이 확실하다고 믿게 만든다. 예전에야 한번 혼인하면 끝까지 사는 게 도리라고 했으니 가능했다고 쉽게 단언할 것이 아니다. 오래 참아내는 것도 빼어난 능력 중 하나다. 그러니 제 짝이 운명적으로 정해지는 것으로 생각하게 된다.

'사람을 사귀어도 속을 사귀지, 겉을 사귀지 말라'고 했다. 사랑은 서로 마음을 사귀는 일이라 하겠다. 사실 사귀면서 상대의 속을 들여다보려고 애쓰지 않는 사람이 어디 있겠는가. 그렇지만 '열 길 물속은 알아도 한 길 못 되는 사람 속을 모른다'고 하지 않는가. 수만 번을 떠보아도 알 수 없다. '오뉴월 감주맛 변하듯 한다'는 게 마음인데, 그 변화무쌍한 천의 얼굴을 뉘라서 맞출 도리를 찾을 것인가.

애써 사람을 구해 짝으로 삼으면 무얼 할까. '짚신 아홉 켤레 끊기면서 데려온 며느리, 개가죽 한 장 가치도 없다', '가죽신 세 켤레 닳으면서 얻어 온 며느리 방귀만 세 번 뀐다'는 한탄의 소리가 높다. 나이 찬 아들에게 먼 나라 여자를 짝지어 주니, 줄행랑을 놓는 며느리가 하도 많다 보니 하는 소리다. 짝을 멀리서 구하려는 처지가 될 줄 누가 알았겠는가.

제 짝이 팔자를 좌지우지한다는 사실을 모르는 사람 없을 것이다. '여자는 남자 잘못 만나면 죽 세 끼 매 세 끼라'고 했다. '사람을 안다는 것은 얼굴을 아는 것이지 마음을 아는 것은 아니다' 하는 말이 평범한 것 같지만, 늘 실수를 하기 마련이다. 마음을 알려 하지 않고 외양에 끌리다 인생을 그르치고 만다.

제 짝을 길들이려고 하면 사랑은 당연히 실패한다. '여자를 데려오기는 쉬워도 길들이기는 어렵다'고 했는데, 사람이 사람을 길들인다는 게 터무니없는 말이다. 사랑을 길들이려 하니까 늘 도망가는 것이다. 아직까지도 '신부 그루는 다홍치마 적에 앉힌다'는 생각에 매몰된 사람은 없을 것이다. '여자는 남자 없이 살아도, 남자는 여자 없이 못 산다'는 말도 마찬가지다. 서로서로 다 필요하게 되어 있는 게 자연의 이치다. 존중하는 마음이 없으면 사랑도 없다. 필요하면 서로 존중해야 한다.

'쪽박은 깨졌고 버스는 떠났다', '짝 잃은 원앙이요, 짝 잃은 기러기라', '게도 구럭도 다 잃었다'는 탄식이 입에서 나오기 전에, 제 팔자를 다스리는 습관을 들여야 한다. '팔자에 없는 갓을 쓰면 이마에 혹이 생긴다'고 했다. 우선 과욕이 금물이다. '팔자소관이란 길들이기 탓이라'는 말을 믿으면 좋다. '제 팔자 제가 짓는다'고, 사랑의 도움을 받아야 제 팔자가 펴진다.

사랑에는 용기가 필요하다. '사랑도 배짱이라'는 말이 그래서 있다. '용기 있는 사람이 미인을 얻는다'는 말을 하지만, 어떤 미인인가. '제 눈에 안경' 격으로, 제 미인을 구하여 부합하는 일이다. 그게 용기고 배짱일 것이다. 성형외과에서 고쳐 만드는 고만고만한 미인보다는 자연이 내준 그대로에 경외심을 가지면 마음이 활짝 열릴 것이다. '사람을 대할 때는 늘 귀한 사람 대하듯 하라'는 가르침을 실천하면 어느 사이 운명적인 짝을 만나게 되겠다. 제 안목을 잘 조절하면 우연과 필연이 작동하여 제격에 맞는 짝을 만나게 될 것이다. '각담 밑에 구렁이 있고, 북데기 속에 알이 있다'고 했다. 어수룩한 곳에 의외로 소중한 것이 있다는 뜻이다. 시원찮아 보이던 사람에게서 아주 소중한 것을 발견할 수 있다는 말이다.

1. '바람 먹어서 바람 똥 싸는 사람 없다'

한세월 살고 나면 인간에게 기대를 덜 하게 된다. '사람은 일생을 속아서 산다'는 것을 절실히 느끼기 때문이다. 남에게 속아 살겠는가, 결국 저에게 속아 사는 것이다. 저에게 속아 살았으니 더 기가 막히게 허망한 것이다. 한 번 사는 인생은 온통 실수투성이여서 의미가 없고, 적어도 두 번 사는 인생이라야 고쳐 살 수 있어서 의미를 찾을 수 있다더니 맞는 말이다. 저에 대한 기대가 한껏 높았다가 '쭈그렁 콩깍지가 석삼 년 매달려 있다'고 여겨지면, 살아 있는 몸 자체가 불편해지기도 한다.

한때 사랑으로 불태웠다고 자부하던 몸일지라도 에너지가 낮아지면 구차스럽게만 여겨진다. 스스로에 대한 기대는 물론이고, 남에 대한 기대도 한껏 낮아진다. '제 속 짚어 남의 말한다'고 하듯, 모든 사람이 마찬가지라고 생각하게 된다. 내 기준으로 남을 평가하듯, 남들도 제 기준으로 나를 평가하니 뭐라 할 것도 아니다. 누구든 '죽지 못해 산다'고 할 수 있는 제 운명을 개척해 보려고 안간힘을 쓰면서, '바윗덩어리에 머리 박치기하기'로 생각하기 일쑤다. 운명이 따로 있는 것이 아니라, 내가 스스로 작동해가는 힘과 방향이 운명이다.

사정이 이러하면 정이고 사랑이고 더이상 나올 구멍이 없는 사람이 된다. 냉정, 비정, 무정, 몰인정만 가득 채우며 살게 되겠다. 쉬느니 한숨이요, 뱉느니 욕이고 흘리느니 눈물뿐일 수밖에 없다. 사이후이死而後已, 죽고 나서야 그만둔다는 뜻인데 사랑도 그래야 하거늘 중도에 시들해지기 일쑤다. '가다 말면 아니 간만 못하다'고 하지만, 사랑에 불패로 남을 사람 없다. '세상만사 마음먹기에 달렸다'고 하지만, 사랑할 대상이 없으면 마음조차 버겁게 느껴지니 삶은 정녕 한때뿐이다.

'사람과 곡식은 되고 볼 일이라'고 했다. 된다는 말은 잘 된다는 말이다. 사람이 잘 되었다는 말은 시대나 세태에 따라 조금씩 다르게 해석한다. 요즈음 세태는 학벌이 좋고 돈이 많고, 지위가 높으면 잘 되었다고 평가한다. 사람의 됨됨이, 즉 인격에 대한 평가는 우선순위에 들지 않는다. '똥만 빼면 부처님이라'고 할 인격을 갖추었어도, 돈이 없으면 우선순위에서 한참 밀린다. '세상에 덕 없는 것은 세월이요, 무정한 것은 가난이라' 하니, 가난하게 살지 않으려고 발버둥 치다 생의 고갯마루에 이르러 숨이 턱 막히는 것을 느끼게 된다. 그래서 '예순에는 배운 놈이나 배우지 않은 놈이나 같고, 일흔에는 마누라 있는 놈이나 없는 놈이나 같고, 여든에는 가진 놈이나 못 가진 놈이나 같고, 아흔에는 공동묘지에 있는 놈이나 집에 있는 놈이나 같고, 백 살에는 공동묘지에 있는 놈이 더 행복하다'는 쓰디쓴 농담을 즐기는 것이다. 인생 잠깐 지나고 나면 모두가 다 비슷해진다는 뜻이다.

부귀공명조차 개털처럼 여겨지는 때가 누구에게나 분명 있다. '부귀는 풀잎에 맺힌 이슬과 같다'는 말에 공감하는 건 나이가 지긋해졌을 때다. 돈과 권세깨나 있다고 '하늘에다 방망이 달고 도리질한다'고 하면, '어느 귀신에게 등덜미를 잡혀갈지 모른다' 할 것이다. 겸손하도록 늘 충고하는 것은, '인생은 일장춘몽이라'는 진리를 빨리 깨달으면 회한이 덜하기 때문이다.

바둑에 좋은 속담이 있다. '장고長考 끝에 악수惡手'라는 말이다. 오래 생각했는데 크게 잘못 두었다는 뜻이다. 인생도 마찬가지다. '사람은 고를수록 멀어진다', '고르고 고르다 비단 공단 다 놓치고 삼베 고른다', '고르고 고르다가 끝판에는 곰보 마누라 얻는다', '고르고 고르다가 되모시 얻는다', '고르고 고르다 곤달걀 고른다'는 말들을 그냥 내뱉는 것이 아니다. 기본적으로 지혜롭지 못한 인간이 짧은 순간에 인간을 고르는데 어찌 실수가 없겠는가. 고르는 것이 문제가 아니라 고른 다음에 잘 맞춰 사는 게 더 중요하다는 것을 알 턱이 없다. '고르는 것도 한때다'라고 하지만, 그때에 맞춰 최고의 짝이 나타난다는 보장도 없다.

'사람은 남 어울림에 산다'고 했다. 누구든지 한 사람을 두고 보았을 때는 참으로 무력하다. 여럿이 함께 사는 곳이라야 뭔가 힘이 실리고 희망이 보인다. 그래서 '외로운 장수가 없다'고 했다. '외바퀴가 굴러가기 어렵다', '외로운 뿌리 잘 살지 못한다'고 한 것이다. 여럿이 어울려 사는 사회가 그에게 권력도, 돈과 재물과 학력을 준 것이지, 제가 용빼는 재주가 있어 그런 건 아니다. '천재와 둔재는 소나무와 계수나무 사이만큼이나 멀다'고 하는데, '짚신에 징 박는 소리'요, '새 뒤집혀 날아가는 소리'일 뿐이다. '천재도 인忍치 못하면 인忍하는 범재에게 진다'고 했다. 인忍을 인仁으로 써도 좋다. 참을성이나 인격이 없으면 잘났다는 게 아무 쓸모가 없다는 말이다. '사람마다 저 잘난 맛에 산다', '사람마다 저 잘난 멋에 산다'고 했지만, '독불장군 치고 끝이 좋은 놈 없다'고 했다. '방귀깨나 뀐다'는 사람도 혼자 세워두고 보면 별수 없다.

'똥깨나 뀌고 방귀깨나 날린다'는 사람들을 흔히 볼 수 있는 곳이 정치판이다. 학력, 재산, 권력깨나 있다는 화상들의 언행을 보면 필부필부보다 훨씬 못하다는 생각을 하게 될 것이다. 소위 일류라는 계층에 환멸을 느껴보지 못한 사람은, 평범한 사람과 삶이 왜 좋은지 깨우치지 못한다. 아무리 그럴듯하게 보여도 사회의 공공선公共善에 제 삶의 일부를 서비스하지 않고 제 이익에만 매몰되어 있다면, 그는 하찮은 인간일 뿐이다.

'외기둥에 기와집 짓기'란 말이 있다. '외기둥에 집 짓듯 한다'는 말도 쓴다. 매우 불안하거나 가능하지 않은 시도를 한다는 뜻이다. 홀로 인생을 살아보겠다고 덤비는 사람도 마찬가지다. 서로 의지할 수 있는 사람 없이 삶을 감당하려는 생각은 그만큼 불안하다는 생각이겠다. '혼자서는 용빼는 재주가 없다'는 속담이 결코 허튼 말이 아니다. '한 다리로 서지 못하고, 외손뼉이 울지 못한다'는 말을 잘 새겨 실천해야 외톨이가 아니 될 것이다. 서로 어울려 돕고 사는 처지에 잘나고 못나고를 따지는 것은 의미 없다. 서로 의지해 사는 세상에서 우열을 따지는 것 자체가 불경스러운 일이다.

　남들이 잘났다고 하든 못났다고 하든, 장점이나 단점은 잘 숨어 있기 일쑤다. 사람들은 다만 겉모습만 보고 평가하지만, 진짜 모습은 잘 숨겨져 있다. 장점만큼 단점이, 단점만큼 장점을 누구나 가지고 있다. '사랑하면서도 그의 나쁜 것을 알아야 하고, 미워하면서도 그의 착한 것을 알아야 한다'는 말이 있듯이, 서로 도움을 주고받기 위해서는 상대를 잘 알아야 함은 당연하다. '별스럽게 던져 보아야 마름쇠라'는 말이 있다. 별스럽게 골라 보아야 '오십 보 백 보'인 줄 아는 게 지혜다.

　'잡으라는 처녀는 놓치고, 옆집 색시만 넘본다'는 핀잔을 들을 필요가 있다. 남들의 충고를 소홀히 넘기지 말아야 한다. '눈에 명태껍질 붙인' 나보다 주변 사람들 눈이 더 정확할 수 있기 때문이다. 눈에 든 사람도 제 사람이 되면 값이 낮아 보이는 법이다. '잡을 때 천 냥, 잡아놓고 세 푼'이란 말이 있다. 원래 고기 잡는 것을 두고 쓰는 말인데, 사람의 경우도 비유적으로 쓴다. 사랑을 얻었으니 주인이라고 안심하다가는 '메돝 잡으려다 집돝 놓친다'는 꼴 나기 쉽다. '옥에도 티가 있다'고 하니, 웬만하면 제 사랑으로 받아들이는 것이 현명하다.

　진국이라고 평을 듣는 사람은 소박하게 스며드는 마음으로 남을 사랑하고, 남의 사랑을 감지덕지 받을 줄 아는 사람이다. 제 사랑을 햇솜처럼 따뜻하게 받는 사람을 골라야 복 받은 삶을 산다 할 것이다. 재력이나 권력 학력으로 잘난 순위를 매기고 평가하여 사람을 택하면, 크게 후회할 것이 뻔하다. '떡에나 별 떡이 있지, 사람에는 별사람 없다'는 말은, 만고불변의 진리다. 별사람을 구하려 말고, 제가 별사람이 되려 노력하는 게 빠를지 모른다. 혹시 모를 일이다. '값진 진주도 진흙 조개에서 나온다'고, 별사람은 아니라도 정말 괜찮은 사람은 눈에 띄지 않게 숨겨져 있겠다. '사람은 고를수록 멀어진다'고 했으니, 잘 새길 일이다.

2. '사람은 사귈수록 정이 두터워진다'

'미운 사람도 자꾸 만나다 보면 정이 든다', '미운 사람도 가까이 하면 정이 든다'고 했다. 미운 사람을 자주, 가까이서 만나면 정이 든다면 '개도 안 물고갈 소리를 한다'고 할 것인가. '장마 도깨비 여울 건너가는 소리'라 하겠는가. 미운 사람이란 아직 정이 들지 않은 사람이란 뜻이다. 잡초를 정의할 때, 아직 약효가 밝혀지지 않은 풀이라 하는 것과 같은 생각이겠다. 곱다거나 밉다는 생각은 선입견이나 편견이어서 쉽게 바뀔 수 있는 감정일 뿐이다.

사람이 미운 감정을 갖기 시작하면 끝이 없다. 미워할 이유가 없는데도 괜스레 트집을 잡고 미워한다. '며느리가 미우면 발뒤축이 달걀 같다고 나무란다', '며느리가 미우면 방 앞의 신발짝도 보기 싫다', '며느리가 미우면 웃는 것도 밉다'고 하는 것이다. 미추美醜에 대한 판단이 기준이 없고, 그저 '마음이 흔들 삐쭉이라'는 것밖에 없다. 비뚤어진 제 감정을 주체 못 하면 세상에 고운 것이 없게 된다. 그러다 급기야 제풀에 지쳐, '무거운 절보고 나가라 하지 말고, 가벼운 중이 나가지', '무거운 짐 비키라 하지 말고, 가벼운 내가 비키지', '미운 놈 죽으라기보다 저 죽는 게 편하다'고 하며 저를 미워하게 된다.

미운 감정을 내거나 고운 감정을 내는 것은 버릇이다. 괜스레 미운 감정을 먼저 내는 사람은 세상살이에 어려움이 따를 수밖에 없다. '마음 하나로 문밖이 극락일 수도 지옥일 수도 있다'고 하는데 어찌 그렇지 않겠는가. '마음을 잘 쓰면 남산 호랑이도 사귄다', '마음 옳게 먹으면 죽어서 옳은 귀신 된다'고 했다. 사람을 만나면 고운 감정부터 내는 습관을 길러야 제 팔자가 펼 것이다.

같은 것을 보아도 제 감정을 곱게 하면 다 곱게 보인다. '미운 사람도 눌러 보면 귀염성 있어 보이고, 맛없는 음식도 배가 고프면 달게 먹는다'고 하지 않는가. 사람을 두고두고 오래 보아야 그 사람을 알게 되지, 한번 훑어 보고 알 수는 없는 일이다. 감추어진 장점이 어떻게 단번에 파악될 것인가.

인간의 편견이란 본래 대책이 없다. 그래서 "편견이란 인간의 입법자"라고 말한 사람이 있는 것이다. 인간은 제 편견에 따라 언행을 한다는 말인데, '네 귀가 딱 맞는' 말이다. 없는 사람이 명품을 들고 있으면 짝퉁으로 알고, 있는 사람이 짝퉁을 들고 있으면 명품으로 아는 것이 편견 때문이다. 그 편견을 치료하기 위한 기초 학습 방법이 있다. '미운 아기 밥 많이 주고 고운 아기 배 곯린다', '미운 아이 떡 하나 더 주고, 예쁜 아이 매 하나 더 때리랬다'는 충고를 실천하는 버릇을 들이는 일이다. 정든 이에게 시련을 안겨 참다운 인물로 만들겠다는 뜻으로 해석할 수 있지만, 편견을 고치는 기회로 삼으라는 충고이기도 하다.

성숙한 성격이 되면, 또는 백전노장이 되면 미운 정 고운 정을 안정된 정서로 받아들이게 된다. 그래서 '미운 정 고운 정 다 들었다', '단 정 쓴 정 다 들었다'고 말하게 된다. 제 감정이 얼마나 그릇되었나를 알게 되면 철이 든 것이다. '오십에 사십구 년의 그름을 안다'고 할 수 있는 경지는 뒤늦게 찾아온다. 그리되면 미운 사람 따로 없고 고운 사람 따로 없다는 생각을 하게 된다. 사람에 따라 그때그때 선택한 행동이 밉거나 고울 수는 있지만,

시종일관 미운 사람은 밉고 고운 사람은 곱다고 할 수는 없다는 것을 알게 된다.

'정자 좋고 물 좋고 반석 좋은 데는 없다', '크고 단 참외 없다'는 말은 사람을 판단할 때도 통하는 말이다. 아무리 사람이 뛰어나다고 해도 모든 부분이 잘났겠는가. 장점이 많으면 단점도 그만큼 있기 마련이다. 장단점이 막상막하여서 서로 상쇄할 수 있으면 보통 정도의 사람은 되는 셈이다.

'무슨 일을 하자면 뒷골 여우가 돌아봐도 돌아봐야 그 음덕에 성사된다'고, 제 짝을 찾는 것도 어떤 음덕이 작용해야 하겠다. 주위 사람의 권유로 제 결단을 적시에 내리는 것도 음덕의 하나다. '설마 설마 하다 앞집 처녀 놓친다'고 했다. 사람을 두고 이것저것 뜯어보는 동안 세월은 간다. '길갓집 큰 애기는 내다보다 다 늙는다'는 말이 있다. 혹시나 제 마음에 드는 남자가 지나가지 않나 하고 마냥 내다보다 한세월 보내고 만다는 뜻이다.

인간은 홀로 두고 보았을 때는 정말 별 것 아니다. 사회 속에서 하는 일을 보니까 대단하게 보이는 사람이 있는 것 같을 뿐이다. 단점이 많다고 생각되더라도 자꾸 만나 새롭게 보면 정이 들기 마련이다. 고운 정만 정이 아니라 미운 정도 정이다. '좋은 농사꾼에게는 나쁜 땅이 없다'고 했는데, 사랑에도 마찬가지다. 사랑의 밭을 갈면서 돌도 치우고 나무뿌리도 캐며 옥토를 만드는 것이다. 만날 때마다 그런 수고를 마다하지 않으면, 어느 순간 미운 정이 고운 정으로 바뀌어 갈 것이다. '고운 계집은 첫눈에 예쁘고, 못난 계집은 정이 들어야 예쁘다'고 했으니, 못났다고 생각되는 사람을 만났다면 정이 들 때까지 오래 두고 볼 일이다.

3. '사람은 인정에 막히고, 귀신은 경문에 막힌다'

'귀신도 경문에 막혀 비는 쪽으로 돌아서고, 사람은 인정에 막혀 그냥 돌아서지 못한다'는 말이 좋다. 귀신이야 모를 일이지만, 대부분 사람은 정에 약하다. 정을 내는 사람도 받는 사람도 마찬가지다. '정들면 사지를 못 쓰게 된다'고 했다. 앞뒤 따지지 않고 상대가 완전히 무장해제 되도록 내 정을 듬뿍 쏟아붓는 사람이 허다하다.

세상 사람들 대부분이 정에 굶주려 있다. 받은 정이 넘쳐나 감당 못 한다는 사람 드물겠다. 남에게 정과 사랑을 쏟는 데는 인색해도, 저는 언제나 정과 사랑에 갈증을 낸다. 사람마다 무한으로 쏟아낼 수 있는 게 정과 사랑인데, 그것으로 홍수가 나지 않는 것이 이상한 일이다. 정이나 사랑을 무조건 쏟다가, 제 마음을 다칠까 봐 억제해서 그렇다. 제 마음이 내킬 때만 쏟아내기 때문이겠다. '목마른 사람에게 물소리만 듣고 목을 축이라고 한다'더니, 그런 경우도 적지 않다. 정과 사랑을 어디에 어떻게 쏟을지 서툴러서 그렇겠다. 사랑을 받아본 적이 없는 사람은, 사랑을 주는 일에도 매끄럽지 못하다.

'아끼면 똥 된다'는 말은 물건을 두고 쓰는 말이지만, 마음을 두고도 쓸 수 있는 말이겠다. 속에는 준비된 사랑이 그득한데 풀어내지를 못하는 사람이 대부분이다. 내 마음을 알아주겠지, 하고 믿으며 표현을 하지 않는다면 매사가 어긋나기 쉽다. 정이나 사랑도 주는 버릇을 들여야지, 때를 기다리며 미뤄두면 효험이 낮아지거나 유효기간이 지난다. 정이 쏟아져 나오는 통로를 매끄럽게 닦아놓지 않으면 연인을 만나도 둔감해진다. 그렇다고 사랑한다는 말만 열심히 쏟아내는 게 능사는 물론 아니다. 진심으로 사람을 대하는 게 기본임은 물론이다.

'진정에는 바윗돌도 녹는다'고 하지 않는가. 제 진정을 내지 못하는 사람도, 오가는 게 진정인지 동물적 감각으로 알게 된다. 건성인 정은 스며들지 않는데 진정은 가만히 스며들기 때문이다. 그래서 상대방을 무장해제 시킨다. 잔뜩 꼬여 있는 마음을 천천히 풀어 되돌려 놓는다. 그래서 감정의 거리가 한결 좁혀진다. '강철도 풀무에 녹는다'고 했듯이, 거듭되는 정 세례에 미운 정도 녹아나지 않겠는가.

지성至誠이란 지극한 정성이란 뜻인데, 정이나 사랑이 한껏 발휘되는 상태를 뜻한다. '지성이면 돌에도 꽃이 핀다', '지성이면 돌 위에서도 풀이 난다', '지성이면 동지섣달에도 천도를 딸 수 있다'는 말을 하고, '지성이면 감천이라'는 말은 아주 흔히 쓴다. 불가능하다고 생각하는 일들이 이루어질 수도 있다는 뜻이다. 자연의 이치까지 뒤바꿔 놓을 수 있다는 말인데, 사실 말이니까 그렇다. 사람에게 정과 사랑을 지극히 쏟으면 호응이 없을 수 있겠느냐는 뜻이겠다. '정성이 굴뚝같이 뻗쳤다'고 하듯, 한껏 들이는 정성에 웬만한 응답이라도 없겠는가. '정성이 도깨비 명당보다 낫다'는 말은 그래서 있다. '대답 없는 말 없고, 보답 없는 덕 없다'고 했는데, 당연한 일이다.

정, 사랑을 지극히 쏟아도 응답이 없을 것인가, 쏟지만 지성까지는 아니라서 그럴까. 정, 사랑을 쏟는다고는 하지만 건성이라서 그렇다. 제 작은 이익에 집착하면 건성이 된다. '지성은 위패로 가고, 실속은 산 귀신 차지라'는 말처럼, 정과 사랑은 건성 또는 말로 하고 속셈은 제 실속에 매몰되어서 그렇다. 겸손하게 상대를 위하는 것이 항심恒心이 되어야 정과 사랑이 건성이 되지 않고 지성이 될 수 있겠다.

상대방이 진정으로 나오면 응대가 없을 수 없다. '진정도 품앗이라'고 하지 않는가. '울고 싶자 뺨 때린다'는 것처럼, 상대방이 절실할 때 마음으로 동화해야 한다. 공감 능력이란 것인데, 자기 각성을 통해 인격화되어야 가능하겠다. '마음이 있으면 꿈에도 있다'고 하는데, 진정이면 그림자처럼 늘 따라붙는 정이 된다. '강철이 달면 더 뜨겁다'고, 냉정이 달구어지면 열

정이 되겠다.

　정에 굶주린 사람에게 그리움이나 사랑을 품은 사람이 다가온다면, 감지덕지하는 마음이야 이루 말할 수가 없을 것이다. '목마른 놈이 우물 판다'고 하듯, 사랑을 구걸하기가 어찌 쉽겠는가. 목마른 사람을 보고 물 한 모금 나누어 주면서 깊은 정이 시작되는 것이다. 목마른 사람끼리는 '정이란 나눌수록 커진다'는 말을 쉽게 절감할 수 있겠다.

　'사람은 정으로 사귀고 귀신은 떡으로 사귄다'는 말이 재미있다. 제사상이나 굿하는 데 바치는 떡이 모두 귀신을 달래기 위한 것임은 말할 나위도 없다. 예로부터 귀신이 떡을 제일 좋아한다고 생각해 왔다. 오죽하면 '귀신 듣는데 떡 소리도 못한다'고 했을까. 물론 '귀신이 먹을 거면 누가 제사상을 차릴까' 하는 속담도 있기는 하다. 귀신이 떡을 가장 좋아한다고 여기듯, 인간은 정이 최선임을 알고 있다. 더할 수 없이 정에 약하다. 제상에 떡이 필수품이듯, 사람도 제 인품과 언행에 정과 사랑을 한껏 차려야 한다.

　정이 너무 많아도 걱정일 수 있다. '인정이 원수라'고 할 정도로 배신감을 맛보는 수도 있다. '인정 많은 여편네 동네 시아버지가 아홉이라'고 할 정도면, 제 감정이나 언행 관리를 크게 잘못한 것이다. '준 원수는 있고, 안 준 원수는 없다'는 말이 있다. 원래 돈이나 물건을 주고서 배신당할 수 있다는 뜻인데, 정이나 사랑을 주는 것에도 쓸 수 있는 말이다. 사람을 대할 때 다정하게, 사랑스럽게 대하지만 맺고 끊음을 분명히 할 줄 알아야 하겠다.

　'사랑싸움에 정 붙는다'고 했다. 정이나 사랑이란 게 대중도 없나, 할 것이다. 인간의 감정이란 한없이 불안하기만 한 것이다. 또 불안정해야 인간답다. '목석도 땀 날 때가 있다'는데, 사람의 감정은 당연히 허술한 구석이 있을 수밖에 없다. 그러나 '사랑은 배신하는 마음 이외에 모든 약점을 포용한다'고 하듯 사랑은 크다. '인정이 아니면 사귀지를 말고, 말이 말 같잖으면 듣지 말라'는 신념으로 제 중심을 잡으며 사랑의 문을 열어야 하겠다.

4. '연분은 따로 있다'

'제비와 기러기는 못 만나도, 사람과 사람은 만난다' 했다. '제비 올 때 기러기 가고, 기러기 올 때 제비 간다'는 것이 자연의 이치니까 그렇다. 인간은 철새처럼 살지 않고 대부분 텃새가 되어 살고 있다. '길을 가다 보면 중도 만나고 초라니 방정도 만난다'고, 오가다 만나는 것이 인간이라서 숱한 인연이 생겨난다. '오다가다 옷소매만 스쳐도 연분이라'는 말 흔히 한다. '오다가다 옷깃만 스쳐도 전세에 삼백 번의 인연이 있었다고 한다'는 말이 있지만, 한껏 과장된 말로 생각될 것이다. 길갓집 큰 처녀처럼 집에 쑤셔박혀 있지 않는 한, 숱한 인연을 지을 수 있다.

내 사람이라고 할 수 있는 인연은 우연과 필연이 합치될 때 이루어지는 걸까. 당연히 그렇겠다. 우연이라지만 필연이 있고, 필연이라지만 우연이 있다. 나들며 우연과 필연이 마주치는 기회를 자주 만들어야 한다. '가만히 누워 있으면 쌀이 입에 들어가지 않는다', '감나무 밑에 누워서 연시 떨어지기를 기다린다', '감나무 밑에 입 벌리고 눕는다'고 하잖는가. 우스개로 '가만히 있으면 가마떼긴 줄 알고, 점잖으면 전봇대나 된 줄 안다'고 할 것이다. 물론 바지런히 나들지 않아도, '되는 놈은 엎어져도 코에 금가락지 낀다', '되는 놈은 호박넝쿨에서도 수박이 달린다'고는 하지만, 아주 희귀한 일일 뿐이다. '돌아다니는 개는 배 채우고, 누운 개는 옆 채인다'고 하듯, 나들어야 뭐든 인연이 될 기회가 많이 생긴다.

'인연도 재산이라' 했다. 당연하고도 지당한 말씀이다. 부모, 친척, 형제자매, 친구, 동창들과 숱한 인연으로 삶을 지탱하고 있으니 재산 아니고 무엇이겠는가. '인연은 개새끼 모양으로 댓바람으로 되는 건 아니라'고 하지만, 괜한 말이다. 인연이고 연분이고 때와 장소를 가리지 않고 한순간에 맺어질 수도 있다. '인연이란 인력으로 안 된다', '연분은 재천이라'고 하는데,

어떻게 설명할 수가 없으니까 하늘에 돌릴 뿐이다. 제 하기 나름이다. 나 스스로가 인연을 맺게 하는 힘을 가진 하늘이라 생각해야 하겠다.

'인연은 맺기는 쉬워도 끊기는 어렵다', '인연은 맺기도 어렵고 끊기도 어렵다', '연분은 한번 맺기도 어렵고, 한번 끊기도 어렵다'고 하는 말들이 있는데, 사람에 따라 하는 일에 따라 다르다. 마당발은 숱한 인연을 맺어놓는다. 소극적인 성격을 가진 사람은 사교가 제한적이다. 연인으로 만났는가, 사업상 만났는가에 따라 다를 수밖에 없다. 잘 이용해먹고 잘 끊어내는 사람이 있는가 하면, "그놈의 정 때문에" 하며 질긴 인연을 감당하는 사람도 있다.

'인연이 인연을 낳는다'는데 정말 그럴 수밖에 없다. 숱한 인연으로 사람은 자기 세계를 확대해 간다. 시간과 공간을 제 인연으로 촘촘히 짜놓으면 여러 가지가 편할 수 있다. '그물이 삼천 코면 걸릴 날이 있다'고 하듯, 그런 속에서 제 사랑도 걸려드는 것이다. '그물코가 삼 천이면 귀신도 잡힐 날이 있다'고 하는데, 제가 어딜 빠져나가겠는가, 하고 시도를 해야 한다. 물론 '그물코가 삼천이라도 걸려야 그물이라'고 할 경우도 있겠다. 당연하다. 그러나 수고 없이 되는 일이 있겠는가. 인연도 우연히 되는 것이 아니다. 온갖 고생 결과 인연이 되는 경우가 허다하다.

'천생연분에 보리개떡'이라고 조롱하는 말도 있다. 하늘이 정해준 인연이지만 전혀 어울리지 않는다는 뜻으로 하는 말이다. 하늘이 실수한 것인가. 아니면 하늘은 제대로 맺어 줬는데, 서로의 언행이 형편없어서 그런가. 엄청 애를 썼는데도 결과가 시원치 않을 때가 왜 없겠는가. 마음에 차지 않는 짝이라고 우습게 여기지 마라. 인간 누구나 별수 없다는 것을 알려주는 운명의 계시다.

한 시인은 〈사랑〉이란 시에서, "살아야 하는 여자와 / 살고 싶은 여자가 다른 것은 / 연주와 감상의 / 차이 같은 것 / 건반 위의 흑백처럼 / 운명은 반음이 엇갈릴 뿐이고,"¹⁴ 라고 표현한다. 대부분 사람이 제 기대와 결과는 늘 엇박자로 돌아간다고 생각하며 산다. 마치 '밀가루 장사를 하면 바람이 불고, 소금 장사를 하려면 비가 온다'는 식으로 말이다. 살아야 하는 연인과 살고 싶은 연인의 얼굴은 따로 있는 게 아니라 본래 하나였다. 제 마음이 분란을 일으킨 것일 뿐이다.

사랑에서 혼인, 또는 이혼에 이르는 과정에서 의외의 짝을 볼 때 연분은 따로 있다는 말을 자주 쓴다. '까치도 까치끼리 어울린다', '까마귀는 까마귀끼리 모인다'는 경우는 상식인데, 이 상식을 깬다는 것이다. 사람의 생김새, 학벌, 경제력, 신분 차이가 아주 심한 경우를 종종 본다. 그렇지만 의외란 없다고 생각해야 한다. 아무리 차이가 나는 것 같지만, 필연적인 게 사람이다. 그저 서로의 힘, 서로의 배경이 되는 게 사랑이고 인연이다. 같이 살아지면 인연이다. 인연은 따로 있다는 기대를 할 것도 없다. '팔자는 길들이기에 달렸다'고 했다. 지금 만나고 있는 짝이 필연적 인연이라고 여길 일이다.

5. '숯불도 한 덩이는 쉽게 꺼진다'

'사람은 남 어울림에 산다'고 했는데, 숱한 사람 중에 한껏 정과 사랑을 나눌 사람은 극히 한정되어 있다. 아무리 한 사람에 대한 항심恒心이 있다 해도, 한결같은 사랑을 나누기는 정말 어려운 일이다. 지하수처럼 항상 펑펑 솟아나는 사랑 있을 수 없다. 그러니 '정은 날로 두터워지기도 하고 식어지기도 한다'는 것은 당연하다. 파도처럼 사랑도 나들기를 반복하게 된다.

누구나 제 짝을 만나 서로 의지하고 사랑을 나누는 일에 열중하는 것이 자연스럽다. 마치 숯불처럼 서로 상생하는 열정을 내며 어우러져야 한다. '숯불도 한 덩이는 쉽게 꺼진다'는 말이 참으로 적절한 비유다. 짝은 있는데, 화력을 돋구지 않으면 명분만 짝이다. 숯불처럼 은근하고 끈기 있게 화력을 유지해야 사랑이 된다. 한쪽에서만 '북 치고 장구 친다'는 꼴이라면 사랑은커녕 낙심천만이 있을 뿐이다. '혼자서는 용빼는 재주 없다'는 말이 천하에 불변의 진리다.

어느 시인은 사랑을 그네 타는 것에 비유했다. "사랑은 그네타기 힘껏 구르면 하늘로 솟고 / 돌아서면 문득 어두워지는 저승길"이라고 했다. 제 영혼에 한껏 펌프질해서 부풀리는 게 사랑이고, 제 영혼이 제 몸에 머물지 않고 상대방에게 자꾸 옮겨가려는 느낌이 사랑이다. 그러다 반응이 시원치 않으면 풀이 죽고 만다.

"애들아 이게 사랑이란다 밤새 / 빗줄기 들이치는 문지방에 걸터앉아 / 바람난 넋이 돌아오기를 기다리는 밤"[15]이라 했는데, 제 넋이 조금 식어 있어도 제 자리에 돌아오면 여전히 사랑이다. '사랑에는 천 리도 지척'이라는 말은, 변하면서 변하지 않는 감정의 거리를 두고 하는 말이다.

이기利己가 이타利他의 탈을 쓰고 나타나는 게 대부분의 사랑이다. 분명 사랑은 저를 위한 것인데, 상대방을 위하겠다고 대든다. '정과 뜻은 잘 통한다'고, 은근히 스며든 사랑에 마취되어 자신을 상대에게 쉽사리 위탁하는 것이다. 사랑에 지배되면 사족을 못 쓰는 정도가 아니라 정신마저 제대로 기능을 못 하는 수도 있다. 잃어버렸던 제 반쪽을 찾은 듯 환희에 취한다. '팥으로 메주를 쑨다고 해도 곧이듣는다'는 경지에 이르는 것이다.

이기와 이타의 경계가 희미해지기 시작하면 그것이 사랑이다. '내 안정 남의 안정', '내 일 네 일 가리지 않는다'는 생각을 넘어, '내 앞도 못 닦는 것이 남의 걱정한다'는 지경에 이르는 것이 사랑이다. 제 일도 못 하면서 남의 일을 걱정한다고 비꼬는 말이지만, 사랑은 그런 비꼼이나 비난을 무릅

쓴다. '내 이앓이 젖혀두고 남의 고뿔 걱정한다'는 정도가 되면 분명 사랑이다. 왜 '사랑에는 눈도 코도 귀도 없다', '사랑을 하면 눈에 콩꺼풀이 쐬인다'고 했겠는가. 제 정을 한껏 쏟아내려면 정상적인 언행으로 가능하지 않기 때문이다. 남을 의식해서 자기검열을 한다면 연인과 한뜻이 될 수 없기 때문이다.

사랑에 빠지면, "남이야"로 시작되는 말을 자주 중얼거릴 수밖에 없을 것이다. '남이야 진갑에 낮서방을 보건, 환갑에 밤시앗을 보건', '남이야 서방질을 하건 남방질을 하건', '남이야 거시기로 밤송이를 까든 말든', '남이야 치마를 뒤집어 입고 벅수를 넘든가 뱅뱅이를 돌든가' 하기 때문에 때로 염치가 없다는 말을 듣기도 한다. '염치가 밥 먹여주나' 하고 남들의 눈총을 견뎌내야 한다. '염치없기로는 무당 쌀자루보다 더하다', '염치가 놋그릇 밑바닥 같다'는 비난을 받으며 사랑을 쌓아가야 한다.

옛날 한 서양인은 사랑을 두고, 잃어버린 제 반쪽을 찾으려는 본능이라고 주장했다. 그렇다면 잃어버린 반쪽은 저와 똑같은 수준일 것인데, 그것을 알아보는 눈이 중요할 것이다. '잃은 도끼나 얻은 도끼나 일반이라'고 생각해야 하겠다. 그러나 대부분 '잃은 도끼는 쇠나 좋지' 하고 아쉬움으로 짝을 대할 것이다. '눈이 눈썹 위로 올라서고, 콧대가 턱을 가린다'고 할 만큼 자존심으로 무장되어 있으면 짝을 맞이하기가 쉽지 않겠다.

사랑이란, 아름다운 것을 보고 소유하고 싶은 것이라지만 사람마다 다르다. 사랑이란 꽃봉오리를 맞아 함께 꽃을 피운다는 생각이 좋을 것이다. '꽃은 반만 핀 것이 좋다', '꽃은 반만 핀 것이 곱고, 술은 반만 취한 것이 좋다'는 이유를 알아야 한다. 절정에 이른 아름다움보다는, 절정을 이루겠다는 마음으로 정성을 들여야 사랑에 가까워지기 때문이다. '꽃 본 나비가 불을 헤아리며, 물 본 오리가 어옹을 두려워하랴'는 식으로 처음부터 몰아붙이면 사랑은 도망가게 된다.

사랑이란 걸 아주 많이 해보았다고 사랑에 대해 잘 아는 건 아니다. 지독한 사랑앓이와 이별의 아픔을 모질게 겪은 사람만이 그 진수를 잘 알겠지만, 선입견으로 인해 상투적인 언행을 하기 쉽다. 상투적인 습성이 나오는 것은 상대를 지성으로 대하지 않기 때문이다. '정성이 지극하면 귀신도 움직인다'는데, 마음에 둔 사람 하나 움직이지 못하겠는가.

남녀 하나가 되어 사랑하겠다면 우선 언어가 하나가 되어야 한다. 사랑의 언어는 몸과 마음이 합쳐져 나오는 언어라서 상대를 사로잡는다. '열 번 찍어 안 넘어가는 나무 없다'는 말은 그런 사랑의 언어로 상대방에 스며들도록 계속 애쓰기 때문이다. '억지로 사랑 못 한다'고 했다. 사내다운 것을 보여준다고, '억지가 찰엿가락 같다'는 언행을 한다면 필히 패한다. '지붕 꼭대기로 소 끌어올리는 격'으로 짝을 구하지 말 일이다. 숯불이 옮겨붙듯 천천히 스며들어야 사랑이 이루어진다.

'물을 쏟으면 줄고, 정은 쏟으면 붙는다'

어느 가수가 부른 〈당신은 누구시길래〉란 노래 중 한 부분은 이렇다. "당신은 누구시길래 / 이렇게 내 마음 깊은 거기에 찾아와 / 어느새 촛불 하나 이렇게 / 밝혀놓으셨나요" 한다. 그렇다. 사랑이 처음에는 촛불같이 소박하게 시작한다. 그렇지만 촛불만한 밝기와 크기로는 확실한 사랑이 되기 힘들다. '크게 될 그릇은 느직하게 이루어진다'라는 것을 증명하려는 듯, 서서히 서서히 커가기 시작한다. 내 마음속에서는 물론 상대방의 마음에도 크게 자리 잡는 시간이 필요하다. 나중에는 '어둑서니 커가듯' 해서 어쩌지 못하게 되면 사랑이라고 말할 수 있겠다.

어둑서니는 어둑귀신과 같은 말이다. 아무것도 없는데 뭔가 있는 것처럼 여겨지는 것으로, 어떤 것이 점점 많이 들어가거나 커지는 것을 두고 비유하는 말이다. 어둑서니가 느껴지기 시작하면 제 몸과 마음을 감당하기 힘들어진다. 밤중에 혼자 산길을 가다가 귀신이 나타날지도 모른다는 생각이 들면, 어둑서니가 마음에서 자리잡고 갑자기 커져 두려움에 떨게 된다. 귀신이 없다고 굳세게 믿었지만, 어느 순간에 있다고 믿게 된다.

사랑이란 게 저도 모르게 무섭게 커가는데 어둑서니가 아니고 무엇이랴. '마루 넘은 수레의 기세'를 넘어서는 빠르기로 커가는 것이다. 처음에는 마음 한구석에 작은 방 하나를 차지하다가 마침내 내 몸 전체를 내주게 되는 것이 사랑이다. '마루 디딘 놈이 안방에는 못 들어갈까' 하는 격으로 순식간에 지배당하게 된다. 짝사랑이란 게 제 마음속에서 어둑서니를 키우는 것이고, 각각의 어둑서니를 가지고 만나 그것을 합치고 더욱 큰 어둑서니를 만드는 일이 사랑이다.

사랑이 크지 않거나 상관이 없는 사람한테서는 미운 점이나 단점이 먼저 보이기 마련이다. 그래서 '미운 사람 고운 데 없다'는 생각에서 빠져나오기 쉽지 않다. 그러나 사랑에 빠지면 '사랑하는 사람은 미운 데가 없고, 미운 사람은 사랑스러운 데가 없다'는 식으로 배타적 생각으로 변하는 것이다. 상대방의 미운 점이 먼저 보이면, 아직 제 마음에서 사랑을 크게 키우지 못한 까닭이다. 한 사람을 사랑하는데 뭐 그리 큰 사랑이냐 하겠지만, 다른 한 사람을 온전히 빨아들인다는 것이 결코 쉬운 일이 아니기 때문이다.

한용운 시인은 〈사랑하는 까닭〉에서, "내가 당신을 사랑하는 것은 까닭이 없는 것이 아닙니다. / 다른 사람들은 나의 홍안紅顏만을 사랑하지마는 당신은 나의 백발도 사랑하는 까닭입니다" 했다. 2연에서는 내 미소만을 사랑하는 다른 사람과 달리 내 눈물도 사랑하기 때문이라고 했으며, 3연에서는 내 건강만을 사랑하는 것과 달리 내 죽음도 사랑하기 때문이라고 했다.[16] '미운 사람도 가까이하면 정든다', '미운 사람도 자꾸 만나면 정들게 된다'고 했다. 미운 걸 사랑으로 돌려세우는 데는 시간이 좀 걸릴 수도 있지만, 순식간에 마음이 변해 사랑의 불꽃이 튀는 경우가 있다.

'미운 사람을 아끼는 사람으로 만들라'고 하는데, 가능한 일인가. 누구나 제 못 난 언행을 먼저 생각하지 못한다. '내 병은 내가 제일 잘 안다'고 하지만, 몸이 아플 때나 그렇다. 마음의 병이 문제다. '내 똥 구린 줄 모르고 남의 방귀 탓한다'는 꼴이 되기 일쑤다. 남을 아끼려면 제 마음에 겸손을 잃어서는 안 된다. 터무니없는 자존심을 버려야 밉게 생각하는 사람을 아낄 수 있겠다.

한 사람과 사랑에 빠질 수 있었다는 건 다른 사람과도 사랑에 빠질 수 있다는 말이 된다. "오로지 당신밖에 없다", "사랑은 둘이 없다"는 말은 한시적이다. 누구 한 사람에 빠졌을 경우 곁눈질이 없다는 말이지, 한 사람과 사랑이 끝났을 때 다른 사랑은 불가능하다는 뜻이 아니다. 점화, 재점화, 재재점화 할 수 있는 끈기와 힘을 가진 것을 두고 사랑이라 하겠다.

닐 세데카 Neil Sedaka의 〈당신은 나에게 모든 것이다 You Mean Everything to Me〉라는 노래의 가사는 한 줄 한 줄 한 줄이 가슴에 뭉클하다. "당신은 내 외로운 기도에 대한 응답이다 You are the answer to my lonely praye", "당신은 내 삶이고 운명이다 You are my life my destiny", "당신은 나에게 모든 것이다 You mean everything to me"와 같은 정도가 돼야 사랑이라 하겠다. 둘이 하나가 되었다는 메시지다. 사랑이 이런 거라면, 그것은 투자에 성공한 것이다. 자신의 모든 것을 요구하는데 흔쾌히 응답했으니 그렇다. 이렇게 느끼고 말할 수 있다는 것은 제 몸과 마음을 제물로 헌납할 수 있는 용기를 가졌기 때문이다. 그래서 온전한 사랑이 얻어진다.

사랑하면서도 그의 나쁜 것을 알아야 하고, 미워하면서도 그의 착한 것을 알아야 한다고 했는데, 비록 사랑에 빠져 있으나 제정신을 차리고 있다는 말이다. 그런데 사실 이런 윤리 혹은 논리를 따질 겨를이 없는 게 사랑이다. 제 몸속에 일방적 사랑만 팽팽히 채워 넣고 다른 모든 것을 쫓아내기 때문이다. 문제는 한껏 팽창한 마음이 오래 가기 어렵다는 것이다. '달도 하나, 임도 하나' 하는 마음으로 내달다가, 기진맥진하게 되면 '달도 차면 기운다'는 원리를 깨우치게 된다.

달이 커지고 작아지는 리듬을 깨우치면 사랑이 도망가지 않겠다. '머리는 용의 머리고, 꼬리는 뱀의 꼬리라', '시작은 용머리고, 마무리는 뱀꼬리라'는 말처럼, 사랑도 그런 꼴에서 끝나면 뭐가 남겠는가. "시작은 미미하나 끝은 창대하리라" 하고 시작하여, '시작한 일은 끝을 본다'는 실천력을 단숨에 보이려 하다가는 사랑의 꼬리를 보게 될 수도 있다. 제 마음을 활짝 열었다가는 조금 닫기를 반복하는 것도 기술이다. 서로 밀고 당기는 리듬으로 길고 긴 항해에 나서야 한다.

1. '사랑은 마음속에서 자란다'

'낙락장송의 근본은 씨앗'이라고 했다. 사랑도 마음에 씨앗을 심는 일이다. 사랑의 씨를 낙락장송으로 키우기 위해서는 무진 공을 들여야 한다. '낙수가 돌에 구멍을 뚫는다'는 믿음으로 인내해야 하겠다. 사랑에 참을 인忍 자 셋으로는 한참 부족하다. '사람의 마음은 열 겹 스무 겹이라'서 그 핵심에 다가가려면 열 겹 스무 겹을 뚫는 인내가 필요하다. 사랑이 마음속에서 자란다고 할 때, 마음이라는 것은 어디에 있을까.

사랑이 마음속에서 자란다고 하는 것은 그리움부터 시작하기 때문이다. 제 사랑을 스며들게 하고 싶은 간절한 마음이 싹트기 때문이다. '마음이 맑아야 보는 눈도 맑다'고, 사랑이란 상대를 맑게 보는 일이다. 맑게 본다는 것은 그리움을 쌓아둘 저장고를 마련하고 채우기 위해 앞서 하는 일이다. 그리움을 충분히 키우지 않고 시작하는 사랑은 자칫 원한이나 폭력으로 변하기 쉽다. 물론 그리움을 포개고 포개다 보면 미움이 생긴다고, 그리움을 쌓고 쌓아도 사랑이 성취되지 못하면 미움이 되는 수도 있다. 그러나 마음 깊은 곳에서 키워온 그리움은 열매를 맺지 못해도 저를 강화하는 힘이 되지, 저를 파괴하지는 않는다.

그리움부터 사랑을 시작한다고 하면, 플라토닉 사랑은 지루하다는 생각부터 할 수도 있다. 그렇지만 터전을 다지지 않고 사랑다운 사랑이 성취될 리가 없다. 몸 사랑, 즉 짝짓기부터 시작하고, 그것에 몰두하면 이성과 감성의 균형을 잃어 삶에 만족감이 덜해진다는 것이다. "부부간 성생활의 최대 만족을 위해서는 정신적 사랑과 욕정이 병행되어야 한다....정신적 사랑이 없는 욕정만에 의한 결합은 '두뇌 일부분의 활동만으로 이루어지므로 상대적으로 적은 만족밖에 줄 수 없다'"[17]는 주장이 좋다. 사랑이 최대 만족의 경지에 이르기 위해서는 정신과 육체의 상호작용이 필연적이라는 말이다. 육체적 사랑으로 가기 위해서는 필히 그리움부터 시작함이 당연하다.

그리움은 상대를 내 마음 한가운데 심는 일이다. "눈이 부시게 푸르른 날은 / 그리운 사람을 그리워하자"고, 어느 시인은 〈푸르른 날〉이라는 시에서 말한다. 유감스럽게도 그리워하려고 할 때 그리워지는 것이 아니다. 그리움은 날이 흐려도 솟는다. 그리움은 간헐천이 아니다. 마음에 두고 있는 사람이 늘 떠오르고 보고 싶은 게 그리움이다.

'귀에 쟁쟁 눈에 삼삼'이라고 하듯, 항상 그리움이 솟아야 사랑이다. 싫증이 날 수도 없고, 지치지 않는 게 그리움이다. 한용훈이 〈나는 잊고자〉에서, "잊으려면 생각하고 / 생각하면 잊히지 아니하고 / 잊도 말고 생각도 말아볼까요. / 잊든지 생각든지 내버려 두어볼까요. / 그러나 그리도 아니되고 / 끊임없는 생각생각에 님뿐인데 어찌하여요"[18]하는 게 그리움이다. 그리움이 커지면서 결국 사랑이 된다.

사람의 마음이란 걸 믿나, 하고 근본적인 회의를 느끼는 경우가 누구나 허다할 것이다. 너나 할 것 없이 사람의 항심이라는 게 기대만큼 확인할 수 없기 때문이다. 한번 맹세한 사랑이 변함없이 지속해야 한다고 기대하지만, 그게 그리 쉬운 것이 아니겠다. 세상 모든 것이 변하고 사람 자체가 세월에 삭는데, 사랑만 변치 말라는 게 터무니없는 기대일 것이다.

'마음먹은 대로 된다'고 하는데, 다만 자기최면을 걸라는 말이겠다. 세상사 마음대로 되는 일이 어디 있을까. 특히 사랑이란 제 깊은 마음을 내서 상대의 마음을 이끄는 일인데, 정성이나 그리움을 삭히지도 않은 생마음으로 가능할 수 없다. 아무리 '마음이 꿀 같다', '마음이 굴뚝 같다'고 한들 무슨 소용이 있겠는가.

어느 시인이 〈수묵의 사랑〉에서 표현한 대로 천천히 번지는 것이 사랑이다. "수묵은 번진다 / 너와 나를 이으며 / ……한 몸이 되어서도 까마득 / 먹향을 품은 그대로 술렁이고 있는 / 수묵은 번진다 더듬 / 더듬 몇백년째 네게로 / 가고 있는 중이다"[19] 한 비유가 좋다.

'사람만큼 무서운 게 없다'고 하는데 왜 그럴까. 무섭기로 따지면 맹수를 당하지 못할 것이 사람이다. 마음이 그렇다는 것이다. '머리에 검은 털 난 짐승은 믿을 게 못 된다'고 했는데, 노란 털이 난 서양인도 마찬가지다. '사람은 천 층 만 층 구만 층 '이고, '알 수 없는 게 사람의 마음이라'고 했는데, 누가 남의 깜깜한 속마음을 알 수가 있으랴. 더더군다나 나쁜 마음일수록 마음속 깊이 꽝꽝 숨겨두고 있는데 말이다. '사람 마음이 검으면 장래가 좋지 못하다'는 건 알지만, 상대 마음이 검은지 어찌 알 것인가.

마음을 어떻게 믿는가. '마음이 흔들 삐쭉이라'고 했다. 심지가 굳지 못해 주견이 없이 쉽게 흔들린다는 뜻인데, 철석같이 변하지 않는 마음이 과연 가능하겠는가. '마음처럼 간사한 것이 없다'는데, 사랑인들 굳세게 제 자리를 잡고 있겠는가. '사나이의 마음과 가을 하늘은 하루에도 일곱 번 변한다', '알 수 없는 게 여자의 마음이라', '여자 기분과 개구리가 뛰는 방향은 알 수가 없다'고 했다. '고양이 눈깔 변하듯 한다'는 사람의 마음을 어찌 믿을 수 있겠는가.

사람의 몸 표정을 읽어 마음을 추측할 뿐인데, 상대를 잘 안다고 자신하면 낙담하기 쉽다. 사람을 안다는 것은 얼굴을 알 뿐이지 마음을 아는 것이 아니라고 하는 말이 틀릴 리 없다. 마음을 알기 위해서는 그리움과 그리움이 만나, 그리움에 겨워 각자 제 마음을 내놓도록 해야겠다.

한 시인의 시 〈그리운 그 사람〉의 첫 부분에, "오늘도 해 다 저물도록 / 그리운 그 사람 보이지 않네 / 언제부턴가 우리 가슴 속 깊이 / 뜨건 눈물로 숨은 그 사람"[20]이라는 표현이 좋다. 그리움이 녹아 뜨거운 눈물이 되는 마음이라야 사랑의 꿈을 키울 수 있겠다.

'마음에 있어야 꿈을 꾼다'고, 마음속에 거듭 새겨져 '마음이 꿀 같다'는 정도로 크고 강해져야 사랑이다. 한용훈이 〈군말(序)〉에서, "님만 님이 아니라 기룬 것은 다 님이다" 했던 그리움은 더없이 큰 그리움이겠다. 사사로운 애정뿐 아니라 나라와 민족, 신神까지 향하는 그리움이기 때문이다. 그런 그리움은 어디에 있는가. 흔히 가슴에 있다고 한다. 마음이 가슴에 있는가, 머리에 있는가. 아니 온몸의 뼈와 살, 피가 그리움으로 움직여야 한다. 오장육부에 그리움이 가득 차야 사랑이 된다.

2. '마음도 하나, 임도 하나, 가는 길도 하나'

왜 사랑은 그리움부터 시작해야 하는가. 그 그리움도 한 층이 아니라, 수천수만 겹을 쌓아 올려야 하는가. 말할 것도 없이 길고도 질긴 인연을 만들어야 하기 때문이다. 평생에 풍파를 덜 겪으려면 단 한 사람일지라도 질긴 인연으로 맺어지는 게 절대 유리하다. '정들면 믿게 된다'고 했다. 뭐든 믿는 데서 큰 것을 이루게 된다. 마음에 그리움을 쌓아두어야 믿음도 쌓이고, 짝짓기를 해도 믿음 속에서 해야 최상 즐거움, 최고의 쾌감에 이르기 때문이다. '정들면 그만이라'는 속담이 괜한 말은 아니다. 그저 당장 어쩌지 못하는 배설의 욕구만 대충 해결하고 만다는 생각이라면, 그리움이고 뭐고 다 번거로운 절차로 여겨지겠다. 자기 소모적 행위에 머무는 것이어서 성숙한 사랑 근처도 못 간다.

아쉬운 대로 짝짓기 행위 자체만을 즐기다 보면, 애정다운 애정이 충족되지 않아 여기저기 다른 사람을 찾게 된다. '목마른 개 겨 탐하듯' 하니, 더욱 갈증을 낸다. 사랑이라 하지만 사랑의 표면에서 겉돌기 때문이다. 사랑의 핵심에 도달해보지 못하면, 영영 짝짓기만이 사랑인 줄 알게 된다. 자아自我를 키워 사람을 존중하는 사랑이 아니라, 사람을 도구화하는 위축된 자아를 보게 될 뿐이다.

'남자는 다 늑대다', '남자는 다 도적놈으로 알아라'고 말하는 것은, 남자의 정이 헤프니까 조심하라는 뜻이다. 제 사랑하는 한 사람에게 정이 헤프다면 문제 될 것이 없겠다. 이 여자 저 여자를 넘보니까 문제가 된다. '사내자식은 솔개 넋이라'고 하는데, 이곳저곳 잘 떠돌면서 엉뚱한 인연을 맺기 때문에 하는 말이다. 그러니 '사내의 정은 들물과 같아 여러 갈래로 흐르고, 여편네의 정은 폭포같이 왼골로 쏟아진다'고 하는 말이 기막히게 맞는 비유다. 이제는 이런 말에 여자들이 쌍지팡이 짚고 나선다. 한 남자에게 폭포같이 정을 쏟을 수 없다는 것이다. 어느 순간 배신당할 줄 모르기 때문에 조심스럽게 정을 줘야 한다는 얘기다. 바람둥이 남자 뺨칠 정도로 바람기 많은 여자도 적지 않겠다. 사실이지 얕은 정으로 바람을 일으키는 부류에는 남녀 구별이 없겠다.

'사내와 멸치는 달달 볶아야 한다'고 했는데, 다른 여자에게 정을 흘리고 다니지 말라고 볶아대면 고쳐질까. '사내 홀리는 재주는 따로 있다'는데, 그 재주를 배워야 하는가. 정들면, 사랑하면 믿게 되기 때문에 제 짝을 괴롭히거나 유별나게 홀릴 재주를 부리지 않아도 된다고 생각하는 게 정상이다. '믿을 것은 땅밖에 없다'든지, '믿을 것도 못 믿을 것도 사람이라'고 불신 또는 반신반의하면 어찌 사랑이 견고하겠는가. '모래 위에 쌓은 성'이나 다를 바 없겠다.

그리운 사람을 제 몸속에 모시고 사는 것이 사랑이다. 지난 시절 천도교 1~3대 교주들의 뜻은 하나로 일관했다. 시천주侍天主, 양천주養天主, 인내천人乃天이 그것이다. 어휘만 다르지 똑같은 신념의 표현이다. 하눌님을 내가 모시고 있다는 말인데, 하눌님은 곧 사람이다. '인심이 천심이라'는 말하고 다를 바 없다. 저뿐만이 아니고 모든 사람이다. 교주니까 모든 사람인데, 필부필부라 해도 제 사랑 한 분을 못 모시겠는가. 사실 한 사람 모시기가 더 어렵다고 할 것이다. 극진히 모셔야 모신다고 할 수 있기 때문이다. 힘들어도 제 사랑 모시는 일에 정성을 다하는 것이 사랑이다. 지극 정성으로 모시는 언행이 습관이 되면, 고이 모시던 사랑을 내쫓고 새로운 사랑을 모시기 쉽지 않으리라.

풋사랑일 때, '마음도 하나, 임도 하나, 가는 길도 하나'는 서로 간 맹세가 된다. '말에 기름기 잘잘 흐른다'고 할 수 있는 말들만 오가겠다. '말이 마음이고, 마음이 말이라'고 했다. 마음에 사랑이 괼 때 비로소 말을 해야 정담이 되리라. '사람을 사귀기 전에 마음부터 떠보라'고 하는데, 사랑이 괴여 있는가 측량해 보라는 말이다. '알 수 없는 게 여자의 마음이라'고 했는데 남자의 마음도 마찬가지다. 남녀 없이 '마음이 흔들 삐죽이라'는 말이 맞고, '내는 건너봐야 알고, 사람은 지내봐야 안다'는 말이 틀릴 수 없다. 책을 읽으면서 문장의 의미를 생각하듯, 사람을 읽으면서 그 사람의 표정이나 말의 의미를 읽어내야 한다. 남자 쪽에서는 '남자 마음속의 방은 열, 여자 마음속의 방은 하나'라는 말이 허언임을 보여주어야 한다.

어느 시인의 시 〈사랑은〉에는, "사랑한다는 것은 서로를 먹는 일이야 / 뾰족한 돌과 반달 모양의 뼈로 만든 칼 하나를 / 당신의 가슴에 깊숙이 박아놓는 일이지 / 붉고 깊게 파인 눈으로 / 당신을 삼키는 일. / 그리하여 다시 당신을 낳는 일이지."[21]했다. 먹는 일, 박아넣는 일, 낳는 일이라고 표현했는데, 결국 모시는 일이라는 말과 다름없다.

　왜 사랑을 하려 할까. 당연히 저에게 이롭기 때문이다. 누구나 이기적인 저를 이타적으로 발전시켜 맑은 삶을 살기 위함이다. 남을 사랑하는 것이 곧 저를 사랑하는 것이라는 생각을 깨우쳤기 때문이다. '한 가닥으로 합사를 못 한다'고, 두 가닥의 실을 한 가닥으로 꼬아 놓으면 모든 것이 수월하고 경쾌하다는 것을 깨달은 것이다. 경쾌한 사랑을 이루기 위해 무진 애를 쓰는 사람이 예지적 인간일 수밖에 없다. '삼 년 묵은 장은 변해도 임의 정은 안 변한다'는 정도가 돼야 임과 내가 평탄대로를 갈 수 있다는 자신감이 들 것이다.

3. '임이 있으면 금수강산이고, 임이 없으면 적막강산이라'

　'여자의 마음은 화로 같다'는 말이 있다. 여자는 남자에 의해 불이 지펴져야 마음이 따뜻해진다는 뜻으로 비유하는 말이다. 반대로 생각해도 된다. 여자에 의해 불이 지펴지면 남자의 마음도 따뜻해질 것은 물론이다. 따뜻한 마음을 서로 주고받을 사람이 있다는 것 때문에 세상은 살만하다고 여기게 된다. 사랑하는 사람이 있으면 모든 것을 긍정적으로 보게 된다. 그러니 세상이 금수강산으로 여겨질 수밖에 없다. 사람도 마찬가지다. '사랑하는 사람은 미움이 없고, 미워하는 사람은 사랑이 없다'고 했지만, 저와 직접 관계없는 사람을 미워할 필요가 없겠다. '마음만 맞으면 태산도 옮긴다'고 했듯이, 사랑하는 사람끼리 못 해낼 일이 없겠다.

　'여자는 정으로 살고 정으로 죽는다'고 했는데, 여자만 그럴까. 남자도 마찬가지다. 사내답다는 말이 잔정을 넘어서야 한다는 뜻은 아니다. 소중한 정이나 사랑을 객기로 무시하는 언행을 두고 사내답다고 여기지 않는다. '남의 정을 모르면 죄로 간다'고 했다. 강한 척, 드센 척하며 남의 정을 하찮게 여기는 언행이 죄 될 수 있다. '마음 가는 데 발끝이 돌린다'는 것을 알아야 의리가 있는 사람이다. '삼수갑산을 가도 임 따라간다'는 게 사랑하는 사람들의 의리다.

'불 진 처녀, 얼음 진 총각'이란 말이 있다. 처녀는 사랑에 들떠 있지만, 총각은 냉담하다는 뜻이다. 물론 '불 진 총각, 얼음 진 처녀'라는 말도 가능하다. 서로 어긋난 마음을 가지고 있다면 적막강산이 틀림없겠다. '마음이 천 리면 지척도 천 리요, 마음이 지척이면 천 리도 지척이다'는 말이 맞다. 서로 마음이 천 리인데 될 일이 없겠다.

'사람 살 데는 골골이 다 있다'지만, 사람은 모여 산다. 정이 그립고, 정을 나누기 위해 모여 사는 것이다. '기쁨은 나눌수록 커지고 슬픔은 나눌수록 준다'고 하는데, 임이 있어야 하는 이유 중 하나다. '물은 낮은 데로 흐르고, 정은 가까운 데로 기운다'고 했다. 가까운, 아주 가까운 사람과 의지해야 세상사가 아름답게 평온하게 보일 것은 뻔한 일이다.

'눈에 선하고 마음에 뭉클한다'고 했는데, 이런 상태가 다름 아닌 극락이겠다. 제 마음이 극락이면 세상이 온통 극락으로 보인다. 이러니 사랑의 힘이 크다는 것이다. 한 사람의 마음이 긍정적 에너지로 차게 되면 주위가 생기있게 변하게 된다. '첫사랑에 할퀸다'는데, 그런 사람이라면 당분간 세상이 온통 어둡게 여겨질 것이다. 그래서 '마음 하나로 문밖이 극락일 수도, 지옥일 수도 있다'고 한 것이다.

'마음이 허망하면 교태만 남는다'고 했다. 사랑을 잃는 것만큼 마음을 허망하게 하는 것은 없다. 그러니 어디서 무엇을 하든지 건성이겠다. 남들에게 좋게 보이려고 해도 마음이 허망하니 교태로만 여겨질 것이다. '빈 깡통이 소리는 더 요란하다'고, 허풍스러운 언행을 보고 사람들은 더 안타까워할 것이겠다.

사랑에 대한 가치관, 즉 애정관은 저마다 다를 것은 당연하다. 세계문학사에 명작으로 이름을 올린 브론테 자매를 예 들어보면 쉽게 알게 된다. 샬럿 브론테의《제인 에어》와 에밀리 브론테의《폭풍의 언덕》을 비교하면 참으로 선명해진다. 언니의 보수적 연애관과 동생의 모험적 연애관에서 자매의 닮은 점은 조금도 없는 것처럼 여겨질 것이다. '한 뱃속으로 난 새끼도 아롱이다롱이라'는 말처럼, 생각이 극과 극이라 할 소설이다.

《폭풍의 언덕》의 주인공인 히스클리프Heathcliff는 사랑을 복수의 수단으로 삼는다. 폭력 속에서 보낸 유소년 시절의 경험이 폭력적인 사랑으로 이어지는 것이다. 이에 비해《제인 에어》의 주인공은 험한 환경 속에서 유소년기를 보내지만, 아주 포용력 있는 사랑으로 주위에 활력을 주는 인물로 창조된다. 히스클리프는 사랑을 수단으로 삼기에 세상을 적막강산으로 인식하며, 제인 에어는 사랑으로 절망을 치료하기 때문에 세상을 금수강산으로 인식하는 것이다.

대부분 사람은 단선적 사랑으로 제 삶을 다독거릴 수 없다. 사랑을 위해 살되, 엄청나게 복잡한 언행과 감정으로 사랑을 이룩해야 한다. 사랑이 정열이기는 하되 히스클리프처럼 악마적 정열이 아니라, 제인 에어처럼 천사적 정열로 성취해내야 한다. 사랑하는 임을 통해 세상을 금수강산으로 여기며 사는 것이 당연히 좋겠다.

4. '남을 사랑하면 그도 나를 사랑한다'

'거위가 부리가 있나'하는 속담이 있다. 무슨 '귀신 씻나락 까먹는 소리'를 하는가, 하겠다. 명백한 사실을 두고 미심쩍어하는 사람을 빗대는 말이다. "사람에게 사랑이 있나", "사람에게 정이 있나" 하는 말도 그런 식으로 쓸 수 있겠다. 정이나 사랑을 다른 사람에게서 확인하려 할 필요도 없다. 제 마음을 잘 들여다보면 쉽게 안다. '거위한테 부리가 없을까 걱정한다'고 하듯, 정이나 사랑이 있는지 걱정할 필요는 없다.

'사람의 정이란 더러운 것이라'고 하지만, 정이나 사랑이 빗나갈 때 하는 말이겠다. 정을 받으면 힘이 되는데 더럽다고 할 사람은 없을 것이다. 누군가 나를 사랑해주기 바라는 사람은 남을 사랑할 수 없다. 내가 먼저 주어야 한다. '새가 사람을 따르면 사람도 사랑하게 된다'고 말하는데, 정반대로 해야 한다. 사람이 먼저 생명체에게 사랑을 줘야 하고, 마찬가지로 다른 사람도 내가 먼저 사랑해야 한다.

'겨누기가 반이라'는 말이 있다. 어떤 일이라도 목표를 정하게 되면 반쯤 일이 진행된 것으로 여긴다는 뜻으로 하는 말이다. 제 사랑을 받아줄 것 같은 사람을 우선 겨누는 것은 당연하겠다. 큐피드 화살을 정통으로 맞추기 위해서는 겨냥을 잘해야 하는 것은 물론이다. 숨을 멈추는 듯한 긴장을 잘 참아내야 한다. '화살로 홍시 꿰듯 한다'는 말이 있다. 무슨 일을 아주 쉽게 해낸다는 뜻이다. 사랑의 화살이 그렇게 쉽게 꿰뚫는 경우는 드물다. 숱하게 겨냥하고 숱하게 화살을 날려야 한다. '열 번을 벼르지 말고 한 번을 쳐라'는 말대로 상대의 정곡을 파고들어야 할 것이다.

과도한 사랑도 있다. '눈먼 정이 눈뜬 사람을 잡는다'는 말대로 정열이 지나쳐 악마적 정열이 될 수도 있다. 열 번 찍어 안 넘어가는 나무 없다는 말만 믿고 과도하게 덤비는 사람도 있다. '열 번 쓰러지면 열 번 다시 일어난다'고, 끈질기고 강하게 덤벼들어 상대에게 감당할 수 없는 압박을 준다. 그럴 때 호기심이 짓밟혀 증오감으로 변하게 된다. 될성부른 나무인지 아닌지 알고 덤비지 않으면 실패하기 일쑤다. '왕벌이 똥침 하나만 믿고 달려든다'는데, 우격다짐이 일을 그르칠 수밖에 없다. 어디까지가 용기인지, 만용인지 경계를 아는 게 눈치고 지혜다.

'정다우면 믿게 된다'고 했다. 다정하고 부드럽게 다가가야 정과 뜻이 통한다. '정과 뜻은 잘 통한다'는 말이 그래서 있다. 무슨 일이든 성취하려면 정성을 한껏 들여야 한다. 제가 원하는 사람과 어떻게 통할지 사정을 잘 살펴야 한다. '사정을 알면 인정이 온다'고 했다. 사정을 안다는 것은 서로의 처지를 안다는 뜻이다. "지피지기백전불태知彼知己百戰不殆"란 말이 이럴 때도 쓸 수 있겠다. 상대방과 내 처지를 잘 알고 덤벼야 위태롭지 않다는 뜻이다. 연애에 위태롭다는 말은 결국 거절당하여 낙담하게 된다는 말이겠다. 가능하지 않으면 시도하지 않는 게 지혜다. 제 욕심만 앞서 사정도 모르고 덤비면 될 일이 없다. '만 리 길을 갈 사람이 십 리 길을 서두를까' 하는 생각으로 신중해야 한다.

생산적 사랑이란 게 책임을 지는 일인데, 제가 감당할 가능성이 있어야 할 것이다. 사랑하는 사람이 하고자 하는 일에 적극적으로 지원할 수 있어야 한다. 사랑하는 사람이 가는 길에 기꺼이 동행할 수도 있어야 하겠다. '마음이 뭉치면 물방울로 강철판도 구멍을 뚫을 수 있다'고 한 것은, 바로 정이 통했을 때 가능한 것이다. 사랑으로 확인한 두 사람 마음이 어디 가겠는가. 사랑하는 사람이 가고자 하는 길에 동행할 수 없고, 강제로 길을 막고 다른 길을 가게 할 생각이라면 일찍 그만두는 게 좋다. 서로의 갈등을 극복할 가능성이 없으면 생산적 사랑이란 가능하지 않기 때문이다.

'애정은 못 속인다'고 했다. '마음이 있으면 꿈에도 있다'고, 사랑하는 사람이 원하는 것에 동행하려면, 마음에 두고 모습을 늘 그려야 꿈에서도 정이 다져질 것이다. '사람은 나를 저버릴지언정, 나는 사람을 저버리지 말라'는 생각을 견고하게 지킨다면, 상대도 감동할 것이다. 사랑은 감동으로 통하는 것이다. 사랑이란 몸을 접촉하여 통하는 것뿐만 아니라, 마음이 동행해야 이루어진다. 둘이 한길에 오르지 않으면 비생산적인 사랑이 되고 만다.

5. '말하지 않으면 귀신도 모른다'

'깨끗한 밀감도 오래 두면 썩는다' 했다. 아무리 고귀한 사랑이라도 속에 넣고 꺼내놓지 않으면 신선함을 잃는다. '동네 처녀는 이 사람이면, 정하여도 소용 없다'는 말이 있다. 동네 처녀가 마음에 드는 사람을 정해놓기만 하면 소용이 없다는 뜻으로 하는 말이다. '말이 마음이고 마음이 말이라'고, 제 마음을 말로 만들어 꺼내놓아야 한다. 사랑은 표현이다. 아무리 속에 움켜 넣고 끙끙 앓아도 표현해내지 않으면 알 리 없다. '사리운 뱀이 몇 자인지도 모른다'고 하지 않던가. '검다 쓰다 말이 없다'면 누가 제 마음을 알아줄까. '말을 하지 않으면 한 품에 든 임도 모른다'고 했으니, 사랑의 말을 꺼내야 한다.

'말이 병도 되고 약도 된다'고 하니, 약이 되는 말을 하는 건 당연하다. 사랑을 묵돋울 수 있어야 약이 되는 말이겠다. 켜켜이 쌓아둔 그리움 속에서 골라 약 되는 말을 끄집어내야 한다. 말을 화려하게 꾸미면 이미 약 된 말이 아니다. '입에 꿀 바른말을 한다', '말하는 것은 얼음에 박 밀 듯 한다'고 하는데, 청산유수 같은 말이나 달콤한 말만 내보내는 것이 잘하는 말은 아니다. '말에 꽃이 피는 사람은 마음에 열매가 없다'는 말이 그르지 않다. 사랑의 말은 단순하고 맑다. '말이란 오래 씹고 우물거리다 보면 북새통이 난다'고 하듯, 말로 복잡한 그물을 짜서는 안 된다. '정담도 길면 잔말로 된다', '정담도 길면 잔말이 생긴다'고 했는데, 왜 그렇지 않겠는가. 자칫 제 말에 제가 갇히기 쉽다.

말을 잘한다는 것이 사랑의 승패를 결정한다. '말 좋게 해서 돈 드는 법 없다'고 하는데, 말 좋게 해서 사랑에 손해 볼 일은 없다. 한껏 공을 들인 말이 사랑하는 사람에게 스며들도록 해야 한다. '말 한마디에 북두칠성이 굽어본다'고 했다. 제 사랑이니까 말을 다듬고 다듬어 북두칠성도 감동

할 말을 해야겠다. '말은 넌지시 하는 말이 비싸다'고 제 마음 깊은 속에 있는 말을 전하면 햇솜처럼 따뜻하게 느끼도록 말을 찾아야 한다. '비단 대단 곱다 해도 말같이 고운 것은 없다'고 했다. 마음속에서 키운 진정한 말처럼 고운 것은 없다는 뜻으로 하는 말이다.

이 세상에 거저먹을 게 없듯이, 거저 되는 일도 없다. '거저먹을 것이라고는 하늬바람밖에 없다'고 했다. 남과 사랑이 거저 되는 것도 아니고, 남의 사랑을 거저먹을 수 있는 것도 아니다. '구하면 얻고 놓으면 잃는다'고 했으니, 구해야 할 것은 물론이다. 사랑의 언행으로 구하지 않으면 귀한 인연 줄을 놓게 된다. 그리움을 한껏 키우기만 하고, 어느 한쪽이든지 구하지 않으면 '그리움 포개서 미움 있다'는 경우가 생길 수 있다.

'깊은 물은 조용히 흐른다', '깊은 물일수록 소리 없이 흐른다'고 했다. 그리움을 포개고 포개서 쌓으면 깊은 정으로 흐른다. 쌓인 이 정의 깊이를 뉘라서 측량할까. '깊은 강물을 짧은 삿대로는 재지 못한다'는 말이 맞다. 이렇게 깊이, 켜켜이 쌓인 정과 사랑도 허물어질 수 있다. '공든 탑이 무너지랴'고 하지만 때로는 무너지는 경우가 있는 것이다.

'사람은 사귈수록 정이 두터워진다'고 했는데 오랜 시간, 그리움을 포개고 포갠 정을 다정多情이라 할 것인가. 그저 "다정하다" 하고 말하면 별 감흥이 없는 평범한 말로 들린다. 유별나게 많은 정을 뭐라 말할까. 무량정無量情이란 말을 써야 할까. 인간에게 무량정은 가능할 것 같지 않다. 정을 쏟고 쏟다가 턱에 차면 미움으로 바뀌는 경우가 허다하다. 그게 사람의 마음이다.

누구나 '사랑이 지나치면 미움을 불러온다'는 경험을 다 해보게 된다. 그래서 정을 조절해야 한다. 줄 곳에 줄 만큼 주고, 거둘 곳은 재빨리 혹은 서서히 거두어들여야 한다. 사랑하면서 사랑을 조절한다는 게 쉽지 않다. 쏟던 정을 거두어들이기가 쉽지 않은 것은 당연하다. '돈 뒷하고 여자 뒷하고는 분명하고 깨끗해야 한다'고 하지만, 사람의 정이라는 게 두부모 자르듯 하기가 쉽지 않다. 더러운 게 정이라고 투덜대면서도 냉큼 버리지 못한다.

사랑과 정은 상하기 쉬운 음식처럼 변한다. '사랑도 미움도 세월이 지나면 변한다'고 했다. 세월 정도가 아니라 잠깐 사이에도 변하는 것이 사랑과 정이다. '사랑과 증오는 종이 한 장 차이라'는 말이 왜 있겠나. 사랑의 고갯길을 오르고 오르려다 마지막 고갯마루를 못 넘어서 지쳐 떨어진 마음이겠다.

정을 정리한다는 것이 말이 되지 않으니, 정은 되풀이된다고 하겠다. 끝인가 싶으면 시작이고, 시작인가 싶으면 끝이다. 그래서 한 시인도 〈사랑은 끝이 없다네〉 하는 시에서, 사랑이 언제나 되풀이된다는 생각을 표현하고 있다. "사랑에 끝이 있다면 / 어떻게 그 많은 시간이 흘러서도 / 그대가 내 마음속을 걸어다니겠는가" 하며, "나에게 사랑은 / 한계도 없고 / 머무름도 없고 / 패배도 없고 / 사랑은 늘 처음처럼 / 사랑은 언제나 시작만 있는 것 / 사랑은 끝이 없다네"[22] 하고 끝을 맺는다. 그렇다, 죽기 전에는 사랑에서 제 몸을 떼지 못한다.

'정들었다고 정담 말고, 친하다고 친담 말랬다'고 하지만, 말을 해야 한다. 정담이 지나쳐 미움이 되는 수가 있지만, 정담을 하지 못해 인연이 끊기는 것보다는 낫다. 말로 사랑을 이기거나 지배하려 들면 안 된다. '네 콩이 크니 내 콩이 크니 한다'는데, 말싸움에 이긴다고 무슨 보람이 있겠는가. 큰 사랑을 하려거든 그저 정담만 해야 한다.

'정 끊는 놈은 잡아먹어도 시원치 않다'고 하는데, 말이 좀 험악한가. 그렇지만 오래 애서 쌓은 정을 한순간에 내치는 일은 정말 잔혹하다. '여자 마음은 문지방 넘어갈 때마다 다르다'고 여자에게 덮어씌우지만 남자도 마찬가지다. '여자의 마음과 가을 하늘은 변하기 쉽다'고, 조변석개하는 사람의 마음을 가을 하늘에 비유하는 것은 자연에 대한 예의가 아니다. 몸뿐만 아니라 마음도 움직이기 때문에 동물이다. 작은 흐름은 변하지만 큰 흐름이 변하지 않는 게 의리다. 멀리 보고 긴 호흡으로 사랑하는 법을 터득해야 한다. '사람과 산은 멀리서 보는 게 낫다'는 뜻이 아니다. 가까이 봐도 좋고 멀리 봐도 아름답도록 제 안목을 조절할 수 있어야 하겠다. '고운 정은 잊어도, 미운 정은 못 잊는다'고 했다. 미운 정을 왜 못 잊는가. 또다시 시작하는 사랑의 밑거름이 되려고 잊히지 않는 것이다. 고운 정이든 미운 정이든, 사랑의 말을 잘 스며들게 하는 것이 큰 사랑을 이루는 비결이다.

'성격이 팔자다'

'부처가 성불을 해도 성질은 남는다'는 말은, 성격이 쉽게 변하지 않는다는 것을 요약하는 말이다. 성격은 변하지 않는 부분과 변하는 부분이 있다. 천성과 습성으로 편의상 나눠서 말할 수 있겠다. 천성이란 타고난 기질이다. 습성이란 제가 버릇을 들여 성질로 굳어진 것이다. 천성과 습성이 합해져 성격이 되는데, 성격은 쉽게 바뀌지 않는다는 게 학자들의 주장이다. '게 새끼는 집고, 고양이 새끼는 할퀸다'는 건 천성을 말한다. 생명체가 살아나가는 필수적인 수단의 보편적 특성이다. 습성은 '성미 급한 놈 유월감 판다'는 말과 같은 것이다. 생명체가 살아나가는데 상황에 따라 변하는 개체적 특성이다. 어떤 한 종種의 공통적인 바탕이라서 변할 수 없는 것이 천성이고, 개체에 따라 다른 것을 습성이라 한다. '천성 고치는 약은 없다'는 말은 맞다. 늑대가 초식하거나, 양이 육식을 한다면 천성을 고치는 것이겠다.

성격이 안정되지 않으면 사람의 언행은 불안하다. '성품이 안정되면 나물죽도 향기롭다'고 했다. 천성이야 어쩔 수 없지만, 습성은 제 의지에 따라 조절할 수 있다. 성격이 한없이 느긋한 사람을 두고 '성미가 닷발이나 늘어진다'고 하고, 급하디급하거나 잘 쏘아붙이는 사람을 두고 '성미가 쏘가리 같다', '성미가 불붙는 가랑잎이라'고 한다. 어떤 상황에 대처하는 언행은 사람마다 다른데, 다른 그 습성을 알아야 사람을 안다고 할 수 있다. '사람 속은 소금 서 말을 같이 먹어보아야 안다'는 것은, 남을 오래 관찰하게 되면 언행의 패턴을 알게 된다는 말이다.

성격이 곧 그 사람이라고 하는데, 성격이 변할 수 있으면 사람도 변할 수 있다는 말이 된다. '사람은 고쳐 쓰지 않는다'고 하는데, 그렇다면 쉽게 변하지 않는다는 생각을 굳힌 것이다. 사랑은 사람을 짐승으로도, 짐승을 인간으로도 만들 수 있다고 했다. 사랑의 힘은 성격을 바뀌게 할 수 있다는 말이 된다. 천성은 바꿀 수 없지만, 습성은 얼마든지 바꿀 수 있다.

사랑하는 데도 천성과 습성이 있겠다. 스스로 정을 키우고 다른 사람에게 주려는 것은 천성이겠다. 성악설 성선설을 주장하지만, 딱 구별할 수 있는 것은 아니다. 상황에 따라 대처하는 독특한 언행이 있으니 그것을 알고 대처해야 사랑을 이룰 수 있겠다. 남녀를 구분할 수도 있지만, 일반화시키면 성격이라 할 수는 없다. '여자 딱딱한 것과 두부 딱딱한 것은 쓸모가 없다'고 하지만, 부드러운 게 모든 여성의 성격이 될 수는 없다. 남자도 강한 게 전형이 아니다. '도토리묵하고 여자는 살살 다뤄라'고 하듯, 부드러운 습성이 필요하다. '간교하지 못하면 아내 노릇 못하고, 어수룩하지 못하면 서방 자격이 없다'고 하면, 모든 남성이 어수룩해야 한다는 말이다. 환경에 따라 사람에 따라 다른 모습을 보여주는 게 성격이다.

마음 쓰는 것이 햇솜처럼 따뜻한 사람이 있는가 하면, 차가운 사람이 있다. 항상 서두르는 사람이 있는가 하면 황소걸음처럼 느긋한 사람이 있다. 행동이 천박한 사람이 있는가 하면 귀족같이 행동하는 사람이 있다. 상대의 다양한 행동 패턴을 알고. 제 호응도 또는 인내심의 한계치를 알면 사랑을 이룰 수 있을지 아닐지를 파악할 수 있다.

좁은 집에는 살아도 속 좁은 놈하고는 못 산다고 했다. '소가지가 꼬막 껍질에 긁어 담아도 하나 차지 않겠다', '소가지가 노래미 창자 같다', '소가지가 뱀댕이 콧구멍만도 못하다', '소갈머리가 바늘귀라', '소갈머리가 빈대 옆구리처럼 좁다'고 할 수 있다면 성격이 아주 편협한 사람인데, 맞춰 살기 힘들 것이다. '가을바람에 새털'처럼 가벼워서 "참을 수 없는 존재의 가벼움"이란 밀란 쿤데라의 소설 제목이 연상된다면 언행이 들떠 미덥지 않겠다. '간이 뒤집혔나, 허파에 바람이 들었나', '간에 바람 들었다'고 할 수 있어도 마찬가지겠다. 상대의 행동을 보고 '간에 천불이 일어난다'면 참아내기 힘들겠다. 아주 싱거운 언행을 예사로 하는 사람을 두고 '간을 쳐도 소금이 한 말은 들겠다', '능글맞기는 능구렁이다'는 말을 듣는 사람도 당장 손발을 맞추기는 힘들겠다. 개개인에 따라 성격은 다르지만, '무주 구천동 소금장수도 능갈이 없으면 이문 속이 허한 법이라'는 말처럼 직업에 따라 공통적인 성격을 보여줄 수도 있다. 장사가 이문을 남기려면 능갈이 없고서야 가능하지 않겠다.

충격적인 일을 경험한 사람의 경우 습성이 갑자기 변하는 수가 있다. 제 성격의 단점을 알고 꾸준히 고치려는 사람이 있다. 이럴 때 성격을 조금씩 바꿔나갈 수 있다. 사람들은 성격이 아주 단순하기를 바란다. 겉으로 하는 행동과 속마음이 똑같기를 바라는 것이다. 겉과 속이 똑같다면 얼마나 싱거울까를 생각하지 않는다. 겉은 속을 감추고 있는 것이니까 구별되어야 마땅하다.

속에 감추는 게 없다면 참으로 심심하겠다. 패를 다 까놓고 하는 노름과 마찬가지일 것이다. 그러니 겉과 속이 다르다고 비난할 이유가 없겠다. 오히려 다행이라 생각할 일이다. '겉은 고와도 속에는 똥이 들어찼다', '겉은 범이고 속은 양이다', '겉은 부처고 속은 짐승이다', '겉은 양이고 속은 두억시니다'와 같은 말들을 해대는데, 당연히 그럴 수밖에 없다. '겉이 고우면 속도 곱다'고 한다면, '겉이 곱지 않으면 속도 곱지 않다'는 말인데 누가 가만히 있겠는가. 얼굴을 모두 해체하여 외모를 곱게 만들려 하겠다. '짚신에 정분 칠하기'라 비난해도 무릅쓰고 감행하겠다. 세상이 온통 외모지상주의에 빠지는 건 시간문제일 것이다. '겉이 검기로 속도 검을까' 하는 말이 전혀 통하지 않는 세상이 될 것이니 말이다.

사랑하다가 헤어질 때, 공통적인 핑계가 성격 차이란다. 차이差異란 어긋나고 다르다는 뜻이다. 누구나 성격이 다르다. 세상에 저와 꼭 맞는 성격을 찾으려 했단 말인가. 말도 되지 않으니 '성의 격차', 즉 짝짓기가 원하는 대로 맞지 않는다는 쪽으로 해석하곤 한다. '밤일을 잘하면 좋은 일이 없어도 삼일을 웃는다'고 했다. 짝짓기가 찰떡궁합이 되면 조금 갈등이 있더라도 문제없이 지나간다는 뜻이다. 반대로 다른 일들을 다 잘해도 밤일에 불만이 있으면 정이나 사랑이 달아나게 된다는 말이 된다. 정말로 성의 격차가 큰 것이 이별의 핵심일 수가 있겠다.

사람마다 성격이 다르다고 사람 수만큼 성격유형을 분류할 수는 없겠다. 정신분석학자들이 성격유형을 분류해 보려는 시도가 많았다. 그중 에릭 프롬의 성격론이 매우 흥미 있고도 설득력이 있다. 그는 성격을 생산적 성격과 비생산적 성격으로 구분한다. 비생산적인 성격을 저축적, 착취적, 수용적, 시장적 성향으로 구분하여 설명한다. 그 모든 유형 중 당연히 생산적 성격을 최상으로 삼으며, 사랑에 대해 인상적인 생각을 펼친다.

사랑은 책임지는 것이란다. 책임진다는 것은 사랑하는 사람이 하고자 하는 일을 최대한 지원해주는 것이란다. 당연히 그리움부터 짝짓기에 이르는 사랑도 포함한다. 경제적인 것보다 정신적으로 격려하고 성취하도록 함께 애쓰는 것이라는 말이다. 몸으로 하는 짝짓기 사랑은 구체적으로 말하지 않고, 정신적 짝짓기에 더 가치를 두는 성격론인 셈이다. 일이 사랑이라고 하는데, 몸 사랑, 일 사랑이 융합한 성격이라 할 수 있을 것이다. 모든 일에 방향을 잘 잡고 생기있게 추진하도록 서로 지원하는 것이 최상의 성격이라는 뜻이다.

남성 여성으로 구별하는 것은 생물학적인 구분이고, 당연히 뱃속에서부터 결정된다. 영어에서는 섹스^{sex}라 한다. 남성적, 여성적이란 말은 심리적인 것으로 젠더^{gender}로 구분한다. 젠더는 뱃속에서 구분되어 나오는 것이지만 매우 자의적이다. 환경이나 문화에 따라 달라진다는 말이다. "성 심리학적으로(즉 '남성', '여성'이 아닌 '남성적', '여성적'이라는 용어에서 볼 때) 양성은 태어날 때 그 어떤 구별도 없다. 따라서 성 심리적 인격은 출생 후에 습득되는 것"[23] 이라는 주장이 타당하다. 그러니 가부장적인 사회에서 굳어진 남녀의 심리적 문화적 차이를 옛 속담에 맞추는 것은 적절치 않다. 하지만 과거의 습관 어느 것이 잘못된 것인지 아는 데는 매우 유익하다. 예컨대 '남자는 손이 크면 큰 성공을 한다', '남자의 말은 천 년 가도 변치 않는다'고 하지만, 그저 하는 말이다. '여자는 외골수다', '여자는 악하지 않으면 착하다'는 말들은 편견일 따름이다. 이런 선입견으로 제 습성을 맞춘다면, 성격은 아주 편협하게 형성될 것이다. 넓은 세상을 살려면 제 습성을 한껏 넓게 펼치는 버릇을 들이는 것이 좋다.

1. '얼굴 일색이 마음 일색만 못하다'

'마음은 술로 보고, 외모는 거울로 본다'고 했는데, 사람이 하지 못하는 것을 술이 해낸다고 하겠다. '고운 사람은 개똥밭에 앉아도 곱다', '고운 사람은 망태를 써도 곱다', '고운 여자는 울어도 곱고, 미운 여자는 웃어도 밉다'고 하는데, 아무리 뭐라 해도 겉모습만 보고 판단하는 것일 뿐이고 편견이겠다. 이러니 '여자는 인물이 밑천이라'는 말을 할 수밖에 없다. '고운 꽃은 열매가 열지 않는다', '고운 꽃이 먼저 꺾인다'고 말하면 시기 질투로 여기는 건 당연하다. '질투가 많은 여자는 오래 살지 못한다'는 말을 듣는다 해도, 질투를 아니 할 수가 없겠다.

'가난 가난 해도 인물가난이 제일 서럽다'는 말이 참으로 절절하게 느껴진다. '꽃잎이 달렸으니 꽃이고, 치마를 둘렀으니 여자라'는 말에 누군들 모욕감이 들지 않겠는가. 미모를 타고나면 살기에 무척 도움이 될 것이다. 그러니 '재주 좋은 년보다는 얼굴 예쁜 년이 낫고, 얼굴 예쁜 년보다는 팔자 좋은 년이 낫다'는 말이 있는 것이다. '여자는 예쁘다면 간도 내준다'고 하는데, 당연하다. '여자는 예쁘면 인물값을 한다'고, 아무리 흉을 잡으려 해도 어쩌지 못할 것이다. 심지어 '미인은 죄가 없다'고 말을 한다. 미인은 아무리 미운 짓을 해도 죄가 안 된다는 말인데, 제정신을 가지고도 이런 말을 하는 사람이 적지 않다.

일본인들은, "미녀는 공유하는 것"이란 말을 내놓고 한단다. 물론 그 공유란 뜻이 소유까지는 아니고 잠시 잠시 미모를 보고 즐거움을 느낀다는 정도일 수도 있다. '미인 싫다는 사내 없고, 돈 마다는 사람 없다', '미인은 누구나 욕심을 내게 된다'는 말이 그를 리 없다. '미인은 거꾸로 봐도 예쁘다', '미인은 가까이 봐도 미인이고, 먼 데서 보아도 미인이라'는 생각을 확고히 가진 남자에게는, '미인은 사흘에 싫증 나고, 추녀는 사흘에 정이 든다'는 말에 가당치도 않다고 말할 것이다. '잘난 여자는 보기만 해도 예쁘지만, 못난 여자는 정이 들어야 예뻐진다', '못난 계집은 정이 들어야 예쁘고, 고운 계집은 첫눈에도 예쁘다', '예쁜 년 미운 짓 않고, 미운 년 예쁜 짓 않는다'는 선입견이 견고하다.

얼굴이 반반한 여자를 두고 남자들이 경쟁을 하는 경우가 적지 않다. 용기가 있어야 미인을 얻는다고 하니까 객기나 만용을 부리기도 한다. '미친개가 호랑이 잡는다'는 격으로 가끔 성공하는 때가 있겠다. '여자의 인물이란 눈길을 너무 붙잡아도 박복하다'는 말이 그래서 있다. 숱한 남자들이 덤비고, '못 먹는 감 찔러나 본다'는 격으로 나대면 즐거운 비명이 아닐 것은 분명하다. 그러니 '여자 얼굴 자랑은 거시기 자랑이다', '미인은 천형이라', '미인은 박명薄命'이라고 경계하는 말이 있는 것이다. '얼굴 보고 사귄 사람은 얼굴이 미워지면 사람도 변하게 된다'고 했는데, 틀림없는 말이다.

사랑은 마음에서 시작되는가? 눈으로부터 시작되겠고, 머리를 자극해대겠다. 마음에서 동動하는 것이라지만, 뇌에서 즉각 반응하는 것이라서 도덕적 검증을 거칠 사이도 없겠다. 사랑인지 간음인지 구별할 겨를도 없이 우선 끌려들 것이다. 아름다움을 느끼는 것이 사랑이라 했는데, 누구나 '반짝 사랑'을 부지기수로 해대겠다. 사랑하는 사람이 있다고 해서 다른 사람의 아름다움에 끌리지 않을 수 있을까. 아름다운 사람에 끌려 욕망을 잠시 품게 된 것을 간음죄라 한다면 너무 가혹한 일이 아닐까. 간음을 저지르지 않는 사람이 어디 있겠는가.

'허울 잘 쓴 사내가 길에 지나가면, 정절 부인도 한번은 쳐다본다'지 않는가. 마음이 움직이지 않으면 쳐다보겠는가. 오죽하면 10계명에서 간음을 제외하지 못한 것을 못내 아쉬워했다는 유머도 있겠는가. "하느님과 모세의 지루한 협상에서 모세가 이끌어낸 장점은 계율을 10가지로 한정한 것이고, 단점은 그 가운데서 간음이라는 조항을 빼지 못했다는 것"[24]이란다. 누구도 간음죄로부터 자유로울 수 없다는 생각이 깔려있다.

아름다움을 느끼고 잠시 동안의 욕망을 갖게 되지만 재빨리 무력화해야 하는 것이 간음이겠다. 사내란 모두 수캐 넋이라는데, 수캐들이 억울하겠다. 수캐라고 늘 짝짓기 욕망에 젖어 있겠는가. 우리 속담에서는 간음이나 간통이라는 어휘를 달고 있는 경우가 거의 없다. 최근에 생겨난 '간 큰 남자와 통 큰 여자가 만나면 간통이 된다'는 정도가 있을 뿐이다. "태곳적부터의 인류의 취미, 제1의 취미, 유일하게 지금까지도 계속되는 취미가 있으니 그것은 다름 아닌 간통이다" 하고 말하는 사람도 있다. 취미란다. 사랑까지는 아니고 잠시 정욕을 즐기고 잠재우는 기회로 보는 것이다.

'얼굴이 반반하면 얼굴값을 한다'고 했다. 왜 아니겠는가. '여자가 절색이면 운세가 박하다', '여자 고운 것과 바다 고운 것은 못 믿는다', '여자 고운 것과 바닷물 고운 것은 바람 탄다'고 했다. 고운 여자에게 끌리면 넋을 잃으니 경계하라는 말이다. 얼굴이 좀 반반하면 마치 궁노루처럼 배꼽에 사향이라도 달고 있는 것처럼 여긴다. '궁노루가 있으면 향내가 풍긴다'는 듯, 붙잡아 보려고 애를 쓰게 된다.

'계집은 첫째가 인물이라'고 하지만, 미모의 기준이 사람마다 다르다. 그래서 '계집 얼굴은 제 눈의 안경이라'고 했다. '여자는 예뻐도 욕먹고, 못나도 욕먹는다'는 게 운명이라면 너무 심술궂다. '여자는 서울 말씨에, 평양 인물에, 강원도 살결이라야 미인이라'고 기준을 마련하는가 하면, '계집 인물 잘나면 노방초 되기 쉽다'고 심술을 부린다. 그러니 '가자니 태산이요, 돌아서자니 숭산이라'는 처지라 하겠다. 남녀 없이 어떤 언행을 하더라도, '겉 겸손 속 교만', '겉 교만 속 겸손', '겉 꿀이 속 꼴', '겉보기가 속보기'라는 소리를 듣게 될 것이다. 어떻게 행동하든 시비가 뒤따르지 않을 수 없다.

외모를 저 원하는 대로 뜯어고치는 시대다. 유명한 배우를 롤모델로 삼고 얼굴도 닮게 수술을 받는다. 그러니 한 사람 닮은꼴이 수십 수백 명씩 생겨난다. 모두 비슷비슷한 얼굴이어서 개성을 잃는다. 겉만 꾸며 '겉 다르고 속 다르다', '겉 똑똑이 속 바보', '겉만 보고 사람 모른다'는 소리를 들으면 수치심을 느낄 것이다.

아무리 그래도 성격은 닮지 못한다. 스스로 잘 가꾼 성격에 팔자가 편다. 아무리 미모가 출중하더라도, 그 미모를 지지할 성격이 견실하지 못하면 아무짝에도 쓸 수 없다. 미모가 좀 부족하다 싶으면 속을 채우면 된다. 배추 고갱이 같이 튼실하고 깔끔한 성품을 지니면 된다. '마음이 고우면 옷

앞섶이 아문다', '겉껍질이 야문 열매가 속껍질이 얇다'는 말처럼, 때로는 외유내강으로 때로는 외강내유로 처신하면 되겠다.

괜히 '성격이 반 팔자', '성격이 팔자'라'는 말을 하겠는가. 사람의 성격이 어떠하든 '사람을 대할 때는 늘 귀한 사람 대하듯 해라'는 말을 항상 명심하고 행동해야 할 일이다. 사랑을 하자면 때로는 부끄러움도 당하고 자존심이 상하는 때도 있다. 그럴 때마다 '개구리 낯짝에 물 퍼붓기', '개구리 대가리에 찬물 끼얹기'라 생각하며 의연해야 한다. 제 미모를 믿거나 내세우지 말고, 제 생산적 성격을 보여주는 것이 지혜일시 분명하다.

2. '남자는 배짱으로 살고, 여자는 절개로 산다'

오래전부터 실컷 들어온 말이라서 대수로울 게 없다고 하겠다. 남자는 모두 배짱으로 버티고, 여자는 오로지 절개로 견디는 세상이어야 하겠는가. 그런 세상은 정말 딱딱하고 융통성이 없어 전혀 포근한 감이 없을 것이다. '남아 일언은 천금이라'는 것도, 때때로 그런다면 매력 있게 여길 것이다. '담력은 커야 하고, 마음은 세심해야 한다'고 하는데, 담력 큰 여자도 있어야 하고 세심한 남자도 있어야 한다. '당해서 못 당하는 일이 없다'면, 결기가 좋겠지만 종종 못 당하는 일이 있어야 정상이겠다.

웬만한 어려움에 까딱도 하지 않는 모습이라면 한동안은 얼마나 매력적이겠는가. 그까짓 것 '거북 등의 가시요, 바위 위의 대못이라'고 무시하며 의연한 것이 배짱이겠다. '겁 없는 놈이 범도 잡는다'고, 배짱이 있어야 큰 것을 얻어낼 것이다. '모 아니면 도'로, 제 인생을 한 번에 결정하겠다고 대들면 멋진 모습일 수도 있겠다. '같잖은 것이 통은 크다'고 할 것인가. '강하면 부러진다', '여자가 고집이 세면 팔자가 세다'고 충고를 자주 듣게 될 것이다.

사람이 강해봤자 몇 푼어치 안 된다. '거들거리는 소는 받지 않는다'고 했다. 괜스레 경박스럽게 행동하는 것은 두려울 것이 없다는 뜻이다. 진정한 용기에서 나오는 배짱이 아니라 객기라면, '겁 많은 개가 먼저 짖는다', '겁 많은 개가 큰 소리로 짖는다'는 꼴을 보이기 일쑤다. '간덩이에 소금 친 듯 하다'고 하는데, 매우 흥분하여 가로세로 설쳐댄다는 뜻으로 빗대는 말이다. '간 쓸개 안 가린다'고 해서 상황이 크게 역전되는 것도 아니다. '간 빼먹고 등쳐먹는다'고 할 정도가 되면, 저도 한번 크게 당할 것이라는 계산속이 있어야 하겠다.

흔히 '남자는 배짱, 여자는 절개'라고 줄여 말한다. 배짱이란, 조금도 굽히지 않고 버티는 태도고, 절개란 지조와 정조를 깔끔하게 지키는 태도를 말한다. 제 신념이나 의리를 굽히지 않는 것인데 상황에 따라 선택할 태도다. 그런데 줄기차게 한 가지 모습만 보여준다면, 얼마나 지루할 것인가. '개도 짖는 개를 돌아본다'는 말처럼, 제 존재를 드러내 보이려는 욕심은 누구에게나 있는 건 사실이다.

제 능력이나 상황을 생각지 않고, 한번 저질러보고 싶은 충동이 솟을 때가 있겠다. 인내심이 고갈되었을 때 흔히 그런다. 그런데 피치 못할 상황이 아니라 상습적으로 그럴 때 문제가 된다. '간덩이가 몸뚱이보다 크다', '간담이 배 밖으로 나왔다', '간덩이에 털 났다', '간덩이가 부었다', '간덩이가 쇳덩이라', '담이 동이덩어리 만하다' 같은 말을 들을 정도면 배짱도 자신을 해칠 것이다. 용기가 도에 넘치면 객기로 고착되고 쇠사슬이 되어 저를 묶는다.

'가을 하늘과 사나이의 마음은 하루에도 일곱 번을 변한다', '겉 다르고 속 다른 것이 여자라'는데, 너무 부정적으로만 생각할 것이 아니다. 제 기분이나 상황이 변하면 제 마음도 바뀌어야 한다. 항심이라고 해서 리듬도 없이 변하지 않는 마음을 뜻하는 게 아니다. 제 신념을 지키는 것도 강약의 리듬을 탈 줄 알아야 상대를 설득할 수 있다. '겉으로 웃으면서 속으로 호박씨 깐다', '겉으로는 허허해도 빚이 열닷 냥이라'는 말을 나쁘게만 판단할 일이 아니다.

남녀 없이 마음 씀씀이가 자잘해서 좋을 건 없다. 아무 데나 참견하기 좋아하면 '가물콩 장마콩 한다'는 핀잔이나 들을 것이다. 하는 짓마다 '가뭄 끝의 쥐참외 꼴'로 잔뜩 쪼그라들어 좋을 게 뭐 있겠는가. 가끔은 '콩이 백 번 구르는 것보다 호박이 한 번 구르는 것이 낫다'는 생각으로 사는 게 배짱이겠다. '계집의 간이란 작을수록 좋은 법이라'고 하지만, 결단이 필요할 때는 잠시 간을 키워야 한다. 배짱이 있다는 게 좋을 수도 나쁠 수도 있다. 객쩍게 부리는 혈기, 즉 객기客氣도 때로는 통할 때가 있다. 때를 잘 맞추는 게 문제일 뿐이다.

절개나 지조, 수절이라는 어휘는 여자의 경우 성적인 것을 의미했다. '여자 수절은 있어도 남자 수절은 없다'는 식으로 세태를 몰아간 건 남자들이다. 정조를 지키는 일, 정조를 지키기 위해 독하게 마음과 몸을 유지하는 일을 두고 절개, 지조라고 했다. '여자의 독한 마음은 오뉴월에도 서리 친다'는 것을 한편으로는 비난하고, 다른 한편으로는 찬양을 했다. '곧기는 뱀의 창자라'고 해서 반듯한 언행은 찬사를 받았다.

마음이 쉽게 변하는 것은 약하기 때문이라고 여긴다. '알 수 없는 게 여자의 마음이라', '여자 마음은 하루에 열두 번 변한다'고 즐겨 말한다. '여자의 마음은 갈대 같다'는 말은 동서양의 공통된 속담이다. 갈대에 대해 잘 모르는 사람은 연약함의 상징으로만 생각한다. 갈대는 줄기가 연약해 보인다. 갈대 뿌리를 캐 본 사람이라면 얼마나 질기고 튼튼한지 놀라게 된다. 연약해 보이지만 드러나지 않은 부분은 더없이 강하다. 갈대가 흔들리는 것은 꺾이지 않기 위함이다. 연약해 보이는 것을 연약함으로 판단하면 망신당한다. "여자는 약하나 어머니는 강하다"는, 서양 쪽 말이 그럴듯하지만 부분적으로 진실이다. 여자는 부드러운 듯 강하다. 마음속 깊이 뿌리가 박혀 있기 때문이다.

남녀 구별할 것 없이, 때때로 배짱이 있는 것은 좋은 일이다. 담이 작아 사소한 일에도 '간에 금 가겠다'고 한다면 써먹을 데가 없는 인간이라 취급을 받을 것이다. 여자의 곧은 지조도 아름답다. 상황에 따라, 상대에 따라 탄력 있게 제 성격을 내보인다면 생산적 성격으로 발전해갈 것이다. '구부릴 때는 구부리고, 펼 때는 펴야 한다'는 말대로, 현실적 판단을 잘 해야 하겠다.

3. '여자는 기가 보드러워야 되고, 남자는 대가 세어야 한다'

기氣는 힘을 말한다. 힘이라고 하면 우선 강한 것, 굳센 것을 생각하기 마련이다. 그러나 부드러운 것도 기다. 힘이란 생명력인데 부드러운 생명력도, 강인한 생명력도 있는 것이다. '약한 바람은 불을 붙이고, 강한 바람은 불을 끈다'고 해서, 부드러운 기운을 좋게 생각할 수도 있다. '버드나무 가지가 딱딱한 장작을 묶는다'는 말이 절묘한 비유다. 부드러운 성격이 꼿꼿한 성격을 감싸거나 이겨낸다는 뜻이다. 그러나 부드러움이 좋다고 늘 부드러울 수는 없다. 부드러움으로 감당하지 못하는 경우, 강함으로 저를 방어하게 된다. 그런 경우를, '순한 소가 뜨기로 말하면 더 무섭다', '순한 소도 성낼 적 있다'는 말로 비유를 한다.

곧거나 강한 성격을 긍정적으로 비유하는 말도 있다. '곧은 막대기는 아무리 더러운 진창에 꽂아도 그림자가 곧다', '곧은 나무는 가운데 선다'

는 말들이 그렇다. '겨울이 돼야 송백의 절개를 안다'는 말도 그런 뜻으로 쓴다.

사람의 성격은 늘 한쪽을 택할 수는 없다. 때로는 부드럽게, 때로는 굳세게 말하고 행동해야 무리가 없다. '곧은 나무는 재목으로 쓰이고, 굽은 나무는 화목으로 쓰인다', '곧은 나무에도 굽은 가지가 있다', '곧은 나무도 뿌리는 굽어졌다'는 비유들이 좋다. '굳센 물고기가 부드러운 못물을 벗어나지 못한다'거나, '곧은 나무가 먼저 찍히고, 모난 돌이 정 맞는다'는 말들도 결국은 곧고 부드러움을 함께 갖추어야 한다는 생각을 내놓는 것이겠다.

누구나 처세를 자기 성격대로 한다. 옳고 곧게 행동할 때, '경오가 대쪽 같다', '경오가 튕겨 놓은 먹줄 같다'는 말을 한다. 경오란 경위涇渭 또는 경우境遇라는 의미로, 사리판단이나 처세가 아주 분명하고 깔끔하다는 뜻으로 하는 말이다. 이와는 반대로 사리판단 능력이 없을 때는 '경오가 발바닥이라', '경오가 삼칠장이라'는 말을 쓴다. 사람이 경오가 분명한 것처럼 좋은 것이 없다. 더구나 대쪽 같다면 대의명분이 확실한 사회의 지도자감이다.

대가 세다는 것이, 경오가 대쪽 같은 것이라면 더없이 훌륭하다. 그런데 남자만 대가 세고, 여자는 다만 부드러워야 한다는 말은 편견이다. 남녀 구별 없이 기가 부드러울 때는 부드러워야 하고, 대가 셀 때는 세어야 한다. 남녀가 다른 성격이라야 서로 보완하며 살아가는 맛이 있을 것이다. 성격 차이 때문에 못 산다고 하는데, 성격이 똑같을 수도 없거니와 똑같다고 해서 더 잘산다는 보장도 없다. 좋을 때 좋겠지만, 어떤 일을 잘못 판단하면 '눈 위에 서리 치는 꼴'이 될 수 있다.

아무래도 남자는 객기, 혈기 부리기에 익숙하다. 사내대장부의 이미지를 어릴 때부터 잘못 심어준 교육 탓도 있겠다. 책임지거나 마무리하지 못할 일을 우선 저질러 놓고 본다는 생각을 하게 만들었다. 뭔가 어려운 일을 돌파해 나가는 데는 유리하다. '간장에 전 놈이 초장에 죽으랴', '개가 짖어서는 담장이 무너지지 않는다', '개가 짖어도 황소는 제 갈 길 간다', '거북 등에 풀쐐기 쏘기' 식으로 스스로 견고하게 유지하면, 여자 쪽에서는 믿음직스럽게 여겨지는 것이 확실하다. 이런 자세가 필요할 때도 있지만 손해를 볼 때도 적지 않다.

'강한 말은 매 놓은 기둥에 상한다'고 했다. 사리 분별없이 사내답게 무조건 뻗대고 나가면, 그 강한 공격성에 제가 상처를 받게 된다. '가시나무에 가시 난다'고, 모진 성격을 가진 사람은 모질게 행동하기 일쑤라는 생각이다. 그러나 천성이 모질게 태어난 사람이 따로 있겠나. 환경이 성품을 만들었을 것이다. 외부로 내뻗기 쉬운 공격성을 내부로 향해 자신의 정신이나 마음을 포용력 있게 하는 것이 정말 유익한 일이다. '남자의 속은 넓어야 하고, 여자의 속은 고와야 한다'고 할 때, 속이 넓다는 것이 포용력 있다는 의미다.

여자가 때때로 내미는 날카로운 속성을 두고 비유적으로 표현하는 말들이 있다. '가시 센 고기가 맛이 좋다', '가시 돋은 꽃이 더 곱다', '가시한테 찔려야 밤맛을 안다', '여자는 쏘는 맛이 있어야 귀엽다'고 했다. 이런 말은 남자들이 주로 성적인 의미로 쓴다. 대체로 여자들이 남자보다 다정하게 행동한다. 그래서 '남자가 디딘 풀은 죽고, 여자가 디딘 풀은 안 죽는다'고 한다. 그러나 위험에 처하거나 불이익을 당했을 때도 마냥 부드러울 수만은 없는 법이다. 대가 세게 자기방어를 해야 한다. 이럴 때도 대가 센 여자라 할 것인가.

기氣가 부드럽다는 것은 그만큼 참을성, 견딜성이 강하다는 증거다. 제가 품고 있는 울분이나 화를 폭발시키는 건 아주 쉽다. 고수, 베테랑은 결코 화를 내지 않는다. '홧김에 돌부리 차야 내 발만 아프다'는 것을 잘 알기 때문이다. '참을 인忍자 세 번만 되면 살인도 면한다', '견딜성이 셋이면 살인도

면한다', '참을 인자를 붙이고 다니랬다'는 정도가 아니다. 참을 인 자를 마음속에서 굴리고 굴려 핏속에 흐르게 만든 차원이겠다. '광풍도 버들가지는 꺾지 못한다'는 말대로다.

일반적으로 남자보다 여자가 참을성이 강한 것이 사실이다. '남자는 하늘이고, 여자는 땅이라'는 말처럼, 여자는 땅처럼 모든 것을 받아주는 천성이 있기 때문이다. 물론 '하늘은 덮어주지 않는 게 없고, 땅은 실어주지 않음이 없다'고 한다. 음양이 모두 포용력이 크지만 음에 미치지 못한다.

'천하를 움직이는 것은 남자고, 남자를 움직이는 것은 여자다'는 말에, 남자가 속상할 것은 아니다. 세상사든 우주든 제 성격만큼 보거나 차지하는 게 이치다. '마음이 고와야 여자다', '두부 딱딱한 것과 여자 딱딱한 건 쓸모가 없다'는 생각으로, 여자에게 부드러움만 강요할 수는 없다. '마음 약한 사람치고 악한 사람 없다'고 하는데, 부드러움이 약한 심성과 같지 않다. '여자란 남자 할 탓이라'는 말은 맞다. 마찬가지로 '남자는 여자 할 탓이라'는 말도 가능하다. 아무리 사랑하는 사이라도 제가 하는 만큼 받는 것이어서, 저는 굽히지 않고 남만 부드러워지길 바라서는 안 될 일이다.

4. '남자의 오장은 얕아야 하고, 여자의 오장은 깊어야 한다'

'달걀에도 털이 났나 살펴보고, 흰구름에서도 비가 쏟아질까 봐 근심한다'고 하는데, 만약 남자가 그렇다고 하면 여자는 숨이 막힐 것이다. 지나치게 신중하기 때문이다. 오장五臟이 깊은 줄은 모르나 소견이 형편없이 좁은 것이다. '답답한 밑구멍에 불송곳이 안 들어간다'고 여겨지면, 오장이나 소견이 말할 수 없을 만큼 꽉 막힌 상태겠다.

세상사에 무리 없이 살아나가기 위해서는 자존심이나 고집을 내려놓아야 한다. 임기응변에도 능하고 사람 사귀는 일도 모나지 않게 해내야 한다. 오죽하면 '남자는 거짓말 석 자리는 항상 지니고 다녀라'고 충고하겠는가. 그때그때 위기를 모면하거나 손해를 줄이기 위해 능수능란하게 언행을 하라는 말이다. '나가서 화목은 남자가 하고, 들어서 화목은 여자가 한다'고 하는데, 화목하기 위해서는 오장이 얕아야 한다.

남녀가 만나 어우러지려면 서로 신중한 감정조절이 필요하겠다. 서로 마음의 상처를 주지 않기 위해서 제 감정을 어느 정도 보여야 정과 사랑이 식지 않을까, 늘 수위조절을 해야 한다. '노여움은 사랑에서 나고, 꾸지람은 정에서 난다'고 하지만, 당장 그것을 받아들이기 쉬울 리 없다. '노염이 사람 잡는다'고 하는데, 사람을 잡지 않고 사랑이라 여길 만큼만 노여워하고, 또 기꺼이 받아들이는 성숙함이 필요하다.

세상을 제대로 살아가기 위해 제 오장을 얕게 혹은 깊게 변화시키는 수완이 필요하다. 여자는 무조건 오장이 깊어야 하고, 남자는 무조건 얕아야 한다는 생각은 지혜롭지 못하다. 사실 남성성, 여성성이란 인간 심성의 양극단에 머물러 있지 않기 때문이다.

사람들은 여성이라면 순도 높은 여성성만을 기대하고, 남성에게는 역시 순도 높은 남성성만을 기대한다. 그렇게 기대하는 것은 지혜롭지 못하다. 태극, 음양오행론에서도 남성을 나타내는 것은 양효陽爻가 세 개 겹쳐있지 않다. 위아래 양효 가운데 음효陰爻 하나를 품고 있다. [☰]여성을 나타내는 이미지도 위아래 음효 한가운데 양효를 품고 있다.[☷]

융이라는 정신분석학자가 제시한 "신神의 그림자"라는 용어가 있다. 남성에 숨겨져 있는 여성성, 여성에 숨겨져 있는 남성성을 뜻한다. 아니마와 아니무스라는 용어로 구별한다. 남성은 완전히 남성성만 있는 게 아니고 여성성을 가지고 있고, 여성은 완전히 여성성만으로 구성되지 않고 남성성을 가지고 있다. 남성이라고 초지일관 강함으로 뻗대는 것이 아니며, 여성이라고 초지일관 부드러운 모습은 아니다. 누구나 상황에 따라 남성성 혹은 여성성으로 대응하도록 인간의 정신은 구현되어 있다. 그러니까 부드러움은 무조건 여성다움으로, 굳셈을 무조건 남성다움으로 여겨서는 안 된다는 말이다. 이런 근거로 해서 어떤 일에서든지 남녀를 정반대에 위치하도록 해서는 안 될 것이다. 어느 한쪽을 고집하거나 강요하는 것은 속이 좁거나 소견이 트이지 않아서 그렇다.

'나무가 커야 그늘도 크다', '나무가 커야 그림자도 크다'고 했다. 속이 트여 넓어야 좋은 성격임은 말할 것도 없다. 제 속이 넓어야 큰 사랑이 자리 잡을 자리가 생긴다. '집안이 좁은 건 살아도, 마음 좁은 건 못 산다'고 하지 않는가. '오지랖이 열두 폭이라'고 비아냥을 들어도 그게 낫다. '참깨 백 번 구르는 것보다 호박 한 번 구르는 것이 낫다'고 할 소견이라야 사랑도 시원시원히 할 것이다. '남산 소나무를 다 줘도 서캐조롱 장사를 하겠다'고 조롱받을 정도로 소견이 좁아서는 될 일이 없다. '담배씨로 뒤웅박을 파겠다'는 정도로 비좁은 소견이라면 누가 상대를 하겠는가.

성격은 어떤 충격적인 경험에 의해 갑자기 변하는 수도 있지만, 스스로 깨우치는 만큼 변할 수 있다. '나무는 먹줄을 따라 다듬어야 바르게 된다', '나무는 먹줄을 받아야 곧아지고, 사람은 충고를 받아야 크게 된다'고 하는데, 외부의 자극에 의해 성격이 변한다고 생각하면 안 된다. 자신이 큰 스승이다. 외부의 자극이 아무리 강해도 제가 고치지 않으면 그대로 있게 된다. 저 자신에게 스스로 먹줄을 대야 한다. 그 먹줄에 따라 다듬는 것도 스스로 해야 한다. 제 성격이 먼저 풍성하고 바를 때 정, 사랑도 풍부하게 받아들이게 될 것이다.

오장이란 속이다. '여자 속은 밴댕이 속이다', '여자 속은 뱀 창자다' 하고 말하는데, 부정적인 어조다. '여자의 오장은 깊어야 한다'고 말하지만, 깊으면 깊다고 또 비난한다. '계집의 속은 우렁잇속'이란 말이 그렇다. 우렁

잇속처럼 깊어서 도무지 속내를 모르겠다는 뜻으로 비꼬는 것이다. '어느 장단에 춤출지 모른다'고 하는데, 남들 장단에 춤출 것 없다. 제 오장은 제게 맞게 지키고 있으면 그만이다. "어느 날 당신과 내가 / 날과 씨로 만나서 / 하나의 꿈을 엮을 수만 있다면"[25] 하고 어느 시인은 〈한 그리움이 다른 그리움에게〉에서 말한다. 날줄은 여자의 깊은 오장이고, 씨줄은 남자의 얕은 오장으로 비유할 수도 있고 반대로 생각해도 되겠다.

흔히 남자들은 여자의 성격이 유순해야 한다고 생각한다. 유순하다는 것은 제 생각을 깊이 묻고 있다는 말이다. 오장이 깊은 것이다. 그러나 속이 뒤틀리는 상황이 되면 돌변하게 된다. 깊은 곳에서 솟구치는 힘은 강할 수밖에 없다. '뜬 쇠가 달면 더 뜨겁다', '뜬 솥도 달면 무섭다'고 했는데, 성격이 온화한 사람도 한번 화를 내면 감당할 수가 없다는 뜻으로 비유하는 말이다. '여편네 매운맛은 땅벌인들 당할쏘냐'는 말이 왜 있겠는가. 남자도 얕은 오장으로만 있지는 않는다. '뜨는 소가 부리기 좋고, 성깔 있는 머슴이 일 잘한다'고 하는데, 오장이 깊이 머물러 있다가 때를 만나 솟구친 탓이다.

오장이 깊든 얕든 경박스럽지만 않으면 된다. '간에 가 붙고, 쓸개에 가 붙는다', '간에 붙었다 쓸개에 붙었다 한다', '간도 쓸개도 없다', '간 빼어 흔들어 준다'는 말을 듣거나 '간사한 것이 사람 마음이라'는 말을 듣지 않아야 한다. 생산적인 성격은 남녀의 영역이 따로 없이, 오장 깊숙하게 또는 얕디얕게 나들며 정성을 다한다. '정성을 다한 사람의 힘은 하늘도 움직인다'는 것을 알기에 사랑에 실패하지 않는 것이다.

'개도 사랑할 땐
　　　　운율에 맞춰 짖는다'

　　사랑에 빠진 개가 운율에 맞춰 짖는다면, 사랑에 빠진 사람은 운율에 맞춰 말을 하는가. 말뿐 아니겠다. 사랑의 노래도 있고, 춤을 춰도 되겠다. 온몸으로 사랑을 표현하니까 온몸이 율동을 하겠다. '가루는 칠수록 고와지고, 말은 할수록 거칠어진다'고 하니, 말을 적게 하고, 몸으로 말해야 한다. "사랑은 몸으로 말한다"는 노래 가사가 맞다. '사람의 마음, 물이요 구름이라'는데, 정처 없이 떠도는 마음을 잡으려면 무척 애를 써야 하리라. '사람의 마음은 하루에도 열두 번씩 변한다'고 하는데, 거기에 맞추려면 참을 인 자를 세 번이 아니라 수십 번 써야 하리라. 사랑은 오래 참아야 가능하다는 것을 깨우칠 것이다.

　　사랑은 사람을 상투적인 것에서 벗어나게 한다. 상투적인 언행에서 벗어났다는 것은 새로운 생기와 활력을 보여준다는 증거다. 사랑하기 전과 후의 언행은 누가 봐도 차이가 난다. 아무리 감추거나 억제하려 해도 드러난다. 마치 기침이 터지는 것과 같다. 그래서 '사랑과 기침과 가난은 숨길 수 없다', '가난과 사랑은 못 숨긴다'고 했다. 아무리 티를 내지 않으려 해도 궁색한 모습이 삐져나오기 마련이다. 터져 나오는 기침을 막을 재간도 없다. 사랑, 기침, 가난을 같이 묶은 말이 재치 넘친다. 모든 언행이 평소와 다름없이 정상적이라면 적어도 사랑에 빠진 사람은 아니다. 몸과 마음이 들뜨지 않고 시종일관 차분한 사람에게서 무슨 사랑이 나오겠는가.

'추위는 첫추위가 춥고, 사랑은 첫사랑이 뜨겁다'고 했다. 무엇이든지 처음 겪는 일은 강렬하다. 더구나 달콤한 사랑인데 어찌 무섭게 달려들지 않을 수가 있겠는가. '사랑을 하면 눈에 콩꺼풀이 씌인다'는 게 정상이겠다. 숱하게 겪는 사랑에 첫사랑은 비할 바가 아니다. 그래서 '첫정이 무섭다'고 했다. 당연히 '첫사랑은 잊지 못한다'고 할 만하다. 첫사랑은 정서적 충격이 워낙 강해서 분별력을 갖기 힘들다. 첫사랑에 할퀴는 건 예사고, 거듭되면 '첫사랑에 속고 또 속는다'는 넋두리가 시작될 것이다. 그러다 '첫사랑에는 생목숨도 끊는다'는 지경까지 갈 수도 있다.

'여자에 빠진 사람 구하기 어렵다'고 했는데, 마땅히 그래야 한다. '임도 하나요 달도 하나다', '임도 하나요, 사랑도 하나라'는 생각이 신앙보다 훨씬 더 굳어진다. '임 떨어지면 정도 떨어진다'는 것이 두려워 항상 곁을 떠나지 않으려 한다. '물은 낮은 데로 흐르고, 정은 가까운 데로 기운다'고 하니, 늘 가까운 곳에서 정을 받으려 하겠다. 밥을 먹을 때도 예외는 아니겠다. '임 없이 먹는 밥은 돌도 반, 뉘도 반이라'고 생각이 될 것이다. '임 없이 먹느니 차라리 임과 함께 굶는 것이 낫겠다'는 생각을 아니 하겠는가. 임을 졸졸 따라다녀도 멋쩍은 줄 모른다. '임 따라 삼수갑산 간다'는 건 당연지사로 생각하겠다. '멀리 살면 정도 멀어진다'니 당연한 행동이다.

'임은 오는 것이 좋고, 나그네는 가는 것이 좋다'는 건 당연한 바람이겠다. 좀 더 진도가 나갈 수 있겠다. '임은 품에 들어야 맛이고, 술잔은 차야 맛이라'는 생각이 그렇다. 좀 야하게 '입 맞추면 거시기도 맞추게 된다', '임은 타는 게 임자고, 돈은 쓰는 게 임자라'는 경지까지 가겠다. '임을 봐야 아기도 밴다', '임을 만나야 아들 딸도 낳는다'는 데까지 가는 건 당연하겠다.

사리 분별하는 능력이 전혀 없을 때, '사리 분별이 절간 굴뚝이라'고 비꼰다. 예전 절간에서는 추위에도 난방을 않고 생활했던 데에서 생겨난 말이다. 사랑의 덫에 걸리면 사리 분별력이 없어지거나 현저히 낮아진다. 평소에 예절이 깍듯했던 사람도 쉽게 몰염치해지기도 한다. '사랑하는 마음이 있으면 용감하게 된다'고 했는데, 남을 덜 의식하기 때문에 용감하다고 하겠다. 이럴 때 흔히 '사랑에 눈이 먼다'고 말한다. '가리산인지 지리산인지 모른다'고 할 정도로 몰상식해지기도 한다. 뇌의 작용이 온통 사랑에 집중되고, 상대적으로 다른 일에 관심을 두지 않아 그렇게 된다.

'사랑하는 사람의 병이라야 궁금하다'고 했다. 나와 관계없는 사람의 일에 누가 크게 관심을 갖겠는가. 사랑하는 한 사람을 택하면 다른 사람에게 무관심해지는 것은 당연하다. 사랑은 중간이 없다고, 여러 사람에게 관심을 가지면 온전한 사랑을 이루기 힘들다. '임 그리워 천 리를 띈다', '간이라도 뽑아 먹이겠다'는 태세라야 뭔가 조금 이룰 것이다. 그러나 아무리 눈에 콩꺼풀이 씌어도 처음부터 '단속곳까지 다 벗어줄 것처럼 군다'고 할 정도로 덤벼서는 일을 그르칠 수도 있다. '불 난 강변에 덴 소 날뛰듯' 하다가, 받는 사랑이 없으면 한순간에 싸늘하게 식을 수도 있다.

'마음처럼 간사한 것이 없다'고, 오가는 사랑이 서로 팽팽하지 않으면 이별을 생각한다. 자존심이 한껏 상해, '임이 나를 저버리거든, 차라리 내 먼저 임을 저버려라' 하는 마음이 순식간에 생겨나기도 한다. 격정으로 노기등등한데, 김소월의 〈진달래꽃〉처럼 임을 보낼 수 있을까. 오기를 품어서 끝이 좋을 수는 없다. 제 마음의 평화를 지켜야 이별에 이르지 않겠다. '어디를 가나 인정은 두고 가랬다'고 하지만, 이별 뒤에 정만 남겨 뭘 하겠나.

1. '남녀가 반한 데는 고치는 약도 없다'

짝사랑으로부터 사랑은 시작된다. 짝사랑이 오랠수록 그리움은 켜켜이 쌓인다. 짝사랑이 괴로워 잔뜩 움츠리고 있지만, 진한 사랑이 되기 위해서는 괴로움을 참아내야 한다. 마치 '개구리가 움츠리는 것은 멀리 뛰자는 것이다', '개구리가 주저앉는 뜻은 멀리 뛰자는 뜻이라'는 듯이 마음을 다잡아야 한다. '마음에 없으면 보이지 않는다'고 하듯, 늘 보려고 마음에 모시고 있게 된다.

짝사랑은 일시적 광증이나 발작을 일으키기도 한다. 이른바 선남선녀라든지 소위 말하는 쭉쭉빵빵을 보고 나서 미쳐 날뛰는 사람이 있다. 스토킹을 하다못해 살인까지 저지르기도 한다. '반한 놈에는 미인이 따로 없다'고 했는데, 반했다는 건 제정신이 아니라는 뜻이다. 마음에 갑작스럽게 끌리는 상대에 미쳐 제 인생을 순식간에 거덜내는 사람이 적지 않다. 사랑이란 미명 아래 소중한 제 삶을 스스로 중간에서 꺾어버린다. '눈이 보배라'는 말이 실로 무색해질 일이다. 오히려 눈이 재앙을 초래한다. '반한 것 고치는 약은 없다'고 한 말이 맞다. 그래서 '짝사랑이 더 괴롭다'고 한 것이다.

어느 시인의 〈꽃을 위한 서시〉란 작품에 "나는 시방 위험한 짐승이다. / 나의 손이 닿으면 너는 / 미지의 까마득한 어둠이 된다"[26]는 표현대로, 제가 언제 위험한 짐승이 될지 모른다. 갑자기 꽃을 꺾으려 들면 위험한 짐승이다. 아름다움을 느껴 소유하려고 하면 당연히 위험한 사람이 된다. '사람만큼 무서운 게 없다'고 하듯, 누구나 저 자신만큼 무서운 동물이 없다.

뇌가 조장하는 신호로 인하여 남자는 매력 있는 여자를 순식간에, 아니 찰나에 알아본단다. 1초를 대여섯 번으로 나눈 짧은 순간에 눈이 상대의 매력을 알아본다니 놀랍다. 이거야말로 '번갯불에 콩 구워 먹기', '번갯불에 담뱃불 붙이기'다. 여자가 남자를 볼 땐 안 그럴까? 여자는 남자보다 정서를 잘 안정시키거나, 시치미를 잘 떼서 그렇지 마찬가지일 것이다. 제 눈의 순간 작용이나 판단을 전적으로 믿다니, 스스로 놀랄 일이다. 더구나 거기서 그치면 좋은데, '용감한 사람이 미인을 얻는다'는 말을 되까리며 실행에 옮길 때 사달이 나는 것이다. 아름답다거나 예쁜 모습을 드러내어 과시하려는 사람의 속은 당연히 허할 수밖에 없다.

사랑은 상사병으로부터 시작한다. 마음속에 자리 잡은 그리움이 걷잡을 수 없이 커지는데 어찌 통증을 못 느끼겠는가. 일찍이 한 번 경험해보지 못한 통증이라서 감당하기 힘들다고 하겠다. '상사병에는 약이 없다', '상사병에 미친다', '상사병 든 놈은 말라죽는다'고 했는데, 어쩔 수 없이 온 마음, 온몸으로 치러야 할 병이다. '사랑도 병이라'니 앓아내야 하고, '병에는 장수 없다'고 하니 견뎌내야 한다. '이 세상 백 병 중에서 제일 아픈 병이 상사병이라'는데, 한번 된통 앓아야 사랑의 쓴맛 단맛을 제대로 알 게 될 것이겠다.

'외기러기 짝사랑하듯 한다'고 말하는데, 외로운 사람이 누군가를 절절하게 그리워한다는 뜻으로 비유하는 말이다. 짝사랑도 사랑이다. 서로 보자마자 동시에 반하는 경우가 어디 흔할까. 갑자기 마음에 들었다고 당장 그 사람을 '갈까마귀가 병아리 채가듯' 하여 제 곁에 둘 수도 없는 노릇이다. 제 마음을 전하고 응답이 올 때까지 애를 태우며 기다려야 할 것이다.

'여자와 버스, 배급은 기다리면 오게 되어 있다'는 말을 믿는다면, 제 짝을 찾는 수고를 하지 않아도 되겠다. '뭇 닭 속의 봉황이요, 새 중의 학 두루미라'고 생각하는 사람이 제 발로 찾아온다고 기대한다면 한참 어리석은 것이다. '갑갑한 놈이 우물 판다'고 했으니, 구애를 시작하는 건 당연하다. '간절히 원하면 이루어진다'고 하지만, 믿을 수 없는 말이라 여길 일이다. '운명은 대담한 것을 좋아한다'는데, 어떻게 해야 대담한 것인지도 감이 잡히지 않을 것이다.

'가슴 속이 누룩이 되었다', '가슴 속이 숯등걸처럼 되었다'고 할 만큼 속을 썩이면서 생각을 거듭해도 묘책이 그리 쉽게 마련되겠는가. '가슴 답답 애 답답은 노래로 푼다'고 했는데, 노래를 흥얼거려도 건성이겠다. '낙은 고생의 씨요, 고생은 낙의 씨라'는 생각으로 인내해야 될 것인가, 하고 스스로 묻고 또 묻겠다. '간이 마르게 기다린다', '간이 좋아붙는 듯하다'는 게 뭔지 확실히 경험하는 기회가 되겠다. '씨아에 불알을 넣고 견디지' 하고 투덜대거나 '아픈 상처에 소금 치기'보다 더 마음이 아프다고 엄살도 떨어볼 것이다.

사랑에 빠지면 '가마 속에 든 고기', '가마 속에 노는 고기' 신세가 된다. 서로 사랑을 나누는 사이라면 덜 하겠다. 상대방은 호응하지 않는데 혼자 끙끙 앓는 사랑이라면 영락없다. "오늘도 그대를 생각하며 하루가 저물었습니다 / 그대는 저의 온몸을 덩굴식물처럼 휘감고 계십니다 / 제 주변에는 온통 그대가 숨어 계십니다"[27] 하는 상황이라면, 사랑의 중증이라고 하겠는가. 하지만 사랑은 중병에 들어야만, 남을 내 사람으로 이끌어 들일 수 있다.

'열 번 찍어서 안 넘어가는 나무 없고, 여자가 열 번 녹여서 안 녹는 남자 없다'고 했듯이, 여자가 남자를 붙잡는 게 더 쉽겠다. 남자가 여자를 잡는 게 어디 쉽겠는가. 열 번 찍어 안 넘어갈 여자가 더 많을 것 같아 도무지 용기를 낼 수 없는 게 풋사랑이겠다. '정을 주려면 한 곳에 주어라'는 말대로, 한 사람을 택해 정을 쏟아붓는다고 해서 성공하는 것은 아니겠다. '개구리 수염 날 때까지 기다린다'는 오기로 버티기도 한이 있겠다. 하다 하다 안 되면, '네가 잘나서 일색인가, 내 눈이 반해서 일색이지' 하면서 돌아설 게 뻔하다. 하지만 어디 그것이 끝이겠는가.

일단 반하면 뒤를 생각할 수 없게 만든다. '설마가 사람 잡는다'고, 제가 공들여 택한 사람이 설마 원수가 되려니 생각할 것이다. 그러나 '설마가 애 잡아먹고 피똥도 안 싼다'고, 대가를 크게 치루는 경우가 허다하다. '실떡실떡 사랑이 영 사랑 되고, 턱턱 사랑이 영 이별 된다'는 말이 있다. '시시덕 사랑이 서방 된다'는 말도 같은 뜻이다. 장난삼아서 사귀던 것이 평생의 연분이 되고, 갑자기 친해져서 열렬하게 된 사랑은 쉽사리 헤어지게 된다는 뜻으로 하는 말이다. '불같은 사랑 쉬 식는다', '얼른 달군 쇠가 쉬이 식는다'고 했듯이, 불 보고 뛰어든 나방이 온전하겠는가.

'감도 익어야 떨어진다'고, 사랑도 듬뿍 들어야 열매를 맺는다. 생짜배기 사랑이 계속되지 않으려면 한 사람에게 쏟아붓지 않으면 안 된다. '꽃은 시들기 전에 꺾어야 한다'고 제 마음만 급해서 될 일이 아니다. '꽃 본 나비 담 넘어간다'고 하더라도, 익어야 사랑도 된다.

2. '사랑하면 서로 이롭게 된다'

'큰 고기를 낚으려면 미끼를 아끼지 말라', '큰 고기를 바라며 미끼를 아낄 수 없다'고 했다. '낚싯밥이 좋아야 고기도 잡는다'고도 말한다. 사람이 고기가 아닌 다음에야 낚는다는 말은 사실 가당치 않다. 제 삶에서 가장 중요한 투자라는 생각으로 사랑을 구해야 할 것은 물론이다. 사랑을 성취하면, '잡은 고기 밥 안 준다'고 생각하며, 투자를 덜 해도 되니 이롭다고 할 것인가. '정다우면 믿게 된다'고 했는데, 믿음을 얻으니 이익이 크다. '정에는 귀천이 없다'고 했는데, 내가 천대받지 않으니 더없이 좋겠다.

사랑하게 되면 사람이 곱게 보이고, 온 세상이 곱게 보이니 곱게 살 수밖에 없다. '곱게 살면 갚음 받을 날이 있다'고 하니, 한껏 희망에 부풀 것이다. 제 사랑은 하찮다 하더라도 세상을 곱게 보게 되니, 이보다 더 큰 수확은 없겠다. '선물은 하찮아도 정은 두터워진다'고 했으니 더없이 이롭겠다. '이해가 사랑이다', '이해하는 만큼만 사랑한다'고 했는데, 이해하는 일에 큰 수고가 따르지 않고 사람을 얻으니, 한껏 이롭다고 할 수 있을 것이다.

"사랑하였으므로 진정 행복하였노라"고 반복한 어느 시인의 시구詩句는 언제 생각해봐도 절창이다. 상대방이 호응하든 하지 않든, 제 사랑을 쏟아붓는 일이 행복이라면 최고의 보상이겠다. '행복이나 기쁨을 기다리는 것, 그 자체가 행복이요 기쁨이라'고 했는데, 직접 기쁨을 맛보니 얼마나 큰 이익이 될 것인가. '제 사랑 제가 받는다', '제 사랑 제가 지니고 다닌다'고 했다. 제가 사랑을 끌어들이는 힘이 있다는 것을 깨닫는다면 얼마나 큰 자존감이 생길 것인가.

사랑이란 수고를 아끼지 않는다는데, 까짓 수고랄 것도 없이 작은 선심을 베푸는 것이 뭐 어려우랴 할 것이다. 그러나 유난히 셈법이 까다로운 사람이 있는 법이다. '즐거움은 보태고 괴로움은 나눈다'고 하듯, 마음을 나누는 것이 크게 어려울 것도 없다. '정이야 살다 보면 들게 된다'고 하듯, 정드는 일이 크게 애쓸 일이 아니라면 얼마나 편한 사랑일까. '편안하고 즐거운 것은 돈하고도 안 바꾼다'고 하지만, 사랑은 불편을 감수해야 하고 늘 긴장해야 한다.

피츠제럴드의 《위대한 개츠비》라는 소설을 보면 안다. 잠시 만나 사귄 적이 있지만 남의 아내가 되어 있는 데이지라는 여자를 되찾기 위해 주인공은 모든 것을 바친다. 어마어마한 저택을 지어놓고 날마다 사람들을 초대해 오래오래 파티를 벌인다. 데이지가 찾아올 것을 기대하면서 엄청난 돈과 시간을 들인다. 결국은 실패하며, 그의 생애도 아주 일찍 끝난다. 그런 그를 두고 왜 위대하다고 했을까, 하는 물음만 남는다. '정에도 화가 있다', '정에서 노여움 난다'고 했는데, 개츠비는 노여움이 없다. 오로지 참을성만 보여줄 뿐이다. "꿈은 이루어진다"고 믿으며 열심히 꿈을 꾸었다. 그러나 그 꿈은 이루어지지 않았다는 것을 온몸으로, 온 생애를 다 바쳐 증명했기 때문일까. 그는 사랑에 실패했기 때문에 위대하다는 말이 된다. 사랑이 요구하지 않았어도 제 모든 걸 바쳤기 때문에 위대하다고 할 수도 있다.

개츠비는 겉보기에는 철저히 손해를 보는 사랑을 했다. 매일매일 파티를 벌이며 무수한 사람들에게 성찬을 베풀었다. 단 하나, 기약 없는 옛사랑이 느닷없이 찾아오는 기쁨을 맛보기 위해서 말이다. '즐거운 일을 기다리는 것도 하나의 즐거움이다'고 했다. 그 기쁨에 비하면 막대한 재물도 하찮은 것에 불과했다. 개츠비는 사랑만 얻으면 더이상 이로울 것이 없다고 생각한 것이다.

사랑에 성공하면 평범하고, 사랑에 실패하면 비범非凡하다. 위의 개츠비와 데이지를 봐도 그렇고, 로미오와 줄리엣을 봐도 그렇다. 사랑에 성공한 인생은 희극이고, 실패한 인생은 비극이다. 대부분 사람은 비범이 두려워 사랑에 성공하기를 원하고 또 타협하고 안주한다. 그러면서 많은 사람이 제 삶을 풍성하게 만들기 위해 자잘한 희비극을 되풀이한다. 모든 걸 요구하는 게 사랑이라고 하는데, 단 한 번에 모든 걸 걸면, '굵고 짧게 산다'는 삶이 되기 일쑤다. 제 생애에 심각한 손실을 감내해야 한다. 그러나 '정에다 고삐 걸까' 했다. '정만 있으면 가시방석에서도 산다', '굶어도 정만 있으면 산다'고 했으니, 사랑은 이익을 따라 움직이는 게 아니다. 사랑하는 자체가 이로운 것이 분명하다.

3. '사랑하면 손실이 따르게 된다'

'달콤한 사랑은 몸을 해쳐도, 쓴 약은 병을 고친다'고 했는데, 과연 그런가. 사랑해서 이익이 아니고 손해가 된다면 누가 사랑을 할까. 뭔가 유익함이 있으니 사랑할 것이다. 물론 어리석은 사랑을 한다면 당연히 손해를 보겠다. 제대로 된 사랑을 하면 현명하거나 지혜롭게 되지, 멍청해질 수는 없을 것이다. '사랑은 눈을 멀게 한다'고 하는데, 잠깐 그럴 뿐이다. 사랑에 깊이 빠졌다가 제정신을 차리면, 인품이 훨씬 향상될 수도 있겠다.

넓은 하늘 말고 좁은 얼굴을 보라는 말이 있다. 이런 말을 하지 않아도 연애에 빠지면 애인 얼굴밖에 보지 못한다. 사랑에 빠졌는데 '여자는 불가원불가근이라'는 말이 가능할 것인가. 사랑하는 사람의 얼굴만 보고 있다가 세상 돌아가는 것을 읽지 못하면, 분명 어리석은 언행을 하게 되니 살아가는데 이보다 더 큰 손실은 없을 것이다. '곱고 미운 것은 보기에 간다'고 했으니, 미모로 손익을 따질 수는 없는 노릇이다.

'정들면 사지를 못 쓰게 된다'고 하는데, 당장이야 큰 손실이겠다. '주는 정이 있어야 받는 정도 있다'고 했는데, 만약 정을 한껏 줬는데 받는 정이 없다면 대단한 손실이 아닌가. 애정이 헛벌이라고 하는데, 애정은 아무리 쏟아도 끝이 없고 돌아오는 게 없다는 뜻으로 하는 말인가. '정이 들면 살점을 베어 먹이고 싶다'고 했는데, 정이 드는 일이야말로 이래저래 손해를 보는 일이라 생각할 수도 있다.

'개는 믿어도 사람은 못 믿는다', '개도 기르면 은혜를 안다'고 했다. '머리 검은 짐승은 남의 공을 모른다', '머리 검은 짐승은 은혜를 모른다'고도 했다. 사람은 쉽사리 배신한다는 말이다. 사랑을 한껏 주었는데 '네 떡 내 모른다'고 시치미 떼고 배신하면, 사랑을 계속할 수 없는 건 당연하다. '개도 꼬리를 흔들어 제 잘못을 안다'는데, 모르쇠로 버티면 더할 나위 없이 증오감이 솟을 것이다. 이렇게 되면, 다른 사람을 사랑한다는 게 크게 손해 보는 일이라 생각하겠다.

'진주를 찾으려면 물속에 들어가야 한다'고 했다. 수고를 아끼지 않아야 하니, 그것을 두고 손실이라고 해야 할까. '아홉 길 깊은 샘물은 파지 않고, 소 발자국에 고인 물만 기대한다'고 했는데, 아홉 길 땅 파야 하니 손실이라고 생각할 것인가. 깊은 물 속에 들어가는 수고, 땅을 깊이 파는 수고는 그보다 더 큰 기쁨을 얻기 위한 것이겠다. 사랑이 이와 같다. 어렵게 사랑을 하면 거기에 들인 노력이 다 손해 같지만, 그보다 더 큰 보람을 얻기에 감내하는 것이겠다. '꽃 필 무렵에 비바람 잦다'는 이치가 그것이다. 고진감래苦盡甘來란 이치는 자연 속에서도, 인간 세상에서도 변함없는 진리다.

'사람을 사랑하면 그 집 지붕 위에 앉은 까마귀까지 사랑한다'고 했다. 까마귀한테도 호감을 가지려면 가슴이 사뭇 부풀어 있어야 한다. 사랑하는 한 사람에 국한되지 않는다. 그 집 식구, 친구는 물론 연관된 많은 사람에게 잘 보여야 한다. 그러자면 얼마나 긴장하고 에너지가 소모되겠는가. 사랑하는 사람 외에 주변에 쏟아야 할 관심과 에너지는 손실로 쳐야 할까.

사랑을 두고 이렇게 '콩이야 팥이야 따진다'면 이익되는 일이 거의 없는 것처럼 생각된다. 사랑하는 과정에서 일어나는 일을 두고 손익을 따지는 것처럼 어리석은 사람은 없을 것이다. 돈과 재물을 벌어들이는 것은, 제 삶을 사랑하기 위해서다. 손익을 따지면서 사랑하는데 투입된 돈을 아끼면 '서까래 하나 아끼려다가 대들보 내려 앉힌다'는 꼴이 되기 일쑤다. 다른 사람을 사랑하는 것은 곧 자신을 사랑하는 일이기 때문에 손익계산서에 올릴 대상이 될 수 없다. '사랑도 배짱이라'고 했다. 사랑으로 인한 온갖 고통과 손실을 감수하며 온전한 사랑을 이루어 보겠다고 덤비자면 배짱이 있어야 한다.

무엇보다도 사랑의 손실은 다른 짓을 해서 생긴다. '잡은 꿩 놓아두고, 나는 꿩 잡으려 한다'고 비유할 수 있겠다. 현재의 사랑에 불만이 생겨 다른 사랑으로 바꾸기 시작하면, 습성이 되어 제 삶은 한껏 엉켜버린다. 국내든 세계든 부자인 많은 사람이 본보기다. 부자가 아니라도 타산지석으로 삼을 사람은 주위에도 적지 않다. 한 사람을 사랑해도 에너지를 한껏 쏟아야 하는데, 또 다른 사랑을 두려다가 얼마나 큰 손해를 보는지 알 수 있다. 부자들인지라 첩질로 손해 보는 돈이야 조족지혈로 생각할 것이다. 그러나 돈은 우선순위가 아니다. 제일 손실이 되는 것은 제 명예일 것이다, 세계인의 공통적인 격언 겸 속담, '돈을 잃은 것은 조금 잃은 것이요, 명예를 잃은 것은 크게 잃은 것이고, 건강을 잃은 것은 전부 잃은 것이라'는 말을 새겨야 할 필요가 있다. 명예는 돈보다 크게 잃은 것에 해당한다. 게다가 부수적으로 잃는 것은 적은가. 가정은 파탄이 나고, 첩과 원수가 되고, 혼외자를 두었다면 역시 평생 두통거리로 생각할 것이다. '돈이 화근이라' 했는데, 정말 그렇다.

"진정한 사랑의 정열이란 본래 이기적인 것"[28]이라는 생각을 아니라고 우길 수 있을까. 이기적이란 말은 손익을 따진다는 뜻이다. 사랑을 베푸는 것처럼 위장하지만 결국은 제 욕심 차리기에 지나지 않는다. 만약 사랑을 소유하기 위해 권위나 폭력을 내세우는 경우는, 상대로부터 가식적인 정과 사랑을 받게 되니 손해다. 다정다감으로 권위의식을 줄이는 사람에게 풍성한 사랑이 돌아가기 마련이다.

사랑의 본질은 짝짓기이며, 이것을 빼고는 이야기가 되지 않는다. 짝짓기로 남녀는 정력과 체력을 낭비하게 되는 것일까. 짝짓기를 위한 이런저런 절차와 짝짓기 후의 피로감이, 일상생활에 미치는 영향이 적지 않으니 손해라면 손해일 것이다. 그뿐만 아니라 연인 부부 사이에 성의 격차가 커서 의무방어전이라고 생각한다면, 그 괴로움은 적지 않겠다.

"남자의 정액 1온스(약 28.35그램, 약 30mL)를 잃는 것이 혈액 3리터를 잃는 것보다 사람을 더 피곤하게 한다"는 플로베르의 넋두리를 생각한다면 분명 남자가 손해다. 그런데도 왜 남자는 즐겨 정액을 잃겠다고 나대는 것일까. 남자의 정액에는 여자에게 도움이 되는 다양한 물질과 작용이 있다. "정액에는 뇌에 직접 닿아 몸과 마음을 진정시켜 줄 수 있는 물질들인

베타 엔드로핀이 함유되어 있다. 그리고 알아챘을지 모르지만 이 책에서 논의된 세 가지의 기본적인 짝짓기 욕망인 욕정과 낭만적인 사랑, 남녀의 애착을 위한 기본적인 성분들이 들어있다. 여성들이 섹스를 하고 이 액체를 받을 때 우울증이 덜한 것은 전혀 이상할 것이 없다"[29]는 것이다. 그렇다면 남자는 손해고 여자만 유익한가.

누군가는 "오르가슴은 몸과 마음을 하나로 통합한다는 점에서 참으로 신비롭다. '달콤함과 쓰라림의 복잡·미묘한 집합이며, 근육의 광란이고 아름다운 울림'이란 플로베르의 표현이 빅토리아 시대의 '쓰다'라는 표현보다 낫다. 오르가슴으로 가는 길에서 감각은 모두 활동을 멈춘다. 성기와 두뇌 사이에서 일어나는 정보가 척추와 호르몬 관을 통해 손가락 끝까지 빠르게 전달된다. 이것은 곧 보부아르가 남녀 모두가 느끼는 '급박하고 꿰뚫는 느낌'이라고 표현한 것"[30]이라고 주장한다. 짝짓기를 통해 남녀 모두 예사롭지 않은 경이감을 느끼기 때문에, 짝짓기에 쏟는 시간과 정력을 다 상쇄하고 남는다는 주장인 셈이다.

두 사람이 짝짓기를 통해 거의 혼연일체가 될 수 있다는 것은 최상의 행운이다. 모든 것을 제쳐두고 몸과 마음이 합일한다는 것은 비정상이면서도 기적 같은 일이다. 서로가 순식간에 무장을 해제한 채 절정으로 달아오르는 행위는 진화의 절정이라 할 수 있겠다. "모든 인간 존재는 각각 자궁 속에서 받아들인 호르몬의 양과 시기에 따라서 지나치게 여성적인 성격에서부터 지나치게 남성적인 성격까지, 그 연속선 상의 어딘가에 위치하게 된다"[31]는 주장처럼, 성의 격차에도 불구하고 서로 이득이 되는 행위다.

사랑에는 숱한 손실이 따른다. '정에는 눈이 없다'고 했는데, 제 기능을 잃으니 손실이고, 무엇보다도 '못 잊어 원수라'니, 더없이 큰 손실이라면 손실이겠다. '순풍에 돛 단 듯'한 사랑이 얼마나 되겠는가. '바람이 배가 바라는 쪽으로만 불까' 하듯이, 사랑이 바라는 대로만 되지 않는다. 그렇다고 억지로 몰아가려면 크나큰 손실을 겪게 된다. 현명하게 쏟아주는 사랑이라야 제게 이익이 되겠다. '길이 멀면 말의 힘을 알고, 날이 오래면 사람의 마음을 안다', '강물은 건너봐야 알고, 사람은 지내봐야 안다'고 했다. 작은 손실을 감내하고 오래 참으면, 사랑이라는 큰 힘을 얻게 된다.

4. '사랑이 깊어질수록 고통은 커진다'

'누운들 잠이 오며, 기다린들 임이 오랴'고 했다. 애타게 기다리는데 제 임이 오지 않으면, 그야말로 미치고 팔딱 뛸 일이겠다. '정성을 들였다고 마음을 놓지 마라'고 한다지만, 사랑하는 사람에게 그 누가 정성을 쏟지 않겠는가. 그리고 언제까지나 불편한 마음으로 살아야 하는가. '정성이 지극하면 귀신도 움직인다', '정성이 지극하면 돌도 구멍이 뚫린다', '정성이 지극하면 돌 위에도 꽃이 핀다', '정성에는 무쇠도 녹는다'고 하는 말들에 맞게 지극정성을 쏟았다고 생각하지만, 받아들이는 사람이 예사롭게 여기면 '말짱 도루묵'이겠다.

"사랑의 환상은 짧고 상처는 깊다"고, 어느 시인은 〈가시나무〉라는 시에서 말한다. "가시는 언제나 속으로 파고든다 / 가시가 아프다고 뽑지 마라 / 가시가 없으면 가슴이 없는 것이야"[32] 했다. 말은 그럴듯하지만, 가시 찔린 사랑을 참는다는 것이 얼마나 고통스러울 것인가. '새는 날면 깃을 남기고, 사람은 가면 인정만 남는다'고 했다. 사랑도 사람이 하는 일인데, 인정은커녕 가시, 상처, 고통만 남긴단 말인가.

'가슴에 콩 얹으면 톡톡 튀겠다', '가슴이 널 뛰듯 한다', '가슴이 두 근 반 세 근 반 한다', '가슴이 방망이질한다', '가슴이 한 줌 반 줌 한다'고 해도, 제 속을 이루 다 표현할 수 없는 지경에 몰리는 것이 사랑의 고통이다.

'사랑이 병이라'는 말이 맞다. 사랑할 때의 언행이 평상시와 다르기 때문이다. 조금 다르면 병이라 할까. 비정상적이라고 할 언행을 해대니 그렇다. 사랑하는 사람과 정이 더해지면 언행은 점점 더 비정상적으로 변한다. 그래서 '정이 깊으면 병도 깊어진다'고 한 것이다. 남들이 보기에는 갑자기 사람이 변해가니 의심스럽기 짝이 없을 것이다. '자다가 얻은 병은 임이 준 병'이라는 것을 뉘라서 알 것인가.

사랑의 진도가 더디면 고통은 더해진다. 언제까지나 그리움만 쌓아둘 수는 없는 노릇이다. '비둘기가 하늘을 날아도 마음은 콩밭에만 있다'고, 무슨 일을 해도 몸으로 느끼는 사랑이 간절할 것이다. 마음 가득 고였던 사랑이 온몸으로 스멀스멀 기어다니는 느낌에 몸이 달 것이다. 사랑하는 사람과 몸으로 정을 나누고 싶은 생각이 굴뚝 같겠다. '여자와 고양이는 자꾸 만져줘야 좋아한다'고 하는데, 그게 아니고 내가 자꾸 만지고 싶은 것이다. '여자와 날고기는 오래 두고 보지 마라'는 말이 있는데, 빨리 짝짓기를 하고 싶은 욕망은 누구나 크게 다를 바 없겠다, '사내와 날고기는 오래 두고 보지 마라'고 한들 요즘 세태에서 이상할 것도 없는 말이라 하겠다.

그리움으로 시작되는 사랑이 있는가 하면, 정욕에서 시작하는 사랑도 있다. 마음속에 그리움을 오래 키워 사랑에 이를 수도 있지만, 다짜고짜로 짝짓기부터 시작하는 사람도 적지 않을 것이다. 육체의 병이 자연스러운 것처럼, 그리움도 정욕도 자연스러운 일이다. 다만 몸부터 달아올라 시작하면 쉽게 식을 수 있다. '갑자기 붙는 불은 쉬 꺼진다', '뜨거운 정이 쉬 식는다'는 말은 변함없는 진리다. 오랜 그리움이 격정적인 사랑을 만들기도 하지만, 갑자기 몰아친 그리움의 덩어리를 몸으로 해소하기 시작하면 고질적 습관이 되어 그리움이 텅텅 빈 가슴과 육욕으로 사랑을 맞을 것이다.

'다래나무에 으름덩굴 휘감기듯', 칡넝쿨과 등나무가 얽히듯 남녀가 뒤엉켜 한세월을 보내는 것도 각자에게는 무척 소중한 역사歷史가 될 것이다.

어차피 '이래도 한세상, 저래도 한세상'이며 허무한 인생인데, 쾌락의 절정을 경험한다는 것이 보람차기도 하겠다. 의미를 찾아 삶을 개척하면 좋겠지만, 결국 무의미한 생애라는 것을 통찰한다면 짝짓기에 집념하는 것을 비난할 이유도 없겠다.

'여자는 너무 가까이해서도 안 되고, 너무 멀리해서도 안 된다'는 말이 있는데, 남자도 마찬가지다. 서로 간 육욕에 빠지면 아주 위험한 덫에 걸리는 것과 마찬가지다. 색을 밝히다가 목숨을 치는 도끼에 걸려든 느낌이 들어도 막상 정신 차릴 경황이 없을 것이다. 짝짓기에 대한 욕망은 자제하기 힘들기 때문이다. '남색은 목숨을 치는 도끼라'는 말, 즉 여자가 남자를 밝힌다 하여 목숨을 치는 도끼라는 말을 하지 않는다. 짝짓기는 남자에게 정력 소모를 요구하기 때문이다. 빠른 육욕 해소에 버릇이 들면 사랑은 게을러지기 마련이다. 사랑이 절망으로 변할 수도 있다. 사랑 없는 짝짓기도 가능하기 때문이다.

사랑 속에도 절망은 싹을 내밀고 있다. 절망 속에서 사랑도 마찬가지다. 그래서 '사랑과 증오는 종이 한 장 차이라'는 것이다. 어느 시인의 시 〈희망이 완창이다〉는 시는 불과 3행뿐이다. "절망만한 희망이 어디 있으랴 / 절망도 절창하면 희망이 된다 / 희망이 완창이다"[33] 하는 게 전부다. 시는 비록 짧지만, 메시지야 천 마디 만 마디 말로 확장할 수 있겠다. 요약하면 '사랑은 괴로울수록 뜨거워진다'는 말이 되겠다.

'마른 나무가 타면 생나무도 탄다'고 했다. 좀처럼 쉽지 않은 일이라도 일단 시작되면 순조롭게 진행된다는 뜻으로 비유하는 말이다. 고통을 겪으면 또 다른 고통이 자꾸 밀려오지만, '소금에 아니 전 놈이 간장에 절까' 하고 견디면, 사랑으로 보상을 받을 것이다. 사랑이 시키면 '소금을 지고 물로 가겠다'는 각오와 고통이 큰 사랑을 만드는 것이 당연하겠다.

'돈으로 비단은 살 수 있어도 사랑은 살 수 없다'

'미끼가 커야 큰 고기도 잡는다', '미끼가 좋아야 고기도 낚는다'는 말은 여러 가지로 해석할 수 있겠다. 돈이 많으면 훌륭한 사랑을 얻을 수 있다는 의미도 될 수 있겠다. 요즘 세태에 딱 맞는 말이다. '사람값도 돈이 있어야 값이 나간다'고 하니, 돈 냄새를 서로서로 잘 맡아내는 것이다. '끼리끼리 통한다'고 하겠다. 돈이 있고 나서야 사랑도 가능한 세상이니, 사랑은 돈 다음이다. 너나없이 '뱃속에서 은숟가락 물고 나온 사람 없다'고 하지만, 세상은 결코 평등하지 않다. 돈이 있으면 사랑에 성공할 확률이 아주 높다는 것을 누구나 모를 리 없다. '사람 나고 돈 났지, 돈 나고 사람 났나'는 말을 아무리 외쳐 봤자, 눈 하나 깜짝 않는 세상이다.

'가난도 비단 가난'이란 말이 있다. 아무리 가난해도 타고난 체통과 인격에 반하는 행동을 하지 않는 사람을 두고 하는 말이다. 사실 이런 사람의 사랑이 진국일 수밖에 없다는 것은 틀림없다. '가난에는 백전노장도 별수 없다'고 했는데, 이런 사람은 백전노장보다 훨씬 낫다. '가난에는 고생이 따라다닌다'는 것을 모를 사람 없는데, 가난한 사람과 함께 사랑을 해보겠다고 나선 사람의 인격이야말로 진국 중 진국이다. '가난이 싸움 붙인다'는

데, 가난하되 싸움이 없는 연인은 진정한 인물들이다. '가는 밥 먹고 속 편하게 살라'고 했는데, 대부분 사람이 달가워하지 않는다. "가난은 한갓 남루에 지나지 않는다"고 말한 시인이 있지만, 대부분 그냥 시인만이 지껄여대는 말이라 생각하겠다.

'돈 떨어지면 정도 떨어지고 임도 떨어진다'고 하는데, 그렇다면 돈으로 사랑을 살 수도 있다는 말이 된다고 하겠다. '돈으로 안 되는 일 없다'고 하는데, 원하는 사랑도 이룰 수 있겠다. 때로는 도리에 어긋날 수도 있지만 불가능한 일이라고 할 수는 없다. '돈이 없으면 죽을 목숨이라'는데, 죽는 것보다야 사랑을 내세우며 원하는 쪽에 팔려가는 것이 훨씬 좋은 일이다. '돈이 없으면 적막강산이요, 돈이 있으면 천당도 살 수 있다'는데, 누구든 천당을 원하지 않겠는가.

'가난한 활수가 돈 있는 부자보다 낫다'고 했다. 그러나 돈이 없는데 어찌 활수 노릇을 하겠는가. 돈 없이 '오지랖이 열두 폭이라'는 소리를 들으면 더없이 서글프겠다. 가난하면 '가늘게 먹고 가늘게 살아라' 하는 처지는, 선택이 아니라 운명처럼 여겨질 것이다. 가난하다고 구두쇠 노릇을 하면 사랑이 쇠락해질 수 있겠다. '돈 없으면 할 말도 못한다'는데, "사랑한다"는 말이나 제대로 나오겠는가. 귀에 솔깃한 말을 할 때마다, '가는 기둥에 석가래 굵은 소리를 한다'고 핀잔이나 들을 것이 뻔하다.

돈이 없으면 사랑이 지겹게 느껴질 때도 있겠다. 한세월 사랑 타령으로만 보낼 수는 없다. 사랑도 멀미를 아니 할 수가 있겠는가. 돈이 주범이다. 주변 사정 이것저것이 웬만큼 충족돼야 사랑도 오래 유지되는 법이지, 궁핍하면 신나는 사랑이 되겠는가. '돈 떨어져 봐야 세상인심도 안다'고 했듯이, 돈 떨어져 봐야 임의 마음도 알게 된다. 물론 하룻밤 짝짓기 사랑은 적은 돈으로 할 수도 있겠다. 진짜배기 사랑도 돈이 받쳐줘야 이룰 수 있다고 여길 것이 뻔하다.

혼인의 경우는 어떤가. 워낙 가난한 집에서는 딸을 부잣집에 팔아넘기듯 혼인을 시키는 경우가 허다했으니까 말이다. '혼인에 재물을 논하는 것은 오랑캐 풍습이라'는 생각은 일부 정상적인 계층에서 지키는 덕목이다. '돈에 눈이 가리면 삼강오륜도 석 냥 닷 푼으로 읽는다'는 세상인데, 혼인이라고 다르겠는가. 돈이 없으면 직업이 좋든지, 직업이 시원찮으면 돈이 많든지 해야 원만한 혼인이 될 것은 당연하다.

돈이 없어 사람 취급을 받지 못하니 차라리 혼자 살겠다고 용기를 내는 청춘들이 많아졌다. 사회 초년생인데 혼인하여 살 집이 없어 걱정이 태산이다. 부모 신세를 지지 않으면 도무지 엄두가 나지 않는 집값이다. '집은 사서 살고, 배는 지어서 타라'고 하는데, 미쳐 날뛰는 집을 어찌 살 수 있을까. '집 마련에는 빚 좀 져도 괜찮다', '여자하고 집은 저질러놓고 봐라'는데, 돈에다 영혼까지 저당 잡혀야 한다니 피로 사회 정도가 아니고 광기 사회라 하겠다.

'사람 살 곳은 가는 곳마다 있다', '사람 살 데는 골골이 다 있다'고 했는데, 그렇지 않다. '사람은 나면 서울로 보내고, 말은 나면 제주로 보내라'는 말 때문에 요지경 속이 된 것이다. 좁은 땅을 넓게 써야 하는데, 넓은 땅을 좁게 쓰는 어리석음 때문에 그렇다. 사정이 이러하니 '돈이 보배다' 하는 것이다. '나무 보배는 열매고, 인간 보배는 자식이라'는 말이 무색하게 되었다. 돈에 밀려 인간 보배인 자식마저 포기하게 된 세태다.

'부자 씨가 따로 없고, 거지 씨가 따로 없다'고 했다. 누구든 부자도 가난뱅이도 될 수 있다. 가난뱅이가 부자보다 낫다고 하면, 그건 저를 속이는 말이다. 그런데 현실에서는 부자가 욕을 한껏 먹는다. '부자 욕하는 건 없는 놈이라'는 말이 맞기는 하지만, 부자도 욕먹을 짓을 한다. '부자 인심이 더 무섭다', '부유하게 되면 교만해지고, 교만해지면 게을러진다'는 것을 겪어 알기 때문이다. '부자라고 뽐내봤자 한 끼에 석 되 밥 못 먹는다'고 했는데,

좀 가졌다고 없는 사람을 무시하니 그렇다. '부유하면 나누어 쓰는 것이 있어야 한다'고 했는데, '돈 앞에는 인정사정 없다'는 언행을 하니 욕바가지가 된다. 사회 풍조도 대부분 가난한 사람 편이 아니다. '미련한 놈 잡아들이라면 가난한 놈 잡아들인다'고 할 정도니, 정과 사랑으로 가득한 세태가 되기 어렵다.

'돈 귀신은 만능 귀신'이라지만, 정과 사랑이 만능 귀신이어야 한다. '돈 앞에는 눈물도 없다'는 사람들에게 무슨 정이나 사랑을 기대할 수 있을까. '비단옷을 입으면 어깨가 올라간다'고 하지만 속내는 알 수 없다. '비단옷 속에 눈물이 괸다'고, 아무리 호의호식하더라도 걱정 없는 사람 없겠다.

'죽을 수가 닥치면 살 수도 생긴다'고 했다. '사람은 늦팔자가 좋아야 한다'고 했다. 성공하는 늦팔자를 보고 청춘에 실망해선 안 된다. 사랑하기를 두려워 말고, 사람 보배인 자식을 낳는데 주저할 것이 아니다. 사람은 다 살게 되어 있다고 하지 않는가. 돈이나 재물이 조금 부족하더라도 사람을 맑은 마음으로 대하면, 재물보다 귀한 사랑을 한껏 벌어들이겠다.

1. '가난이 창문 틈으로 새어들면 사랑은 대문 열고 도망간다'

가난해지면 사랑이 대문을 열고 도망간다고 했는데, 여기서 사랑은 추상명사다. 그러니까 서로 간 사랑이 사라진다는 뜻이다. 그런데 요즘 세태에서는 보통명사가 되었다. 사랑이란 어휘가 사랑하는 사람이란 뜻이 되었다. 정말로 사랑하는 사람이 가출한다는 말이다. 사랑이 없으면 도리 또는 법으로 산다고 참았다. 이제는 문을 박차고 가출하는 사람이 적지 않다.

'나가는 문은 넓고, 들어오는 문은 좁다'는 말이 있다. 누구든 집을 뛰쳐나가기는 쉽지만, 다시 돌아오려면 제 입지가 무척 좁아지기 마련이라는 뜻으로 쓰는 말이다. 지난 시절 그런 경우는 가끔가다 일어났다. 그러나 이제는 당당한 가출 사유가 되었다. 짝의 무능이 헤어지는 구실이 된 세태다. 돈 찾아 떠났는데, 들어오는 문이 좁거나 말거나 신경 쓸 일이 없는 세태다.

'고대광실만 바라지 말고 정만 깊어라'는 말은 얼마나 로맨틱한가. 고대광실이 아니라도 먹고 살 만큼만 있으면 이런 말이 별것도 아니다. 의식주가 시원찮은데 이런 말을 듣는다면 정이 깊어지는 게 아니라 정떨어질 일이다. '가난하면 만사가 안 된다'고 했는데, 사랑만은 예외라고 생각하면 용기 있는 사람이다. '가난한 사람도 부자 같이 대하라'는 생각으로 언행을 하는 사람은 더 볼 것 없는 인격자다.

'사람은 돈과 싸우다 죽는다'는 말은 있는데, "사람은 사랑과 싸우다 죽는다"는 말은 없다. 돈은 끝끝내 포기를 못 하지만, 사랑은 포기할 수도 있다는 뜻일 수도 있다. 그러니 '돈 떨어지면 정도 떨어지고 님도 떨어진다'는 말이 그르지 않다. '의식이 풍족한 다음에야 예절을 차리게 된다'는 말이 네 귀가 딱 맞는 말이다.

'뱃속에 든 아이도 돈이야 하면 나온다'는데, 성인이 되어 돈 쓸 일이 많은데 오죽하겠는가. '내 돈이 있어야 세상인심도 좋아진다'는 말이 맞다. '버는 자랑하지 말고, 쓰는 자랑 하라'고 했는데, '쥐 볼가심할 것도 없다'는 처지라면 쓰는 자랑을 어찌할까. '빈 주머니에 근심만 가득하다', '돈 떨어진 자리가 그대로 초상난 자리라'고 했는데, '용빼는 재주'가 없는 한 사랑에 자신이 있을 리 없다.

'남자는 돈으로 때우고 여자는 몸으로 때운다'는 말을 한다. 때운다는 뜻은 대신한다는 것이겠다. 제 사랑이나 능력이 부족함을 느낄 때, 돈이나 몸으로 대신한다는 말이겠다. '있다가도 없고, 없다가도 있는 게 돈이라'고 하니, 돈의 유무에 따라서 능력의 유무가 결정되는 것이다. '논이 좋으면 물이 헤프고, 사람이 좋으면 돈이 헤프다'고 하는 말이 맞다. 돈을 지독히 아끼는 사람보다 실컷 뿌려대는 이에게 호감이 가는 것은 틀림없다. 돈이 없으면 사람 좋다는 소리도 들어볼 수가 없다. 그런데도 늘 '재부財富와 결혼 말고 사람과 결혼하라'고 충고를 해댄다.

'재물 있고 세력 있으면 밑구멍으로 나발을 분다'고 했다. 확실히 그렇다. '등 따습고 배부르면 모든 게 여벌이라'는 말이 지당하다. 의식주에 더 바랄 게 없으면, 명예욕과 색욕에 덤벼들기 마련이다. '사람은 돈이 없어서 못 사는 것이 아니라, 명이 모자라 못 산다'는 말대로, 제 건강을 지키고 오래 살기 위해 보신에 몰두하겠다. 이러니까 '물려받은 재산은 지키기가 더 어렵다'고 말하는 것이다. 그렇다면 '재주 좋은 놈보다 재수 좋은 놈이 낫고, 재수 좋은 놈보다 아버지 잘 둔 놈이 낫다'고 하는데, 아버지 잘 둔 놈도 부러워할 것이 없을까.

'인생살이가 새옹지마라'는 말이 그를 리 없다. 빈부귀천은 돌고 도는 것이다. '고생은 장 고생이요, 호강은 장 호강이라'는 말도 다 맞을 수는 없다. 그러다 보니 "사랑도 새옹지마"가 된다. '식은 밥이 밥인가, 명태 반찬이 반찬인가', '식은 밥이 밥인가, 의붓아비가 아빈가' 한다. 그럼 "식은 사랑이 사랑인가" 할 수 있겠다. '없는 사람은 없는 걱정이 있고, 있는 사람은 있는 걱정이 있다'고 했는데, 돈도 한계가 있다는 말이 된다. 돈 없다고 문 열고 도망간 사랑이 어디 가겠는가. 십 리도 못가 발병이 나서 되돌아올 수밖에 없겠다.

2. '가난해도 정만 있으면 산다'

'세상만사가 돈이면 다 된다', '세상만사 돈 놓고 돈 먹기라'고 하는 세태에 가난해도 정만 있으면 된다고 나서는 사람이 있으면 객기에 산다고 할 것이다. '세상인심은 돈 있는 집으로 쏠린다'는데, 설한풍雪寒風 같다는 세상인심을 무릅쓰는 언행을 두고 용기라 할 사람 많지 않겠다. '사람이 청백하면 가난해도 두려울 게 없다'는 말처럼, 가난보다 정이 더 소중하다는 사람은 '가뭄에 콩 나기'보다 찾아보기 어려운 세상이다.

'사람은 움직이면 돈이라'고 했는데, 어떻게 정만으로 살 수 있을까. '사람의 의리는 다 가난한 데서 끊어진다'는 말처럼, 가난한 사람과 누가 계속 의리를 지키려고 애쓸 것인가. '물로 씻은 듯 가난하다'고 하는데 정, 사랑을 베풀 여유가 있겠는가. '맑은 샘에서 맑은 물 난다'고 했지만, 맑은 가난에서 늘 맑은 정이 나온다고 할 수가 없을 것이다.

'뭐니뭐니 해도 배고픈 설움이 제일 크다'고 했다. 세상인심이 돈 있는 사람을 중심으로 돌아가는 법인지라, 가난한 사람은 늘 변두리 삶을 살기 마련이다. 인정에 갈증을 느껴도 정이라는 게 무서워 사람 사이에 껴들기가 어렵디어려울 수밖에 없다. '배고픈 정 아는 게 사람으로서는 제일가는 정이라'고 해서, 사소한 정을 선뜻 베풀어주는 사람도 적지 않다. 그렇지만 누구나 저 살기에 바쁘니, 세태가 늘 인정이 넘쳐 흐르는 걸 기대할 수는 없다. '없는 사람은 서로 콩 한 쪽을 나누어 먹지만, 부자는 땡전 한 푼에 사람을 죽인다'고 하는데, 인정과 몰인정의 차이를 확연히 알게 되겠다.

'소금밥에 정 붙는다'고 했지만, 참으로 어려운 일이다. 이심전심으로 통하지 않으면 가난한 사람에 관심을 두는 세태가 아니다. '나물 먹고 물 마시고 임의 팔 베고 누웠으니 이보다 더 좋을쏘냐'는 경지에 들기까지는 오랫동안 내공을 쌓지 않으면 안 된다. 남이 잘사는 것을 보고 시기 질투하지 않도록 제 마음을 항상 다독거려야 하며, 누구를 대해도 겸손한 언행을 하도록 스스로 수련해야 한다.

'가난하면 아내도 가려 얻지 못한다', '가난해져야 아내의 어짊을 알게 된다'고 했는데, 아내가 착한가 아닌가를 알기 위해 가난해지려는 사람은 없겠다. 우선은 '미꾸라지 볼가심할 것도 없다'고 할지라도 항심을 유지하면서 기다려야 한다. '제 복만 있으면 빈손으로 만나도 잘산다'고 했듯이, 복을 만날 때까지 동분서주해야 한다. '빚 하나 끼고 가도 잘 사는 색시 있다'고, 당장 재물이 없어도 서로 정들면 남부럽지 않게 사는 수도 있다. 사람을 만나면 이익을 먼저 따지지 말고 정으로 먼저 대해야 한다. '사람은 정으로 사귀고, 귀신은 떡으로 사귀라'고 하지 않는가.

'이 구름 저 구름 지나가다 보면, 비 내리는 구름도 있다'고 했다. '빈집에도 소 들어갈 날이 있다'고도 했다. 살다 보면 이런 기회 저런 기회가 있어, 운수대통할 때가 있다는 뜻이다. 당장 가난하다고 절망할 수는 없는 노릇이다. 살아있는 한 늘 희망을 품고 살아야 한다. 운이라는 것이 느닷없이 찾아온다. '인생은 한 칼이라'는 말을 즐겨 하는데, 그럴 수도 있다. '사람은 재물을 탐내다 죽고, 새는 먹이를 탐내다 죽는다'고 했으니, 곳곳에 놓여 있는 미끼나 덫, 수렁을 조심해야 한다. '돈 나는 모퉁이, 죽는 모퉁이'라 하는 말이 틀림없다. 때로는 돈이 있다고 소문이 난 곳을 피하는 것이 지혜일 수 있다.

'부잣집 인심 얻기가 가난한 집 쌀 얻기보다 더 힘들다'고 했다. 부자가 되더라도 조심해서 살아야 한다. 인심을 잃는 대신 돈을 얻는 것은 지혜로운 선택이 아니다. 삶에서 돈은 가장 절실한 것이기도 하지만, 가장 늦게 걱정해야 할 것이다. 돈보다 앞서 해결해야 할 것이 무수하게 많다는 뜻이다. 돈을 따르다 보면 깨우치는 게, '사람이 돈을 부리는 것이 아니라 돈이 사람을 부린다'는 사실이다.

이런저런 사람을 만나 갈고 닦은 정을 집안에 쏟는 일은 중요하다. '뭐니 뭐니 해도 내 집보다 좋은 곳은 없다'고 했는데, 정을 쏟아도 배신당하는 곳이 아니기 때문일 것이다. '사람이라는 것은 다 살게 되어 있다'고 했는데, 정을 잃은 삶만 붙잡고 있으면 무슨 의미가 있겠는가. '사람이 돈 없다고 못 사는 법 없다'고 했으며, '정만 있으면 삿갓 밑에서도 산다', '방앗간에 살아도 정만 있으면 산다'고 했다. 정, 사랑을 잃지 않으려고 견디면 뒤끝이 반드시 있기 마련이다. '없을수록 마음을 바로 먹으랬다', '없을수록 사람 도리를 해야 한다'는 것은 뒤끝을 보라는 말이다. '없을수록 심덕이 깊어야 복이 온다'는 말이 그 뜻이다. 심덕 깊은 사람에게서 깊은 정, 사랑이 나온다.

3. '고생도 해야 정을 안다'

'들으면 천 냥보다 무겁고, 보면 백 냥보다 가볍다'는 말이 있다. 말로 들으면 엄청나게 어려운 일로 생각되지만, 막상 닥치면 별 것 아니라는 뜻이다. 인간사 대부분의 일이 그렇다. 닥치는 대로 일을 해대면 생고생이라고 한다. 그러나 사람은 적응력이 뛰어나다. '당해서 못 당하는 일이 없다'고 했으니, 겁먹을 것 없이 부딪쳐 극복해야 한다. '고생은 주야 고생이요, 호강은 주야 호강이라'는 생각을 바꾸도록 할 일이다. '고생 끝에 낙이 온다'는 말은 여전히 진실이다. '땀 흘린 밭에 풍년 들고, 피 흘린 곳에 기와집 짓는다'는 신념을 가지고 있으면 된다.

'일복이 돈복이라'는 말이 좋다. 일하는 것을 두려워하지 않는 사람은 일이 많아야 살맛이 난다. 일 중독이라고 할 필요가 없다. 일을 시작하고 끝내면서 맛보는 성취감이 그저 좋을 뿐이다. 이런 마음은 농사꾼에게서 확인할 수 있다. '촌 부자는 일 부자라', '농부의 일생은 한가한 날이 없다', '농부의 한 생은 무한 일이다'는 말대로, 매년 반복되는 엄청난 일을 하면서도 크게 절망하지 않는다.

'여름 철새는 알 자리 보기 바쁘고, 겨울 철새는 잠자리 보기 바쁘다'고 했다. 사람도 살아가려면 마찬가지로 바쁠 수밖에 없다. 생명체가 바쁘게 살아야 하는 것은 생명을 얻은 대가代價다. '마른 일 궂은일 가리지 않는다', '물속 불속으로 헤엄을 다 쳤다', '손톱 발톱 젖혀지도록 일한다'고 할 정도로 일을 해봐야 일 맛을 알겠다.

험한 일을 다 해내고, '맷돌질을 해도 생콩이 나온다'는 말을 자신 있게 할 수 있다면 통쾌할 것이다. 웬만한 일에 눈썹 하나도 다치지 않는다는 뜻으로 하는 말이다. '작은 복과 재물은 부지런함에 있다', '부지런이 반복이라'고 했다. 살아생전 열심히 일하고, 죽어서 실컷 쉬겠다는 생각을 가지면 일이 가볍게 여겨진다.

죽자사자 일만 하고 언제 쉬느냐고 항변할 것이다. '비탈길을 오르다가도 쉬어갈 곳은 있다'고, 얼마든지 쉴 참은 있다. '칠 년 대한에 비 안 오는 날 없고, 구 년 장마에 볕 안 드는 날이 없었다'고 했다. 달갑지 않은 어떤 일이 끝없이 계속되는 것 같지만, 중간중간에 바라는 일이 생긴다는 뜻으로 하는 말이다. '생밤송이를 겨드랑이에 끼고 산다', '고생을 사서 한다', '고생을 밥 먹듯 한다'고 하지만 가끔은 좋은 일도 있다는 뜻이다. '사람의 후분이 좋으려면 초년고생을 한다'는 말이 그를 리 없다. '살다 보면 마른 길 두고 진창 걷는 날도 있다'는 경우를 겪어야 사는 맛이 더 난다.

'세상은 각박해도 인정은 후덥다'고 했다. '고생해 본 사람이라야 세상 물정도 안다'고 했으니, 세상 돌아가는 원리를 알기 위해서 웬만큼 고생하는 것은 필수다. 그래서 '소년고생은 사서 하랬다', '소년고생은 은 주고도 못 산다'고 한 것이다. '멀건 죽사발에 떨어지는 눈물을 먹어본 사람만이 인생을 안다'고 했으며, '땀 흘려 벌어야 돈 귀한 줄 안다'고 했다. '없는 사람은 입이 원수고 손이 보배라' 했으니, 조금씩 덜 먹고 손발을 부지런히 움직이면 된다. '논밭이 아무리 많아도 하루 먹는 양식은 두 되라'고 하지 않는가.

'부지런 부자는 하늘도 못 막는다', '부지런이 반복半福이라'는 말대로, 부지런히 일하면 잘살게 되는 것은 필연이다. '함박 쪽박 속에서도 오롱조롱 소리가 난다'고 했는데, 고생을 즐기면 얻어지는 정황을 뜻한다. 그럴 때, '고생이 낙이라'고 할 수 있겠다. '누워 궁리만 하면 먹을 게 안 생긴다'는 건 당연하다. '부귀는 힘써 일하면 다가온다'는 건 말할 필요도 없다.

'배부르고 할 일이 없으면 창자 구멍이 막힌다'고 했고, '부귀에 눈이 멀게 되면, 서로 덕으로 돕지 않게 된다'고 했다. 나태한 부자보다 부지런한 가난뱅이가 세상을 훈훈하게 만든다.

무엇을 위해 사는가, 사랑 때문이다. 톨스토이가 이미 내린 답이다. 〈사람은 무엇으로 사는가〉를 비롯해서 그의 모든 작품의 주제는 사랑으로 귀착한다. 사랑 때문에 일하고, 사랑 때문에 산다는 것이다. 자칫 진부하다고 생각할 수 있지만, 어쩔 수 없이 사랑이다. 종교적 덕목이 아니더라도 사랑이 세상사 핵심이다. '부귀에 급급하지 말고, 빈천에 근심하지 말라'고 했다. 그런 근심을 하는 시간에, 제가 사랑하는 사람에게 사랑을 더 쏟는 게 덕이고 도리며 의리다.

4. '검약하면 넉넉하다'

'들어오는 돈은 내 돈이고, 나가는 것은 남의 돈이라'는 생각으로 살 수밖에 없다. 돈을 벌어 모으는 것만 내 돈이 되고, 써 나가는 것은 남의 돈이 된다는 뜻이니 애써 모으라는 말이다. '들어오는 돈은 꾼 돈이요, 나가는 돈은 생돈이라'는 식으로 살면 안 된다. 빚으로 산다는 말이기 때문이다. 그렇다고 항상 '들어가는 돈은 봐도 나오는 돈은 못 본다'는 식으로 살 수는 없는 노릇이다. 구두쇠로 살면 주위 사람들이 다 떨어져 나갈 것이다.

애써 벌어도 쓰는 걸 잘 써야 한다. '소같이 벌어서 쥐같이 먹어라'는 생각으로 살면, 당연히 넉넉하게 살 것이다. 반대로 '쥐같이 벌어서 소같이 먹는다'면 가난을 면치 못할 것이다. '잘살던 놈이 못살 때 있고, 못살던 놈이 잘살 때 있다'고 하는데, 바로 제 욕심의 조절에 달려있는 것이다.

살림을 하는데 '단지 단지 새 단지, 항아리 항아리 새 항아리' 하면서, 모든 것을 새롭게 하자면 돈이 보통 들겠는가. '호주머니에 돈이 있으면 힘도 난다'고 했으니, '한 푼도 목숨같이 여긴다'는 자세로 살아야 할 일이다. '푼돈에는 영악해야 한다', '망개도 과실이고 한 푼도 재물이다', '목돈도 푼돈에서 시작된다', '푼돈이 모여 모갯돈 된다'는 진리를 모르는 사람 없겠다. 그러나 사람 욕심이라는 게 그렇게 안 된다. 조금이라도 돈을 손에 쥐면, 못 써서 안달하는 게 사람 심리다. '돈과 욕심은 늘수록 커진다'고, 돈 욕심도 그렇지만 물건 욕심도 마찬가지다.

돈 나올 구멍이 죽을 구멍이다. 돈을 단숨에 벌 수 있는 곳은 온갖 위험이 도사리고 있다. 돈을 쉽게 벌려고 하다가는 장렬하게 전사하기 마련이다. 누구나 '돈 남아 주체 못한다'는 사람은 없다. 돈이 예사롭지 않게 많은 사람도 늘 돈이 부족하다고 투덜대기 일쑤다. 예컨대 누가 뇌물을 준다고 할 때는 그게 죽는 모퉁이라 생각하고 끝까지 거절해야 한다. '돈다발로 쳐대는 매질 앞에서 끝까지 버티는 장사 없다'고 했는데, 버티지 못하면 수렁에 빠진다. 만약 욕심이 있다면 제가 일하고 벌어서 채워야 한다. 남을 털어서 제 욕심을 채우려니 일이 생기는 것이다. '사람의 욕심은 굽 빠진 항아리다', '시루에 물은 채워도, 사람의 욕심은 못 채운다'고 하는데, 누가 제 크나큰 욕심을 채워주겠는가.

'바다는 메워도 사람 욕심은 못 메운다'는 말이 좋다. '부자가 될수록 욕심은 늘어간다'고 하는데, 저 자신이나 주위 사람 누구를 봐도 증명되는 말이다. '매 앞에 장사 없고, 돈 앞에 힘 쓰는 놈 없다'는 세태다 보니, 머리가 터져라 하고 돈에 달려드는 건 당연하다. '먼지와 욕심은 쌓일수록 더럽다', '부자와 재떨이는 모일수록 더럽다'고 하는데도 대부분은 부자가 되려고 애를 쓴다. '돈과 자식은 마음대로 되지 않는다', '돈도 명예도 죽은 후 소용없다'고 해도 막무가내다. '부자 되려고 애쓰지 말고 심사를 고치랬다'고 했다. '만족할 줄 아는 사람은 항상 넉넉하다'고 하는 말이 해가 될 리 없다. '탐욕을 버리면 냉수도 영양이 된다'는 말을 덕목으로 삼아, '부자에게 양심이 있으면 강물이 거꾸로 흐른다'는 소리는 듣지 않아야 할 것이다.

'돈도 여문 사람에게 태인다'고 했다. 물론 너무 짜게 살아서는 안 된다. '너무 짜는 소리를 하면 오던 복도 달아난다'고 했으니, 복을 내칠 정도가 아닐 만큼 근검하면 되겠다. '누워먹을 팔자라도 움직여야 한다'는 말을 잘 새겨야 한다. 부자라도 계속 일하며 벌어야 돈이 빠져나가지 않는다. '사람의 운수란 하룻밤에도 몇 번씩 뒤집어지고 제쳐지는 법이라'고 하듯이, 있는 사람이라도 언제 사나운 운수가 닥칠지 모른다. '허욕에 들뜨면 눈앞이 어둡다'고 했다. 허욕으로 눈앞이 어두운데 돈까지 많으면 아주 위험한 처지가 되기 쉽다.

'이利를 취함에도 정분이 바탕이다'고 했다. 정, 사랑을 기본으로 하여 일하고 돈을 벌어야 진정한 부자가 된다. 사람이 좋으려면 돈이 헤픈 법인데, 주변 사람에게 베풀고 나서야 부자 소리를 들을 일이다. '맑은 물 맑은 바닥에 돈 안 고인다', '맑은 물에 큰 고기 없다'고 한들 무엇이 걱정이겠는가. 어차피 한평생은 걱정 반, 근심 반이라 하지 않는가. '천석꾼에 천 가지 걱정, 만석꾼에 만 가지 걱정'이라 했다. 사람마다 한 아름씩 걱정이 있으며, 돈 걱정은 그중 한 부분이다. '살다 보면 토끼 쫓다가 노루 잡는 날도 있다'고 하니, 기대를 갖고 제 삶을 넓게 펼쳐갈 일이다.

'사랑에 눈이 먼다'고 했는데, 사랑에 빠져야 할 때 눈이 먼다는 것은 좋은 일이다. 눈먼 행동을 하지 않고 어떻게 좋은 사랑을 얻을 수 있겠는가. 대신 돈에 눈이 멀면 아주 곤란하다. '사랑이 밥 먹여준다더냐' 하고 비꼬는 사람 많은데, 의식주를 다 해결해 준다고 대답할 일이다. 사랑에 빠지면 온몸에 활력이 솟고 생기가 돌아, 용기를 한껏 내기 때문이다. 사랑으로 돈을 버는 것은 당연하다. "돈 많으면 극락이라"는 말은 하지 않지만, '정들면 극락이라'는 말은 하잖는가.

6장

'몸이 천하라'

　'남자는 물이고 여자는 그릇이라'는 말은 남녀 성정이나 역할에 대한 상징적 표현이다. '하늘과 땅은 덮어주거나 실어주지 않음이 없다'는 말도 그렇다. 자연의 포용력이야 인간이 감히 추측할 수 없을 정도로 크지만, 인간의 그릇은 한없이 작을 수밖에 없다. 아주 하찮은 존재지만, 각자는 작은 우주며 천하에 존귀한 생명체로 생각할 것이다.

　'몸밖에 재물이 없다'는 말이 맞다. 인간 누구나 제 몸을 둘러싸고 있는 것은 다 외부로부터 온 것이라서, 본래 제 것이 아니다. 오로지 제 육체와 거기로부터 만들어지는 영혼만이 제 것이다. 영혼과 육체는 본래 하나라서 서로 지배하지 않고 협력하여 생명을 유지해간다. 어떤 몸이든 생명을 유지하기 위하여 외부에서 끊임없이 의식주와 온갖 도구를 공급받는다. 육체가 영양을 섭취해야 정신, 또는 영혼도 살 수 있어 서로를 분리해서 생각하는 것은 가능할 수 없다. "육체란 짐을 진 짐승과 같아요. 육체를 먹이지 않으면 언젠가는 길바닥에다 영혼을 팽개치고 말 거라고요."[34]하고 말한 것은 《그리스인 조르바》속 주인공이다. 이 말을 두고 육체와 영혼을 분리할 수 있다고 생각하면 안 된다.

몸이 부실하면 사랑도 부실하기 쉽다. 누구든 제 몸 가꾸는 일을 게을리하면 삶의 질이 낮아질 수밖에 없다. 근육질 몸을 만들거나 지나치다 싶을 정도로 다이어트를 하는 게 단지 건강 때문만은 아니다. 시간과 돈을 들여 성형하고 화장, 헬스를 하는 일들이 모두 제 몸의 가치를 높이기 위해서다. '몸꼴 내다 얼어죽는다'고 핀잔을 들어도 막무가내다. 몸꼴 내는데 부지런한 것은 대부분 사랑의 욕구 때문이다. 마음에 드는 사람을 한껏 끌어들이기 위해서는 우선 몸이 좋아야 좋은 미끼 노릇을 한다는 것은 정한 이치다.

자연은 하나의 커다란 책이라고 해서, 누구나 읽으려고 노력한다. 일월성신, 산천초목을 읽어 삶에 도움을 받으려 한다. 사람도 하나의 읽을거리다. 사람을 읽어 제 풍성한 삶을 이루려고 한다. 사람을 읽는 방법을 제시한 것 중 하나가 관상학이다.

'다방 출입 십 년에 남의 얼굴 볼 줄은 안다'고 자부하는 사람이 적지 않다. 얼굴을 읽는 방법깨나 안다는 말이다. 얼굴과 언행을 끊임없이 관찰해야 관상학적 지식이 맞나를 확인할 수 있는데 조금 터득하고 안다고 흰소리다. '사람은 술자리를 함께 해봐야 속을 안다', '사람은 어려운 일을 당해봐야 알 수 있다', '사람은 노름을 해보면 알 수 있다', '사람은 동업을 해보면 알 수 있다', '사람은 함께 여행을 해보면 알 수 있다', '사람을 알자면 하룻길을 같이 가보아라' 하는 말들을 하는데, 잠깐 훑어보고 치는 큰소리를 믿을 건 못 된다.

'사람을 안다는 것은 얼굴을 아는 것이지, 마음을 아는 것은 아니라'고 했다. 맞는 말이다. 사람 마음이 얼굴에 다 나타난다고 해서 그걸 읽자는 게 관상학이다. 사실 관상학이라는 게 얼굴에 한정하는 건 아니다. 몸 전체를 읽는 것이다. 몸을 읽는 것을 신상身相이라 하고 그것도 전상前相과 후상後相으로 편의상 구분하기도 한다. 그냥 단순하게 '뒤를 보니 절색이요, 앞을 보니 박색이라' 식으로 전상 후상을 판단하는 게 아니다.

관상학에서 면상面相의 중요성은 신상身相보다 덜하다고 말한다. 신상도 후상後相이 전상前相보다 더 중요하다고 한다. 그렇다면 사람의 뒷모습 전체를 우선 살펴보고, 앞모습 전체를 본 다음 얼굴을 상세히 뜯어봐야 한다는 말이 된다. 일상인이야 얼굴만 보고 좋고 나쁘다를 판단하기 일쑤인데, 그야말로 숲은 젖혀두고 나무 몇 그루만 보고 만다고 할 것이다. 이 모든 것을 종합하여 판단하면 혹시 사람의 미래가 꼬리 정도라도 보여줄지 모르겠다. '알아도 아는 척 말라'고 했는데, '안다니 나홀장 간다'는 격이다.

'깨끗한 밀감도 오래 두면 썩는다', '죽으면 썩어질 몸이라', '죽으면 거름도 안 될 인생이라'고, 아끼고 말 것도 없다 생각하며 제 몸을 함부로 다루는 사람 드물다. 생각을 크게 펼쳐, '몸과 마음이 병들면 나라가 병든다'고 생각하면 좋을 일이다. '몸을 두 쪽으로 내도 모자란다', '몸을 도끼 삼아 일한다'고 하며 수선을 떨면 좋게 보일 수도 있다. '몸이 되면 입도 되다'고, 고된 일을 하면 먹는 것조차 힘들 수밖에는 없는 일이다. 일도 일 나름이라서 제 직업에 열심이라면 크게 나무랄 사람 없겠다. 만약 그것이 정욕에 탕진하는 것이라면 자주자주 브레이크를 밟아야 하겠다.

'갯밭 무 뽑아 놓은 것 같다'는 말은, 생김새가 아주 미끈하게 잘 생긴 것을 두고 비유하는 말이다. 외모가 잘 생겼으면 눈길을 붙잡기 쉽다. 정절 부인도 허울 잘 쓴 사내가 길에 지나가면 한 번은 쳐다본다고 하지 않던가. 한 번 쳐다보는 것으로 그치겠는가. 그 실상과 허상이 마음속에 오랫동안 자리를 잡고 온갖 욕망을 자극해댈 것이다. 잘 타고난 허울이 때로 미망迷妄일지라도 당사자는 큰 선물을 받은 것이다. 허울을 잘 쓰고 태어났다는 것은 삶에 유리한 고지를 차지한 것과 다름없다. 아버지 또는 부모를 잘 두었다는 것은 유산상속뿐만 아니라 좋은 허울을 쓰고 태어날 DNA를 이어받는다는 의미도 포함하고 있는 셈이다.

짝짓기라는 행위가 없으면, 왜 몸을 그리 중요시하겠는가. 짝짓기가 삶의 전부는 아니지만, 대를 이어가는 중대사며 즐거움의 핵심이 된다. "성은 인간 사회생활의 모든 것을 작동하게 하는 점화장치의 불꽃"[35]이라고 표현한 헬렌 피셔의 말이 그를 리 없다. 사랑과 짝짓기가 원활하지 않은 사람에게서 생기를 찾는다는 것이 쉬울 수 없다. '늙은이 사랑은 꺼풀 사랑이라'는 말이 왜 있겠는가. 몸이 부실해지니 꺼풀 사랑일 수밖에 없다. 몸이 부실하면 젊은이의 사랑도 꺼풀 사랑이 되니, 그야말로 '몸 밖에 재물이 없다'는 게 정답이다.

허울이 좋고 정신까지 제대로 된 사람을 만난다면 그야말로 '마당 쓸고 동전 줍고', '꿩 먹고 알 먹고' 하는 지경이 된다. '밥 위에 떡'이고, '호강에 요강을 탄' 팔자가 되겠다. 그러나 '맛좋고 값싼 갈치 자반', '크고도 단 참외'가 흔하겠는가. '정자 좋고 물 좋고 반석 좋은 데는 없다'고 하지 않는가. 상대방만 그러면 뭘 하겠는가. '찰떡에 조청 궁합', '상추쌈에 된장 궁합'으로 세상을 살려면 저 또한 몸과 정신이 제대로 박혀야 할 것이다. 제가 부족하면 매사가 엇박자로 놀아 '사랑을 따르자니 스승이 울고, 스승을 따르자니 사랑이 운다'는 꼴이 되어 한 발짝 나가기가 힘들 것이다. '눈이 전봇대 꼭대기만하다'는 말이 있는데, 욕심이나 자존심이 지나치게 높다는 뜻으로 쓰는 말이다. 제 분수를 알아야 사랑에 쓴맛을 덜 보게 된다.

반짝 사랑도 사랑이고 짝사랑도 사랑이다. 상대방의 매력에 끌리는 것은 순간적인데, 그 끌리는 게 항심恒心이 될 수 없으니 문제가 생기는 것이겠다. '선 미련 후 슬기'라는 게 이런 경우도 해당한다. 사랑 경험이 충분하지 못하면 제 눈을 탓하는 경우가 허다하다. '짝사랑 보람 없다'고 하지 않던가. 오래 공들인 사랑이어야 하는데, 공력을 들인 사랑이 되려면 결국 답은 제 속에 있다. 순간적으로 저며오는 매력에 속지 말고, 제 매력을 높이도록 애써야 할 일이다.

'돋아오르는 반달 같고, 물찬 제비 같고, 깎은 밤톨 같다', '얼음 같은 살

결에 옥 같은 뼈'라고 하듯, 누구든 제 몸이 매력적인 몸이길 원할 것이다. 매력이란, 묻기도 전에 예스라고 대답을 이끌어낼 수 있는 능력이라고 했던가. 아름다움의 본질을 균형 잡힌 몸매로 본다면, 얼굴 예쁜 것보다는 높은 차원일 것이다. '재주 좋은 년보다는 얼굴 예쁜 년이 낫고, 얼굴 예쁜 년보다는 팔자 좋은 년이 낫다'고 하는데, 세태의 정곡을 찌른 말이다. 남녀 가릴 것 없이 예쁜 것이 크게 이익이 된다. '계집은 인물값을 한다'고 하지 않는가. 그런데 예쁜 것보다 윗길에 있는 것이 매력이겠다. 균형 잡힌 몸이 예쁜 것보다 윗길인데, 그보다 더 윗길에 있는 것이 매력이겠다. 다만 힘이 솟고 건강한 몸이 아니라도, 신비한 표정을 느끼게 하는 몸의 분위기가 따로 있는 것이다. 이런 것은 관상학에서 일부 해명해주기도 한다.

관상학이 통계학이라면 미신迷信이 아니고 미신美信이다. 관상을 본다는 것이, 남의 길흉화복을 점치기 위한 것이라면 믿음은 약해진다. 관상학을 거울로 삼아, 자신의 언행을 바로 보고 고치기 위한 것이라면 관심을 쏟을만하다. 만상불여심상萬相不如心相이라고, 마음을 바로잡기 위해 관상을 본다면 겸손하기까지 하니 덕 있는 언행이라 하겠다. '관상쟁이가 제 관상 못 보고, 점쟁이가 제 점 못 친다'는 경우는 최악이다. 제 관상부터 공부하고, 제 언행을 삼가는 것이 관상가의 기본이다.

마음을 변화시켜 얼굴을 비롯한 몸을 변화시킨다는 것은 가능할까? 충분히 가능성이 있다. '웃는 얼굴에 복이 온다'는 생각이 그를 리 없다. 그를 보는 사람도 마찬가지다. 그래서 '웃는 얼굴을 보면 약이 된다'고 했다. 눈웃음, 얇은 웃음, 함박웃음을 때에 맞게 연출하는 사람에게 끌리지 않을 사람 없을 것이다. 웃음처럼 활력을 주고 신비함을 느끼게 하는 연출이 있을까. 게다가 온몸으로 웃는 사람도 있다. 웃음뿐만 아니라 몸의 부분 부분으로 매력을 생산하는 사람이 종종 있다. 사랑하는 것이 예술이라면 필히 수련해야 할 과정이겠다.

'여자 앞에서 무릎 안 꿇는 사내 없다', '여자 앞에서는 임금님도 무릎을 꿇는다'고 했다. 짝짓기를 하려면 여자 앞에 오체투지를 해야 한다. 아무리 자존심이 센 남자라도 필수다. 짧은 쾌락일지라도 그 맛을 보기 위해서 치르는 의식이다. 결정적인 순간에 내려놓은 자존심을 만회하기 위해서 평소에는 여자를 괄시하는 것이 남자다.

누구나 애초에는 몸이 동산 겸 부동산이다. '남자는 거시기가 동산 겸 부동산이라'는 말은 좀 짓궂고 노골적이니, 몸 전체를 재산이라고 해야 하겠다. 허울을 잘 쓰고 태어나면 웬만한 유산상속보다 훨씬 나을 수도 있다. 물론 잘난 허울 때문에 한량으로 빠지는 경우도 허다하지만 말이다.

몸의 크기로 남녀를 구분하려 한다. '여자는 남자 품 안에 들어야 좋고, 남자는 여자 품 안에 부듯해야 좋다', '집 작은 것하고 여자 작은 것은 흠이 되지 않는다', '가재는 작아도 바위를 지고, 여자는 작아도 남자를 안는다'고 해서, 남자는 여자의 체격보다 커야 한다는 생각을 내세운다. 피부색에 대해서도 선입견을 만들어 놓는다. '여자와 쌀은 흴수록 좋다'고 했다. 그러나 '까마귀는 검은 빛이 아름답고, 두루미는 흰 빛이 아름답다'는 생각을 해야 한다. '살결이 희면 열 허물이 묻힌다'고 했는데, 꼭 그런 것은 아니다. '남자와 가지는 검을수록 좋고, 여자와 가지는 어릴수록 좋다'고 했는데, 검은 피부를 가진 사람이 정력이 세다는 생각에서 나온 말이다. '남자나 여자나 음부에 사마귀가 있으면 한 사람으로 만족 못 한다'고 하는데, 일일이 확인할 수도 없지만, 그냥 해보는 소리다. 음부에 사마귀가 없더라도 바람둥이는 많다. '몸에 털이 많으면 호색이라', '몸에 털이 많이 난 남자가 정이 많다'는 말도 흔히 해대지만, 부분적으로만 진실이다.

사주고 관상이고 세상을 읽거나 이해하는 한 가지 방법이라 생각하고 맹신해서는 안 된다. 아무리 그럴듯해도 빠져들면 허상이 생긴다. 믿지도, 무시하지도 않는 게 지혜다. 모든 사람의 삶은 관상대로 사는 것이 아니라,

'내 복에 산다'고 해야 하겠다.

1. '얼굴은 마음의 거울이라'

'얼굴에서 쌀이 나오나 돈이 나오나' 하고 말하면, "나온다"고 대답하는 사람 적지 않으리라. 대답은 내놓고 하지 못해도, 속으로는 그렇다고 생각할 것이다. 얼굴이 예쁘면 현실적으로 워낙 많은 이익이 뒤따르기 때문이다. 얼굴이 마음을 비추는 거울이라고 할 때, 미인은 마음 쓰는 것도 아름답다는 얘기가 된다. 그런데 그게 아니다. '얼굴이 비춰지는 어루쇠는 있어도, 사람의 넋이 비춰지는 어루쇠는 없다'는 말대로, 속은 알 수가 없거니와 미모와 마음이 비례하지도 않는다.

'사람은 누구나 제 얼굴 뜯어먹고 산다'는 말은, 잘생겼으면 잘생긴 만큼 이득이 많고 못생겼으면 그만큼 손해를 본다는 뜻으로 받아들일 것이다. '사람의 얼굴은 열두 번 변한다', '사람의 마음 뒷간 갈 적 다르고 올 적 다르다'고 했듯이, 얼굴도 마음도 거듭거듭 변한다. 얼굴을 구성하고 있는 기관이 여러 곳인데, 부위에 따라 변화무쌍 하는 게 또 각각 다르다. 두상頭上을 덮고 있는 머리털부터 턱, 그리고 턱을 덮고 있는 수염까지를 관상학에서는 상세하게 살피며 길흉화복을 말하고 있는데, 혼란스럽기 짝이 없겠다. 사람 하나의 몸뚱아리가 제각각으로 선과 악으로 나선다면 전쟁터가 따로 없을 것이다.

'넓은 하늘을 보지 말고, 한 뼘 얼굴을 보랬다'는 말은 관상쟁이의 말일까. 한 뼘 얼굴에 그 사람의 모든 것이 다 있다는 뜻이겠지만, 사실 사람의 얼굴을 평생 뜯어본다고 해도 '소 아홉 마리에서 터럭 하나' 뽑는 것에 비유할 수 있다. 아무리 유능하다는 관상쟁이도 크게 다를 바 없다. 사주팔자, 관상, 손금, 성명 따위를 모두 봐서 종합적으로 판단해도 '코끼리 코 만지는 격'인데, 그중 하나만 붙잡고 길흉화복을 말한다는 게 실로 가소로운 일이다.

'거울도 뒤는 못 비춘다'는 말이 당연하다. 눈이 마음의 거울이라고 하지만, 사람의 마음도 뒤가 있다. 눈에서 읽어내지 못하는 면이 있기 마련이다. 눈은 만능이 아니라서 술의 도움을 받으면 좋다. '겉은 눈으로 보고 속은 술로 본다', '숲속의 꿩은 개가 내몰고 오장의 말은 술이 내몬다'고 했으니 말이다. 건강에 좋지 않다는 술이라지만, 사람의 마음속을 진단하는 데는 최상의 수단이다.

남자들이 여자를 두고 쑥덕여 속담으로 전해오는 말들은 참으로 많다. 요즘 세태도 여전하지만 예전 사람들과 크게 다른 점은 없다. 예컨대 '여자는 첫째가 인물이고, 둘째가 심덕이고, 셋째가 밤일이고, 넷째가 건강이라'는 말과 같은 것이다. 우선순위를 인물로 놓고, 성격과 성력, 건강을 나열한다. 지금 세태에서도 여전히 인물인데, 성격은 고쳐가면서 살아도 된다고 말한다. 분명한 것은 사람마다 우선순위가 다르다. 색욕이 넘치는 사람은 밤일을 우선으로 꼽을 것이며, 성격이 그 사람이라는 것을 아는 사람은 심덕을 우선 삼을 것이다. 건강을 최우선으로 삼는 사람은 의외로 소수이겠지만 제일 현명하다고 볼 수 있다.

사람을 맨 먼저 인식하는 곳은 단연 얼굴이다. '남자를 볼 때는 위에서부터 보고, 여자를 볼 때는 아래에서부터 본다', '어깨 넓은 여자는 팔자가 세다'는 말이 있지만, 소수의 사람만 그럴 수 있다. 어깨나 엉치를 보기보다는 얼굴에 먼저 눈을 돌리기 일쑤다. '머리털이 검고 윤기가 있으면 색골이다', '머리털이 유난히 많은 사람은 호색이다', '얼굴이 붉고 머리털이 검으면 음란하다'고 하는데, 그렇다고 머리털부터 살피는 사람도 드물 것이다.

'여자는 얼굴이 밑천이라'는 생각에 얼굴을 살피는 것이 최우선이다.

그런데 얼굴이 어떻게 생겨야 잘 생긴 것인지에 대해 단번에 말하기는 매우 어려울 것이다. 기껏해야 '버들 같은 눈썹에 복숭아 같은 얼굴이다', '매끈하기가 춘향이 얼굴이라', '꽃 같은 얼굴에 달걀 같은 몸매', '양귀비는 내일 아침이다'는 정도겠다. 남자보다는 여자 얼굴에 대해 더 많은 시비를 해 왔다. '여자 얼굴은 스물에는 타고난 얼굴이고, 서른에는 자기가 꾸민 얼굴이고, 마흔에는 남편이 만들어준 얼굴이라'는 식이다. 분명한 것은 '곱기만 한 꽃에는 벌 나비가 오지 않는다'는 것이다. 인품을 제대로 갖춰야 사랑을 받게 된다는 뜻이다.

인물이 좋은 것을 경계하는 속담은 참으로 많다. 주로 성에 연관시키고 암시하는 투의 말들인 것이다. '자기 인물 자랑하는 여자는 바람을 피운다', '귓밥이 두꺼운 사람은 애정과 정력이 강하다', '얼굴이 빨개지고 부끄럼을 잘 타는 여자는 사귀기 쉽다', '얼굴 곱다고 탐내지 말고, 소리 좋다고 탐내지 마라', '여자가 광대뼈가 나오면 팔자가 세다', '여자가 웃을 때 눈꼬리에 주름이 많으면 애정이 강하다', '여자가 웃으면 정들게 된다', '여자가 웃기 잘하고 곁눈질 잘하면 음란하다', '얼굴에 주근깨가 많으면 색골이라', '인중이 가늘고 길면 색골이다', '인중에 사마귀 있는 여자치고 색기 약한 계집은 없다'는 말들처럼 많고도 많다. 남자들이 여자 품평을 해서 만든 속담들이다. 여자들이 남자 품평을 해서 속담을 만든다면, 이에 비할 바가 아니게 풍성해질 것이다.

아무래도 사람의 몸에서 제일 중요한 곳은 머리다. 머리 무게는 몸무게의 5% 이내에 지나지 않는데, 전체 에너지의 20%를 쓴단다. 그러니 머리, 얼굴에서 가장 생기가 발산되어야 한다. 사람의 몸 전체에서 얼굴이 차지하는 부분은 적은데, 얼굴에 집착하고 끌리는 정도는 십 중 팔구다. 인체 중 머리가 제일 중요한 부분이니, 제 머리로 다른 사람들의 머리에 제일 관심을 갖는 것은 자연스러운 일이겠다. 문제는 관상을 본답시고, 존귀한 남의 얼굴에 대해 함부로 판단하는 것이겠다. 존귀한 것을 존귀하게 말하는 것이 도리임은 당연하다.

2. '사람 몸이 열 냥이라면 눈이 아홉 냥이다'

'떴다 감는 눈짓은 정들자는 뜻이고, 감았다 뜨는 눈짓은 나를 보라는 뜻이다'고 하는 말이 그럴듯하다. 그렇지만 사람은 1분에 3~6회 정도 눈을 깜박거린다. 깜박임은 평균적으로 3분의 1초가 걸린단다.[36] 그렇다면 수도 없이 정들자고, 나를 보라고 신호를 보내는 건가. 깜빡이는 그 짧은 시간에 보내는 신호를 잽싸게 읽어내라는 것인가. 눈꺼풀은 자동차의 와이퍼처럼 움직이면서 눈의 불순물을 제거한다. 자연스러운 것은 그런데, 그 움직임을 정지시키고, 의도적으로 움직여 사랑의 신호를 보내는 것이다. "사람의 두뇌가 상대방의 눈동자를 보고 그의 감정 상태를 0.2초만에 감지한다"[37]는 연구 결과를 신경학자인 매카시^{MacCarthy}가 증명해냈다는데, 진실로 경이적인 일이다.

'눈이 보배고 손이 충신이라' 했다. 그렇다. 눈이 몸의 핵심이다. '눈은 그 사람의 마음을 닮는다', '눈은 마음의 거울이다'고 해서 상대방 눈의 표정을 읽으려고 무던히 애를 쓰게 된다. 눈에서 마음을 읽으려고 하지만, 때때로 눈이나 속눈썹 때문에 방해를 받아 허사가 되는 경우도 있다. "별이 폭발하는 것처럼 눈 주위로 퍼져나가는 속눈썹의 패턴은 사람들의 관심을 눈으로 끌어들인다. 바람둥이 아가씨들은 남자들의 시선을 끌려고 속눈썹을 깜박거린다. 속눈썹은 어느 면에서 관능적이다"[38] 하고 주장하는 사람이 있다.

'가죽이 모자라서 눈이 생긴 줄 아나'고 말한다. 뭔가를 제대로 보고 다니라는 투로 비꼬는 말이다. 눈의 기능은 본다는 것, 그 하나지만 눈동자와 속눈썹, 눈꺼풀의 움직임을 통해 만들어내는 표정은 끝이 없을 것이다. 사랑의 표정을 만들어내는 것도 그중 하나다. 예컨대 '곁눈질에 정 붙는다'고 했다. 단지 곁눈질만 살짝 했을 뿐인데 정이 든다니, 기적에 버금가는 일이겠다. '말로는 속여도 눈길은 속이지 못한다'고 했는데, 눈의 움직임을 잘 읽어내면 말로 오가는 것보다 마음속을 훨씬 잘 들여다볼 수 있겠다.

한 시인이 〈깨끗한 영혼〉이라는 작품에서, "눈동자가 따뜻한 사람은 / 가장 단순한 사랑으로 깨어 있다"[39]고 했다. 어느 오랜 노래 가사엔 "사랑은 눈으로 말해요 ~ 진실한 사랑은 눈을 보면 안대요" 했다. 흔히 눈은 마음의 유리창이라고 비유한다. '겉 볼 속이라', '겉 볼 안이라'는 말이 있는데, 겉모습으로 속내를 미루어 알 수 있다는 뜻이다. 겉으로 속내가 가장 빠르게 드러나는 곳이 바로 눈이다.

'눈이 보배라'고, 눈은 제게 이익이 될 것을 가장 먼저 알아낸다. 눈이 좋고 눈치가 빠르면, '먹을 불콩인지 못 먹을 노간주나무 열매인지 모른다', '눈썰미가 곰 발바닥이라'는 소리를 들을 리 없다. '눈썰미만 있으면 절에 가서도 비린 자반 얻어 먹는다'고 했는데, 정말 그렇다. 특히 눈은 정이나 사랑을 주고받는데 아주 중요한 매개체가 된다. 말이야 얼마든지 상대를 속일 수 있지만, 눈빛으로는 불가능하기 때문이다. 사랑하는 사람에게서 눈의 움직임을 잘 읽어내는 건 무척 중요하다.

사랑에 빠지면 눈부터 반짝인다. '먹을 콩인 줄 안다'고 하는데, 순식간에 알아보고 판단을 끝낸다. 예컨대 《메디슨 카운티의 다리》에서 여주인공 프란체스카는 길을 묻는 킨케이드에게 불과 몇 초만에 끌리게 된다. 단단한 가슴 근육, 입술, 하체 근육의 단단함은 물론이고 특히 눈이 그랬다. "미남은 아니었다. 그에게는 무엇인가 있었다. 아주 오래되고, 세월에 약간 시달린 듯한 무엇인가. 외모가 아니라 눈빛에 그 무언가가 있었다"⁴⁰는 것을 한눈에 알아채고 마음에 담는다.

눈은 사랑을 위해 가장 잘 활용하는 부위 중 하나다. 실제 사랑 행위야 거시기로 한다지만, 눈으로부터 사랑이 생겨나야 한다. '눈치만 보고 사부인 고쟁이 벗긴다', '눈만 맞으면 부처도 암군다'고 했다. 암군다는 말은 짝짓기를 한다는 뜻이라서 다소 거북하게 들리겠지만, 마음만 맞으면 뭐든지 해낸다는 뜻이다. 마음 대신 눈이라 했다. 눈에 들면 동시에 마음이 움직이는 셈이다. 눈을 성기와 연관시키는 것도 허튼소리는 아니다. "여성 성기와 눈의 관계 또한 성기가 풍요의 상징으로 부각되면서 뚜렷하게 드러난다. 눈의 상징이기도 한 달걀 모양과 편도 모양의 물건이 고대부터 풍요의 상징으로 받아들여져 왔다는 것은 잘 알려진 사실"⁴¹이라는 데서 근거를 둔다. 눈의 움직임으로 성 심리를 간파한다는 말이다.

'몸뚱이가 만 냥이면 눈이 구천 냥이라'는 말은 한껏 과장된 말이겠다. 모든 기관이 저 나름대로 중요한 역할을 하는데, 눈만 한껏 평가절상하는 것은 편협하다. 하지만 눈으로 세상 만물을 끌어들일 수 있고, 제 속을 충분히 내보일 수 있으니 하는 말이겠다. 얼굴에 대해 섬세하게 연구를 한 맥닐은, "몸의 어떤 다른 부분도 눈만큼 내면을 잘 보여주지는 못한다. 눈은 얼굴의 심리학적 중심이며 대大 플리니우스의 말처럼 '영혼의 창'이다. 반짝이는 눈은 지성과 사랑을 말할 수 있다. 눈은 존재의 조그마한 연못이며, 사람들의 넋을 빼놓을 수 있다"⁴²고 말한 대로 대단히 값진 기관임에 틀림 없다.

눈이나 주변, 그리고 눈의 움직임을 성과 관련시키는 속담도 적지 않다. '눈이 맞으면 배도 맞춘다', '눈언저리가 푸르면 색골이다', '여자가 곁눈질 잘하면 색골이다', '남자가 쌍꺼풀이면 색을 좋아한다', '눈가에 잔주름이 많은 남자는 바람을 피운다', '눈 감고 웃는 여자는 정들기 쉽다', '눈을 감고 웃거나 실눈으로 보는 여자는 정들기 쉽다', '항상 웃고 항상 곁눈질만

하고, 행동이 가벼운 여자는 음란하다', '눈 끝이 아래로 꼬부라졌으면 색골이다', '눈두덩이가 푸르면 호색이다', '눈 속에 물기가 있는 사람은 호색이다', '눈썹이 검고 짙으면 정력이 강하다', '눈 작은 여자가 정이 많다', '눈이 튀어나온 사람은 정이 많다' 하는 말들이 그렇다. '눈이 젖은 듯이 촉촉한 여자는 과부 팔자다'는 말도 역시 성 속담이다. 색정이 강해서 남편을 잡아먹는다는 뜻을 포함하고 있는 말이다. 이렇게 많은 속담이 대부분 호색, 색골이라는 어휘를 썼는데, 짝짓기를 예사롭지 않게 밝힌다는 뜻이다. '바다 고운 것하고 계집 눈매 고운 것하고 믿지 말라'는 말도 성적으로 현혹되지 말라는 충고다. "아니면 말고" 식의 말이거나, 몇몇 사람을 관찰한 후에 시작된 말이겠다.

눈을 성과 직접 연결시키지 않은 관상속담도 있다. '눈이 뱀장어 눈이면 겁이 없다', '눈이 작으면 간이 크다', '눈이 작은 사람은 담이 크다', '눈 사이가 넓으면 속이 넓다', '눈썹결이 한 방향이면 복이 있다', '눈 큰 사람은 겁이 많다', '눈 밑 두덩이가 높으면 인정 많다'는데, 크다, 넓다, 높다는 기준이 주관적이라서 판단하기 힘들 것이다. '눈 바로 밑에 점이 있으면 울 일이 많다', '눈썹 속에 점이 있으면 성공한다'고 하는데, 점이 없어도 울 일이 많은 사람은 헤아릴 수 없이 많다. 또한 성공했다는 사람 중에 눈썹 속에 점 없는 사람이 훨씬 더 많을 것이다. '눈이 치찢어진 사람은 성미가 나쁘다', '눈이 큰 사람은 큰 인물이 못 된다', '눈이 큰 여자는 겁이 많다', '미간이 넓으면 너그럽다'는 속담을 확신하듯 말하지만, 역시 부분적으로만 맞을 수 있다. 외양은 그렇더라도 제 관상을 보고 스스로 제 약점을 고쳐내는 사람들이 적지 않기 때문이다. 이럴 때 마음과 겉모습이 같을 수 없다는 것도 알게 된다.

3. '코 큰 총각이 실속 없다'

'언니는 형부 코가 커서 좋겠네' 하는 말이 선입견을 만들었다. 그래서 코가 크다는 이유만으로 대우받는 경우도 있다. '코 큰 총각 엿 사준다'고 했는데, 엿만 얻어먹겠는가. 은밀한 유혹이 빈번할 것이다. 그러니 '코가 크면 양물이 크다'는 말은 정설이 된 것처럼 여겨진다. 정말 큰 코를 가진 사내가 거시기도 클까. 여성 유튜버들의 논의는 각양각색이다. 많은 남성을 경험했다는 여성들도 나와서 정설이 아니라고 소리를 높인다. 전혀 다르게 말하는 사람도 적지 않다. '코 크고 실속 없다', '코 크다고 얻은 서방이 고자다', '코 크다고 얻은 서방이 자라 거시기라'는 식으로 주장을 해댄다.

코와 거시기의 비례관계가 확인되지 않으니, 속담을 믿고 자신 있게 말해왔다. '장모는 코 큰 사위부터 고른다', '장모 될 여자는 사윗감 코부터 본다', '사위 코 보니 외손자 보기는 다 틀렸다'는 말이 그런 예다. '남자의 코가 크면 물건이 실하고, 여자의 눈 가상자리가 까무잡잡하면 조개가 찰지다'는 말을 자주 입에 올린다. 사실 상투적인 생각과 주장이 다르다. '코 큰 놈 거시기 자랑하듯 한다'는 속담 역시 부분적으로만 진실이겠다. 코가 커서 거시기도 큰 줄 알고 혹했다가 배신감을 맛보게 된 사람들이 어디 한둘이겠는가. 피노키오가 거짓말을 할 때마다 코가 커지듯, 허세를 부릴 때마다 코가 커진 것은 아닐까.

남자의 코뿐만 아니라 여자의 코도 성과 연관시켜 말을 한다. '여자 코가 짧으면 바람기 있다'고 했는데, 서양 사람들과 생각이 같은 것이 우연일까. 서양 남성들은 작은 코를 가진 여성을 압도적으로 선호한다는 것이다. 코가 여성의 거시기를 상징한다고 여기기 때문이란다. 코는 융기이면서 동시에 구멍이기 때문이라는 것이다.

사실 서양 여성 중에 코가 작은 경우가 훨씬 적을 것이다. 대부분 콧날이 높은데, '콧날이 이마 위에 있다'고 하면 자존심이 아주 세다는 뜻이다. 자존심이 센 여자를 선호할 리가 없다. '콧날 서면 입 날카롭다'는 것은 남녀 구별할 필요가 없을 정도다. 남자가 여성의 작은 코를 좋아하는 이유는 콧대가 낮기 때문일 수도 있다. 자기주장이 강하지 않으면, 남자가 훨씬 수월하기 때문일 것이다. '여자는 눈이 잘 생겨야 자식 복이 있고, 코가 잘 생겨야 남편 복이 있다', '남편 복은 코가 잘 생겨야 한다'고 하는데, 여자의 자존심을 약화시키기 위해 복이라는 말을 썼을 법하다.

남자의 성력性力을 코의 크기와 비례하는 것으로 생각해왔지만, 부분적으로만 진실이거나 전혀 관계가 없다. 코의 크기는 기후와 연관되어 있을 뿐이다. 남자 성기의 크기를 평균 내면 아프리카 사람들이 가장 크다는데, 아프리카 흑인들의 코는 대부분 낮고 평퍼짐하다. 백인들은 성력의 차이에서 흑인들에게 다소간 열등감을 가진다고 하는데, 코 크기로 따지면 백인들이 월등하지 않은가.

코는 기후와 긴밀하게 연관되어 있다는 주장이 설득력 있다. "어쩌면 튀어나온 코는 호흡을 위한 대기실로 시작되었는지도 모른다. 튀어나온 코가 이 기능을 수행하고 있다는 점은 분명하다. 공기는 콧구멍을 지나면서 점막에서 온기와 습기를 얻는다. 따라서 폐가 차갑거나 건조해지지 않는다. 열대지방에 살았던 인류는 극지방에 살았던 인류보다 코가 작다. 추운 곳에 살았던 네안데르탈인은 코가 커다랗다"[43]는 주장이 그렇다.

코를 성력의 상징으로 보는 것보다는, 자기주장이 확실하고 견고한 성격의 소유자로 보는 관상학의 부분이 오히려 더 타당할 것이다. 얼굴에 5악五岳이 있어, 그 중심에 우뚝하게 자리잡은 사람이 자기주장이 세다는 생각 말이다. '귀 좋은 거지는 있어도 코 좋은 거지는 없다'고 하여, 경제력과 연관시키기도 하는데, 이 역시 부분적으로만 믿을 수 있다. 서양 쪽이나 아메

리카 사람들을 봐라. 코 좋은 홈리스들이 길가에 널렸다. 코를 성력이나 경제력과 연관시키는 것이 별로 믿을 게 못 된다는 것을 깨우치게 될 것이다. 속설만 믿고 나서면 사랑에 도움이 되기는커녕 실망만 하게 될 뿐이다. 전적으로 진실한 것은 없고 부분적인 진실일 수밖에 없다는 것을 깨닫는 것이 지혜다.

4. '입이 보배다'

입이 하는 일은 참으로 많다. 몸에 있는 모든 기관이 다 중요한 것은 물론이다. 그런데 '몸뚱이가 만 냥이면 눈이 구천 냥이라'고 한 말은 지나치다 하겠다. 좀 겸손하게 "몸뚱이가 만 냥이면 눈이 삼천 냥이라"고 한다면 모르겠다. 눈이 중요하다지만, 입은 더 중요하다. 무엇보다도 먹는 곳이라서 그렇다. 숨을 쉬기도 하고, 말을 하고, 이빨과 혀가 살고 있는 집이기도 하다. 또 사람들은 입으로 아주 다양한 표정과 신호를 만들어 낼 수도 있는 곳이다. '입이 서울이라'는 말은 그래서 있다. 가장 중심이 된다는 뜻이다.

입은 진화의 면으로 볼 때 가장 오래되었기 때문에 원초적이라 하겠다. 가장 변화무쌍한 기관이기도 하다. 변화가 아주 자유로워 온갖 감정을 표현할 수 있는 곳이다. 큰 입은 야욕 있는 남성에 적합하며, 작은 입은 성적 매력이 있는 여성에게 적합한 것으로 여겨진다. 남성과 달리 여성의 경우 관상학이나 문학작품에서 큰 입을 아름답다고 여기지 않는 것이 이상할 것도 없다.

남자의 경우는 성정이 드세거나 탐욕스러운 사람을 큰 입술과 연결시킨다. '눈 작은 양반은 있어도 입 작은 양반은 없다'거나 '입 큰 소가 살이

찐다'는 말은 물질적 욕심과 동시에 호색과도 연결된다. 여자의 경우는 다르다. '여자는 입이 작아야 하고, 남자는 코가 커야 한다'고 해서 은근히 제2의 성기로 암시한다. '계집의 입꼬리에 검은 사마귀가 있으면 사내들 삭신을 녹인다' 하여 색골로 규정하기도 하며, '여자는 입을 맞추게 되면 구멍도 맞추게 된다'고 하여, 키스를 짝짓기를 위한 전 단계로 보는 것이다.

입의 크기를 두고 이러쿵저러쿵하는 것도 있지만, 입술만을 가지고 온갖 음담을 하는 경우가 허다하다. 문학작품 속에서 여성 인물들의 입과 입술은 거의 성적인 암시를 주기 위해 묘사되기 일쑤다, 예컨대 박경리의 《토지》에 등장하는 인물인 홍씨의 입을 "눈과 같이 역시 조그마하고 도토롬하게 솟은 입술은 주름 하나 없이 번들거렸고" 하고 묘사한다. 유현종의 《들불》에서는 여성 인물 확실이를 두고 "도도록한 입술에는 물기가 돌고" 하며, 색정적이라는 암시를 하고 있다. 입술이 도톰하다는 것은 입이 작은 동시에 도발적이라는 것을 암시하려는 것이다.

커다란 입이 아름다움의 조건으로 인식되는 경우는 거의 없다. 그에 비해 작은 입은 미인의 필수조건으로 생각되었다. 특히 관상속담에서 그걸 강조한다. '앵두 같은 입술에 박씨 같은 이빨이라'는 것이 최상의 찬사인 것이다. 이빨은 성격에 간단하게 연관시킨다. '옥니박이와 곱슬머리와는 말도 말아라', '옥니박이와 곱슬머리는 무섭다', '옥니와 거적눈은 욕심이 세다'고 한 것처럼, 옥니박이는 무슨 일에나 끈질기게 따지고 덤벼 사람을 질리게 만든다는 것이다.

여자 입술은 그대로 제2의 거시기로 생각한다. '가을볕에 으름 벌어지듯'하는 모습을 보면 당연히 그렇게 여길 수 있다. '입술을 썰어 담으면 세 접시는 되겠다'는 말을 농담 삼아 하지만, 어떤 암시를 하는 말이다. '아랫입술이 두터우면 호색이다', '아랫입술이 두터운 여자는 색골이다', '입술 두터운 여자가 정이 많다'하는 말이 그것이다. 그 외에도 '입술이 푸르면 호색이라'는 말들이 성적인 생각과 연관된다. 여성의 입은 또 다른 거시기로 여기기 때문에 작아야 한다고 생각하는 것이다. '여자 입이 크면 거시기도 크다'고 했다. 여성의 거시기가 크다는 것은 남자들의 비호감을 불러일으킨다.

얼굴에서 가장 관능적인 곳이 입술이라는 것은 동서양의 공통된 인식이다. "입술은 관능적인 즐거움을 선사한다는 점이다. 입술은 촉각 점이 풍부한 두 개의 쾌감 감지기다. 입술은 장의 내벽처럼 부분적 내피다. 피부 또는 외피로 된 입술선은 신체 내부와 외부 사이의 연결 라인을 형성한다. 그 말은 결국 키스를 하면 상대의 내면과 접촉한다는 뜻"[44]이라는 설명이 관능성을 충분히 설명한다. 짝짓기의 욕망을 입술에서 읽어내려는 생각이 충분히 타당하다는 것을 알게 된다.

'입이 보살이라'고 했다. 입과 입술 자체가 성적인 동작과 암시를 하지만, 말을 잘해서 복을 지을 수 있기 때문이다. 인정 어린 말을 주고받고 표정을 풍부하게 구사하여, 사랑을 성취하는데 결정적인 입을 잘 다스려야 하겠다.

5. '마음 가는 데 몸 못 간다'

'건강은 돈보다 낫다'는 말은 지당하다. 몸 밖에 재물이 없다든지, 몸이 천하라고 할 때는 건강한 몸을 전제로 한 것이다. '건강한 오리가 장가가면, 다친 오리도 덤빈다'는 말이 있다. 다른 사람이 남부러운 일을 하면, 그보다 못한 사람도 해보겠다고 덤빈다는 뜻으로 하는 말이다. 당연하다, 다친 것도 억울한데 남이 하는 일을 못 한다니 환장할 노릇이겠다. 건강하다면 두려울 것이 없다.

건강을 유지하는 목적 중 하나가 짝짓기를 제대로 해내기 위한 일이라는 것을 부인하지는 않을 것이다. 건강한 자식을 낳는다는 건 무엇보다도 중요한 일이다. 남자의 경우, 아주 건강할 때도 제 짝짓기 능력을 충분히 발휘했다고 생각지 못하는데, 건강마저 따라주지 않으면 이미 '떡 쪄먹고 시루 엎은 꼴'이 된다. 남자는 짝짓기를 통해 제 체면을 유지한다고 생각하기 일쑤다.

마음이 앞서고 몸이 뒤따르기는 누구나 마찬가지다. 몸이 건강하더라도 그렇건만, 건강하지 않으면 마음 가는 데 몸이 못 가는 건 당연하다. 아무리 짝짓기가 하고 싶어도 '종 치고 막 내렸다'는 삶이 돼버리는 것이다. 남녀 구별할 것도 없이 건강을 최우선으로 삼는 것은 당연한데, 남자의 경우 술이나 여색이 지나치면 풀 죽어 한평생을 보내야 한다.

보약을 밝히는 건 늙은이만이 아니다. 정력제라면 '없어 못 먹고, 안 주어 못 먹고, 못 봐 못 뺏어먹는다'고 할 만큼 남자들은 집착이 강하다. 오직 한마음, 제 짝으로부터 짝짓기 능력이 예사롭지 않다는 말을 듣기 위한 처절한 분투다. 살을 빼고 몸을 만들어 체격과 체력을 강화하는데 돈과 시간을 예사롭지 않게 투자한다. 건강한 삶, 건강한 후손을 위해서 필히 해야 할 일이다.

살이 찐 몸이나 깡마른 몸을 선택하는 것은 문화에 따라 다르다. 개개인의 식생활에 따라 다르기도 하지만 종족의 집단유전자에 따라 체형이 다른 경우가 적지 않다. "어떤 문화권의 남자라도 허리가 둔부보다 훨씬 가는 여자를 선호한다. 이는 곧 이러한 체형이 양호한 호르몬의 균형, 질병에 대한 강한 항력, 높은 출산력을 반영한다는 설명이 된다"[45]고 했는데, 남자도 마찬가지다. 건강한 여자를 선택하기 위해서는 남자도 건강해야 한다.

몸을 두고 천하라고 한 것은 사랑 때문이기도 하다. 몸과 마음을 다 바치는 것이 사랑이다. 마음만 바치고 몸이 게으름을 피운다든지, 몸만 바치고 마음은 엉뚱한 짓을 하는 건 온전한 사랑이 될 수 없다. 몸과 마음이 따로 놀지 않고 부지런히 몰두해야 사랑이 나온다. 유튜브를 보면 알 것이다. 여성들의 짝짓기에 대한 요구가 가히 쓰나미처럼 밀려오고 있다. 오르가슴을 '오 선생'이라고 칭하며, 오 선생 만나는 방법을 다투어 말한다. 플라토닉 러브, 정신적 사랑이란 게 그럴듯하게 포장하여 말할 수는 있지만, 거기서 만족하는 사랑이 어디 있겠는가. 건강 정도가 아니라, '몸을 도끼 삼아 일한다'고 할 정도로 서비스를 해도 역부족이라 할 판이다.

내놓고 짝짓기에 더욱 몰두하는 세태로 변했다. 예컨대 '여편네 못난 것이 젖통만 크고, 사내 못난 것은 거시기 대가리만 크다', '여편네 못난 것이 엉덩이만 크다'고 하여, 과거엔 섹스 심볼을 일부러 욕을 해댔다. 그러나 요즘 세태에서는 욕을 먹기는커녕 부러움의 대상이 된다. 섹스 어필의 자산으로 생각해 당당하게 자랑하고 나선다. 남녀가 섹스 심볼을 확대하기 위해 무진 애를 쓴다. 예컨대 가슴을 두고, "풍만한 가슴은 남성들에게 그 여성의 건강이 좋고 임신과 수유가 요구하는 가외의 부담을 생리적으로 감당할 준비가 되어 있다는 사실을 신호해 주었을 것이다. 그래서 자연선택은 일년 내내 가슴이 풍만한 여성을 선호했음과 동시에 그런 여성에게 성적인 매력을 느끼는 남성을 선호했을 것"[46]이라는 주장은 충분히 설득력 있다.

세태는 짝짓기에 점점 솔직해지기를 요구하고 있다. 내놓고 말은 못하지만 출산율 저하의 문제도 소극적인 짝짓기 풍조와 연관이 있는지 의심할 수도 있겠다. 한국을 피로 사회로 규정한 학자가 있는데, 피로 사회라고 한다면, 모두가 일에 지쳐 성생활조차 감당할 수 없다는 말이 된다. '사내의 거시기는 동산 겸 부동산이라'고 했다. '여자는 다듬이 방망이질을 잘해야 하고, 남자는 가죽 방망이질을 잘해야 한다'는 생각으로 부부생활에 활력을 더해야 하고, 그 활력이 사회의 활력으로 확산해야 한다. 예전처럼 짝짓기 욕구를 억제하는 건 비생산적이다. 건전한 사회는 인간의 욕구를 제대로 해소하는 것은 물론 새로운 에너지를 만들어 내도록 권장해야 한다. 생산적 사회는 금욕이나 절제에서 이룩되지 않는다.

'참는 자에게 복이 온다'고 했는데, 본능을 억제하면 어떤 복을 받을까. 몸을 가지고 태어나 번식 활동 또는 짝짓기 자체의 즐거움을 자발적으로 차단하는 것은 분명 자연스럽지 않다. 영혼의 순결을 지키기 위해 자식이나 쾌락을 스스로 포기하는 것이 참으로 부자연스럽다는 생각이 들어야 정상이다. 성욕을 '참는 게 덕이다', '참는 게 아재비다', '참는 게 약'이라 하겠는가. "인간이 뭔데" 하고 근본을 생각한다면 과도한 금욕이 터무니없는 짓이라 생각할 수도 있다. 인간은 동물로부터 진화했고, 그 본성의 완전한 진화는 한참 멀었기 때문이다. 신앙심이 깊은 데다 정신 줄을 극단적으로 팽팽히 당기면 극소수의 수도자는 소신공양燒身供養 같은 행동을 할 수도다. 그런 걸 훌륭한 수행이라 할 것인가.

수도자가 때때로 저지르는 육체적 일탈 때문에 혹독하게 비판받는 것이 안타깝기도 하다. 아무리 스스로 택한 일이라 해도 인간이라는 종種을 이해한다면, 욕구를 못 참는 것을 비난하기보다 참아내는 것을 대견스럽게 생각해야 인지상정이겠다. '참는 게 장사라'고 하고 '참는 뒤끝은 있다'고 하지만, 그 뒤끝을 기대한다는 게 때로는 무모한 일일 수 있다. 짧은 생애 동안 수행으로 인간이 얼마나 달라질 수 있을 것인가. 육신을 뒤집어쓴 생명으로 사회적 윤리를 잘 지킬 정도면 최선이라 할 것이다.

사이비종교의 교주들이 저지르는 성적 일탈은 놀랄 일도 아닐 정도로 흔하다. 집단으로 가스라이팅을 당한 신도들에 한껏 욕심을 부리기에 안성맞춤인 환경이다. 인간이 양두구육의 절정을 보여주는 좋은 예가 숱하게 자행된다. 성령을 내세우며 악령이 되는 뻔한 과정을 보여준다. 서양의 옛 수도원처럼 자신을 이성異性으로부터 완전격리하지 않는 한 일은 반드시 터진다. 홀로 격리되어 있다고 하여도 성욕으로 인한 비정상적인 행위를 하게 마련이다. 성욕을 이겨내기란 그토록 힘든 일이다. 겉으로야 언행이 평화스러워 보이지만 몸속에서 요동치는 갈등은 예사롭지 않겠다.

생명체의 몸은 그 어떤 최첨단 기계라도 흉내 내기 힘든 완성체다. 살아가는 데 최적화 되어 있어 신비롭다고 말하는 것이다. 환경이 바뀌면 그것에 맞게 변화해 가는데, 그것을 진화라고 한다. 비록 이종장기異種臟器로 몸의 부분 부분을 교체해 넣을 수는 있지만, 인체의 모양과 기능이 달라질 수는 없는 일이다.

마음으로 그리는 사랑만 사랑이 아니라 몸으로 하는 사랑도 사랑이다. 몸사랑에 대해 좀 더 솔직해지는 건 좋다. 한 시인의 시 〈아랫도리〉에서 보듯, "사랑할 때도 아랫도리는 벗어야 한다 / 배설이 실제적이듯 / 삶이 실전에 돌입할 때는 다 아랫도리를 벗어야 한다"[47]는 사랑의 실전이 몸사랑인 것이다.

마음 가는데 몸도 가야 한다. 관상학에서 고착시킨 속담에 제 마음과 몸이 맞느냐 안 맞느냐를 따질 것이 아니다. 몸이 자신의 최종 재물 또는 천하라는 신념으로 정신사랑 몸사랑에 열정을 쏟아야 한다.

7장

'남녀 음양에는 임자가 따로 있다'

'바람 불고 자는 데 없다'고 했다. 좋은 일이나 나쁜 일이 생기는 것은 어느 곳이나 마찬가지라는 뜻이다. 사랑하는 사람끼리 찰떡궁합으로 붙어 산다고 해서 바람이 찾아들지 않겠는가. 여기저기 들쑤시고 다니니까 "바람났다"고 하겠다. 제 영혼을 잡아두지 못하고 놓치면 '바람 핑계 구름 핑계'로 떠돌게 된다. 모든 동물의 역사에서 인간의 암수가 제일 섹시하게 진화해왔고, 덕분에 인류는 최강자로 군림해왔다. 종족보존에 끝나지 않고 짝짓기를 최대 쾌락으로 발전시켰다. 이젠 그것을 극대화하기 위해 일부일처제란 울타리를 없애는 중이다.

'가는 임은 잡지 말고, 오는 임은 막지 말랬다'는데, 얼마나 편한 애정관인가. 인간이 한껏 자유스러워지기를 바라는 것은 사랑에서도 재빠르다. 일부일처제가 참으로 민주적인 혼인풍습이라고 생각해왔지만, 이 가림막마저 벗어나고 싶은 게 현대인의 욕심이다. '욕심은 한이 없고, 불평은 끝이 없다'고 했는데, 요즘 사랑이 그렇다. 인간이란 게 한껏 진화했다고 하지만 별수 없다. '피라미 십 년 묵어 붕어 되는 법 없다'는 말이 그를 리 없다.

남녀 음양陰陽이란 좁혀 말하면 짝짓기다. 짝짓기 관습은 오랫동안 별

다르게 변화해왔고, 또 앞으로도 그럴 것이다. 인간 암수는 늘 변화를 요구하며 방황하기 때문이다. 일부일처제로 습관이 오랫동안 정착해왔지만, 이제 속도를 내서 변화해갈 것이겠다. 이에 대해 연구자들은, "어떤 형태로든 복수혼이 이루어질 것이다. 현재 이미 일부일처제는 그 기능을 상실했다....오늘날 대부분의 서구인들의 경우, 전체적으로 보면 일부일처제는 없어졌다. 처음에는 한 사람과 관계를 맺어도 이윽고 그 관계를 끊고, 다른 상대와 관계를 맺게 된다. 차례차례로 이어지는 일부일처제가 된 것이다"[48] 하고 진단한다. '되면 더 되고 싶다'는 게 인간의 욕심이니 어찌할 수도 없다.

일부일처제는 명분이고, 남녀 구별 없이 여분의 짝을 찾으니, 실제로는 일부다처제 또는 일처다부제가 성행되고 있는 셈이다. 해리스도 같은 뜻으로 말한다. "높은 이혼율, 애인이나 내연의 처를 두는 것, 그리고 '불륜의 관계'를 갖는 것의 결과, 이제 이데올로기적으로는 일부일처제적인 사회도 대부분 실제 행위상으로는 일부다처제적이다"[49] 하는 주장이 그것이다.

그동안 여성은 성에 대해 소극적이었다. 남성의 사회적 압력으로 여성의 성 욕구 표현을 억제해 온 까닭이다. "남자의 입에서 '암컷'이라는 형용사는 경멸하는 말처럼 발음된다. 하지만 남자는 자기의 동물성을 부끄러워하기는커녕, 그 반대로 그를 가리켜 '저건 수컷이야!' 하면 더욱 득의만만해 한다. 이 '암컷'이라는 말이 경멸의 인사로 들리는 이유는 여자를 자연 속에 놓아두지 않고 그녀의 섹스(性) 속에 감금시키기 때문이다"[50] 하고 시몬 드 보부아르는 지적했다.

짝짓기라는 게 지상 최고의 쾌락 중 하나이기에 인간은 죽음과도 기꺼이 바꾸려 한다. "만약 며칠 후 세상에 종말이 온다면 무엇을 하면서 끝을 맺고 싶은가" 하는 질문을 해본단다. 적지 않은 사람이 연인과 함께 격렬한 짝짓기를 하면서 최후를 맞겠다는 대답을 한단다. 남녀 차이가 없는 답변이란다. 단말마의 쾌락, 쾌락의 절정을 맛보는 죽음이 소망이라는 것이다.

'사내 죽음 중에 최고가 복상사라'는 말이 있고, 가끔 입소문으로 이런 일이 있다는 것을 들어 알 것이다. 사내는 절정에서 죽어 행복한지는 몰라도 함께 있던 여자는 생전 최악의 경험이 되겠다.

짝짓기란 때로 이렇게 강렬한 소망이 되기도 한다. 쾌감의 절정에서 심장이 멎어버리는 순간이 죽음이라서 장엄한가. 이런 경우를 알게 되면, 인간 짝짓기의 목적 우선이 번식보다는 쾌락 쪽에 있다는 것을 알게 된다. '담 너머 능금은 먼저 따는 놈이 임자라'고 하고, '임은 타는 게 임자고 돈은 쓰는 게 임자라'고 하여 경쟁심을 부추기기도 한다.

'짝을 맞춰봐야 팔자도 안다'고 했다. 남녀라고 아무나 짝이 맞는 것이 아니라는 뜻으로 하는 속담이다. 실제로 짝짓기를 해봐야 맞고 안 맞는지를 알게 된다는 말이다. '연분은 재천이라'고 한 것은, 제대로 된 인연이 아니라 생각할 때 하늘을 원망하기 위한 말일 뿐이다. 애인이든 부부간이든 궁합이 찰떡이라고 서로 느끼는 사람 많지 않겠다. 처음 만나서야 진작 못 만난 것이 한이라고 생각하며 즐기겠지만, 차츰 시들해지면서 찰떡궁합이라는 생각에서 멀어질 것이다. 그래서 다른 짝을 물색하기에 이른다. 요즘 세태에서는 남녀 구별 없이 그렇겠다. 더구나 간통죄도 없어진 터라 좀 더 자유스럽겠다.

세상 풍조는 인간들의 욕심을 따라가게 돼 있는 법이다. '세상이란 필요한 것을 어떻게든 만들어내고 생겨나게 한다'고 했는데, 앞서 나가는 게 성 풍속이다. 아주 은밀해서 드러나지 않아 알아채지 못할 뿐이다. 남성의 횡포로 갇혀 있던 여성들의 본성도 이젠 남자와 동등한 힘으로, 어쩌면 더 강하게 분출되고 있다. 현재의 풍조는 그동안 감금되었던 여성의 섹스가 쇠창살을 부수는 힘을 보여주고 있다. 유튜브나 거리 공연, 노래 교실, 카페나 식당에서 여성들의 성에 대한 이야기는 남성의 그것보다 약하다고 할 수 없다.

짝짓기에 사투를 거는 야생동물 무리를 보면 거의 비민주적이라는 것을 알 것이다. 힘이 없으면 열 중 아홉에게는 짝짓기할 기회가 돌아오지 않는 것이 단적인 예다. 야생동물의 세계에서 '저마다 짝이 있다'고 어찌 감히 말하겠는가. 이를 보면 사람이 많이 진화되었다고 하겠다. 그러나 제도 속에서 지키는 척할 뿐이지, 개인의 욕망 속에서는 아직 야생동물의 속성을 크게 벗어나지 못한다. '처녀 장가 두 번 들려면 과거 할 팔자라야 한다', '전답과 각시는 임자가 따로 없다'는 말처럼 욕심이 잔뜩 담겨있는 것이다.

웬만한 궁합으로 만족하지 않고 제게 꼭 맞는 짝을 찾는답시고 훑고 다니지만, 그런 짝이 있을 리 없다. 남녀 사이에 임자가 따로 있다는 것은 제게 꼭 맞는 상대를 찾았을 때 하는 말이 아니다. 오랜 방황 끝에 꼭 맞는 상대를 못 찾아 포기하고, 주저앉은 자리에 있는 짝을 두고 하는 말일 수 있다.

1. '내 임 보고 남의 임 보면 심화가 난다'

미운 여자를 두고 호박꽃에 비유해서 '호박꽃에도 벌 나비는 온다'고 한다. 달리 말하는 수도 있다. '호박꽃이라고 벌 나비 아니올까' 하는 말이 그렇다. 미모를 판단하는 기준은 사람마다 다르다. '노인에게 어서 죽으라 하고, 병신에게 병신이라 흉보고, 여자보고 못생겼다 하는 것이 세 가지 악담이라'고 하는데, 제 그릇된 기준으로 못생겼다고 함부로 말하는 건 어리석다. '반한 눈에는 미인이 따로 없다'고 했다. 그러니 반한 사람은 '호박꽃을 함박꽃이라 한다'고 할 것이다. '정든 사람은 미인으로만 보인다'는 말이 당연하다.

미운 여자를 두고 호박꽃이라고 한다면, 미운 남자를 두고는 호박벌이라 해야겠다. 그렇게 부르는 경우가 없는 것을 보면, 여자만 업신여긴다는 비난을 받아 마땅하다. 호박꽃이든 호박벌이든 자연을 모욕하는 비유다. 잘 생긴 사내를 두고는 '해하고 박치기할 인물이라'고 한다. 얼굴이 크고 환하다는 뜻이다. 비유가 가당찮다. 작은 얼굴을 두고 감히 하늘과 동격으로 보려 하니 말이다.

남의 임 예쁜 것을 보고 심화가 날 것도 없다. 예쁜 아내나 며느리를 얻게 된 남편이나 시부모들이 기쁘기만 하겠는가. '명주 바다와 각시 고운 것은 마음 못 놓는다'고 했다. 분별력 없는 사내들이 호시탐탐 노리기 때문이다. '약방기생 볼 쥐지르게 잘 생겼다'는 말이 있다. 약방기생은 조선시대에 여의女醫로 행세하던 관기를 일컫는 말로, 무척 예쁘다는 뜻으로 하는 말이다. '반반한 계집치고 열행이 적다', '여자가 절색이면 운세가 박하다'고도 했다. 지조를 쉽게 꺾는다는 말이다. '외양 보면 일색, 행실 보면 잡것'이라고 비꼬는 말도 있다.

사람의 행실을 봐야지 미모만으로 판단하면, 힘든 사랑이 되기 쉽다. 밉다고 내친 사람이 의외로 장차 사랑꾼인지 어찌 알겠는가. 사람을 오래 겪어봐야 근본을 아는 것인데, 미모만을 따져 선택하면 뒷일을 감당하기 쉽지 않겠다. '낯은 얽어도 얽은 구멍에 재간이 하나씩 박혔다'고 하듯, 좀 미워도 그것을 상쇄하고도 남을 장점이 있으면 되겠다. '여자는 일부종사 하는 것이 상팔자라'는 듯 품행이 좋고, '감 내라고 하면 감 내고, 배 내라고 하면 배 낸다'고 할 정도로 제짝의 주장을 받들어주면 더 좋을 수 없겠다.

비교하는 버릇이 들면 불행은 시작되는 것이다. '제 것 아니면 남의 밭머리 개똥도 안 줍는다'는 신념에 사는 게 옳다. 그런데 그게 아니다. 제 것에 자부심을 가지지 못하면 마음이 흔들린다. '남의 쌀밥보다 내 보리밥이 낫다', '만석꾼네 고방쌀보다 내 쌀 한 되가 낫다'고 생각해야 마땅한 일이다. '남의 밥그릇이 더 높아보인다'는 생각이 들기 시작하면 제 인생이 불쌍해진다. '남의 떡이 더 커 보인다'는 것은 대부분 사람이 가진 생각이다. 그렇다고 남의 짝을 빼앗으려는 욕심을 품어서 되겠는가.

'내 칼도 남의 칼집에 들어가면 찾기 어렵다', '내 칼도 남의 칼집에 들어가면 빼기 어렵다'고 했다. 내 여자라고 해도 이미 남의 남자에 속해 있으면 되찾기 어렵다는 뜻으로 할 수 있는 말이다. 내 여자를 빼앗기면 그야말로, '제 것 잃고 병신 된다'는 꼴이 될 수밖에 없다. 그러자니 여자 쪽에서는, '만만한 년은 제 서방도 못 데리고 잔다', '만만한 년은 제 서방 굿도 못 본다'고 하는 것이다. 물론 남자들은 '만만한 놈은 제 닭도 못 잡아먹는다'고 하겠다. '만만한 게 홍어 거시기'라고, 제 짝을 빼앗긴 억울함에 비할 것이 있을까.

제 여자를 빼앗긴 남자를 두고 '오쟁이 졌다'고 말한다. 오쟁이란 조그맣게 엮어 만든 섬, 그릇을 말한다. '오쟁이 걸쳐놓고 남의 마누라 본다'는 속담은, 어리숙한 사내가 제 여자가 다른 남자와 간통하는 것도 모른다는 뜻으로 쓰는 속담이다. '오쟁이 진 놈이 왁대값 받는다'는 말도 있다. 왁대값이란 자기 아내를 남에게 빼앗긴 값으로 받는 돈이라는 뜻으로, 아주 떳떳하지 못하다는 뜻으로 비꼬는 말이다. 요즘으로 말하면 민사소송에서 가정 파괴의 대가로 받는 돈이라고 할 것인지 모르겠다.

'남의 칼도 내 칼집에 들어오면 내 칼이라'고 하는데, 칼과 칼집이 상징하거나 비유하는 것을 알아차릴 수 있겠다. 남의 사람도 나와 가까이 상종하면 내 사람이라는 뜻이겠다. '무식한 귀신은 떡 해놓고 빌어도 안 듣는다', '무식한 귀신은 진언도 못 듣는다'고 했듯이, 막무가내로 우기면 도리가 없을 것이다. 제 짝도 만족시키지 못하는 주제에, 욕심만 부리는 인간이 어디 한둘일까. '욕심 없이 살려면 제 창자 뽑아서 남 줘야 한다'는 말은 맞다.

제 짝을 빼앗기면 부끄러워서 어디 가서 하소연할 곳도 없다. '제 계집 잃고 이웃 친구 의심한다', '제 계집 잃고 제 아비를 의심한다'는 게 고작이겠다. 남의 짝과 상관하는 일은 분명 '남의 앞길에 함정 판다'고 할 수도 있다. '속 빈 자루는 곧게 설 수 없다'고 했다. 제 능력이나 자존심이 부족하니 자꾸 남과 비교하고 욕심도 내는 것이겠다. '바람도 불다 그친다'고 했다. 남의 것과 비교하고 심화를 일으키는 짓을 끝내야 평화롭게 살 수 있을 것이다. 남의 짝에 관심을 둬 심화를 겪을 시간이 있다면, 제 짝에 더욱 정성을 들일 일이다.

2. '사내란 모두 수캐 넋이다'

사내들은 아무렇지도 않은 듯 정을 뿌리고 다닌다. 사내들보다 여자들은 짝을 선택하는데 매우 신중하다. 왜 그럴까. 자연이 그 모양으로 만들어 놓았다고 할 수밖에 없다. 설명은 쉽다. "수컷은 많은 정자를 만들어 내고, 자손을 돌보는 데 거의 시간을 투자하지 않으므로 가능한 한 많은 짝을 얻으려고 노력한다. 한편 암컷은 극소수의 난자를 만들고, 오랫동안 뱃속의 태아를 담고 다니는 것은 물론이고 출산 후에 새끼를 돌보아야 하므로 가능한 한 신중하게 짝을 고르려고 노력한다"[51]는 것이다.

이렇게 진화론적인 설명으로 남자의 바람기가 합리화될 수 있을까. 상식적으로 생각하면 남자는 내놓은 동물인 셈이다. 잠시만 방심하면 사고를 일으킨다. 그러면서 여자에게 뒤집어씌우는 말을 만들어 냈다. '바람기 없는 계집 없고, 허풍기 없는 사내 없다'는 말이 그렇다. 남자들에 비해 드물기는 해도, 요즘은 여자들도 종종 사건을 일으킨다. 남의 남자를 빼앗기도 하고, 심지어 어린 학생을 꼬드겨 짝짓기하는 예가 종종 있다. 여자가 일을 저지르는 다양한 예가 있지만, 남자에 비하면 조족지혈이다.

남자의 성욕에 대한 속담은 헤아릴 수 없을 정도로 많다. '남자라는 짐승은 백골이 진토될 때까지 바람을 피운다', '남자는 코 풀 힘만 있어도 사내구실을 하려 한다', '남자는 열 계집 마다 않는다', '남자는 팔십이라도 거시기 생각을 못 버린다' 같은 것들이다. '못된 수캐 앉으나 서나 거시기 자랑한다'더니, 적지 않은 사내들의 행태가 그렇다. 제 한 여자만 바라보고 사는 남자들이 많을진대, 이렇게 도매금으로 넘어가면 억울한 사내들 많을 것이다. 남자들 바람기를 일반화시키다 보니, 아예 '남자들 배꼽 밑 얘기는 하지 않는 법'이란 말로 입을 닥치란다. 선수끼리 뭔 말이 필요하겠느냐는 뜻이다.

바람기 많은 사람일수록 제 여자 단속은 더할 수밖에 없다. '도적놈이 물 길러 가도 제 문 채우고 간다'는 격이다. 옛날 서양에서 십자군 전쟁 때, 여자들에게 정조대를 채우고 간 것과 다름없다. 남녀 할 것 없이 심리적 정조대가 더 필요하다는 것을 알 리 없다. '여자와 달걀은 굴리면 깨진다', '여자와 물그릇은 울타리 밖에 두지 말랬다', '여자와 바가지는 내돌리면 깨진다', '여자와 불은 쑤석거리면 탈 난다'와 같은 속담은 숱하게 많다. 이런 속담이 많은 것을 보면, 남자들이 제 여자를 단속하기 위해 얼마나 필사적으로 언어의 장벽을 쳤는지 짐작할 수 있을 것이다.

'남의 집 일은 초상집에 가서도 복 입은 딸 인물부터 훔쳐 본다'고 했다. 남의 일에는 건성으로 임하고 염치없는 짓이나 한다는 뜻으로 이르는 말이다. 그렇다. '남의 집 삼대독자 죽는 것보다, 자기 집 개 고뿔 감기가 안타깝다'는 게 사람 심리다. 남에게 아무리 중대사라도 관심 없고, 음욕에 빠지는 게 사내다. '뒷다리 긁는 척 과부 허벅지 더듬는다'는 버릇은 예사로 생각한다. 그러다 보니 요즘 세태에서 성희롱, 성추행으로 시달릴 수밖에 없다.

'볶은 콩과 여자는 곁에 두고 못 잔다', '여자와 군밤은 곁에 있으면 먹게 된다'는 말이 재미있다. 여자가 곁에 있으면 남자는 짝짓기에 대한 생각을 포기하지 못한다는 말인데, 이와 비슷한 말이 많다. '볶은 콩과 계집은 곁에 두지 말랬다', '볶은 콩과 기생첩은 곁에 두고 못 견딘다', '볶은 콩과 애첩은 곁에 두고 못 견딘다', '볶은 콩과 젊은 여자는 곁에 있으면 그저 못 둔다'는 말들이 그것이다.

    간식거리가 없던 옛날에는 볶은 콩을 즐겨 먹었다. 한번 맛을 들이면 그만두기 쉽지 않을 정도로 계속 먹게 된다. 서양 속담에 "땅콩 한 개만 먹고 그만둘 수 있는 사람이 가장 용감하다"란 말이 있다. 이런 식으로 말한다면, "볶은 콩 한 개만 먹고 그만둘 수 있는 사람이 가장 용감하다"는 말이 가능하다. 남성의 짝짓기 욕구를 볶은 콩 먹는 것에 비유한 재치가 놀랍다.

    여자가 곁에 있으면 사달을 일으키는 것이 남자들이다. '똥 마려운 강아지 바장이듯', '똥 마려운 놈 바장이듯', 안절부절못하는 사내들이 대부분이겠다. '거시기는 길들이기 나름이라'는 말이 틀림없다. 중독이 따로 있겠는가. 습관이 오래되면 중독이다. 습관이란 처음에는 거미줄 같다가 나중에는 쇠사슬이 된다고 했듯이, 짝짓기도 체면 염치 불구하고 늘 감행하게 된다. 마음속에 강력한 제어장치를 하지 않으면, 중독되기 쉽고 수시로 발동하는 게 짝짓기 욕망이다. 사실 남자가 아무리 수캐 넋으로 여기저기 기웃거린다 해도, 여자의 성력을 당하지 못한다. '무쇠가 아무리 단단해도 풀무에는 녹는다'는 말로 비유할 수 있다. '물건만 차고 있다고 남자인가' 하는 말도 여러 의미를 가지고 있는 것이다. 실속은 없으면서 방울소리만 요란하게 내는 놈이 허다하다. '속 빈 강정'이 '속 없는 춘풍'으로, '가로세로 설쳐댄다'고 해야겠다.

3. '된장에 상추쌈 궁합, 찰떡에 조청 궁합'

'제 마음에 괴어야 궁합이라'고 했다. 제 마음에 끌려야 궁합이 맞는 것으로 생각하게 된다는 뜻이다. 사랑을 시작할 때야 대부분 제 마음에 끌려 짝을 이룰 것이다. 한동안은 꿈을 꾸듯, '구름 위를 밟는 듯한' 기분으로 어우러지겠다. 그러나 얼마나 오래 갈까. '사람 마음처럼 간사한 것이 없다'고 했겠다. '결혼 삼 년은 개 연놈도 산다'고 했다. 한동안 빨아먹던 단물이 빠지면 본성이 나올 게 뻔하다. "환상의 복식조"가 유통기한이 다 된 것이다.

자연의 원리가 절묘하다. 남녀가 동시에 어우러져 단번에 진을 빼지 않도록, 짝짓기 욕망의 사이클을 번갈아 솟구치도록 조절을 한 것이다. '봄 계집, 가을 사내'란 말속에 그 이치가 있다. 아주 짧은 속담이지만, 참으로 깊은 의미를 지니고 있다.

'봄바람은 처녀 바람이고, 가을바람은 총각 바람이라', '가을바람은 총각 바람, 여름바람은 처녀 바람'이라는 말도 마찬가지다. '봄바람은 첩이 죽은 귀신이다', '봄바람은 품 안으로 기어드는 처녀 바람이라'는 말들과도 상통한다. '가을은 남자의 마음을 흔드는 계절이고, 봄은 여자의 마음을 흔드는 계절이라'고 했는데, 이런 현상은 누구든 자신을 관찰해보면 알게 된다. 욕망을 서로 어긋나게 배치하여 최적으로 어우러지게 만든 게 자연의 절묘한 이치라는 것이다. '봄 거시기는 쇠젓가락을 녹이고 가을 거시기는 쇠판을 뚫는다', '춘삼월 거시기는 쇠줄도 끊는다'고 했다. 아주 진한 성 속담인데, 비슷한 속담이 적지 않다. 여자의 거시기는 한번 물면 놓지 않는다든지, 못도 빼려고 덤빈다는 식이다. 봄에는 여자의 성욕이 강해지고, 가을에는 남자의 성력이 강해진다는 뜻이겠다. 남녀의 짝짓기 욕망이 이렇게 번갈아 나타나지 않고, 한 계절에 동시에 나타난다고 상상해 봐라. 아마도 짝지기를 하다가 장렬하게 열반하는 사람도 적지 않을 것이다. 자연의 기막힌 배려인 셈이다.

'된장에 상추쌈 궁합, 찰떡에 조청 궁합'을 줄여서 찰떡궁합이라고 했겠다. 꿀이 귀하니 조청에 찰떡을 찍어 먹어 최고의 맛을 낸다. 남녀가 어우러져 절정의 맛을 낼 수 있는 짝을 찰떡궁합이라 한다. 둘 사이의 합궁을 뉘라서 판단할 수 있을까. 자기들만 아는 일이다.

유튜브를 통해 성교육에 열을 올리는 여자들이 오르가슴을 강조한다. 오르가슴을 느껴야 찰떡궁합이라 할 수 있다는 것이다. 말도 그럴듯하게 만들어 오 선생을 만난다고 말한다. 오르가슴이란 게 일종의 카타르시스다. '비극적 쾌감'이라 할까. 울혈을 쏟아내는 느낌이랄까. 머리끝에서 발끝까지 온전히 일체로 일시적 쾌감에 몸부림치는 쾌감의 절정이겠다. 하늘의 기운이 몸 세포 하나하나를 다 깨워 일으켜 땅속으로 꺼지게 하는 벼락이겠다. 이 짧디짧은 쾌감을 위해 그토록 애써 공력을 들였나, 하는 자조와 성취감이 뒤섞여 맛보는 순간이겠다. 짧게 홍콩 가는 맛을 보기 위해 알몸이 되고, 정신 줄을 놓는 스스로에 대해 안타까운 마음이 있겠다. 어쨌든 '벌여놓은 씨름이요, 벗겨놓은 계집이라'고 끝 간 데까지 가볼 수밖에 없는 지경이겠다.

짝짓기의 최종 목적이 오르가슴에 도달하는 것이라면 아주 이기적인 행위라고 할 수 있다. 오르가슴은 "몸과 마음을 하나로 통합한다는 점에서 참으로 신비롭다. '달콤함과 쓰라림의 복합·미묘한 집합이며, 근육의 광란이고 아름다운 울림'이란 플로베르의 표현이 빅토리아 시대의 '쓰다'는 표현보다 낫다. 오르가슴으로 가는 길에서 감각은 모두 활동을 멈춘다. 성기와 두뇌 사이에서 일어나는 정보가 척추와 호르몬 관을 통해 손가락 끝까지 빠르게 전달된다. 이것은 곧 보부아르가 남녀 모두가 느끼는 '급박하고 꿰뚫는 느낌'이라고 표현했다"[52]고 주장하기도 한다. 오르가슴은 남자의 경우 아주 단순하다. 남자보다 여성의 그것은 훨씬 미묘하고 복잡하단다. 이 쾌감이란 게 하도 다양해서 쉽게 표현해내지 못한단다.

남녀의 궁합을 말하는데 오르가슴에 대해 말할 수밖에 없겠다. 그것은 선천적인 게 아니고, 남녀가 마음과 호흡이 맞아야 가능한 일이다. 유튜버들이 무조건 오 선생을 만나야 찰떡궁합이라고 말하는 것은 너무 섣부른 생각이겠다. 사랑을 여물게 하는 시간이나 절차를 생각하지 않고 오로지 최상의 쾌락만을 강조하다 보니 어불성설이 만발한다고 하겠다.

찰떡궁합이라고 해서 남녀의 짝짓기만을 두고 '콩이야 팥이야 한다'는 꼴이면 안 된다. 궁합이라는 게 타고난 것이 아니라, 다양한 일에 서로 마음과 호흡을 맞추는 것으로 생각해야 한다. 다만 짝짓기만을 문제로 한다면, '은 가운데 은을 못 고르고, 총각 속에서 총각 못 고른다'는 꼴이 될 것이다. '녹수 갈 제 원앙 가고, 범 가는 데 바람 가고, 용 가는 데 구름 가고, 장끼 갈 제 까투리 간다'고 큰 그림만 맞으면 족할 것이다. '각시 가는데 신랑 안 갈까', '간과 쓸개 사이', '고수에 명창이라', '은행나무도 마주 서야 열매가 열린다'는 정도면 되지 않겠는가.

'너무 고르다 지내 고른다'고 했다. 지나치게 까다롭게 굴면 최악의 경우를 당한다는 뜻이다. '나무젓가락도 짝을 맞출 때는 골라서 맞춘다'고 했는데 대충 맞으면 먹을 수 있다. '맷돌도 짝이 있고, 은행나무도 마주 선다'고 했듯이 어지간하면 된다. '나이 차 미운 계집 없다'고 했다. 웬만하면 다 눈에 들 수 있다. '좋은 일에 마魔가 많고, 아름다운 인연이 두 번 오지 않는다'고 하듯, 대충 고른 사람도 정성을 다하면 찰떡궁합에 이를 수 있다.

'좋은 씨 심으면 좋은 열매 열린다'는 것은 당연하다. 좋은 밭과 좋은 씨앗을 골랐다고 수확이 좋은 건 아니다. '좋은 싹도 북을 돋아주어야 좋은 열매가 연다'는 말이 만고의 진리다. '사랑하는 사람은 미운 데가 없고, 미운 사람은 사랑스러운 데가 없다', '미운 사람은 앞에서 봐도 밉고, 고운 사람은 뒤에서 봐도 곱다'고 하는데, 모두 제 마음이 부리는 농간일 뿐이다. 찰떡궁합이란 기준을 만드는 데, 제 마음이 농간을 부리지 않도록 잡아둘 일이다.

4. '밑 깨진 시루에 물 붓기'

남녀의 성기를 지칭하는 어휘가 엄연히 있는데도, 그 어휘를 쉽게 쓰지 못한다. '거시기', '소중이' 따위로 쓸 뿐이다. 아버지를 아버지라 부르지 못하는 설움에 견줄 수는 없겠지만, 때로는 다소간 불편함이 있겠다. 어엿한 표준어인데 상말로 취급을 하니 은어로 대신할 뿐이다. 사회적 압력이 그만큼 크다는 얘기가 된다. 미국의 소설가 에리카 종은, 《나는 것이 두렵다》라는 장편에서 남녀의 성기 명칭을 대신하는 은어 수백 개를 제시했다. 은어가 풍년이라는 건 그만큼 은밀한 즐김이 많다는 증거겠다.

'소중이'라고 하는데, 정말 소중한가? 그것이 오줌을 내놓는 기관이라서 정말 소중하다. 더구나 남녀 교합의 수단이어서 "천국에 들어가는 열쇠"로 생각된다면 당연히 '소중이'라 부를 수 있을 것이다. '자식과 불알은 짐스러운 줄 모른다'는 말이 그르게 생각되지 않겠다. 그런데 그것에 어떤 열등감을 가지고 있다면 얘기는 달라진다. 스님들의 소신공양이라는 것도 있다. 남자는 늙으면 발기가 약해지고, 여자도 기능이 저하한다. '사내는 설 때까지지만, 여자는 관뚜껑 닫을 때 거기도 함께 닫는다'고 했다. 아무리 남자가 성력이 강하다고 설쳐대도, 애초에 여자를 이겨낼 수 없는 경기다. 남자가 천국에 들어가는 열쇠를 가지고 있다고는 하지만, 머무는 시간이 너무 짧다. 마치 '입은 봤다고 하고, 목구멍은 못 봤다'고 할 정도는 아니겠지만, 게임 지속시간이 너무 짧다. 짧으면 횟수를 높이라 할 것인가. 그것마저 만만치 않은 게 사실이다. 뭐 하나 저절로 되는 건 없다. 이것이 사랑의 핵심이니 예술처럼 장인정신이 필요한 것이 틀림없다.

흔히 남자의 성기를 칼에 비유한다. 개인에 따라 길이 차가 불과 몇 센티일 뿐인데, 장검과 단검으로 구분한다. 요즘은 남녀 구분 없이 공석이고 사석이고 구별 없이, 부끄러움도 민망함도 없이 제 생각을 말한다. '참깨가 기니 들깨가 기니 한다'는 격이고, '참깨방정 들깨방정 다 떤다'고 해야 하겠다. 그걸 시술이나 수술로 키우기도 하고 약으로 성력을 강화하는 방법들이 수도 없이 많은 세상인데, 대견하면서도 한편으로 서글프기도 할 것이다. 인생은 짧은데 짝짓기를 위해 온갖 정성을 쏟아야 하나, 하고 안타깝기도 하겠다.

짝짓기에 목숨까지 건다. 숱한 동물들이 그렇고 인간도 예외일 수 없다. 인간이 다른 동물보다 많이 진화는 했지만, 100% 동물에 지나지 않기 때문이다. 짝짓기 본능을 지우거나 약화하려는 시도는 어려움 중의 어려움이 당연하다. 세계풍속의 역사는 곧 성 풍속의 역사라 할 만큼 성에 관심이 집중해왔다. 인간의 짝짓기 본능을 억제하기 위해 어느 시대든지 무진 애를 썼다. 창녀를 교화시키려 했고 유곽을 강제로 철거하기도 했다. 그러나 언제나 실패했다. 바다에서 불가사리를 없애려는 시도와 닮았다고 하겠다. 지금도 전 세계의 나라 90% 이상에서 유곽을 없애지 못한다고 한다. 아예 성매매를 직업으로 인정하고 세금을 거두는 나라가 있을 정도다.

사실 돈이나 권력, 종교 규율 따위로 성을 독점하는 계층이 있어서는 안 된다. 사랑할 권리와 기회가 평등해야 성숙한 사회가 된다. '어른도 한 그릇, 아이도 한 그릇' 하는 식으로 평등해야 한다. 옛날식으로 특권층이 여성을 한껏 차지한다면 건전한 사회가 아니다. 일부일처제가 성의 민주주의, 성 평등을 실현해왔다. 여기서 소외당한 사람이 유곽을 찾는 건 정상이라 하겠다.

천국에 들어가는 열쇠를 각자 가지고 있다니, 인간 몸이 신비롭다. 천국에 들어가는 열쇠가 아니라 지옥에 들어가는 열쇠라 할 만큼 짝짓기가 혐오스럽게 돼 있다면, 인간은 이미 예전에 멸망했으리라. 쾌감과 즐거움을 느끼는 대신 임신과 양육이라는 대가가 따른다. 물론 자식을 얻고 양육하는 것을 대가라고 하면 안 될 일이다. 아무리 고통스럽다고 해도 양육의 기쁨이 있고, 자식을 통해 유사영생을 하니 더 큰 기쁨이 없다고 해야 하겠다.

사내들이란 숟갈질 할 힘만 있어도 딴 여자 볼 궁리를 한다고 할 정도로 색을 밝히지만 '속 빈 강정'일 뿐이다. '빈 수레가 요란하다'는 말이 맞다. 제 쾌락을 만족하겠다고 덤비지만 아주 조금 맛볼 뿐이다. "쾌락의 합계가 열이라 한다면 그중 아홉은 여자의 몫이요, 나머지 하나만이 남자의 몫"[53]이라는 건 모른다. 《성의 계약》의 저자인 헬렌 피셔도, "인간 암컷의 성 기관은 성교에서 수컷이 얻는 것보다 더 강렬한 성적 쾌감을 얻을 수 있는 조직으로 이루어져 있다는 점이다"[54] 하고 말했다.

남자가 여자보다 천국에 머무는 시간이 적다는 것은 분명하다. "옛 인도의 속담에 의하면, 여자의 탐욕은 남자의 두 배이고, 사악한 지혜와 수치심은 네 배이며, 강한 의지와 대담성은 여섯 배, 그리고 성의 충동의 강도와 기쁨은 여덟 배라고 하였다. 성의 희열이 없으면 여자는 몸이 아프다고 한탄하면서 살 것이다. 사랑은 여성의 온몸을 충족시키고, 강하고 성실한 인간으로 만든다. 사랑이 깊어감에 따라 상대를 위하는 마음이 깊어진다."[55]는 말이 과연 부풀려진 것일까. '처녀의 정은 길고, 영웅의 성미는 짧다'는 속담이 그 모든 것을 의미하고 있다.

'오줌 소리 듣고 외상 준다'는 말이 기막히다. 은행 대출도 오줌소리 크기에 따라 액수가 달라진다고 생각하고 정황을 상상해보면 재미있겠다. '오줌발 약한 놈과 고자는 사위 삼지 말라'는 말이 당연히 맞지만, 혼전에 검사할 수 없는 노릇이다. 딸에게 혼전에 점검하라고 할 수밖에 없겠다. '오줌 소리가 커야 양기도 좋다', '오줌발이 세야 거시기 힘도 좋다'는 말은 당연하다. 이러니 사내들은 거시기에 극도로 신경을 쓴다. '제구실 못 하는 거시기가 뒷동산에 가니까 일어선다'는 말도 한다. 여자의 경우, '꽃살 맛이 환장하게 좋으면 아이를 밴다'는 말을 한다. 이 모든 현상이 참으로 심각하면서도 해학적이다.

인간이라는 종種을 유지하기 위하여 짝짓기를 한다는 것은 대의大義, 그러니까 명분과 의미가 크다고 할 수 있을까. 이에 비해 제 쾌락을 위해 짝짓기에 노심초사하는 것은 소의小義라 하겠는가. 숱한 종교에서는 자식을 낳기 위한 짝짓기만 의미가 있다고 가르치니 말이다. '장가 가는 놈이 불알 떼어놓고 간다'는 말을 생각해 볼 일이다. '시집 못 간 처녀 살강다리 잡아서 흔든다'는 말도 마찬가지다. 장가와 시집, 즉 혼인을 한다는 것은 짝짓기가 필수다. 자식을 낳기 위하든지, 쾌락을 위하든지 제가 알아서 제 정력을 쏟아 넣는 것이다. '밑 빠진 솥에 물 채우기'라 할 것인가. 즐거운 일에 제 건강을 쏟아붓는 건 행복한 일이다. '좋은 일에는 귀신도 샘을 한다'고 했다. 귀신이 샘을 하든 말든, 사랑이라면 최선을 다할 일이다.

8장

'총각 처녀 중매는
　　　　　개 빼놓고는 다 된다'

'시작이 반이라'고, 혼인의 시작은 중매다. 요즘엔 중매가 없고, 중매쟁이가 다 사라진 것 같지만 그렇지 않다. 당사자끼리 눈이 맞아 즉석에서 사랑을 시작하는 것을 빼고는 중매쟁이를 거치기 마련이다. 상류층을 오가는 전문 중매쟁이도 있지만, 아마추어도 있다. 많은 사람이 중매쟁이란 말을 듣지 않고 중매를 하는 경우가 있다. 남녀를 이어주는 일이야 언제 어디서건 자연스러운 일이겠다. '흥정과 혼사는 붙여야 한다'는 것은 중매쟁이와 건전한 사회의 신념이어야 한다.

'첫선을 잘 봐야 길이 순하게 열린다', '시작이 좋아야 끝이 좋다'고 했다. 혼인 당사자나 중매쟁이, 그리고 주위 사람 모두는 사람을 이어주는 일에 각별한 관심을 갖고 정성을 다해야 한다. 제 주위 사람들의 문제를 해결해 주는 일은 복 받을 일임에 틀림없다. '중매는 붙이고 싸움은 말리랬다'는 말은 변치 않는 진리다.

'네 복 내 복 해도 배필 복이 제일이라'고 했다. 마음에 차는 짝을 만나기 위해서는 동분서주할 수밖에 없다. 중이 제 머리 못 깎는다니 중매쟁이에 의존하지만, 맡겨두고 편히 있을 수 있는 건 아니다. 만약 나이가 차고 넘치는 총각 처녀라면 주위 사람들도 도시락 싸들고 나서서 도와야 한다. '노루 쫓는 사람은 산 험한 줄 모른다'고, 좋은 짝을 구해주기 위한 웬만한 어려움은 겪어낼 수 있어야 한다. '내 집 가운은 남의 집 처녀에게 달렸다'는 생각이 며느릿감에게 큰 압박이지만, 한껏 신중하라는 뜻이겠다. '낯을 보고 고르지 말고 마음을 보고 고르라'는 말은 더없이 타당하다.

'중매와 흥정은 붙이랬다'고 했다. '가시나 못된 것이 과부 중매 선다'고 하는데, 뭐가 문제란 말인가. 저도 혼인을 못한 주제에 남 일에 나선다고 나무라는가. 까짓것 '강에서 잉어가 뛰니까 물꼬 밑의 송사리도 따라 뛴다'는데, 중매쟁이 흉내를 못 낼까. 그것보다도 '값도 모르고 흥정 붙인다'는 뜻으로 책망을 들을 것이다. 나이가 지긋해야 사람의 값을 매길 줄 알 것인데, 생짜배기가 '쥐뿔도 모르면서' 나선다는 뜻이겠다.

나이 찬 딸을 두고 있으면 여기저기서 중매가 많이 들어오는 건 당연하다. 오죽하면 '딸자식 두면 경상도 도토리도 굴러온다'고 하겠는가. 그뿐인가. '대감마님댁 따님이 당혼하면 부리던 종놈도 넘본다'고 했다. '더부살이 총각이 주인 아가씨 혼사 걱정한다'고 했는데, 다 생각이 있어서 그럴 것이다. '더벅머리 총각도 장가갈 날이 있다'는데, 이리저리 궁리를 해보지 않겠는가. 그뿐인가. 과년한 처녀가 있으면 '뒷집 노인장하고도 댄다'고 했으니, 얼마나 뒤숭숭한 일일까.

원래 '중이 제 머리 못 깎는 법'이라고 하지 않는가. 제 주위에 혼인을 못 한 처녀 총각이 있으면 제 책임도 다소간 있다고 생각하면 좋다. '낯을 들고 다니는 처녀도 선을 보아야 한다'고 했다. '처녀 시집가기보다는 과부 시집가기가 더 어렵다'는 말이 있지만, 지금의 세태를 보면 그렇지 않다. '한 번 패함은 병가의 상사라'고, 한번 실패한 혼인이라서 오히려 배짱이나 오기 또는 용기가 생기는 것은 당연할 것이다. '한 번 죽지 두 번 죽지 않는다'고 나서면 못할 일이 없겠다.

혼인을 못 하면 큰일이 나는 줄 알았던 예전에야 나이가 들수록 기대치가 낮아졌다. 그래서 '처녀 총각은 개 외는 다 댄다'고 했다. 나이가 들면 자신감이고 자존감이고 낮아지는 게 일반이다. 제값을 제가 낮추게 되는 것이다. 오죽하면 '중매는 뒷집 영감하고도 된다'고 하겠는가.

'중매는 잘하면 술이 석 잔이고, 못하면 뺨이 석 대라', '중매를 잘 서면 국수가 한 그릇이요, 중매를 잘못 서면 뺨이 석 대라'고 하는데, 뺨 맞으며 바둑 장기 훈수하는 맛과 같은 것이겠다. 중매에 재미가 든 사람은 능히 그렇게 할 것이다. 중매에 성공한다 해도 별 이득이 없어도, 중매 자체를 즐기는 사람이 있다. '강아지 흥정에도 성애술이 있다'는데, 사람 중매에 대가가 없겠는가. 만족하는 중매라면 후한 선물이 뒤따라야 도리를 하는 것이다.

중매쟁이야 사람을 두고 '값싸고 맛 좋은 갈치자반' 파는 듯 떠들어댈 것이다. '값싼 망둥이가 장마다 날까' 하면서, '값은 깎아도 물건 나무라지 말라'는 투로 중매를 하겠다. 중매라는 게 물건 흥정하는 것하고 뭐가 다르냐는 주장도 할 것이다. '중매쟁이는 한 말이면 그만이고, 풍수쟁이는 두 말이면 그만이다'고 했다. 좋고 나쁘다는 것을 간단하게 딱 잘라 말한다는 뜻이다.

1. '중매 열만 하면 지옥 갈 사람도 극락 간다'

결혼을 하지 못한 사람을 두고 빨리 결혼을 하라는 말은, '누지 못하는 똥을 우드덕 누라 한다'는 말과 마찬가지다. 누구는 하고 싶지 않아 못할까. '누이 믿고 장가 안 간다'는 멍청이가 아닌 다음에야 나이 찬 총각 처녀의 마음은 얼마나 초초하겠는가. '처녀 시집 안 간다는 것은 세상이 다 아는 거짓말이라'고 했다. '마음은 굴뚝 같다'지만, 세상사가 뜻대로 되지 않을 뿐이다.

총각 처녀의 미혼, 홀아비 홀어미의 증가는 개인적 문제인 동시에 사회적인 문제다. 개인의 책임인 동시에 사회적 책임이다. 개인의 자발적 선택에 의해 혼인을 포기할 경우, 책임이라고 하는 말은 적합하지 않다. 혼인이 의무가 아니니까 말이다. 그러나 혼인 의지가 있으면서 못하는 경우 사회적 책임은 분명히 있다. 요즘 우리나라의 경우는 취업의 문제, 집값의 문제, 양육과 교육비의 문제가 사회적 문제겠다. 이런 문제들은 정부나 지역사회가 적극적으로 노력하여 부담을 경감시켜 줘야 한다. '돈이 없으면 세상이 귀찮다'는데, 혼인이고 출산이고 다 귀찮을 것이다. 그렇다고 청년들을 홀로 살게 버려둘 수는 없는 일이다. '나라 상감도 힘이 덜 차는 대목이 있다'고 하니, 주변 사람들이 힘을 보태야 한다.

가장 먼저 도울 일이 중매다. 홀로 살 것이 아니라 짝을 맞춰 살아야 한다고 꾸준히 설득하며 다리를 놔줘야 한다. '제 중신 제가 한다'고 하는데, 그렇게 할 수 있는 사람이 많지 않다. 때로는 '자식 가진 사람은 부모가 반 중매쟁이 노릇한다', '자식 과년하면 부모가 반 중매쟁이 된다'고 하는데, 부모가 사람을 택하는 것도 한계가 있다. '누이 찌꺼기 뒤처리는 오빠가 한다'지만, 역시 그렇게 쉽지는 않을 것이다. 그렇지만 나이에 쫓겨 '더운 밥 쉰 밥 가릴 처지가 아니라'고 하기 전에, 온 집안사람이 나서는 것도 도움은 될 것이다.

나이 찬 처녀 총각을 이어주는 것처럼 좋은 일이 있을까. '제 중매 제가 못한다'고 하는데, 짝을 찾아주니 정말로 선행이다. '혼사 중매 열 번을 하면 백 가지 지은 죄가 없어진다'고 했다. 처녀 총각뿐만 아니다. 홀아비 홀어미 중매도 마찬가지다. '과부 중매 세 번, 처녀 중매 세 번 하면 죽어서 좋은 곳 간다'니 한번 애써볼 일이다. '장가갈 놈 눈에는 이 처녀도 곱고 저 처녀도 곱다'고 하는 총각이라면 쉽게 성과를 올리겠다.

'중신아비 때문에 개가 목쉰다'는 말이 재미있다. 중매쟁이들이 하도 드나들어 개가 짖다 못해 목이 쉰다니 말이다. '혼삿말꾼이 많으면 여자 값이 오른다'니, 정말 그렇겠다. '간선은 그 어머니를 먼저 보랬다', '간선은 눈으로 하지 말고 귀로 하랬다'고 했는데, 중매쟁이가 당사자 집을 드나들면서 이리저리 살필 수 있으니 많은 정보를 알 수 있겠다.

아무래도 쉽게 이루어지지는 않을 것이다. 그러니까 중매가 쉽지 않다는 것이다. 이쪽저쪽에서 혼인 조건을 한두 가지 요구하겠는가. 중매가 무르익어가는 판에 고춧가루를 뿌리는 사람도 있겠다. '좋은 약속은 쉽게 어그러진다'고 했다. '얻기가 쉬운 여자가 버리기도 쉽다'고도 했으니, 어렵게 성사가 돼야 좋은 혼인이라고 마음먹어야 하겠다. '남의 중신 들다가 바람난다'고 했는데, 중매쟁이는 이것만 주의하면 되겠다. '시집 못 간 노처녀가 섣달 그믐날 맷돌 지고 산으로 간다'고 하는데, 그런 사람이 없도록 해야 한다는 사명감을 가져야 하겠다. '혼삿말에는 흥 소리도 반간이라'고 했듯이 방해하는 사람을 잘 다스리는 것도 중요한 일이다.

'덕은 닦은 대로 가고, 죄는 지은 대로 간다'고 했다. 원하는 사람들에게 짝을 찾아주는 일은 덕을 쌓는 일이다. '반달 같은 딸 있으면 온달 같은 사위 고른다'고 하는데, 반달 같은 딸, 온달 같은 사위가 따로 있는 게 아니다. 중매쟁이 혀가 만드는 것이다. 물론 나중에 신랑 신부가, 너와 나의 원수는 중매쟁이라는 말이 나올 정도로 거짓말을 해서는 안 되겠다. '세 치 혀가 백만 군사보다 낫다'고 하는 말은, 거짓말을 잘한다는 말과 같지 않다. '입이 보살이라' 했다. 호감이 가도록 말을 잘한다는 뜻이다. 서로 간에 호감이 가도록 중재를 잘하면 유능한 중매쟁이겠다.

2. '중매와 물길은 끌어대기에 달렸다'

'중매꾼이 좋으면 절반 혼사 다한다'고 했듯, 중매쟁이가 얼마나 중요한 역할을 하는지 알 것이다. '중매는 잘하면 버선이 세 켤레고, 못하면 참밧줄이 세 개다'는 말이 있지만, 그깟 버선 세 켤레 보고 중매를 하겠는가. 옛날이니까 그랬겠고, 요즘이야 금일봉이 오가겠다. '과년 찬 자식 있으면 부모가 중매쟁이를 따라다녀야 한다'고, 나이가 찬 자식이 있으면 부모의 속이 더 탈 것은 분명하다. 그러니 중매쟁이에게 크게 의존하겠다.

처녀 총각에게는 숱한 이력이 쌓이기 시작하겠다. '열 집 사위 안 되어 본 사람 없고, 열 집 며느리 안 되어본 여편네 없다'고 하는 말대로다. 혼담이 오고 갈 때는 남녀 모두가 이 집 저 집 사위나 며느리가 되는 상상을 해 보게 된다는 뜻으로 하는 말이다. 이웃집 사람부터 생전 처음 보는 사람까지 중매 또는 혼인의 대상이 될 것이다.

스스로 중매쟁이가 될 수도 있다. 제가 직접 나서서 저를 증명해 보이는 방법이겠다. 당사자도 환심을 얻기 위해 별의별 연기도 할 수 있겠다. 혼담을 진척시키기 위해서는 당연히 안간힘을 다 써야 할 것이다. '여자 홀릴 때는 남의 집 밭담도 쌓는다', '여자 홀릴 때는 우마도 많고 집밭도 많다'고 했다. 짝이 되려는 여자에게 잘 보이려고, 제 능력을 한껏 부풀리고 가진 것을 과장하기도 하겠다. 가까이 사는 여자라면 늘 보니까 인품을 잘 알 것이다. 그러니 '잡으라는 처녀는 놓치고, 옆집 색시만 넘본다', '동네 색시 믿고 장가 못 간다'는 경우가 되는 것이다. '동네 처녀 잘 자란 줄 모른다', '동네 처녀 무던한 줄 모른다'는 말대로, 때로는 아주 가까이에 좋은 짝이 있을 수 있다. 여자를 선택하는 안목이 좁다고 할 수 있지만, '가까운 턱을 차지, 먼 귀를 찰까' 하는 말처럼 일을 쉽게 하는 게 나을 때도 있다.

저를 과대평가 하게 되면 믿는 도끼에 발등 찍히는 경우가 생긴다. 친하게 지내던 사람을 갑자기 잃게 되는 경우다. '설마 설마 하다 앞집 처녀 놓친다'고 했다. 청혼도 하지 않은 주제에, 제 여자라고 믿고 있으면 배신감을 맛볼 것이다. 마음에 있으면 일찍부터 정성을 들여야 할 일이다.

'묻지도 말라 셋째딸'이라는 말이 재미있다. 셋째딸의 경우는 언니 둘을 보면서 충분히 덕을 갖추었을 것으로 여기게 된다는 뜻으로 하는 말이다. 그러니 따져볼 것도 없이 아내로 택하라는 뜻이다. 그렇지만 꼭 그렇겠는가. 사람에 따라 다르지, 출생순서가 결정하는 것은 아니겠다. '막내딸 시집 보내느니 내가 가는 것이 낫다'는 말도 어이없다. 부모가 데리고 사는 것을 원하겠는가. 부모가 아무리 좋다고 해서 제 서방보다 좋겠는가.

노총각이나 노처녀는 마음이 급할 것이다. 중매쟁이가 오가는 것만으로도 덩달아 마음이 바빠지겠다. '중매쟁이 보고 기저귀 장만한다' '중매쟁이 허리에 물 싼다', '중신아비 비역하겠다', '중신아비 잔등에 거시기 박겠다'고, 상말로 비꼬기도 한다. 혼인이 인륜의 대사라고는 하지만, 경험이 없으니 안정된 정서로 기다리기 힘들 것이다.

중매쟁이는 '거짓말을 식은 죽 먹듯 한다'고 했다. 아예 '거짓말을 오지랖에 싸고 다닌다'고 해야겠다. 단점도 장점으로 둔갑하고, 없어도 있다고 해야 흥정이 되니 그렇겠다. '중신아비 거짓말은 바지게 거짓말'이라고 비난할 것도 아니다. '낚시꾼과 사냥꾼 말은, 제 애비 말이라도 절반은 깎아 들어야 한다'고 했다. 중매쟁이는 달리 생각하면 낚시꾼이고 사냥꾼이기도 하다. '말은 꾸밀 탓이요, 일은 할 탓이라'고 하는데, 중매쟁이가 말을 안 꾸밀까. '말은 하는데 달리지 않고, 듣는데 달렸다'고 했으니, 중매쟁이의 말은 반을 깎아 듣기도 하고 잘 새겨들어야 할 것이다.

'거짓말 못 하면 중매 못 한다', '중매쟁이 거짓말 않는 데 없다'고 했다. 중매쟁이는 웬만큼 거짓말을 해도 크게 나무라지 않는다. '거짓말도 방편이라'고 했으니, 상황에 따라 거짓말이 꼬리를 물 수도 있겠다. '거짓말은 거짓말을 낳는다'는 말이 틀리지 않다. 그러다 보면 '거짓말도 해버릇하면 는다', '거짓말도 자꾸 하면 참말 된다'는 정도가 될 것이다.

'거짓말도 잘하면 약이고, 논 닷 마지기보다 낫다'고 생각하니, '거짓말 석 자리는 항상 지니고 다녀라'는 충고도 있게 된다. 보통 사람들도 이런데, 중매쟁이는 오죽하겠는가. 어떻게든지 중매를 성사시키려고 하다 보니까 말썽이 생기는 경우가 적지 않겠다. 그러다 보니 '외밭 원수는 고슴도치고, 나하고 너하고의 원수는 중매쟁이라'는 원망을 듣게 될 때도 있는 것이다.

중매쟁이든 주위 사람들이든 혼인 당사자들에게 물길을 잘 이어주면 된다. 밭농사, 논농사를 짓는데 물길을 잘 터주듯 해주면 된다. 처음 이어주기가 어려워서 그렇지, 후에는 둘이 서로의 길을 잘 개척하며 살게 된다.

'혼사는
일 중의 일이라'

　'아내를 잘 만나는 것은 복 중에서도 큰 복이다', '아내 잘 만나면 평생 복이라'고 했는데, 여자도 마찬가지다. 남편을 잘 만나는 것이 큰 복이고 평생 복이겠다. 그러니 무슨 일보다도 신중해야 할 것은 물론이다. '전쟁에 갈 때는 한 번 기원하고, 배 탈 때는 두 번 기원하고, 장가갈 때는 세 번 기원한다'고 했는데, 결코 과장된 말이 아니다. 남자만 세 번 기원하겠는가. 여자도 세 번보다 많으면 많았지 적지는 않으리라. 전쟁터나 바다에서 목숨을 거는 일보다 더 신중해야 한다는 뜻이겠다. '사내는 여편네 잘못 만나서 울고, 여편네는 사내 잘못 만나서 울고' 할 지경이 되면 되돌리기도 쉽지 않은 것이 혼사다. 일단 상대를 잘못 택해, '한 번 실수는 병가의 상사라' 하고 위로할 수는 있으리라. 그러나 '한 번 속지 두 번은 안 속는다' 하는 심사로 두세 번 혼사를 거듭해도, '팔자가 칠자보다 못하다'고 할 경우가 허다하다. '팔자 사나운 사람은 생금판에 앉아도 안 된다'고 하지 않던가.

　'혼인과 물길은 끌어대기에 달렸다'는 말을 한다. 삽으로 도랑을 파 물길을 잘 만들어주면 물이 잘 흐르듯, 남녀를 잘 이어주기만 하면 원만하게 혼인이 성사된다는 뜻이다. 그런데 누가 이어주겠는가. 이젠 옛날처럼 중매에 의존하는 경우는 꽤 드물다. '제 살림 제가 꾸린다'는 말 그대로다. 상대방을 잘못 택해서, '제 살 제가 저민다', '제 살 제가 뜯어먹는다'는 소리를 들어도 제가 감당해야 한다. 잠깐은 '제 살을 베어 먹일 듯한다'는 말을 듣지 않은 사람 누가 있겠는가. 반짝 사랑이야 누군들 못하겠는가. 그러나 혼인 생활은 잠깐 사랑이 아니다. '귀밑머리 마주 풀고, 청실홍실 늘이고, 암탉 수탉 마주 놓고, 백년가약 맺은 부부'라야 인정을 했다. 이런 단계를 거치면서 혼인 당사자들도, 남의 눈 밖에 나지 않게 행동 할 것은 당연하다.

'결혼하고 후회 않는 사람 없다'고는 하지만, 해보지도 않고 후회를 하느니 해보고 후회하는 게 낫다고 생각하는 사람이 아무래도 많다. 안 해도 걱정이요 해도 걱정인 게 결혼이다. 마치 '등짐장수 짐 받아도 걱정, 안 받아도 걱정'인 것과 마찬가지다. '남자는 첫사랑이고 여자는 끝사랑이라'고 했다. 남자는 첫사랑을, 여자는 마지막 사랑을 못 잊는다는 뜻이다. 그 못 잊는 사랑을 정리하며 새로운 사랑을 맞는 일이 기쁠 수도 있고 부담이 될 수도 있겠다. 하지만 결혼이 사랑의 끝이 아닐 수도 있다. '부귀빈천은 물레방아 돌 듯한다'고 하듯, 사랑도 물레바퀴 돌 듯한다고 하겠다. 인생사를 어찌 예측하겠는가.

'계집애년 쓸 만한 게 왜 동네 밖을 나가며, 사내자식 똑똑한 게 왜 동구 밖을 나가겠느냐'는 말이 있다. 남녀가 서로 아주 가까운 곳에 살더라도, 쓸만한 인물이라면 서로 놓치지 않고 짝을 이룬다는 뜻으로 하는 말이다. 한 동네서 살면 서로 장단점을 너무도 잘 알기 때문에 혼사를 꺼릴 수 있다. '가까운 데 집은 깎이고, 먼 데 절은 비친다', '가까운 데 집은 깎이고, 먼 대 집은 비친다'고 했으니 말이다. '산과 사람은 멀리서 보는 게 낫다'고 생각하는 게 일반이지만, 사람이 좋으면 가까이서 보는 게 훨씬 나을 것이다.

'물이 와야 배가 가고 정이 와야 사랑 가네' 하고 말한다. 남녀가 만나야 뭔 일이 이루어진다는 말이다. '노처녀가 시집가기 싫어 안 가나'고 하는데, 남자도 마찬가지다. 당사자들도, 주위 사람들도 혼인이 이루어지도록 한껏 도와야 한다. '여자는 아무리 가난해도 사내와 신발은 있고, 사내는 아무리 가난해도 계집과 탕반기는 있다'고 했지만, 혼인을 해야 그런 말도 가능하다.

예전의 필수사항이 오늘날은 선택사항이 되고 말았다. '여자는 첫차를 타야 팔자가 펴고, 남자는 막차를 타야 신수가 편다'고 했지만, 터무니없는 말이다. 첫차고 막차고 구분할 이유가 없다. 신수나 팔자나 제가 만드는 것이지, 어디서 찾아드는 것이 아니다. '여자 높이 놀고 낮이 놀기는 시집 하나에 달렸다'하지만, 그럴 수 없다. 팔자는 늘 고쳐 살기 마련이다. 혼인하는데 두려움을 버려야 한다. '여자를 데려오기는 쉬워도 길들이기는 어렵다'고 하지만, 누군가를 길들인다는 것은 죄악이다. '장가가면 철도 난다'고 했는데, 설마 제 아내를 길들이려 하는 만행을 저지르겠는가. '여자는 남편 사랑 먹고 산다'고 했는데, 남자도 마찬가지다. 아내 사랑 먹고 철이 든다고 해야겠다.

'장가가 석 달 같으면 살림 못 할 사람 없다'고 했다. 남녀가 가장 정겨운 모습을 보여주는 시기일 것이다. 이런 광경이 사회 분위기를 경쾌하게 만들겠다. 그러니 '혼사를 방해하는 놈은 만장 가운데서 때려죽이랬다', '남의 혼사 훼방 놓는 자는 네거리에서 포살해도 싸다', '혼사에 반간 놓은 놈은 만중 앞에서 목을 베어라'고 격한 말을 하는 것이다. 혼인은 성스러운 것이기 때문에 조그만 흠도 없이 성사되어야 한다는 생각을 해왔다.

혼례식에 취하지 말고 뒷일도 준비하라는 충고가 있다. '혼사 치레 말고 팔자 치레 하랬다'는 말이 그렇다. 혼례비를 낭비하기보다는 먹고 살 준비를 하라는 뜻이다. '강산이 제 것이라도 자식 없는 사람이 제일 서럽다'고 하여, 자식 낳는 것 또한 중요하다는 충고를 덧붙이기 마련이다.

1. '궁합이 맞아야 혼인도 한다'

궁합을 겉궁합이니 속궁합이니 구분해 말을 한다. 일상생활을 영위하는데 뜻이 잘 맞느냐를 두고 겉궁합이라 하고, 짝짓기가 잘 맞느냐를 두고 속궁합을 말한다. 아주 오랜 세월 동안 사주팔자니 관상, 궁합을 보고 혼인을 결정했다. 혼인을 거절하기 위한 수단으로 궁합이 맞지 않는다는 이유를 내세우기도 했다. 궁합 보는 것을 지금도 여전히 미신美信으로 생각하는 사람도 있겠고, 미신迷信으로 여기는 사람도 있겠다.

궁합이라는 게 몸과 마음이 잘 맞아 돌아가는 것이다. 겉궁합 속궁합을 따질 것 없이 서로 알아서 가려운 곳을 긁어주거나 믿고 일을 하는데 상부상조하면 찰떡궁합이다. '여자는 바깥 일에 말하지 말고, 남자는 안 일에 말하지 않는다', '여자는 밖에서 하는 일에 간섭하지 말고, 남자는 안에서 하는 일에 간섭하지 말랬다'는 말은, 부부간 영역침범을 하지 말라는 말이 아니다. 역할을 분담해서 믿고 맡기라는 뜻이다. 이런 게 서로 갈등 없이 잘 통한다면 찰떡궁합이다.

'사주팔자는 날 때부터 타고 난다'는 말에 동의할 수 있는가. '사주팔자는 독 속에 숨어도 못 속인다', '사주팔자는 불에 들어도 변치 못한다'는 생각에는 어떤가. 십간십이지+干+二支라는 게 과연 설득력 있는 구분인가. 오행은 어떻고, 음양론은 충분히 설득력이 있는가. 물론 사물의 이치를 통찰하고 요약한 것이겠다. 하지만 무비판적으로, 절대적으로 믿을 것은 아니겠다.

'사주보다 관상이 낫고, 관상보다 심상이 낫다'는 생각이 사주 관상을 공부하고 난 후 이르는 결론일 것이다. 많고 많은 사람을 연월일시로 나눈다 해도, 똑같은 사주를 지닌 사람들이 큰 무리(群)를 이룰 것이다. 한 무리의 평생운이 어찌 똑같을 것인가. 사상의학四象醫學보다는 섬세한 분류지만, 제각각인 사람들을 이런저런 무리로 나누어 판단하는 게 억지겠다.

사주가 추상적인 해설에 그치기에 관상이 낫다고 할 것이다. 관상학이야 통계학이라는 그늘로 쉽게 피하긴 하지만, 역시 미신美信보다는 미신迷信 쪽에 가깝게 된다. 몸이라는 게 마음이 겉으로 내보인 형상이라는 생각은 맞다고 하더라도, 해석이나 해설이 너무 고루해지기 십상이다. 예컨대 눈은 항상 움직이니까 마음의 변화를 쉽게 간파할 수도 있다. 그러나 코의 경우에는 기후와 풍토에 따라 진화의 양상이 다르다는 과학적 설명에 비하면 설득력이 떨어진다. 그래도 사주팔자로 길흉화복을 설명하는 것에 비해 설득력이 있다.

관상보다 심상이 나을 것은 당연하다. 마음이 변하면 관상도 변한다는 생각은 융통성이 있어 좋다. 서양 속담에 "책표지를 보고 내용을 추측하지 말라"는 말이 있다. 우리 속담에도 '속 다르고 겉 다르다', '겉은 부처고 속은 짐승이다', '겉은 양이고 속은 두억시니다', '겉이 곱다고 속까지 고우랴' 같은 속담이 얼마든지 있다.

혼인기에 접어든 젊은 사람들이 사주팔자, 관상, 궁합에 능통할 수는 없다. 명리학깨나 한다는 사람, 관상 좀 본다는 사람에게 평생운이나 길흉화복을 판단해달라고 맡기는데, 지나친 도박이 아닐까. 요즘 세태는 궁합의 호불호를 관상가에게 듣는 게 아니라 자신들이 직접 판단을 하고 있다. 혼인하기 전에 짝짓기를 해보고 결정을 하는 것이다. '뒷동산 딱따구리는 생구멍도 뚫는데, 이웃집 총각은 뚫어진 구멍도 뚫을 줄 모른다'고 할 정도면, 이미 궁합이 맞기란 평새 울었다고 봐야 한다.

성격이 맞지 않는다는 이유로 바로 소박을 맞는 경우가 적지 않다. '첫날밤에 소박맞는다'는 경우가 있게 된다. '첫 단추를 잘못 끼우면 다음 단추도 잘못 끼우기 마련이다'는 이치를 아는 사람은 빨리 결정을 하게 된다. '밤 금실 좋다고 낮 금실까지 좋을까' 하는데, 거의 그렇다고 봐야 한다. 소위 속궁합이 맞으면 겉궁합으로 일어나는 갈등은 하찮게 여기기 일쑤다. 짝짓기는 결혼생활의 본질 중 하나다. 아니 아주 본질 중 핵심이다. 성격이 맞지 않아 이혼한다고 했을 경우, 성격이 아니라 성의 격차 때문이라는 해석이 타당하다.

'마음이 바르고 맑아야 옷깃이 바로 선다', '마음이 고우면 옷 앞섶이 아문다'고 했다. 궁합도 궁합이지만 맑은 정과 사랑으로 대하는 사람은 언행도 맑고 바르다. '마음이 허망하면 교태만 남는다'는 말이 맞다. 제 마음을 진짜배기 사랑으로 채우지 못하면, 겉으로 사랑을 만들려고 애쓰게 된다. 진짜배기 사랑이 궁합의 다른 말이다.

2. '억지 결혼은 있어도 억지 사랑은 없다'

사랑은 마음속에서 자연스럽게 생겨나며, 그 사랑을 더욱 갈고 닦아 고귀하게 만드는 게 인간의 도리다. 그러나 세상사에 억지가 적지 않다. 때때로 '억지가 나을 때는 사촌보다 낫다', '억지가 논 서 마지기보다 낫다', '억지가 경오보다 나을 때가 있다'고 하지만, 지극히 드문 일이겠다. 예전에 있던 혼인풍습에서는 억지가 더 많았다. 정혼, 보쌈은 물론, 빚 대신으로 하는 혼인, 양반 기세에 눌려 하는 혼인들이 그런 경우겠다. 사실 결혼에도 아직 억지가 적지 않다. 나이가 너무 차서 서두른다든지, 돈 많고 직업이 좋다는 이유만으로 내몰리는 결혼도 적지 않다. 명분이야 늘 사랑이라고 내세우지만, 내키는 결혼이 아닌 경우가 적지 않은 것이다. '민물고기와 짠물고기는 혼인하지 않는다'고 완고하게 버티는 수도 있지만, 사람이 고만고만한데, 안 될 일이 뭐 있겠는가.

혼인은 '뼈와 살로 맺어진 정이라'고 했다. 뼈와 살이라면 전부다. 몸과 마음의 총체인 것이다. 한 사람의 모든 걸 바치는 건 사랑뿐이기 때문에 혼인은 신성해야 한다. 그런데 거기에 돈이나 권력, 폭력이나 억압이 개입한다면 신성할 수가 없게 된다.

'혼사는 일 중의 일이라', '혼인은 인류 대사라', '두 성이 결합하는 것은 만복의 근원이다'는 말대로, 혼인은 매우 중요한 일이다. 평생 중 가장 신성한 일로 생각해왔다. 그래서 '혼인에 흥 소리도 반간이라' 했다. 혼인하는데 아주 하찮은 방해도 용서할 수 없다는 뜻이다. 여러 번 혼인하는 사람이 늘어나고 있는 세태지만, 아직은 단 한 번으로 만족하는 경우가 많다. 사랑이면 되지, 꼭 혼인이 필요하겠느냐는 생각을 하는 사람들은 그나마 혼인식을 생략하기도 한다. 사실혼 관계로 만족하자는 생각도 문제가 될 리 없겠다.

혼인이 사랑의 무덤이라고 하는데, 그 무덤에 서둘러 들어가고 싶은 사람이 대부분이다. 과연 사랑의 무덤인가 확인해보고 싶은 유혹에 견디지 못한다. 인륜지대사를 치러냈다는 안도감을 갖게 되고, 짙은 사랑을 마음껏 할 수 있다는 기대감 때문이다. 평생이란 게 참으로 짧지만, 그 기간을 사랑으로만 채워본다는 욕심도 실현해보고 싶은 것이다.

혼인이 왜 중요한지 오르한 파묵이라는 작가가 말한다. "결혼이 가장 중요해요. 먼저 이 문제를 해결해요. 사랑은 결혼한 뒤에도 생기니까요. 잊지 말아요. 결혼하기 전에 타오르는 사랑의 불길은 결혼과 함께 꺼져버려요. 그 다음은 공허하고 슬픈 흔적만 남게 되죠. 결혼한 후에 느끼는 사랑도 물론 언젠간 끝나기 마련이지만 행복이 그 자리를 대신해 주죠. 그런데도 성미 급한 바보들은 결혼하기 전에 사랑을 활활 태워서 모든 사랑을 소진해 버리고 말죠. 왜냐고요? 그들은 인생에서 가장 중요한 것이 사랑이라고 생각하기 때문이죠."[56] 하는 말이 그것이다. '급히 서둘러서 오히려 못 미친다'는 말이다. 연애할 때 사랑을 모두 소진하는 게 어리석다는 말이다. 혼인 후에도 사랑은 얼마든지 이어갈 수 있다는 생각이 중요하다. 사랑보다는 혼인이 중요하다는 말이 아니라, 사랑을 계속하기 위해 또한 행복하기 위해 혼인이 필요하다는 생각이다.

혼인하더라도 초기에 열정을 소진해서는 안 된다. 시초에만 미친 듯 사랑을 불태우고 나니까, 맥없이 나자빠지고 말게 된다. 그래서 '새 사랑 삼년은 개도 지낸다'고 한 것이다. 제풀에 지치면 원인을 제게서 찾지 않고 제 짝에서 찾는다. 그러다 밖으로 나돌게 된다. '잡은 꿩은 놓아주고, 날아가는 꿩 잡으려 한다'는 격이 되는 것이다.

'억지로 사랑 사흘 못 간다'고 했다. 꺼려지는 제 마음을 다스리지 못하면 밖으로 맴도는 떠돌이가 된다. '남이 가서 못 산 데는, 내가 가도 못 산다'고 했다. 제 사랑을 조절하지 못하면, 어디를 가든지 감당하기 힘든 삶이 될 뿐이다.

3. '고와도 내 임이요, 미워도 내 임이라'

'하루를 잘살려면 장사를 잘해야 하고, 한 해를 잘살려면 농사를 잘해야 하고, 평생을 잘살려면 아내를 잘 얻어야 한다'고 했다. '남편 잘못 만나면 당대 원수라', '사내 한번 잘못 만나면 생전 원수라'고도 했다. 부부가 서로 잘 만나야 제 평생을 그르치지 않는 건 틀림없는 일이다.

'결혼은 만대의 시초다', '결혼은 만복의 근원이라'고 했다. 혼인하기 위해서는 무척 신중해야 할 것은 물론이다. 처녀 총각 시절에는 숱한 사람과 저를 같이 두고 수없이 저울질하겠다. 잘 어울리는 쌍이 되겠는가, 수없이 상상했으리라. '맞춰놓은 사위도 초례청에 들어봐야 그 집 사위라'고 하듯, 짝이 될 것인지 아니 될 것인지 우여곡절이 많았을 것이다.

'사람의 일생은 탄탄대로가 아니라'고 했다. 특히 사랑하면서 겪는 감정의 진폭은 천당과 지옥을 오간다고 하겠다. 항상 초조함을 벗어나지 못해 조바심하기가 예사다. 혼인하는 순간까지도 안달하기 일쑤다. '말 탄 서방이 멀지 않다', '말 탄 서방이요, 잦힌 밥이다', '말탄 서방이 오래랴', '말 탄 시집 멀지 않다'고 생각하면서도, 잘못될까 두려워하기 예사겠다. 나이가 한껏 차서 성혼이 되는 경우는 말로 표현할 수 없을 만큼 초조할 것이다. 복잡한 절차를 모두 생략하고 임과 둘이서만 있고 싶겠다.

'늦게 심은 모는 땅내를 쉬이 맡고, 늦게 시집간 처녀는 서방 맛을 쉬이 안다', '늦게 시집간 처녀가 거시기 맛은 쉬 안다'고 했다. 당연하다. 얼마나 오래 기다렸던 짝이겠는가. 헛되게 보낸 세월을 벌충하려면 서둘러 진한 사랑을 나누겠다고 다짐을 수없이 했을 것이다. 혼례식은 인증식이다. 남들에게 제 사랑을 공공연히 하겠다고 알리는 일이다.

'밭머리에 와서 똥장군 깬다'는 말이 있다. 인분을 거름으로 쓰던 시절에 생긴 말이다. 똥장군을 지게에 지고 조심스럽게 밭에 도달했는데 다 내려놓기 직전에 똥장군을 깨뜨렸다는 뜻이다. 어떤 일이 성취되기 직전에 일을 그르치게 되었다는 뜻으로 비유하는 말이다. '다 된 음식도 먹고야 먹었는가 해라', '다 된 죽사발에 코 빠뜨린다'는 말들과 뜻이 같다. 혼인이 성립되기 직전에 파탄이 나는 경우도 종종 있다.

이미 제 짝이 되었다고 공인을 받았어도 소홀함이 없어야 하는 게 사랑이다. '낚아놓은 고기요, 쏘아놓은 호랑이라'고 생각하다가는 사랑이 저만치 도망가기 마련이다. 제 짝의 영혼과 육체를 일단 지배했다는 자신감을 남자들은 너무 쉽게 갖게 된다. 낭만적 사랑이란 게 결국은 짝짓기에 대한 갈망이란 것을 확신하면서 자신감에 넘친다. 혼인 초기에 집중하는 육체의 향락으로 아내를 묶어놓을 수 있다고 확신하는 것이다. 제 사랑을 쉽사리 빠져나갈 수 없다고 여겨 방심하는 수가 있다. 그에 비해서 여자는 성적 서비스 외에 시기와 질투로 남편 주위에 울타리를 친다. '투기 없는 여자는 죽은 것과 같다', '투기 없는 마누라, 길쌈 잘하는 첩이라', '투기 없는 여자 없고, 먹지 않는 종 없다'는 속담들에서 보듯, 질투는 여자의 필수사항처럼 여긴다. 그러니 '여자는 강짜를 빼면 서 근도 안 된다'고 하며, 한껏 내리누르기만 했다.

헬렌 피셔는 《왜 우리는 사랑에 빠지는가》에서 이런 주장을 한다. "사랑에 빠지는 일에 대한 환희이자 집념인 낭만적인 사랑은 한 번에 한 사람에게 구애의 관심을 집중할 수 있도록 했고, 그렇게 함으로써 짝짓기에 투입되는 시간과 정열을 아낄 수 있도록 했다. 그리고 남자와 여자의 애착, 그러니까 오래된 짝에게 품을 수 있는 침착함과 평화, 안락함의 느낌은 한번 정한 파트너에게 얻은 아이들을 둘이 함께 기를 수 있을 만큼 오랫동안 그 짝을 사랑하도록 하기 위함"[57]이라는 것이다. 요즘 여기저기서 쓰는 "선택과 집중"인 셈이다. 여자가 '고와도 내 임이요, 미워도 내 임이라'는 선택과 집중을 하기 위해 질투라는 전략을 쓰는 것이겠다.

여자의 이런 전략이 남자 쪽에 제대로 전달되지 않으면, '새 사랑은 꿀사랑이고, 구사랑은 찰떡사랑이라'고 해서, 돌아설 수도 있으니 조심해야 한다. 꿀사랑이 찰떡사랑으로 넘어갈 수 있다는 말이다. '물건은 새 물건이고, 사람은 옛정 맺은 사람이라'고 했다. 여자가 미워지면 제 마음을 바로 잡아야 한다. '미운 사람을 아끼는 사람으로 만들라'는 말대로 노력해야 하겠다. '미워하면서도 배운다'고 하지 않는가. 그래서 처음 선택할 때 마음처럼 집중해야겠다. 오로지 내 임이라는 장단에 맞춰야 할 일이다.

10장

'살대고 살면 정이 생긴다'

"정이 있으면 살을 대기 마련이라"는 게 상식적인 말일 것이다. 그런데 살을 대고 살면 정이 생긴다고 하는 말은, 내키지 않은 혼인을 한 사람에게 해주는 말처럼 여겨진다. 아니면 중매로 만났지만 급히 혼인을 한 사람에게 해주는 말일 수도 있다. 살을 대고 산다는 것은 사랑의 수단이자 목적이다. 짝짓기의 맛, 살맛이 아니라면 사랑이 그렇게 절절할 리가 없을 것이다.

'집이 없으면 방앗간에서 자고 밥이 없으면 얻어먹어도, 부부의 정만 있으면 산다', '정든 부부는 얼음 속에서도 산다'고 하는데, 뭘 믿고 이렇게 과감한 선언을 할 수 있을까. '두말하면 잔소리고, 숨 차는 소리'라 할 것이다. 당연히 짝짓기 맛 때문이다. 정이 있어서 혼인도 한 것인데, 살대고 살면 정이 생긴다고 말하는가. 그러니까 정이 충분히 들지 않았더라도 점차 한 껏 들게 된다는 뜻이겠다. '살댄다'고 해서 단순히 스킨십으로 생각할 사람 없겠다. '콩볶이와 여자는 곁에 두고 못 참는다'고 했듯, 사랑하는 사람을 두고 못 본다. 짝짓기까지 끝내야 사랑을 했다고 여길 것이다.

짝짓기를 생략하거나 아주 소홀히 해서 문제가 많다. 소위 섹스리스 부부가 의외로 많다는 것이다. 늙은이 말고 젊은이 중 소위 의무방어전도 치르지 않는 남편이 적지 않단다. 그럴 때 성격 차라는 명분으로 이혼으로 가는 것이다. 그러니 일 주 또는 한 달에 몇 번이나 의무방어전을 치러야 할 것인가에 대해 공공연하게 언쟁을 하는 것도 이해할 수 있겠다.

 속담으로 유추하면 예전에는 말과 생각을 교묘하게 비틀어 말했다. '여자는 사흘 안 맞으면 꼬리가 난다', '여자는 사흘에 한 번 맞아야 사람이 된다', '여자는 사흘 패지 않아도 여우가 된다'는 속담들이 있다. 이런 말을 사내들끼리 지껄여댔지만 뜻을 제대로 파악하지 못했다. 여자를 폭행하라는 말이 결코 아니다. 주먹이 아니라 사내의 거시기로 서비스를 하라는 말을 그렇게 표현했던 셈이다. '계집과 집은 가꿀 탓이다'고 했는데, 아내를 이렇게 가꿔야 한다. '곰하고는 못 살아도 여우하고는 산다', '여우는 데리고 살아도 곰은 데리고 못 산다', '백여우하고는 살아도 능구렁이하고는 못 산다', '계집과 집은 임자 만날 탓이라'고 하는데, 곰이 돼도 불만, 여우가 돼도 불만이니 어느 장단에 춤을 출까.

 사흘에 한 번, 예전엔 50대가 되면 쉬지근해진다고 하여 성 능력이 거의 없다고 판단한 것이다. '여자는 마흔이면 계집 행세 못하고, 남자는 쉰이면 사내 행세 못한다'고 했다. 지금처럼 약의 도움을 받을 수도 없고, 고급한 단백질을 충분히 섭취할 수도 없었으니 그럴 수밖에 없었다. '삼십 지난 여자, 정월 지난 무'라는 말로, 젊은 여자를 찾는 구실을 삼았지만, 요즘 세태에서 보면 참으로 어불성설이라고 생각하겠다. '남자 나이 사십은 오월 나비고 첫배 황소라', '남자 나이가 사십이면 여자를 더욱 그리워하게 된다'고 해서, 남자의 성 능력의 원숙기를 사십 대로 잡는다.

 '누이 좋고 매부 좋고'인 짝짓기를 소홀히 한다면, 소박을 맞아도 항변할 수도 없다. 남자의 능력 중 하나는 당연히 짝짓기 능력이 되겠다. 굶지만 않는다면 제일 중요한 능력으로 여길 수도 있다. '명태는 빨랫방망이로 두드려야 하고, 여자는 가죽 방망이로 두드려야 한다', '명태와 여자는 두드려야 부드러워진다', '부부간은 낮에는 점잖아야 하고, 밤에는 잡스러워야 한다'는 말들은 남자들이 잘 새겨야 할 것이다. 짝짓기에 워낙 출중한 사람이거나 아주 좋아하는 사람은 좋겠지만, 이런저런 이유로 절제해야 하는 사람에게는 부담이 될 것이다. 또 성호르몬을 약하게 받은 사람도 불리할 것이다.

제 짝짓기 능력, 혹은 성력을 과시하지 않는 게 좋다. '분다 분다 하니까 하룻밤에 왕겨 석 섬을 분다', '분다 분다 하면 고춧가루 서 말을 분다'고, 괜스레 나대다가는 몸을 망치기 쉽다. '가진 것 없는 난쟁이 거시기 큰 것만 자랑한다'고 욕바가지가 되거나, '수캐는 앉으면 뭣부터 불거진다', '수캐 본전 자랑한다'고 빗대는 욕만 먹겠다. '부모의 정은 밥이고, 부부의 정은 꿀이다'는 정도의 기분이 나도록 조절하는 지혜가 필요하겠다. '부부간 정만한 것이 없다', '얼음 삭듯 눈 삭듯 한다'는 게 모두 순조로운 짝짓기 때문에 가능한 것이다. '미운 아내라도 밤에는 없는 것보다 낫다'는 남자의 생각도 마찬가지니, 서로 간에 밉다는 생각을 버릴 일이다.

1. '아내는 이불 속에서 길들인다'

'구슬도 깎고 다듬어야 구슬 노릇을 한다'고 했다. 부부간 구슬을 깎는 쪽이 따로 있는 것은 아니다. 서로 어우러져서 서로 깎고 깎이는 것이다. 사소한 것에서 중요한 일까지 그래야 한다. 길들이는 쪽이 따로 있는 것이 아니라, 서로 익숙하게 되는 것이다. '집과 마누라는 다스리기에 달렸다'는 말이 그런 뜻이다.

남편은 '갓방 인두 닳듯' 해서, 이불 속에서 아내에게 '갓난아이 주린 젖 조르듯' 짝짓기를 요구할 것이다. 결혼 초에는 서로 간 짝짓기에 빠져 '세월아 네월아' 하겠다. '첫날밤 신랑을 배 위에 못 올려놓겠다'고 하던 여자도 한껏 호응하게 되는 것이다. 그래서 '결혼 삼 년은 개도 산다', '새 시집 삼 년은 개도 한다', '결혼 삼 년은 개연놈도 산다'고 했다. '첫날밤 같아서야 세 살 때 못 만난 것이 한 된다', '석 달 열흘은 굶고 살아도, 임 없이는 하루도 못 산다'고 할 정도로, 격렬하거나 알콩달콩 보낼 것이다. '이 방아 저 방아 해도 임의 가죽방아가 제일이라'는 말이 여자의 입에서 나올 정도가 되겠다.

'색시그루는 다홍치마 적에 앉혀라', '아내의 행실은 다홍치마 적에 바로잡아야 한다'고 했는데, 신랑도 마찬가지다. 서로 뜻을 맞추는 일에 전념하는 것이 신혼 초에 할 일인 것이다. 그러나 '아이하고 여자는 길들일 탓'이란 말이나 행동을 함부로 해서는 안 될 일이다. 이불 속에서 아내를 길들인다 했을 때, 짝짓기 과정에서 한껏 호응하도록 훈련한다는 뜻이 들어있다는 것을 알 것이다. '계집도 길들인 계집은 깊은 맛이 있다'고 했는데, 제 아무리 아내라 해도 길을 들이겠다는 생각을 하는 것 자체가 몰상식한 것이다. 남을 지배하여 제 뜻대로 움직이게 하려는 일은 폭력이기 때문이다. '살송곳 맛을 알게 되면 정 붙어 살게 된다'고 했으니, 남편으로 제 역할을 충실히 하면 된다. 길들이지 않아도 잘 호응하기 마련이다.

'된장 맛으로 이불 속의 며느리를 들여다 본다'는 말은 참으로 의미심장하다. 예전에는 된장 맛에 가운家運을 걸 정도였다. 된장 담그는 일을 가장 중요하게 여겼다. 그래서 '된장 맛이 좋아야 집안이 잘된다'고 믿었다. 며느리가 된장을 맛있게 담았으면, 정서가 충분히 안정되어 있다고 생각했고, 그것은 짝짓기의 만족에서 비롯된 것으로 판단했다.

'뒷동산 딱따구리는 생구멍도 뚫는데, 우리집 저 멍텅구리는 뚫어진 구멍도 못 뚫는다'는 불만을 가지게 되면 가화만사성家和萬事成이 제대로 될 리가 없을 것이다. '마누라는 삼일에 한 번씩 몽둥이로 다스려야 한다', '북

어는 두드려서 찢어먹고, 아내는 두드려서 데리고 살아야 한다'는 말을 글자대로 받아들여서는 안 된다. 아내에게 거시기로 다스리고 두드리라는 말이다. '이십에는 이렇게 좋은 줄 몰랐고, 삼십에는 삼삼하고, 사십에는 사생결단하고, 오십에는 오다가다 하고, 육십에는 육체만 가지고 논다'는 언어유희가 재기발랄한데, 짝짓기가 변화해가는 단계를 잘도 요약한 셈이다.

'돌확 속에 길이 날 때 남편 맛을 안다'고 했다. 시집갈 때 새것이었던 돌확이 매끄럽게 닳았을 때 비로소 잠자리 맛을 안다는 뜻이다. 그러니까 세월이 충분히 지나야 짝짓기 맛을 알게 된다는 말이다. '돌확은 새것이라야 잘 찧어지고, 거시기 확은 매끈매끈 닳아야 제맛이 난다'는 말도 같다.

'여름 방사 보약이고, 겨울 방사 비상이라'고 하는데, 사람마다 때마다 다르겠다. 농경시대는 정반대로 생각했다. 계절에 따라 생명체의 기가 오르내리는 리듬이 있는 것은 사실이다. 그렇지만 개개인의 사랑이라는 기운은 리듬이 꼭 거기에 맞춰지는 것은 아니다. 사랑하는 만큼 짝짓기를 하게 되는 법이다. '꿀단지가 집에 있는데 눈깔사탕 찾아 밖에 나갈까' 하고 생각할 정도면 되겠다.

'분수를 잘 지키면 귀신도 대들지 못한다'고 했다. 분수를 알고 부부가 서로를 대하는 일이 서로를 길들이는 일이다. 길들인다는 것이 영혼을 지배한다는 뜻은 아니다. 서로 익숙하게 마음을 맞추는 일이다. '가꾼 서방님'이란 말이 있다. 생김새가 수려한 사람을 두고 하는 말인데, 누구나 가꾸면 돋보이기 마련이다. '가꾸지 않은 곡식 잘 되는 법 없다'고 했는데, 사람도 마찬가지다. 부부가 각자 가꾸는 것은 물론, 서로 가꾸어 주면 더없이 좋겠다. 외모를 가꾸는 만큼 마음씨도 가꾸어야 한다.

2. '좋은 아내는 집안의 보배다'

때때로 서로 격이 맞지 않는다고 생각되는 부부를 볼 수 있을 것이다. 한쪽이 아주 훌륭한 품격을 가졌는데 다른 쪽이 뭔가 덜 떨어졌다는 생각이 들게 하는 경우 말이다. 그럴 때 흔히 세상 공평하다고 말한다. '어진 아내가 못난 서방 얻는다', '어진 아내가 어리석은 남편을 만난다'고 했다. 부부 중 한쪽이 부족하면, 그것을 벌충하도록 훌륭한 짝을 맞춰준다고 하지 않는가. 세상사 요지경 속에서도 조화 속으로 돌아간다고 하겠다.

'어진 아내가 있으면 남편은 곤란한 일이 안 생긴다', '어진 아내가 있으면 남편이 횡사를 만나지 않는다', '아내의 행실이 어질면 남편 얼굴이 넓어진다', '아내의 행실이 어질면 남편의 화가 적어진다'고 했으니, 남편으로는 최상의 보배를 지닌 것과 마찬가지며 당연히 집안도 번창할 것이다. 더구나 '어진 아내는 늙을수록 좋다', '술과 아내는 오래될수록 좋다'고 했으니, 여생이 탄탄대로일 것이다. 그뿐인가. '어진 아내가 있으면 남편이 바람을 피우지 않는다', '집안에 어진 아내가 있으면 남자가 나쁜 짓을 못한다'고 했는데, 어진 아내가 얻는 보람이고 대가이겠다.

'치마 입은 사람 셋을 잘 만나면 남자가 출세를 한다'고 했는데, 다다익선多多益善이라 하겠지만 굳이 할머니와 어머니까지 동원할 필요가 있을 것인가. 아내 하나만 잘 만나도 다행이라 생각할 일이다. 서로가 만족하면 '꿀단지냐 엿단지냐 한다'는 말대로, 항상 제 짝을 끼고 돌 것이다. 출세라는 게 이보다 좋을까, 하면서 살 것이다.

'가정이 화목하면 금은 보배도 부럽지 않다'고 했다. 지당한 말이다. '평생을 잘살려면 아내를 잘 만나야 한다'고 하는데, 물론 서로 잘 만나야 한다. '남편 복이 없으면 자식 복도 없다'고 했으니, 남편 또한 웬만해야 균형이 맞는다. '집안 화목은 아내가 하고, 바깥 화목은 남편이 한다'는 정도가 되려면 찰떡궁합을 이루어야 한다. 분명한 것은 어진 아내를 얻었다면, '호박이 덩굴째로 굴러들어왔다'고 여길 수밖에 없겠다.

어진 아내가 집을 지키고 있다고 집안에 고난이 전혀 없을 것인가. '푸른 소나무 절개는 겨울이 되어야 안다'고 했다. 만약 집안에 가난이 찾아들면 참고 견디는 모습이야말로 대견하게 여겨질 것이다. 이럴 때 아내가 포악하다면 상황을 더욱 악화시키겠다. 욕심으로 남편을 몰아붙이지 않는 아내는 분명 덕이 있다. '논 팔아 반지 살 년'이란 소리를 듣지 않으면 얼마나 다행스러운 일인가.

'달걀 속 노른자위 같다'는 말이 있는데, 아주 알짜배기라는 뜻이다. 덕이 있는 아내를 그렇게 표현한다. 배추 고갱이 같다는 말도 쓴다. '덕이 있으면 복이 따른다'고 했는데, 왜 아니겠는가. 집안에 덕 있는 아내가 들어앉아 있다는 것만으로도 큰 보배가 있다고 여겨야 마땅하리라. 예전에는 '본처와 언덕 돌은 굴러가다가도 살 도리가 있다'는 말을 했다. 만약 첩을 얻었을 경우, 첩과 달리 본처는 어떠한 고난 속에서도 살아나갈 방도가 있기 마련이라는 뜻으로 하는 말이다. 여자가 어질기에 마음 놓고 오입질을 하는 남자도 물론 있었다. 그런 경우에도 여자는 흔들리지 않아, '여러 마리 닭이 한 마리 학만 못하다', '백 개의 별이 한 개의 달만 못하다'는 깨달음을 주곤 했다.

부부가 반드시 큰 덕이 있어야만 잘사는 것은 물론 아니다. '두더지 마누라는 두더지가 제일이라'고, 고만고만해도 무난하게 살 수 있겠다. '넉 자로도 살고, 두 자 가웃으로도 산다'고 했으니 말이다. 가웃이란 무엇을 재고 남는 반분을 뜻한다. 좀 부족해도 충분히 살 수 있다는 뜻으로 비유하는 말이다. 이런 것을 깨우치려면 삶의 경력이 좀 되어야 한다. 충분히 고생해 본 뒤라야 억지로 되는 일이 없다는 것을 깨닫게 된다. 악을 써서 욕심껏 사느니보다는 좀 부족해도 마음을 다스리면 된다는 것을 깨닫게 된다.

'귀한 구슬은 깊은 물 속에 있다'고 했다. 제 노력 없이 귀한 구슬이 굴러들어 오겠는가. 남자가 덕을 닦으면 여자도 당연히 덕으로 대하겠다. '남편에게 걱정이 없는 것은 아내가 어질기 때문이라'고 해서, 굴러온 복을 앉아서 바랄 수는 없다. 진짜배기 부창부수夫唱婦隨는 부단한 노력으로 이루어진다.

3. '일색 소박은 있어도 박색 소박은 없다'

'여자는 첫째가 인물이고 둘째가 성미고 셋째가 건강이다', '여자는 첫째가 인물이고 둘째가 심덕이고 셋째가 밤일이고 넷째가 건강이라'는 기준은 당연히 남자들에 의한 것이다. 겉보기에 좋은 것을 우선으로 삼는 경우가 대부분이다. 그래서 얼굴이 반반한 여자에 혹한다. '미인은 누구나 욕심을 내게 된다'고 하는데 속일 수 없는 사실이다. '미인은 거꾸로 봐도 예쁘다', '미인은 나이를 먹지 않는다', '미인은 늙어도 곱다'고 하며 제정신을 차리지 못한다. 일색이 꿀단지인 줄 안다. '꿀단지에 개미 떼 꼬이듯 한다'는 말 그대로다. '꿀단지는 장단지보다 쉬이 깨진다'고 했다. 정말 꿀단지는 따로 있는 경우가 허다한데, 겉모습에 속는다. 설령 꿀일지라도 신중해야 한다. '꿀도 사흘만 먹으면 단 줄 모른다'는 이치를 알아야 한다.

일색一色은 뛰어난 미인이고, 박색薄色은 아주 못생긴 사람을 뜻한다. 소박疏薄이란 처첩을 아주 몰인정하게 대한다는 뜻이다. 주로 남자 쪽에서 여자를 학대하게 된다. '여자는 얼굴이 밑천이라'는 생각에 고착되어 있으니 그렇다. '얼굴은 마음의 거울이라'니 얼굴이 고우면 마음도 곱다고 생각하는 것일까? 얼굴을 성형 수술을 하면 마음도 따라 고쳐지겠는가. '여자 얼굴 고운 것하고, 바다 얼굴 미끈하고 고운 것하고는 믿지 말라'고 했다. '얼굴값을 한다', '얼굴 고운 것 속 궂다'고 하며, 그래서 '얼굴 고운 것 탐내지 마라'고 했다.

'털어서 먼지 안 날 비단 없고, 뱃속에 똥 안 든 미인 없다'고 했다. 사람이 옷을 차려입고 한껏 꾸미니 그럴듯해 보이지만, 한 겹만 벗으면 보잘것없다. 물론 여자의 몸은 세상 동물 중에서 가장 섹시하게 진화되었다고는 하니, 욕정에 가득 찬 눈이 아니라도 예쁘게 보일 것이다. 그런데 예쁜 얼굴을 경계하는 말들은 많다. 시기 질투에서 비롯된 말이 아니다. 겪어보고 나온 말들이겠다. '아름다운 계집을 길들인다는 건 암범을 길들이는 것만큼이나 어렵다', '아름다운 꽃엔 벌레가 덤비기 쉽다', '아름다운 꽃은 진 뒤가 더럽다', '아름다운 여자는 못생긴 여자의 원수다'와 같은 말들이 그렇다.

'박색이 용색用色하다'고 했다. 용색이란 짝짓기할 때 색을 쓰는 일이라는 뜻이다. 못생긴 여자가 오히려 색을 밝힌다는 말이겠다. 짝짓기에 적극적이면 대부분의 사내가 좋아할 건 뻔하다. 못생기면 태생적으로 색정이 강하다는 뜻은 아니다. 제 단점을 보완하기 위하여 애쓰기 때문이다. '용모가 아리따운 계집은 소박을 당하지만, 음식 수발 잘하는 계집은 박색이라도 소박은 면한다'는 말이 그렇다.

톨스토이의 장편소설《안나까레니나》는, "모든 행복한 가정은 서로 닮았고, 모든 불행한 가정은 제각각으로 불행하다"[58]는 말로 시작한다. 맞는 말이지만, "모든 행복한 가정은 사랑이 충족된 것으로 닮았고, 모든 불행한 가정은 부족한 사랑으로 제각각 불행하다"고 하면 어떨까. 톨스토이가 그렇게 좋아하는 사랑이란 말이 생략된 것으로 보면 좋다. 톨스토이가 말하는 가정의 불행은 사랑의 불행이고, 그 사랑에는 부부의 성의 격차가 주된 이유겠다. 즉 짝짓기의 불만족이라는 말이다. 남자가 제 여자에게 소홀하고 다른 여자와 짝짓기를 하니 가정이 불행해지는 것이겠다.

로렌스가 소설 《채털리 부인의 사랑》에서 강조하는 것은 "부드러운 애정과 진정한 관능"이라 요약할 수 있다. 채털리 부인 집에서 도우미를 하는 볼튼 부인은 코니에게 "남자에 의해 진정 몸이 뜨거워져 본 적이 한 번도 없는 여자들을 보면 말이죠, 아무리 잘 차려입고 돌아다닌다 해도 제 눈에는 마치 가련한 유령처럼 보여요."[59] 하고 말하는데, 역시 마찬가지 의미다. 짝짓기 욕망이 충족되지 않으면 만사가 여벌이라는 말이겠다. 남자가 성불구라서 부인을 만족시킬 수 없으니 불행이 가정을 점거하는 것이다. '사내가 거시기 값도 못한다'고 하듯 무능하게 여겨지고, 짝짓기 능력이 없는데 정이나 사랑이 변할 수밖에 없다. '사람 싫은 것처럼 못할 것이 없다'는 정도로 사랑이 어긋났으니, 다른 방도가 없는 부부다.

'비바리와 부룩소는 쓸 데 써봐야 한다'는 말이 있다. 얼굴이 문제가 아니라 더 중요한 게 있다는 뜻이다. 짝짓기 능력이겠다. 그런데 남자들은 우선 얼굴을 보고 여자를 선택하려 한다. '얼굴 박색은 있어도 거시기 박색은 없다', '여자가 박색이어야 자식 낳기를 잘한다'는 생각은 추호도 하지 않는다. '미인은 사흘에 싫증이 나고, 추녀는 사흘에 정이 든다'는 충고를 귓등으로 흘린다.

적지 않은 사람이 제 얼굴보다 내면을 소홀히 한다. 그래서 '예쁜 얼굴에 얼음장 들었다', '예쁜 여자치고 얼굴값 않는 여자 별로 없다'는 평가를 받게 된다. 어차피 내면은 알 수 없는 일이고, '양귀비는 내일 아침이다', '춘향이 찜쪄먹겠다', '양귀비 뺨치겠다', '양귀비 외딴 친다'는 말을 들으면 누군들 들뜨지 않겠는가. '예쁜 사람은 멱서리를 써도 예쁘다'고 했다. 멱서리란 짚으로 만든 그릇으로 곡식을 담는데 사용한다. '낯바닥 값 한다', '낯바닥 예쁜 것도 액厄이라'고 하는데, 그래도 마음보다는 얼굴을 택하겠단다. '얼굴은 마음의 거울이다', '낯은 알아도 마음은 모른다'고 했으니, 남자들이 얼굴만 보기를 원하는 것일까.

'계집 고운 것과 바다 고운 것은 믿을 수 없다', '계집 고운 것과 바다 고운 것은 바람 탄다'고 했다. 제 얼굴로 유세를 부리는 여자치고 부지런한 모습을 보기 힘들다. '국수도 못 하는 년이 피나무 안반만 나무란다'고, 매사에 남 탓으로 돌리기 일쑤다. 더구나 얼굴이 반반하면 숱한 남자들의 관심이 쏠리기 때문에 남편으로서는 보통 신경 쓸 일이 아니겠다. 미인 아내 때문에 받는 스트레스를 겪어본 사람은 차라리 미인 아닌 아내를 두고 싶다는 생각이 간절하겠다.

소박을 맞는다는 게 여자에게만 해당될까. 일색은 남자로 말하면 미남이겠다. '상판대기 뻔뻔한 놈치고 계집 덕에 호강하겠다는 생각 안 가진 놈 없다'는 말이 그렇다. 몰염치한 짓을 하는 남자가 소박당하지 않을 리가 있겠는가. '남자의 팔자는 여자에게 달렸다'고 믿으며 사는 사내도 있겠다.

'밤 금실 좋다고 해서 낮 금실까지 좋을까' 했는데, 낮 금실은 밤 금실에 비할 바가 아니다. 밤 금실이 좋으면 낮 금실은 따라서 좋아진다. '마누라보다 떡판이 좋다', '낯짝보다 거시기 치레는 했다'는 말이 왜 있겠는가. 밤 금실이 좋으면 '정든 계집 밉다는 놈 없다'고 할 것은 당연하다. 그뿐인가. '각시를 아끼면 처갓집 섬돌도 아낀다', '각시 아까우면 처갓집 정주목도 아깝다'고 할 정도로 아내에게 정성을 다할 것이다.

'미인이 따로 없고, 정들면 다 미인이라'고 하는 말이 정답이다. 애써 미인을 깎아내리는 것도 심술궂다. '미인은 요물이다'라는 말부터 시작하여, '미인은 팔자가 세다', '미인은 박명이고, 영웅은 졸사라', '미인의 운명은 기박하다', '얼굴 반반하게 생긴 계집치고 행토 없는 게 없다'는 말까지 지나치게 편견을 강요한다. '양귀비도 꺾일 날 있다'는 말은 진실이다. 미인뿐만 아니라 누구라도 꺾인다. 타고난 생김새를 두고 시비하지 말고, 마음 일색이 되도록 애쓸 일이다.

4. '한 이불 속에서나 내 서방이다'

'알 수 없는 게 부부관계라'고 했다. 남에게 대낮에 보여주는 부부관계야 별다를 것도 없겠다. 잠자리에서 전개되는 관계는 알 턱이 없다. 짝짓기에 서로가 만족하는지 알 수가 없다는 말이다. '내 서방 상투 크면 뭐하랴' 하는 말을 했다면, 거기서 조금 짐작할 수 있을 것이다. 차라리 상투는 보잘것없어도 거시기가 더 좋았으면, 하는 심사라는 것을 추측할 수 있겠다. 이런저런 불만으로 부부 상호간 거리는 멀어질 것이다. '부부 간에는 낮에 싸우고 밤에 푼다'는 게 통할 수 있으면 다행이겠다. '부부 간에는 싸움 끝에 정이 더 든다'고 했으니 말이다.

'갓난아기는 어미 젖 먹고 살고, 어미는 남편 거시기 먹고 산다'는 말이 좀 상스럽지만, 남편이 그렇게 믿고 행동하는 것은 매우 중요하다. '인감도장을 찍는다'는 것만으로는 부족하다. 온몸으로 표현하는 서비스 정신이라 생각하며 정성을 다해야 한다. '밤일은 야단스러워야 한다'는데, 조용하게 일이 치러지면 불만이 더해질 수도 있다.

'아내는 품 안에 있을 때만 제 계집이라'는 말과 '같이 잘 때나 내 남편이라'는 말은 대칭을 이룬다. 아내나 남편이 모두 같이 잘 때나 제 짝이라고 생각하면 편할 것이다. 어디 가서 딴 사람과 짝짓기를 하든 말든 신경을 쓰지 않는다면, 그야말로 호인이고 대인이겠다. 그런데 그게 어디 그렇겠는가. '평생 살아도 임의 속은 모른다'는데, 일단 밖에 나가면 어디서 무엇을 하는지 모르겠다, 하는 의심을 할 것이다. '내외간은 돌아누우면 남이라'는데, 밖에 나돌아다니는 것까지 알겠는가.

'반반한 계집은 열행烈行이 적다'고 했다. 열행이란 지조를 지키는 행동이란 뜻이다. 웬만한 여자는 그렇겠다. 숱한 남자들이 관심을 가지고 찔러도 보는데, 어찌 마음이 흐트러지지 않겠는가. '계집과 옹기그릇은 혼자 두거나 밖으로 내돌리지 마라', '가구는 빌리면 망가지고, 여자는 돌아다니면 버린다'는 말들을 하지만, 발 달린 짐승인데 어디를 못 가랴. 성숙한 민주시민으로 내가 아닌 사람의 자유를 알뜰히 구속할 수도 없는 노릇이다.

'닭 길러 족제비 좋은 일 시킨다'는 일이 있어서는 안 될 일이다. 아내를 길들인 것은 아니지만, 정성을 다해 살았는데 남과 어우러진다면 억울한 일임에 틀림없다. '처갓집 돈으로 장가들여 놓았더니, 동리 머슴 좋은 일만 시킨다'는 꼴이 되면 더 비참할 수가 없을 것이다. '믿다 말 것이 동창 많은 여편네하고 칠월 구름이라'고 했는데, 아내가 아닌, 제 마음을 못 믿어 생기는 의심일 경우가 허다하다.

의심 많은 사람을 두고, '의심 많기는 여우라'고 한다. 여우는 들어가는 굴과 나가는 굴을 여러 개 파놓는다는 행태를 두고 하는 말이다. 그러면 사람도 제 안전을 위해 속임수를 많이 쓴다는 말이 되겠다. 의심이 지나치면 좋지 않다는 뜻으로 쓰는 속담은 많다. '의심을 하면 울타리에 널린 치마가 허깨비 옷으로 보인다', '의심이 도적이라', '의심이 마심魔心이라', '의심이 병이라', '의심이 죄라'는 말들이 그것이다. 여우는 생존전략으로 의심하여 여러 개 굴을 판다. 사람도 생존전략으로 의심을 하되, 저와 남에게 해를 끼치는 게 다르다.

남편은 아내를 의심하는 대신 잘 보살펴야 한다. '계집과 숯불은 쑤석거리면 탈 난다', '계집과 아궁이불은 쑤석거리면 탈 난다'고 했는데, 아내 주위에 쑤석거리는 사람들이 있나 잘 살피고 대응해야 하겠다. '믿었던 돌에 발부리 채였다'고 나중에 후회하지 말고, 미리 방어해야 한다. 설마 '팔자가 사나우면 시아버지가 삼간 마루에 가득하다'는 꼴이야 되겠는가, 하면서도 이리저리 의심을 해대면 불행이 시작된다.

제 팔 안에 배우자가 없다고 의심을 하게 되면 끝이 없을 것이다. 가장 가까운 사람인데 못 믿으면 세상 사람 중 믿을 사람이 없다는 말이 된다.

'동네 소문 남편만 모른다', '마누라가 딴 배 맞추면 그 집 서방만 그 소문 모른다'는 지경이 되면 돌이킬 수 없다. 남편이 '덜렁 수캐처럼 싸다닌다'고 하면 홧김에 서방질하는 경우도 있을 것이다. 서로 이유는 가지각색이겠다. '얼굴 못났어도 잠자리 재미 좋은 여자하고는 살아도, 인물 잘나고 재미없는 여자하고는 못 산다'는 핑계도 있을 것이다. '얼굴 잘난 사내치고 연장 잘난 것 못봤다'는 불만이 나오면 심각한 상황이라 하겠다.

    '믿을 것도 못 믿을 것도 사람이라'고 했다. 혼인이라는 것이 편하려고 택한 일인데, 서로 고통만 주면 의미가 없다. 짝짓기가 중요하기는 하지만, 제 욕망을 다스리는 법을 터득하는 게 중요하다. '잡은 고기 먹이 안 준다'는 생각으로 살면, 화는 제게로 돌아온다. '믿는 건 대감뿐이라'는 생각으로 서로 의지해야 한다. 내 품에서 벗어나면 애써 외면해보는 아량도 때로 필요하겠다.

11장
'정든 부부는 도토리 한 알만 먹어도 산다'

바깥 화목은 남편이, 집안 화목은 아내가 한다는 말은 타당하다. 이렇게 역할 분담을 할 수 있다는 건 서로 사랑과 믿음이 있어 가능한 것이다. 물론 이와 정반대로 역할 분담을 하는 경우도 있겠다. 어쨌든 '바늘 가는 데 실 간다'는 식으로 부부가 어우러지면 남부러울 것이 없겠다. 설령 '맨물에 밥 먹어도 둘이 좋으면 좋다'고 할 정도로 가난하다 해도, 서로 불평을 하지 않을 것이다.

'낮에는 큰소리치고 밤에는 굽신거린다'는 게 사내다. 낮에는 사내라고 제 아내에게 큰소리치지만, 밤에는 짝짓기하고 싶어 사정을 한다는 뜻이다. 밤낮의 처지가 상쇄되니 서로 동등하다. 정이 든 부부는 이렇게 동등한 지위를 유지한다. '논밭과 각시는 임자가 따로 있다'는 말은 이런 관계가 무리 없이 서로 잘 알고 이해하는 사이를 말한다.

'남의 집 낭군은 자동차만 타는데, 우리 집 낭군은 밭고랑만 탄다'는 생각을 하면서 말로 내놓지 않는 아내는 착한 게 틀림없다. 그러면서 때때로 성담으로 불평을 할 때가 있다. '소나무 옹이만한 거시기 하나를 바라고서 이 짓을 한다'는 말이다. 남편하고 짝짓기하는 재미 하나를 바라고 고생을 한다는 푸념이다. '비지땀 서 말을 흘려도 각시 품 마다하지 않는다'는 정도는 돼야 충실한 남편이라 할 것이다. '가고자 하는 배 순풍이라'고, 부부가 건전하게 방향을 잡으면 누가 돕지 않아도 자체 추진력이 생긴다.

'여자와 명태는 두둘겨라', '여자와 명태는 두드려야 부드러워진다'는 말은 폭력을 쓰라는 말이 아니다. 사내 거시기로 한껏 서비스를 해주라는 뜻이다. 부부간 사랑의 정도는 짝짓기의 수준으로 높아지기도 낮아지기도 하겠다. '굶어도 엉덩이 맛으로 산다', '여자는 엉덩짝 맛에 산다'는 생각을 천하다고 여기면 도태당한다. 한 시인은 〈부부의 성〉이란 작품에서, "당신과 나의 성 사이에는 / 너무도 많은 신자유주의적 유교적 경제적 교육적 민족적 과부하가 걸려 있다 / 사랑도 과부하가 걸려 있다 / 성이 단지 성일 수 있을 때 / 사랑도 사랑이 될 수 있고, / 사랑이 단지 사랑일 수 있을 때 / 성도 성이 될 수 있고"[60] 했다. 그러니까 짝짓기 때에는 아무것도 생각하지 말고, 오로지 사랑하는 마음으로 몸사랑도 하라는 메시지다.

'산중 귀물은 머루 다래요, 인간의 귀물은 계집이라'고 했다. '남자 없는 여자는 살아도, 여자 없는 남자는 못 산다'고 할 정도니, 여자가 귀물 아니고 무엇이랴. '젊어서는 사랑싸움이고, 늙어서는 돈 싸움이라'고 했으니, 젊어서 사랑싸움을 열심히 할 일이다. '하루 신수가 편하려면 술을 들지 말고, 평생 신수가 편하려면 두 계집을 거느리지 말랬다'고 했는데, 남자가 이런 충고를 잘 받아들이면 큰 문제는 없을 것이다. '젊어서는 부부밖에 없고, 늙어서는 자식밖에 없다'고 했지만, 요즘은 늙어서도 부부밖에 없다는 말들을 한다. '늙어서 고적한 것은 죽음보다 세 갑절 무겁다'는데, 곁에서 외로움을 달래주니까 그럴 것이다.

'곱게 보면 다 곱다'고 했다. 미운 아내라도 오래 살면 보인다. '예쁨도 제게 매였고, 미움도 제게 매였다', '제 사랑 제가 끼고 있다', '귀염은 제 등에 짊어지고 다닌다'는 말이 딱 맞다. '쪽박에 밥 담아 먹어도 뜻이 맞으면 산다'고 했다. '고생할 적 옹솥은 버리지 않는다'고 했는데, 당연한 말이다. '천한 아내에서 열녀 난다'는 말이 듣기 좋게 하는 소리가 아니다. 소박한 언행을 아는 정이 참다운 정이다.

자신을 낮춰 '보리밥에는 상추쌈이 제격이라', '보리밥에 고추장이 제격이라'는 생각으로 살면 탈이 없다. '국수 말아내는 솜씨로 수제비는 못 뜨랴' 하고, 어떤 일을 하는데 뜸을 들이지 않으면 된다. '골아도 젓국이 좋고, 늙어도 영감이 좋다'고 하면, 사랑이 다른 곳으로 도망가지 않을 것이다. '귀양을 가더라도 살림 그루는 앉혀놓고 간다'고 했다. 남자가 무슨 일을 당하더라도 가족들이 집안을 잘 꾸려갈 수 있도록 항상 기반을 마련해야 한다는 뜻으로 하는 말이다. 가족을 위한 남자의 성실성은 언제 어디서나 필요한 법이다. '악처가 효자 열둘보다 낫다', '못난 계집도 없는 것보다 낫다'고 했다. 악처도, 못난 아내도 그럴진대 품격 높은 아내는 더 말할 나위 없겠다.

1. '서방과 무쇠솥은 헌것이 좋다'

'남편은 귀머거리가 돼야 하고, 아내는 장님이 되어야 집안이 부부가 잘 산다'고 했는데, 부부가 이 정도라면 서로 무쇠솥과 다를 바 없다고 할 것이다. 이러면 '남편은 너그럽고 의롭게 대해야 하고, 아내는 유순하고 바르게 대해야 한다'고 하는, 최상의 덕목을 이루는 경지가 되겠다. 집안에 말썽이 생기려 해도 생길 수가 없겠다. '남편은 두레박, 아내는 항아리'가 되어 찰떡궁합으로 뭐든지 못할 일이 없을 것이다. '깨알 콩알 센다'고 하듯, 무슨 일이든 서로 참견하여 괴롭히면 될 일도 안 될 것은 뻔하다.

'집안이 편하려면 베개송사를 자주 하랬다', '집안이 편하려면 베개송사를 듣지 말랬다'는 말이 서로 상반한다. 베개송사란, 동침하면서 서로에게 뭔가를 부탁하는 것이다. 한창 즐거울 때 부탁을 하는데 안 들어줄 수도 없겠다. 왕후장상 고관대작이라면 나랏일에 관한 것이니까, 함부로 결정하기는 쉽지 않을 것이다. 그러나 필부필부의 하찮은 부탁이야 흔쾌히 들어줄 수 있겠다. '큰일은 작은 것에서 시작된다'고 하는데, 위험이 도사리고 있는 일일 수도 있으니 조심해야 할 것이다. 여하튼 서로 간 짝짓기에 대한 보답이라 생각할 것이다. 사랑할 때는 사랑에 전념해야지, 그 틈을 이용한다는 게 간교하다고 여길 수도 있겠다. 그러나 대낮에 들어주지 않는 부탁을 침대 속에서는 쉽게 허락받을 수 있겠다. 어쨌거나 사랑의 힘이다.

'묵은 배가 맛난다'고 했다. 절묘한 것은 배가 배(腹)와 배(梨)로 해석될 수 있다는 점이다. 이렇게 생각하면 '묵은장이 약 된다'란 말도, 짝짓기를 연상시킨다고 억지를 쓸 수 있을 것이다. '마누라 엉덩이는 묵힐수록 익는다'라는 속담은 직설적이지만 쑥스러운 말도 아니다. 묵은 정이 좋다는 속담은 많다. '옷은 새옷이 좋아도, 사람은 낡은 사람이 좋다', '새 정이 옛정만 못하다', '서방과 무쇠솥은 새것이 언짢다', '사람은 때 묻은 사람이 좋고, 옷은 새옷이 좋다'는 말들이 그렇다.

왜 묵은 정이 좋을까. 말할 것도 없이 익숙하니 낯가림을 하지 않아 좋겠다. 익숙하면 제 능력을 한껏 발휘할 수 있기에 좋다. 사랑도 익숙하고 화끈하게 이루어져야 한다. '신도 길들인 신이 편하고, 계집도 길들인 계집이 깊은 맛 있다'고 하듯, 깊은 맛을 느끼니 그렇겠다. '계집과 과일은 익을수록 좋다', '여자와 옷은 새것일수록 좋다', '가마솥과 마누라는 오래될수록 좋다'고 해서 압도적으로 오랜 정을 원한다. 물론 '여자와 자리는 새것일수록 좋다'고 하는 말도 있기는 하다. 새것에 호기심이 있는 사람이 어찌 없을까. '나무 접시 오래 쓴다고 놋대야 될까' 했는데, 나무 접시는 그대로 쓸

172

일이 있는데 왜 놋대야 되기를 바라겠는가. 쓰던 것이 편한 법이다.

남편과 살면서 '산전수전 공중전 다 겪었다'는 아내를 경외심으로 대해야 마땅하다. 숱한 고생을 함께 해냈는데 함부로 대하면 의리 없는 처사다. 오래 정답게 살면 부부가 닮는다. 마음을 서로 맞추고 함께 일을 하다 보면 어긋나는 것이 적다. 그래서 '남매와 부부는 닮는다'고 하는 것이다. 닮는다는 것은 몸이 비슷해진다는 뜻도 있지만, 언행이 서로 다를 바 없다는 뜻도 된다. 그러니 오래된 부부는 정으로만 사는 게 아니다. 서로 존중하다 보면 존경심, 경외심이 생겨나게 된다.

'국도 국 같지 않는 게 뜨겁기만 하다', '국도 국 같지 않은 게 맵기만 하다'고, 서방 같지도 않게 행동하면서 제 아내만 잡아 족친다면 참을 일이 아니겠다. '마누라 치마폭 안에서 산다'는 게 사내로서는 아주 편한 일이다. '마누라한테는 지는 게 이기는 거라'는 언행이면 덕이 쌓인다. 사랑 없이 덕이 쌓일 리 없다. '아내는 남편 사랑 먹고 산다'는 말은 이런 경지에서 가능한 것이다.

서로서로 길들이는 게 결혼생활이다. 길들인다는 것은 제 마음에 들게 상대방의 버릇을 고친다는 게 아니고, 서로 간에 익숙하게 적응한다는 뜻이겠다. '서방과 손그릇은 손때 먹일 탓이다'는 생각이 그렇다. '사람은 뚝배기 밑 된장맛 같아야 한다', '임도 묵은 임이 좋고, 묵사발도 낯 익혀둔 사발이 좋다'는 생각이 굳어지면, '신정이 구정 같고, 구정이 신정 같다'는 경지가 된다. 그리하여 '잘난 사내가 못난 서방만 못하다', '오복 중에 처복이 제일이라'는 믿음이 굳어지게 된다.

2. '고운 정 미운 정 다 들었다'

'논두렁은 삐뚤어졌어도 농사는 바로 져라'고 했다. '마당이야 비틀어져도 장구는 바로 쳐라', '입은 삐뚤어졌어도 말은 바른대로 하라'고도 했다. 사노라면 제 의도와 세상사가 어긋나는 일이 얼마나 많겠는가. '가루 팔러 가면 바람 불고, 소금 팔러 가면 이슬비 온다'는 격으로 어긋나는 일이 숱하게 벌어진다. 이렇게 어긋나는 것에 재빨리 적응하는 게 삶이다. '가고 가면 못 갈 길이 없다'고 하지만, 못 갈 길이 많다고 여겨지는 게 사실이다. 특히 더불어 사는 사람과 어그러질 때 필요한 것이 사랑이라는 것을 알지만, 그것마저 어긋나기 일쑤다.

부부가 오래 살면 장단점을 다 알게 되니 일거수일투족에 시시비비를 따지지 않을 것이다. '다 아는 거짓말이라', '다 아는 장단이라'는 식으로 그냥 지나치는 경우가 허다하다. '된장과 사람은 묵을수록 좋다'는 게 이런 이유도 있는 것이다. 서로 눈치껏 알아서 하기 때문이다. 설령 좀 잘못되는 일이 있어도 무덤덤하게 넘어가기 일쑤다. 밉다고 여긴 아내도 '뚝배기는 깨졌어도 장맛은 좋다', '뚝배기 봐선 장맛이 달다'는 격으로 생각하겠다. '조강지처는 하늘도 알아준다'는데, 서로 도끼눈을 뜨고 맞설 것인가.

'정분은 한 번 죽고 한 번 살아봐야 안다'고 했다. 진정한 정, 사랑이란 오래오래 살아봐야 안다는 뜻이다. 그러니까 고운 정 미운 정 다 들어야 진짜배기 정을 안다는 뜻이겠다. '밉고 못 때려죽이는 것이 사람이라'는 생각 때문이 아니다. 힘들게 살다 보면 정에 더욱 약해지기 때문이다. '솜씨 없는 마누라가 도마 소리만 요란하게 낸다'고 하더라도, 허허하면서 넘기는 게 상수다.

'여자가 앓으면 살림이 안 되고, 남자가 앓으면 집안이 안 된다'는 말이 맞는 말이다. 부부 한쪽에 문제가 생기면 집안이 제대로 돌아갈 일이 없다.

부부는 2인3각의 게임처럼 한 몸으로 매사에 임해야 한다. '가사에는 규모가 제일이라'고 했는데, 어느 한쪽이 허물어지면 가정이 버티기 어렵다. '병들게 되면 어진 아내를 생각한다'고 하는데, 때 늦기 전에 제 도리를 충실히 해낼 일이다. 그러니 '밉네 곱네 해도 제 각시밖에 없다', '잘나도 내 서방, 못나도 내 서방'으로 맞춰 사는 게 지혜일 따름이다.

부부는 매일 봐야 하는 사이라서 갈등을 없애기 쉽고 더 키우기도 수월하다. 갈등이 한껏 커져도 누가 도움을 줄 수 있는 처지가 아니다. '가시넝쿨 산중에도 산유화는 핀다'고 하지만, 앞이 캄캄할 때가 종종 있을 것이다. 아무리 사정이 힘들어도 서로 함부로 할 수는 없다. '귓머리를 맞푼 조강지처란 함부로 다루지 못한다'는 걸 알기 때문이다. '늙어갈수록 영감이 좋다'는 걸 깨닫기 때문이겠다. 그러나 제 사람에 대한 사랑이 식으면 밖에서 또 다른 사랑을 찾는 경우가 허다하다. 사랑을 먼 데서 구해봐야 별다를 것도 없지만 당장 갈등에서 벗어나고 싶은 것이다. '먼데 단 냉이보다 가까운 데 쓴 냉이를 캐라'고 했지만, 실천이 쉬울 리 없다. 설령 '고추장 단지가 열둘이라도 서방님 비위 하나 못 맞춘다'고 하더라도 제 탓으로 돌리는 게 진정한 부부애다.

'가죽신 안 맞는 건 일 년 원수요, 여편네 잘못 얻은 건 평생 원수라'고 하지만, 서로 마찬가지다. 혼인할 때는 '마누라가 예쁘면 처갓집 기둥뿌리까지 예쁘다', '마누라가 좋으면 처갓집 뒷간 울타리도 좋다'는 정도까지 한껏 정이 넘쳤을 것이다. 이런저런 이유로 제 짝에 대한 사랑이 식어 불만이 늘 수도 있겠다. '늘그막에는 효자보다 등 긁어주는 악처가 낫다'는 건 생각하지 않고, 헤어져 살기로 결단하는 사람도 적지 않다. 이혼뿐만 아니라 졸혼이라는 것도 즐겨한다. 이런 결단은 당시엔 제법 최상의 방법으로 생각하지만 지혜로운 결단이라 생각할 수만은 없다. 인간은 어리석음이 먼저 나고 지혜가 나중에 나는 법이다. 조금 더 자유롭고, 조금 더 편한 게 대수겠는가. 홀로 외로움을 겪은 후에, 제가 어리석음을 깨닫고 서둘러 재결합을 요구하는 경우가 허다하다.

'다시 만난 부부가 더 정답다'고 했다. 어떤 이유로 헤어졌다가 아쉬워 다시 결합한 부부는 헤어지기 전보다 더 정답게 산다는 뜻이다. 그럴 것이다. 미운 정 고운 정 다 들었는데, 그게 어디 가겠는가. 사이가 한껏 안 좋은 부부는 잠시 헤어졌다가 다시 만나는 것도 좋은 방법일 수 있겠지만, 말이 그렇지 쉽기야 하겠는가. '어머니도 제 어머니, 각시도 제 각시'란 말은, 아무리 부족하다 해도 제 사람이 가장 소중하다는 뜻으로 하는 말이다. '아는 정 모르는 정 다 들었다'고 할 정도면, 그 사랑과 미움의 역사는 아주 소중한 제 역사다.

'구름 따라 용도 가고, 바람 따라 범도 간다'는 생각으로 살아왔지만, 궁색해지면 '구름 한 점 믿고 비 내리기를 기다리기'라고 스스로 희망을 줄 일 것이다. '구만 리 장천이 지척'이라고 생각했는데, '지척이 천 리'라는 생각을 할 때도 있겠다. 보고 또 보아도 보고 싶은 게 사랑인데, 떨어져 있다면 사랑이 될까. '주말 부부가 되려면 삼대가 적덕해야 한다'는 우스개 속담도 있지만, 잠시 그런 마음을 가질 수도 있다. '의가 좋으면 죽어도 한 곳으로 간다'고 했으니, 서로 간 의리를 지키기 위해 한껏 금욕하며 사는 사람도 많겠다.

3. '장가든 바에야 후생을 남겨라'

'드문 장난도 아이를 만든다', '드물어도 아이만 선다'고 했는데, 짝짓기 횟수가 드물어도 아이가 생기게 된다는 뜻이다. '젊은 년 가지밭에서 오줌만 누어도 애 밴다'고 하는데, 젊으면 아주 쉽사리 임신을 할 수 있다는 말이다. 그런데 본격적으로 함께 살면 아이가 생겨나는 것은 자연스러운 일이겠다. 요즘 부부가 애써도 아이가 들지 않는 것은 대부분 환경오염 탓이 크다. 개인의 문제보다 외부의 탓이다. 앞으로 이런 문제는 더욱 커질 것이다. 환경호르몬에다 미세플라스틱으로 인해 불임률은 높아질 것이고, 결국 인간 멸종을 염려하게 되겠다.

'자식은 부부의 꺾쇠라'는 말이 있다. 이어준다는 뜻이다. 사랑에도 때때로 다리가 필요하다. 부부간에 아주 오랫동안 최선을 다해 완성해야 할 자식이다. 자식은 평생의 애물일 수 있지만, 부부간 사랑의 이음줄인데 아주 질긴 끈이다. 어느 노랫말에 "사랑도 지겨울 때가 있지" 했다. '천만의 말씀, 만만의 콩떡'이라고 누구도 부정 못 할 것이다. 한결같은 사랑이란 건 '눈 씻고 봐도 없다'. 아무리 사랑에 빠져 있다고 하더라도 때때로 지겨움이 있는 법이다. 권태기 없는 사랑이 어디 있겠는가. 임신 육아 때 말고도 권태를 느끼는 경우는 허다하다. 그렇지만 자식을 기르면서 삶의 권태를 자의, 타의적으로 극복할 수 있다. '돈 두고는 못 웃어도 자식 두고는 웃는다'고 하지 않는가.

임신, 육아 기간을 부부 사랑의 휴면기休眠期로 생각하기 쉽다. 짝짓기가 여의치 않으니 그렇다. 이 기간 동안 남자는 임산부의 뒷바라지를 해주는데 보통 때보다 몇 배 더 사랑이 필요하다는 것은 말할 나위가 없다. 더구나 새 생명이 태어나면 아기와 산모에 대한 사랑을 한껏 쏟아야 한다. 여자는 임신과 출산에 대한 기대와 두려움에 몰려 있는데, 남자는 때로 밖으로 돌기도 하며 사랑의 허기를 메우려 한다.

자식이 후대를 잇는 일, 즉 유사영생이라는 생각이 우선일까. 아니면 평생 사랑을 이어가기 위한 것이라는 생각이 우선일까. 두 가지 혼합감정이라는 경우가 대부분일 것이다. 자기들끼리 사랑을 나누다 어쩌다 생겼다는 식으로 말하면 되겠는가. 요즈음 용기 많은 사람이 적지 않다. 사랑만

하고 자식은 포기한단다. '자식이 재산이라'는 말을 전혀 믿지 않는다.

자식을 낳는 일은 어떤 종種일지라도 가장 창조적인 일이다. '자식이 제일 큰 보배라'는 말이 있는 이유다. '집안에는 아이 울음소리가 있어야 한다'고 말하는 것은, 자식이 부모의 피를 받아 계속 이어가기 때문이다. 그것을 유사영생이라고 한다. 종교에서 말하는 영생은 한 생명이 영혼으로 영원히 사는 것을 뜻한다. 유사영생은 자신이 죽어도 피. 즉 DNA를 이어가는 것을 뜻하는 것이다.

유사영생이라는 생각은 인간의 역사가 시작된 이후로 모든 사람의 가슴속에 자리 잡았을 것이다. DNA란 용어 대신 피를 나눠 받는다는 식으로 유사영생의 원리를 굳게 믿어온 것이다. 제가 영원히 살지 못해도, 자식을 통해 삶이 오랫동안 지속하리라는 환상을 가져왔다. '나무의 보배는 열매고 사람의 보배는 자식이라'고 생각하는가. '무자식이 상팔자'라고 할 정도로 자식을 기르면서 고통을 받는데, 왜 보배라 하는가.

유교 사상에 매몰되어 살았던 시대, 이광수는 결혼의 목적을 자식을 낳는 데 두었다. 시와 소설을 합친 듯한 작품 〈사랑〉에서 남녀가 대화를 진행한 후 시로 마감하면서 그 생각을 내놓는다. "사랑 자체가 가치가 있지 않아요? 사랑의 품속에 행복의 푸른 새가 살지 않아요. 남편과 아내의 사랑 그 얼마나 행복한 것이에요?" "…저마다 저보다 더 좋은 아들딸을 낳아서 영원한 이상, 고작 높은 이상을 실현하는 것이 사랑의 목적 아닙니까? 내 일생에 못 맛보는 하늘나라 역사를 만들어 아들딸에게 넘겨 맡기고 가는 것이 우리 인생 아닙니까?…"[61]하는 부분이 그렇다.

요즘 세태에 사랑의 목적이 오로지 자식을 낳아 기르는 것에 한정시키면 꼰대 취급을 받게 될 것이다. 사랑의 목적이 사랑임은 당연하다. 동시에 아이를 낳는 것도 사랑의 범주에 포함된다. '사람 농사가 가장 귀한 농사라'고 하듯, 자식은 사랑의 농사다. '나무는 자라서 열매를 맺고, 사람은 자라서 자식을 낳는다'고 했는데, 자식은 사랑의 결실인 것이다.

　이 땅의 교육이 미친 교육이라는 말은 맞다. 유아기에 영어에 미친 듯 몰아대고, 초등학교 때 이미 의사를 만들기 위해 자식을 몰아붙인다. 그놈의 선행학습으로 다른 아이들보다 앞서겠다는 욕심으로 자식들의 행복할 권리를 허물어대고 있다. 교육이 돈 먹는 하마가 되고, 아이들이 끝없는 경쟁에 시달린다. 이런 세태를 안타깝게 여기는 부모들이 자식 농사를 포기하는 건 어쩔 수 없는 일이다.

　'금송아지도 내 집에 있어야 내 물건이라'고, 금쪽같다는 자식이나 손자가 제 곁에 있어야 마음 든든하다. '애 하나 기르자면 똥가루 서 말은 먹어야 한다', '자식 하나 키우자면 머리가 쉰다'고 하는데, 어렵게 기른 자식은 제 생애에서 가장 보람찬 일이다. 요즘 TV에서 자식을 금쪽이라고 부르던데, 사람의 값어치가 금쪽에 견줄까. '여자가 세상에 나서 미역국 맛을 모르면 세상을 헛산 것이다'는 말을 하는데, 여자를 원망하지 말고 사회가 제 역할을 해야 한다. '거지도 돈 복보다는 자식 복을 더 바란다', '늙어서 보기 좋은 건 늙은 상주라'고 하는데, 아이들이 사회나 나라의 아름다운 꽃과 열매가 되도록 가정과 사회, 나라가 최우선으로 힘써야 하겠다.

4. '무자식이 상팔자라'

　'사람에게 농사 욕심하고 자식 욕심이 제일이라'고 했는데, 당연히 농경시대에 나온 말이겠다. 하지만 자식 욕심이 한 시대에만 국한될까. '새끼 없는 인왕산 호랑이도 산다'고 했는데 말이다. '새끼 아홉 달린 소 멍에 벗을 날이 없다'고, 자식 많은 부모나 가정에는 바람 잘 날 없는 건 당연하겠다. 자식은 애물이라고 했는데, 그렇다면 왜 늙어서도 자식을 낳으려 하는가. '늙어서 낳은 아들이 영리하다'는 생각 때문이겠는가. 예전에는 아내가 낳지 못하면 첩까지 얻어 자식을 두려 했던 걸 보면, 자식 욕심은 단순한 욕심이라고 할 수만은 없겠다.

자신을 포함한 인간들의 행태를 보면, 자식을 낳아 기른다는 게 무슨 보람이 있겠느냐는 생각을 품는 게 당연하다. 키우는 맛이라면 그때뿐이지, 자식을 잘 먹이고 잘살게 하는 것이 뭔 의미가 있을까, 하고 회의적일 수 있다. '자식 둔 부모는 알 둔 새 같다'고 했는데, 노심초사하고 초조해서 마음을 못 놓는다는 뜻이다. 자식이 있는 한, 마음 편할 날이 없는 게 사실이다. 오죽하면 '자식은 애물이라'고 했겠는가.

자식을 낳는 사람도, 포기한 사람도 모두 용감하다. 수학을 포기한 사람을 "수포자"로 부른다면 자식을 포기한 사람을 두고 "자포자子抛者"로 불러야 하나. 이렇게 부르는 것이 결코 유쾌한 일은 아닐 것이다. 저 나름의 신념으로 자식을 갖지 않는 사람들은 상관이 없겠다. 그러나 자식을 갖고 싶어도 잘되지 않은 사람들에게는 큰 상처가 될 수 있기 때문이다.

이 시대 "자포자"가 늘어나는 이유는 무엇인가. '물어보나 깨물어보나' 답은 정해져 있다. '두말하면 숨 차는 소리'라거나, '두말하면 잔소리고, 세 말하면 개소리라'고 핀잔이나 듣기 안성맞춤이다. 사람마다 사연은 다르겠지만 우선은 경제 여건이고, 다음으로는 유사영생에 대한 회의감일 것이다. 평생 부부가 "혀 빠지도록" 벌어도 자식 뒷바라지를 해줄 수 없을 것이라는 생각은 요즘 세태에 보편적이다. 죽으면 그뿐이지, 제 피를 나누어 받은 자식이건 손자건 뭔 의미가 있느냐는 생각이겠다. 차라리 평생 단둘이 즐겁게 사는 것보다 보람이 덜하다는 생각 때문이겠다. 짧은 인생에 육아다, 교육이다 하다 보면 제 인생 '꿩새 울었다'는 꼴이 된다는 생각을 할 수 있다. 자식이 대학에 들어가면 다 키운 것과 마찬가지라고 하지만, '어림 칠 푼도 없는 소리라'고 하겠다.

사람의 보배는 자식이라고 했는데, 이 뜻을 모르면 인생의 희로애락을 다 이해할 수는 없다고 생각해왔다. 자식도 낳고, 손자도 봐야 인생을 가득 채워 산 것이라는 생각을 새로운 세대에게 설득할 수 있을까. '자식은 있어도 걱정이요, 없어도 걱정이라'는 생각은 어느 시대, 누구에게나 절감하는 사실이겠다. 자식 하나를 키우려면 온 동네가 필요하다고 할 정도인데, 부부 또는 어머니 혼자 키우려면 우울증에 시달릴 것은 뻔하다. '자식을 키우는데 오만 자루의 품이 든다', '자식을 키우려면 반 무당 반 의사가 돼야 한다', '자식은 어려서는 애물이고, 커서는 상전이라'고 했다.

'크면 큰 걱정 작으면 작은 걱정'이라는 생각을 확인하게 될 것이다. '산 첩첩 물 첩첩'이고, '조약돌을 피하니 수마석을 만난다'는 경험도 당연히 하겠다. '아이 하나를 키우려면 온 동네가 필요하다'는 뜻을 알게 된다. 그런 사이에 "사랑은 늘 도망가"를 되뇌겠다. 자식을 기르는 동안에 부부 사랑은 도망간 게 아니고 유보되는 것도 아니다.

사랑이 없어도 팔자가 좋을 수 있는가. 자식이 없으면 최상의 팔자라고 하는데, 과연 그럴까. '자식 두지 못한 이는 수壽를 누린다'고 했다. 자식이 없으면 우환거리가 없어 오래 산다는 말인데, 오로지 좀 더 오래 살려고 자포자가 되겠는가. '자식은 오복에 들지 않는다', '자식은 오복五福에 들지 않아도 이는 오복에 든다'는 말에 자포자가 되겠는가.

'돈 놓고는 못 웃어도 자식 놓고는 웃는다'고 했다. '갓 나서는 온 동네에서 귀여움 받고, 일곱 살에는 열두 동네에서 미움을 받는다'고 하지만, 자식이 어쨌든 자랑스럽지 않을까. 부부간의 사랑이 전이 되어 자식 사랑으로 자리를 옮기는 것이 아니다. 부부가 한 몸이라면 자식도 한 몸이다. 자식은 죽은 뒤 제 상제 노릇을 한다고 기뻐한다. 그렇다면 자식이 없는 사람은 '까마귀도 내 상제, 솔개도 내 상제' 하며 죽음을 맞아야 한다.

'두벌 자식이 더 곱다'고, 사실 부모보다 조부모가 손자를 더 애지중지

한다. 제 피를 나누어 받은 자식을 확인하고, 손자에서 재확인하니 한껏 뿌듯해지니 그렇겠다. '며느리 얻은 날 경치고, 손자 보는 날 주리 틀린다', '손자 보는 날 할멈 죽이는 날이고, 며느리 보는 날 상전 사오는 날이라'는 걸 절실히 느끼면서도 좋아한다. '손자 홍시 주워주면, 개똥 묻은 것은 제 할미 주고 안 묻은 것은 제 아비 준다', '손자를 귀여워하면 코 묻은 밥을 먹는다' '손자 귀여워하면 할아비 수염 뜯긴다', '손자를 귀여워하면 할아버지 뺨을 친다'는 모욕 아닌 모욕을 받아도 한껏 즐거워하는 경지를 이해하기 힘들 것이다. 그게 바로 유사영생을 확신하기 때문이다.

'아이 못 낳는 년 밤마다 태몽만 꾼다', '아이 못 낳는 년은 서방질을 해도 못 낳는다'고 하는데, 아이가 생기지 않는 것을 여자 쪽에 일방적으로 책임을 전가해서는 안 될 일이다. '금실이 너무 좋으면 자식이 귀하다'는 말이 있다. 오로지 제 짝에만 빠져 죽네 사네 한다면 그럴 수 있겠다. 남자의 생식 기능에 문제가 있을 수도 있다. 요즘 연구되는 결과로는 환경적 요인으로 인해 불임이 되는 것이 지배적이다. 사회나 국가가 잘 살펴 인간 보배들의 웃음이 세상을 경쾌하게 만들도록 해야겠다.

12장

'정떨어진 부부는 원수만도 못하다'

'제 사람 되면 다 고와 보인다'고 했는데, 미워 보이면 제 사람이 아니라는 말이 된다. '제 색시가 예쁘면 곰보도 보조개로 보인다'고 했는데, 곰보로 보이면 미워지게 된 것이겠다. 제 사람이면서, 제 사람으로 여겨지지 않은 것처럼 불행한 일도 없겠다. '부부는 악연이라'는 말도 있지만, 괜한 소리다. 인연이란 제가 들이는 정과 사랑에 의해 변하는 것이지, 본래 정해진 것은 없다. '보태는 정은 몰라도 더는 정은 안다'고, 오는 정이 덜하다고 느끼면 재빨리 대책을 세워야 한다. '부부싸움과 초생달은 밤마다 둥글어진다'는 격으로, 얽혀진 매듭을 푸는 언행을 거듭해 나가는 게 인생이다.

부부가 서로를 '그물에 걸린 고기요, 덫에 치인 범'으로 생각하면 안 된다. 혼인이라는 게 사랑을 지속하며 편안함을 누리기 위한 수단으로 택한 것이다. 사랑도 없이 갇힌 신세라 생각하면, '그물 속에 든 고기도 빠져나갈 구멍이 있다'는 생각으로 기회를 엿보게 될 것이다. 자유롭기를 갈망하는 생각이 '그믐 지나고 초생달 자라듯 한다'면 위기는 다가오기 마련이다. 서로서로 '굽이굽이마다 딴죽을 걸고 선불 놓는다'고 느껴지면, 일은 터지기 마련이다.

부부간은 너무 가까워서 오히려 쉽게 돌아설 수 있다. '너무 가까우면 틀리기도 쉽다'는 말이 맞다. 관계가 멀면 만날 일도 드물고, 가끔 만나면 말이나 좋게 하면 그만이다. 그러나 부부간에는 늘 붙어 있고 사소한 것까지 제 생각을 내놓으니, 매사에 부딪힐 수밖에 없다. 마음 상할 때가 한두 번이 아니니, 크게 토라질 수도 있다. '부부싸움은 개 싸움이다', '부부싸움은 개도 못 말린다', '부부싸움은 칼로 물 베기라', '남의 부부싸움은 말리지 못한다'는 말대로, 누가 말리겠다고 함부로 나서지 못할 일이다. '부부싸움은 자고 나면 얼음 풀리듯 한다'고 하지만, 사랑이 웬만큼 남아있을 때나 그렇다. '부부싸움 잦은 집 잘 되는 것 못 봤다'고, 싸움이 잦고 불만이 쌓이면 결국 끝이 보이게 된다. '곪으면 터진다'는 사실은 예외가 없다.

'원수는 밥상머리에 앉아 있다'는데, 서로 원수처럼 생각하는 부부가 함께 밥을 먹고 있는 광경을 상상해 볼 수 있겠다. '밥은 굶어도 속이 편해야 산다'는데, 도무지 옴치고 뛸 도리가 없을 것이다, '하루가 천 년 같다'고 느낄 수밖에 없다. 남편은 속으로 아내를 원망할 것이다. '하루를 잘 살려면 장사를 잘해야 하고, 일 년을 잘 살려면 농사를 잘 지어야 하고, 백 년을 잘 살려면 아내를 잘 얻어야 한다'는데, 백 년 농사 '떡 해 먹고 시루 엎었다'고 말이다. 아내도 속을 부글부글 끓이며 생각할 것이다. '남편 잘못 만나면 평생 원수다', '남편 잘못 만나면 당대 원수라'는 생각에서 벗어날 수가 없을 것이다.

'남편이 번영하면 아내도 귀하게 된다'고 했다. 경제적으로 여유가 있거나 권력깨나 있다면 웬만한 불화를 이겨낼 것이다. 만약 '관청에서 매 맞고 집구석에 와서 계집 친다', '장에 가서 매 맞고, 집에 와서 계집 친다', '장에 가서 선떡 사먹고, 집에 와서 계집 친다'는 식으로 행동한다면 정떨어지는 건 당연하다. '괴로움을 당하는 나무는 자라지 못한다'고 하지 않는가. 아내가 괴로워 마음을 펴지 못한 것처럼 불행한 일이 어디 있겠는가. '밖에 나가면 호남자요, 집에 들어오면 개자식이라'는데, 어느 아내가 정을 품겠는가.

부부 어느 한쪽이라도 건강에 문제가 있으면, 가정이 제대로 유지될 수 없다. '남편이 앓으면 집안이 망하고, 아내가 앓으면 살림이 망한다'고 했으니 말이다. '병이 도둑이라'고, 누구든 병이 들면 가정경제가 쪼그라들 수밖에 없겠다. 특히 건강이 시원찮아 짝짓기 능력이나 호응이 시원치 않다면 정이 떨어지는 건 당연지사겠다.

밖으로 나도는 제 짝을 용서하기란 쉬운 일이 아니겠다. '공든 탑이 무너지며 힘든 나무가 부러질까' 하며 공을 들이지만 배반당하는 경우가 있기 마련이다. '공든 탑도 개미구멍으로 무너진다'고 했는데, 작은 흠이 커지는 건 잠깐이다. 서로 붙어 다투면 '그 국에 그 밥'이 되니, 같이 수렁에 빠질 뿐이다. 부자라도 걱정이다. '노는 돈에는 난봉 나기가 쉽다'고 하니 말이다. '미인을 아내로 택하지 말라', '남편으로 미남을 택하지 말라'고 했다. 미녀가 바람을 타듯, 미남도 다른 여자들의 목표물이 되기 때문이다. 그러니 잘나도 고민, 못나도 걱정이다. '걱정이 열 섬이면, 근심이 스무 섬이라'더니, 부부가 온통 근심 속에 평생을 살아야 하나, 싶을 것이다.

'넘어진 말은 수레를 부수고, 악한 아내는 집안을 망친다', '간사한 아내는 온 가족의 화목을 깨뜨린다'고 하지만, 남편이 악한 경우도 마찬가지다. 남편이 속악하면 집안이 거덜나는 건 당연하다. 부부가 서로 간의 단점을 알고 사랑으로 감싸고 고쳐주지 않으면, 극단적으로 악화하기 마련이다. '백미에도 뉘가 있고, 옥에도 티가 있다'는데, 아무리 훌륭하다 소문이 난 사람도 흠이 있다. 인간의 훌륭함과 비천함, 어리석음과 지혜로움이라는 게 사실 '오십 보 백 보'다. 겸손한 사람에게는 원수가 없다. 겸손하지 않고 서로 잘났다고 뻗대는 부부는 평생을 원수가 되는 인연으로 살기 마련이다.

1. '몸이 멀어지면 마음도 멀어진다'

'서방인지 남방인지 모른다', '서방인지 이웃집 영감인지 모른다'고 할 정도가 되면 명색만 부부겠다. '서방 있는 계집은 범도 못 물어간다'는데, 있어도 전혀 울타리가 돼주지 못한다는 생각 때문이다. 부부가 너무 가까워 오히려 쉽게 내놓지 못하는 말이 있기 마련이다. '한 품에 자는 내외간 속도 서로 모른다'는 건 당연하다. 자잘한 불만을 어찌 때마다 내놓을 수 있겠는가.

'기와집이 서방이고 쌀밥이 거시기냐' 하는 속담이 있다. 기와집에서 잘 먹고 살아도 서방과 서방의 밤일 서비스가 없으면 잘 사는 게 아니라는 뜻으로 빗대는 말이다. 예전에는 '기와집에서 이밥에 고깃국을 먹고, 비단옷을 입고 산다'고 하는 게, 호의호식을 요약하는 말이었다. 아내에게 물질적인 풍요를 누리도록 하면, 제 역할을 다하는 줄 아는 남자도 적지 않다. 그러나 여자가 속에서 노골적으로 내놓지 못하는 말은 짝짓기다.

몸이 멀어진다는 것은 공간적으로 멀리 떨어져 산다는 뜻이지만, 심리적인 거리를 뜻하기도 한다. 한집에 살아도 짝짓기 서비스가 없으면, 서로 떨어져 있는 것보다 못하게 된다. '부부는 한 지붕머리에서 살아야 한다'고 하지만, 그것만으로 부족하다는 말이다. 부부 사이가 멀어지기 시작하면 마음속에 바람이 들 수밖에 없다. 밖으로 나돌며 사랑을 보충하려 하겠다. '나는 꿩 잡으려다가 잡은 꿩 놓친다', '나는 새 잡으려다가 기르는 새 잃는다'는 이치를 알지만, 차라리 제 짝이 곁에 없기를 바라는 수도 있게 된다. '날아다니는 꿩보다 잡은 새가 낫다'고 하지만, 잡아둔 새가 없느니만 못하다고 생각하니 그렇겠다.

공간적 거리가 멀다면 당연히 문제가 된다. '눈에 멀리 있으면 심장에도 멀어진다', '눈에서 멀어지면 관심도 사라진다', '눈에서 멀어지면 정도 멀어진다', '만나지 않으면 정도 멀어진다'는 속담들은 모두 공간적 거리를 두고 하는 말이다. 직업 때문에 주말부부가 되는 사람도 적지 않다. 자식 교육 때문에 떨어져 사는 수도 있다. '부부도 오래 멀리 떨어져 있으면 남 된다'고 했다. 기러기아빠라는 칭호에서 많은 사례를 알고 있을 것이다. 자식 교육 때문에 지방에서 서울로 유학을 하거나 외국으로 가는 경우, 부부가 떨어져 살 수밖에 없다. 주말부부를 넘어 기러기아빠가 되면 일이 벌어질 확률은 높아진다.

요즘 생긴 속담에, '삼대가 적덕해야 주말부부도 된다'는 말이 있다. '삼대가 적덕해야 산삼 한 뿌리 먹는다'는 말에 기발하게 올라탄 속담이다. 부부가 늘 함께 붙어살면서 상투적인 짝짓기를 하려면 보통 부담스러운 것이 아니다. 그래서 의무방어전이라고 하지 않는가. 주말에 한 번 의무방어전을 치른다면 그보다 상쾌한 일이 없다고 생각하겠다.

가까이 있어야 정도 든다고 했지만, 늘 함께 붙어 있는 것을 못 견디는 사람도 있다. 어떻게 하면 제짝에게서 한번 떨어져 자유로워질 수 있나 하고, 호시탐탐 노리는 사람이 많다. 물론 외도를 하려고 벼르는 것은 아니다. 제짝의 콧바람에서 벗어나 자유롭게 외풍을 쐬고 싶은 것이다. 그렇지만 오랫동안 서로 길들인 부부인데 어디 가겠는가. '뛰어 보았자 부처님 손바닥 안이라'고 심신이 멀리 달아나지 못한다.

'안 보면 정도 떨어진다'고 하니 아예 안 볼 수는 없겠다. 이혼이라는 건 자식 때문에, 그리고 재산 문제 때문에 쉽지 않으니 꺼릴 수밖에 없겠다. 적당한 타협안으로 졸혼이라는 걸 선택하는 사람이 적지 않다. '진밭과 악처도 써먹을 때가 있다', '진밭과 장가처는 써먹을 때가 있다'고 했는데, 용기가 보통 아니다. '금간 그릇은 못 쓰고, 틈난 부부 못 산다'고 했지만, 마음 고쳐먹는 사람의 결단이 예사롭지 않다.

'구름 끼어 안 보인다고 보름달이 어디 갈까' 하는 말이 있다. 잠시 사랑의 눈과 마음에 구름이 덮여 있어 답답했지만, 걷힐 때가 있겠다. '사랑에는 천 리도 지척이라' 했는데, 정을 끊어 보겠다는 게 결코 쉬울 수 없다. 주는 사랑이 없으면 받을 사랑도 없는 법인데, 모질어서 좋을 게 없다. 한때의 화를 참으면 두루두루 평화롭게 되는데, 성격 탓이겠다. '사람의 정이란 볼 때 다르고 안 볼 때 다르다'는 것은 분명하지만, 제 감정조절이 잘못된 탓이겠다.

2. '마주 누우면 한 몸이고, 돌아누우면 타인이라'

'안고만 자도 반 부부라'고 했다. 아주 오랫동안 부부로 살아왔는데 돌아누우면 타인이라니 심한 말이라 하겠다. 돌아누워 봤자 가까이 있는데 정이 떨어질까. 가까이 있는데 부담스러워 아예 각방을 쓰겠다는 사람도 허다하다. '칠십이 되면 방이 달라진다'는 말이 있지만, 칠십 이전에 결단을 내리는 사람들이 적지 않다.

집에서는 각방을 쓰다가 여행을 가서 부부가 한방을 쓰게 됐는데, 어색하기 짝이 없었다는 이야기를 종종 듣게 된다. 별다른 갈등도 없는데, 각방을 쓴다는 것이 낯선 습관이어서 그렇다. 외국의 경우 많은 나라 사람들이 각방을 쓴다. 짝짓기가 필요할 때 어느 한쪽의 방에 머물기는 하지만, 많은 시간을 각자의 방에서 보내기도 한다. 풍습의 차이일 뿐이지, 방을 따로 쓰는 것이 부부의 거리가 멀다고 단언해서는 안 될 일이다. 한 침대에서 마주 보고 자야 의좋은 부부라는 강박증에서 벗어나야 한다. 각자의 자유를 보장하는 배려라고 생각해야겠다.

'같은 자리에서 딴 꿈을 꾼다', '같은 잠자리에서 꿈은 다르다'고 하는데 당연하다. 꿈이란 겪었던 현실이 조각조각 기억되었다가, 자신도 모르게 무의식에서 새롭게 조립되는 것이다. 부부라도 체험이 다르기에 다른 꿈을 꿀 수밖에 없다. 꿈이라는 게 미래의 계획이라든지 상상의 세계라 할 때 얘기는 달라진다. 같이 누워있는 제 짝에 대한 불만을 삭히기도 하고, 제 추억을 재생해보는 자유를 누리기도 해야 한다. '동아 속 썩는 것은 밭 임자도 모른다'고 하듯, 부부가 서로 도울 수 없는 부분이 있기 마련이다. 걱정이 심할 때는 돌아누워 생각하는 것이 더욱 효과적일 것이다.

돌아눕는 것이 사랑을 외면한다는 뜻으로 받아들이면 당연히 심각하겠다. 하루 이틀도 아니고 오래 지속될 때 그럴 것이다. '남의 집 소경은 쓸어나 보는데, 우리 집 소경은 쓸어도 못 본다'는 속담이 재미있다. 남의 눈 먼 서방은 아내의 몸을 애무라도 하는데, 멀쩡한 제 서방은 애무조차도 하지 않는다는 뜻으로 하는 말이다. 이렇게 제 아내에게 무관심하면 타인보다 낫다고 할 것이 없겠다.

'먹기 싫은 음식은 먹어도, 보기 싫은 사람은 못 본다'는 정도가 되면, 명색만 부부라 할 것이다. '안 맞는 버선은 고쳐 신지만, 안 맞는 부부는 못 산다'고 하는데, 제게 꼭 맞는 짝이 세상에 어디 있겠는가. '싫은 임 올 때는 초저녁에 닭 울었으면 한다'는 마음이라면 정말 고통이 클 것이다. '드는 정은 없어도 나는 정은 있다'고 했다. '드는 정은 몰라도 나는 정은 안다', '드는 줄은 몰라도 나는 줄은 안다'는 말도 같다. 정은 저도 모르게 들지만, 정이 식는 건 분명히 알게 된다는 뜻이다. 저도 제 마음 모른다고 하는데, 쉽게 고쳐질 리는 없겠다.

마주 눕거나 돌아눕거나 서로 가까이 있는 것이다. '가까이 있어야 정도 든다'고 했는데, 가까이 있으면서 제 짝의 정을 차단하려 애쓰는 것은 도리가 아니겠다. '백 일 붉은 꽃 없고, 천 일 좋은 사람 없다'고 했는데, 제 짝도 마찬가지다. '바람이 배가 바라는 쪽으로만 불까' 했다. 인간이 그 정도라고 생각하고 때로는 반쯤 포기하고 위기를 넘기면 속 편할 것이다.

'고운 정은 잊어도 미운 정은 못 잊는다'는 게 사람이다. 말을 바꿔 "미운 정은 잊어도 고운 정은 못 잊는다"는 게 기본 심사라면 얼마나 좋을 것인가. 누구나 제 마음을 이렇게 돌려 행동할 수 없는 게 한계일 것이다. "마주 누우면 타인이고, 돌아누우면 한 몸이라"고 말하면서 능청을 부려보면 어떨 것인가. 마주 누워 새삼스럽게 수인사하고, 돌아누워 등을 비벼대면 어떨 것인가. '가까이 앉아야 정이 두터워진다'고 했는데, 가까이 누워 정이 얇아진다면 정공법 말고 게릴라 전술을 써야 하겠다. 그 전술이야 부부간 돌아누워서 생각해 볼 일이다. '정은 붙이기보다 떼기가 어렵다'고 하니, 떼려고 애쓰지 않는 게 좋겠다.

3. '가깝던 사람이 원수 된다'

이런저런 이유로 부부가 서로를 나무라거나 학대를 하면 틈이 벌어질 수밖에 없다. '들면 박대요, 나면 천대라'고, 오가며 몰아붙인다면 참아내기 쉽지 않다. 잘난 것도 없는 주제에 '서홉에 참견, 닷홉에 참례'하며 무시를 하면, 참을 인 자를 수백 번 써도 견뎌내기 쉽지 않겠다. '들깨가 참깨보고 짧다고 한다'는 생각에 울화가 치밀 것이다. '사랑싸움에 정 붙는다'고 했는데, 사랑싸움이 아니라서 그렇겠다. 서로 사랑할 실마리가 없어지면 '남편 잘못 만나도 평생 원수고, 아내 잘못 만나도 평생 원수라'는 지경에 이르고 만다.

부부간에 서로를 탐탁지 않게 생각하기 시작하면 끝내 원수만 못하게 된다. 바깥에 있는 원수야 안 보면 그만이지만, 항상 같이 있어야 하는데 안 볼 수도 없으니 그렇다. 부부싸움은 본래 잦을 수밖에 없다. 남이야 가끔 보니까 좋은 낯빛과 부드러운 말로 상대하면 된다. 그러나 부부는 붙어 있는 시간이 많다 보니 잘잘못, 호불호에 표정과 말이 사뭇 좋을 수가 없겠다. 남자는 '된장 신 것은 일 년 원수, 여편네 못된 것은 백 년 원수'라는 생각만 하고, 아내는 '여자 가슴에 한 묻어두는 사내치고 큰일 하는 놈 없다'고 되뇔 것이다.

한번 정이 틀어지면 매사가 어긋나게 되는 수가 많다. 가까울수록 어긋남은 심해서, '화는 쌍으로 온다', '화는 홀로 다니지 않는다'는 것을 절감하게 만든다. 마치 파도처럼 연이어 고초를 겪게 만든다. '국 쏟고 뭐 데고 귀싸대기 맞고 치마 버리고 아침밥 굶는다'는 식으로 파상공격을 해오면 인내심이 고갈될 수밖에 없다. '계집 강짜엔 오뉴월에도 서리가 내린다'고, 잘못 건드렸다고 생각하기도 전에 벼락을 맞게 될 수도 있다.

부부가 서로 정이 없이 지낼 때, '뒷집 영감, 앞집 마님 지내듯 한다'고 했다. 가까이 살기는 해도 일부러 외면하고, 서로 어려워한다는 뜻이겠다. '세상에 못할 일 못할 일 해도, 사람 싫은 것처럼 못할 일은 없다', '음식 싫은 건 개나 주지, 사람 싫은 건 죽어야 안 본다'는 생각이 들면 대책을 찾기 힘들겠다.

'괸 물도 밟으면 솟구친다'고 했다. '계집은 상 들고 문지방을 넘으며 열두 가지 생각을 한다'고 하는데, 실로 생각에 생각을 반복하게 되리라. 생각이야 분풀이할 생각뿐이겠다. '한 지어미가 원통함을 품으면 오월에 서리가 내린다', '조강지처가 앙탈을 하면 오뉴월에도 서리가 내린다', '계집의 악담은 오뉴월에도 서리 친다', '계집의 원한은 오뉴월에도 서리가 내리게 한다'고 했다. 그야말로 '원수도 한 집에 사는 수가 있다'는 꼴이겠다. '여자의 원한은 그칠 줄을 모른다'고 했는데, 임자를 만나면 걷잡을 수 없게 몰아갈 것이다. 남자야 '서리 맞은 구렁이 꼴'로 찌그러들 것은 뻔하겠다.

'여자란 찬바람이 돌면 속 빼먹은 호두 같다'는 말이 있다. 사실 누군들 안 그렇겠는가. 찬바람이 돈다는 것은 냉정하고 몰인정하다는 말인데,

누가 얻을 게 있다고 가까이하겠는가. 문제는 여자가 왜 찬바람을 일으킬까, 하는 것이다. 당연히 남자 탓이겠다. '백여우하고는 살아도 점잖은 여자하고는 못 산다'고 했지만, 백여우 같은 아내도 찬바람 돌 때가 없을 것인가. 마치 '복슬강아지가 미친개 된다'는 격으로 날뛴다면, 비는 수밖에 없다. '비는 장수 목 못 벤다'고 하지 않는가. 부부간 적어도 원수가 되지는 말일이다.

여자를 원수가 되게 하면 남자는 죽은 목숨이다. '여자 머리털 한 오라기가 남자를 붙잡아 매고 지옥에까지 끌고 간다'는 말이 참으로 무섭다. 여자가 지옥까지 끌고 갈 정도면 아주 큰 잘못을 저질렀겠다. '남자는 세 가지를 조심하랬다'고 했으니, 그 세 가지를 잘못 놀린 것에 해당하겠다. 보나마나 혀, 발, 거시기다. 특히 오입질이겠다. 오입질에 원수가 되고, 지옥까지 끌려간다고 생각하면 거시기가 자라목처럼 기어들어 서기는커녕 자취를 감추게 될 것이다.

'같이 우물 파고 혼자 먹는다'는 말이 있다. 부부가 합심하여 가정을 잘 꾸려놓았는데, 한쪽이 반칙을 하면 혼자 말아먹는 꼴이 되는 셈이다. 화목과 사랑을 같이 나누어야지, 혼자 말아먹으면 행운이 깃들기는 꿩새가 운격이다. '인연 없는 부부는 원수보다 더 하다'고 했는데, 사랑하는데 게으른 부부를 두고 하는 말일 뿐이다. 인연을 탓하기보다 사랑하는데 게을렀다는 것을 인정해야 하리라.

4. '길 터진 곳에 마소 안 들어갈까'

'울타리가 튼튼해야 동네 개가 못 들어온다'고 했다. 누구든 가까운 사람으로 제 울타리를 만들며 살게 된다. 저를 중심으로 남편과 아내, 부모와 조부모, 자식과 친구, 친척과 동료들이 다 울타리다. 그들이 제게 손해를 끼치지 않는 한, 곁에 둘 가치가 있다. 세상에 아는 사람이 있다는 것만으로도 의지가 되는 법이다.

부부간에는 서로가 가장 믿을 만한 울타리다. '한 이불 덮고 자면 서릿발 같은 원한도 녹는다'고 했는데, 이보다 더 든든한 울타리가 어디 있겠는가. '부부는 원래 같은 숲에서 사는 새와 같다'는 말처럼, 붙어살며 정을 다지는 사이다. 그런데 사이가 한번 어긋나기 시작하면 울타리가 벽으로 변한다. 사랑이 오가기는커녕 도저히 넘을 수 없는 담이 돼버린다.

'부부간에도 담은 있어야 한다'는 말은, 서로 최소한의 도리를 지켜야 한다는 뜻이지 사랑을 차단하는 벽이란 뜻이 아니다. 울타리가 넘어지기 시작하면 등 비빌 곳을 다른 데서 찾게 된다. 그동안 닫아두었던 정분의 문을 열기 시작하게 된다. '문 열고 도둑을 불러들인다'는 격이다. '계집 싫은 건 억지로 못 산다'고 하면, '내친 김에 서방질한다'고 맞장구치게 되는 것이다.

부부 사이가 틀어지는 원인 중 가장 큰 것은 혼외정사 때문이다. 제 짝의 부정을 알고 초연하게 있을 사람은 없다. 사내의 경우 난봉기가 나타나기 시작하면 걷잡을 수 없다. '난봉꾼 마음 잡아봤자 사흘이라'고 했다. 난봉꾼들이야 '돗자리와 여자는 갈아댈수록 좋다'는 생각으로 사는데, '제 버릇 개 못 준다'는 말이 틀릴 수 있겠는가. '먼데 것을 얻으려고 가까운 것을 버린다'는 속악한 행동을 저지르기 일쑤다.

'울타리가 헐어 개구멍이 생긴다'는 건 당연하다. 마음에 구멍이 생기는 것이다. 부부간 사이가 벌어지면 필연코 다른 사람이 비집고 들어오기 마련이다. 남이 알고 들어올 수도 있지만, 부부가 곁을 주게 되는 것이다. '담 허물어진 밭에 우마 안 들어갈까' 하는 말 그대로다.

'구들방아를 찧는다'고 했다. 방에서 짝짓기하는 것을 그렇게 말한다.

'구렁이가 개구리 녹이듯 한다'고 하는데, 쉽사리 해낸다는 뜻이다. 그렇지만 '너무 가까우면 틀리기도 쉽다'고 했다. 부부처럼 가까운 관계가 어디 있을까. 그러나 그 관계처럼 쉽게 틀어지는 경우도 드물 것이다. 집안의 대소사를 함께하던 부부 중 한쪽이 게을러지면 사이는 벌어지게 된다. 서로 끝까지 자존심을 포기하지 않으면 '깨어진 그릇 이 맞추기'요, '깨뜨려진 가마솥'이 될 뿐이다. '깨진 거울은 다시 비춰주지 않는다'고 하듯, 회복하기 어렵게 된다'

'신 살구도 맛 들일 탓이라'고 했는데, 성격이 원만하고 웬만큼 덕이 있는 사람들은 그럴 것이다. '부부간에는 낮에 싸우고 밤에 푼다'고 하지만, 서로 짝짓기에 거부감이 없을 때나 가능한 일이겠다. 한순간을 못 참아 '아내 두고 아내 얻는다', '홧김에 서방질 한다'는 일을 저지르게 되면 돌아오지 못할 강을 건너는 셈이 되겠다.

함께 살다가 파경에 이르면 어느 한쪽이 집을 떠나야 한다. 정이 떨어져 나갈 때는 뒤도 돌아보지 않고 떠나겠다. 그런데 살다가 보니 생각이 바뀌어 되돌아오는 것은 참으로 멋쩍다고 생각할 것이다. 가출할 때보다 훨씬 입지가 좁아지기 마련이다. '나가는 이삿짐은 밀어내고, 들어오는 이삿짐은 받아들인다', '날 문은 낮아도 들 문은 높다'고 하지 않던가. 물론 '나갔던 파리가 더 왱왱거린다'고, 되돌아와 한껏 설쳐대는 수도 있겠다. 그러나 허세나 객기일 뿐이다.

누구든 한번 정들었던 사람이나 장소를 떠난다는 게 쉬운 일은 아니다. 그러니 미적미적할 수밖에는 없다. '간다 간다 하면서 애 셋 낳고 가더라', '간다 간다 하면서 삼 년 만에 간다'는 게 당연하다. 그러면서도 일단 떠나겠다 마음먹으면 모질어진다. 그만큼 정이 질긴 것이다. 미운 정이라도 그렇다. '간다 하고 가는 임 없고, 온다 하고 오는 임 없다'는 것이다. 정이라는 게 따뜻하기도 하고 냉정해서도 그렇다.

부부간 헤어지기가 어렵다. 오랫동안 살대고 산 사이인데 어찌 그렇지 않겠는가. 오기를 품어야 마음먹은 대로 단행을 할 것이다. '강 건너간 놈 지팡이 팽개치듯 한다'는 행동이 갑자기 되겠는가. '조강지처 내치고 잘된 집구석 하나도 없다'고 했다. '살던 서방 버리고 개가할 때는 호강하자는 것이라' 했지만, 반타작이면 다행이라 하겠다, '티 없는 옥이 어디 있고, 크고 단 참외가 어디 있으랴'는 말대로, 사면 팔방이 다 좋은 사람이 없다.

'반짝 사랑
영 이별'

만나면 헤어지는 것은 필연이다. '복중에서 가장 좋은 복이 인연복이라'고 하지만, 아무리 좋은 인연복이라도 헤어지기 마련이다. 좋은 인연은 오래도록 그리움과 사랑으로 엮어진 것이겠고, 아쉬운 인연은 아주 짧게 사랑을 나누고 헤어지는 인연이겠다. 연애를 거쳐 혼인을 하고 은혼식, 금혼식, 또는 그 이상으로 오래 살다 해로동혈偕老同穴하는 경우도 있겠다. 그럴 때 아쉬울 것도, 슬플 것도 덜할 것이다.

'만나자 이별'을 하게 되는, 반짝 사랑을 하다 헤어지면 생이별이라 한다. 사랑이 한껏 타오르는데 이런저런 이유로 헤어진다면, 그 고통을 견디기는 무척 힘들 것이다. '사랑의 생이별에는 하늘이 무너지고 생초목에 불이 붙는다'는 표현이 딱 맞겠다.

반짝 사랑도 사랑이라고 우기면 사랑이다. 아니 오히려 아주 강렬한 사랑이라서 진짜배기 사랑이라고 할 수도 있겠다. '채반이 용수가 되도록 우긴다'고 했는데, 우기지 않아도 제가 사랑으로 여기면 사랑이다. 하긴 반짝 사랑에서 반짝이라는 시간이 어느 정도일까, 하는 것이 문제겠다. '하룻밤 풋사랑도 사랑은 사랑이다'고 했는데, 하룻밤 정도로 생각해야 할까. 까짓것 며칠, 몇 달이 계속되었더라도 우연히 만나 쉽사리 헤어졌으면 반짝 사랑으로 여기면 될 것이다.

　이 시대 소설 중 수준 높은 연애소설 중 하나가 이순원의 〈은비령〉이다. 나와 선혜라는 주인공이 만나 은비령으로 여행을 하고 하룻밤 사랑을 나누고 헤어진다는 이야기다. 선혜의 남편이자 나의 친구는 섬으로 낚시를 다녀오다가 배가 침몰하는 바람에 죽게 된다. 어느 날 선혜를 만나 남편이 죽은 이야기를 들었고, 얼마후 다시 우연히 만나 은비령으로 여행을 떠난다.

　밤하늘 별을 보며 인간의 인연에 대해 이야기를 나눈다. 2만5천 년이라는 주기를 두고 사람의 만남 사랑 이별이 순환된다는 것이다. 아주 로맨틱하고도 비현실적인 이야기를 나누며 하룻밤 사랑을 아주 포근하게 나눈다. 아침에 일어났을 때는 선혜가 자취 없이 사라진 것을 알게 된다. 2만5천 년 후를 기약하지만, 그야말로 반짝 사랑으로 끝나는 이야기다. 하룻밤 사랑인데, 2만5천 년 전과 현재, 그리고 2만5천 년 후를 기약하니까 무척 오래된 사랑이고 또 오래 지속할 사랑으로 여겨지게 된다. 이런 말도 안 되게 긴 시간을 몇 번 입에 올려, 로맨틱한 효과를 한껏 보게 되는 작품이다. "자리에서 일어나 옷을 갈아입은 여자가 잠든 내 입술에 입을 맞추고 나가는 소리를 들었던 것 같기도 하다. 별은 그렇게 어느 봄날 바람꽃처럼 내 곁으로 왔다가 이 세상에 없는 또 한 축을 따라 우주 속으로 고요히 흘러갔다"[62]는 문장으로 이 소설은 끝맺는다. 간결하게 만나고 깔끔하게 이별하는 모습이 소설의 격을 높여준다. 그야말로 반짝 사랑 영 이별의 모범을 보여준다.

　'척척 사랑 영 이별 된다', '급사랑이 이별 수 된다'고 하는데, 대부분 맞는 말이겠다. 사랑의 속도가 빠르게 진척되고 또 오래 가기를 원하지만, 욕심대로 될 리가 없다. '빠르면 빠른 값 있다'고 장단점이 있다. 갑자기 얻는 이익도 있지만, 오히려 손해를 보는 때도 있다. '빨리 다는 화로가 빨리 식는다', '빠른 걸음에 넘어지기 쉽다'고 하는 것처럼, 사달이 생기기 쉽다. '급할 놈은 뱃속에서부터 안다'고 하는데, 그런 사람은 사랑에도 황급하게 달려들겠다. '급히 서둘러 좋을 것은 싸움터에서 달아나는 것과 벼룩 잡는 것이라'고 한 것처럼, 사랑은 서둘러서 좋을 것은 아니겠다.

반짝 사랑이라고 해서 '너른 마당에 번개 치듯, 좁은 마당 벼락 치듯' 하고 마는 사랑은 아니다. 순간적으로 눈이 맞아 짝짓기 한번 하고 헤어지는 것을 두고도 사랑이라고 할 수는 있겠다. 오로지 짝짓기만을 하고 아쉬울 것도 없이 돌아서는 걸 두고 사랑이라 하면 멋쩍기는 할 것이다. 애로 배우나 섹스 중독에 걸린 사람들이 토크 쇼에 출연해서 자신의 애정관을 말하는 경우가 있다. 저 나름으로 사랑이라고 하지만, 직업이 아니라면 편협한 열정을 변명하는 것에 지나지 않는다.

사랑이란 게 모두 기승전결 식으로 질서 있게 이루어질까. '머리 꼬리도 없다'는 듯, 불쑥 나왔다 사라지는 사랑도 있는 법이다. '번갯불에 꿩 구워먹겠다'고 할 정도로 잠깐 주고받는 일을 사랑이라 할 수 있을까. 왜 아니겠는가, 할 것이다. '파리똥도 똥이라'고 우겨대듯, 반짝 사랑도 사랑이라고 우겨대면 사랑이다. 노력도 기대도 없이 갑자기 찾아온 사랑은 분명 행운이라 할 수 있겠다. 천성이 게으르면 사랑도, 반짝 사랑 몇 번 또는 몇십 번으로 제 평생이 채워지길 바라는 사람도 있겠다.

'번갯불에 바늘귀 꿰듯'하는 애정이 누구에게나 가능한 일이다. '번개 거시기에도 정이 솟고, 도둑 거시기에도 정이 큰다'는데, 평생에 숱한 번개 사랑을 경험할 수도 있을 것이다. 아주 짧게 끝나는 사랑을 반짝 사랑, 번개 사랑, 깜짝 사랑, 갑작 사랑이라고 부를 수 있겠다. 평생토록 두 사람이 이어가는 사랑을 파뿌리 사랑이라 하면 좋겠다. 반짝 사랑으로 아주 다양하고 강렬한 사랑을 경험할 수 있는 데 비해, 파뿌리 사랑은 아주 은근하고 끈질긴 사랑을 겪게 되겠다. 취향에 따라 번개 사랑, 반짝 사랑을 선호하는 사람도 적지 않겠다. 모험심이 있는 사람이 반짝 사랑을 즐길 것이다.

'검은 머리 파뿌리 되도록' 이어지는 사랑이 얼마나 많을까. 아마도 반짝 사랑으로 끝나는 것에 비하면 '아홉 마리 소에 털 하나' 정도일 것이다. 숱하게 많은 반짝 사랑과 파뿌리 사랑으로 한 사람의 평생이 이어질 것이다. 반짝 사랑은 의도적으로 할 수도 있지만, 파뿌리 사랑이 사고로 인해서 반짝 사랑이 될 때가 많다. 제 짝 중에 한 사람이 죽거나 이혼을 하게 되면 의도하지 않은 반짝 사랑이 되는 것이다. '여자 젊어 상부는 고생이고 늙어 상부는 복이지만, 남자 젊어 상처는 복이고 늙어 상처는 고생이라'는 경우가 그렇겠다. 제 짝이 죽었는데 복이니 고생이니 따지는 건 정말 심술궂다. 이별은 이별 자체로 슬퍼할 일인데, 제 이익 여부를 따진다는 것은 무정함의 극치다.

당사자들의 사랑이 식어서 헤어지는 경우가 있지만, 사정이나 상황 때문에 어쩔 수 없이 헤어지는 수도 있다. 사랑이 식어서 헤어지는 경우야 서로 탓하면 되겠지만, 피치 못할 사정에 의한 이별은 애절함 애통함이 예사롭지 않을 것이다.

'내가 간들 아주 가며, 아주 간들 잊을쏘냐'고 작별인사를 한다지만, 돌아올 기약 없다. 몸이 떠나갔는데 안 잊는 게 뭔 의미가 있겠는가. '하룻밤을 자도 아내는 아내다', '하룻밤을 자도 연분이다', '하룻밤을 자도 임은 임이라'고 하는데, '꿈속에서 떡 맛본 듯' 아쉬운 마음뿐일 것이다. 강렬하면서 애틋한 추억이 새로운 사랑에 대한 자산이 될 수도 있겠다. '하룻밤 인연에도 죽을 때까지 기왓집을 지었다 헐었다 한다', '하룻밤 풋사랑도 사랑은 사랑이라'니, 제 허술한 인생의 한 부분을 채워준 소중한 기억인 것은 분명하다.

1. '죽은 이별보다 생이별이 더 서럽다'

'죽어 영이별은 참고 살아도, 살아 생이별은 산천초목이 불 붙는다'는 말로, 여러 가지 정황을 연상할 수 있을 것이다. 정이 들 대로 들었는데, 느닷없이 헤어지는 사연이야 숱하게 많고 다양하겠다. 전쟁, 이혼, 실연 따위로 떨어지거나 갈라서게 되면 고통이야 말할 수 없을 만큼 클 것이다. 가슴에 열불이 나서 미칠 지경에 이를 것이 당연하다. '살아 생이별은 구름에 든 달과 같다'고 하는데, 너무도 약한 비유처럼 여겨진다. '가슴에 못을 박는다'는 아픔을 참아내며 제정신을 찾기란 부지하세월일 것이다. '좋았던 후유증 한평생 간다'고 했는데, 당연한 말이다.

'세월이 약이라'고 하지만, 기억으로 되새겨지는 뼈저린 아픔이 세월이라는 처방으로 쉽게 듣지 않는다. 삭히고 삭히려 해도 가슴에 못이 너무 깊게 박혀 빼낼 수가 없어 한껏 지칠 뿐이겠다. 가슴 답답 애 답답은 노래로 푼다고 했지만, 리듬을 탈 기분이 들지 않을 것이다. 시인이나 가수는 풀어낼 수 있으니 그나마 조금은 위안이 되겠다.

한 시인의 시 〈이별노래〉는, "떠나는 그대 / 조금만 더 늦게 떠나준다면 / 그대 떠난 뒤에도 내 그대를 / 사랑하기에 아직 늦지 않으리"[63] 했다. 떠나는 그대보다 먼저 떠나가서 그대 뒷모습에 깔리는 노을이 되겠다든지, 노래하는 별이 되겠단다. 참으로 가슴 아린 노랫말이다. 헤어지더라도 끝내 임 곁에 있고 싶다는 심정을 하소연하고 있다.

'생이별엔 날풀도 불붙는다'고 했다. 생이별을 하게 되면 아주 극심한 고통에 시달리게 된다는 뜻이다. '생이별은 오뉴월 서리라'고도 했다. '정떨어지면 남이라'고 했지만, 어찌 금방 남이 되며 찰떡 같은 정이 갑자기 차가운 돌덩이가 되겠는가.

이별의 이유도 참으로 여러 가지일 것이다. 서로 사랑이 식어 헤어지면 갈라선다고 하겠다. 한쪽이 죽었을 때는 사별이겠고, 둘의 뜻이 아닌 외부의 작용에 불가항력일 경우 생이별이라 하겠다. 갈라선 짝이야 사랑싸움에 익숙해졌을 테니까 아픔이 극심하지는 않겠다. 사별은 죽은 사람이니 도리가 없다고 포기할 것이다. 생이별은 서로 간절히 원하는데 남들이 강제로 갈라놨으니, 미치고 환장할 노릇이겠다. 그래서 생이별의 아픔이 제일 크다는 것이겠다.

이별에도 격조가 있을까? 숙녀 신사답게, 아주 점잖고 깔끔하게 말이다. 김소월의 〈진달래꽃〉이라는 시처럼 진달래꽃을 가는 길에 뿌려주며, "가시는 걸음걸음 / 놓인 그 꽃을 / 사뿐히 즈려 밟고 가시옵소서" 할 수 있을까. 위선일까. 차라리 "내일이면 잊으리 꼭 잊으리, 립스틱 짙게 바르고 / 사랑이란 길지가 않더라, 영원하지도 않더라" 하며 오기를 품지만 이내 냉정을 되찾을 수도 있을 것인가. 시와 발라드 차이인가. 격조 높은 시와 통속적인 발라드라서 그런가. 이별하는 마당에 격조라는 게 다 헛것이라고 하겠는가.

사랑과 이별은 어차피 통속적이다. '사람이 함독해지면 못할 일이 없다'니까, 헤어지며 한차례 폭풍이 일겠다. 감정이 격하게 고양되거나 침체할 수밖에 없기 때문이다. 악다구니를 쓰며 상대를 공격하는 건 현실이고, 시나 노래에서는 정제시켜 표현할 뿐이겠다. '여자 울리고 가는 놈, 얼마 못 가서 발 병신 된다'는 속담은 우리 민요 〈아리랑〉의 가사 같다. '계집이란 한 번 치마끈 끊고 가면 두 번 다시 돌아보지 않는다'고 하니 후유증이 한껏 크겠다. 어느 시인은 〈이별한 자가 아는 진실〉이라는 시에서, "네 생각 없이 아무 일도 할 수 없었다 // 너는 어디에나 있었다 해질녘 풍경과 비와 눈보라, / 바라보는 곳곳마다 귀신처럼 일렁거렸다 / 온몸 휘감던 칡넝쿨의 사랑 / 그래, 널 여태 집착한 거야"[64]했다. 칡넝쿨, 으름 다래넝쿨처럼 제 짝을 칭칭 감고 도는 것이 사랑이겠다. 이별이란 감겼던 것을 풀어내는 일이겠다. 이별이 훨씬 더 어려운 일이다. 이별도 정성이 들어야 하고 끈기 또한 예사롭지 않아야 한다.

팝송 〈The End of the World〉의 노래 가사와 같은 처지가 될 것이다. 애인으로부터 이별을 통보받았을 때, 바로 이 세상의 종말이 온 기분을 애달프게 표현한 노래다. 세상 종말이 왔는데, 똑같이 돌아가고 있는 세상이 비정상적이라는 생각이다. "왜 내 가슴이 아직 뛰고 있나요 / 왜 내 눈은 울고 있나요 / 세상이 끝났다는 걸 그들은 모르는가요 / 당신이 안녕이라고 말할 때 세상은 끝났어요" 한다. 사랑이 얼마나 지독했으면 제 사랑의 끝이 세상의 종말이라 생각할까. 두말할 것도 없이 찰떡보다 더 차진 사랑이었을 것이겠다.

헤밍웨이의 장편소설 《무기여 잘 있거라》는 짧은 사랑 이야기다. 배경이 제1차 세계대전 기간이다. 미국인으로 이탈리아 전쟁에 참전한 헨리 중위와 간호원인 캐더린은 군병원에서 순식간에 사랑에 빠지고 임신도 한다. "당신이 원하는 말만 하고, 당신이 원하는 짓만 하겠어요", "이제 나라는 건 없어요. 당신이 원하는 나뿐이예요"와 같은 말을 하며 끊임없이 사랑을 확인하고 확인받는 캐더린이다. 병원에서 잠시 사랑을 하고 헨리가 전선에서 부상을 입고 돌아왔을 때 잠시 사랑을 한다. 회복 후 전선에 다시 투입되었다가 후퇴하며 다시 극적인 재회를 하나, 영문 모를 이유로 헨리가 체포당할 위기에 처하자 캐더린과 보트를 타고 호수를 통해 스위스로 탈출한다.

스위스 병원에서 캐더린은 아이를 낳게 되지만, 아이도 죽고 캐더린도 죽는다. "비가 무서운 까닭은 가끔, 빗속에서 죽어 있는 내가 보이기 때문이에요"라고 자기 죽음에 강박적 생각을 갖던 대로 캐더린이 죽을 때 비가 내린다. "난 무섭지 않아요. 단지 죽는 게 싫어요" "난 조금도 무섭지 않아요. 단지 이건 비열한 장난이에요" 하는 말들을 남기면서 죽는다. 캐더린이 아기를 낳기 위해 고통을 당할 때, 헨리는 "내 귀엽고 불쌍한 캣, 이것이 둘이서 잔 대가란 말인가. 이것이 그 함정의 결말이란 말인가. 이것이 인간이 서로 사랑한 결과란 말인가'[65] 하고 스스로 문책한다. "사람이 너무 지나친 용기를 가지고 이 세상을 대하면, 세상은 그런 사람을 때려 부수기 위해 죽여 버리려 하고 실지로 죽여 버리는 것이다. 이 세상은 그러한 모든 인간을 때려 부수고 만다"[66]고 헨리 중위는 생각해 왔는데, 헨리나 캐더린이 지나친 용기를 가지고 살았던가, 할 것이다. 어쨌든 세상은 그들을 죽이고 불행을 안겨주었다. 반짝 사랑만 맛보게 해서 더욱 절통하다.

'정들자 이별이라'고 한다. 반짝 사랑은 정말 강렬할 수밖에 없다. 인생도 잠깐 살다가 간다고 하는데, 그 속에서 아주아주 짧은 사랑을 하고 끝내니 얼마나 애통한 것인가. 진짜배기 사랑은 극과 극에서 시작하고 끝난다. '사랑은 중간이 없다'는 말에 그런 뜻도 포함되어 있겠다. 천국에서 사랑하고, 끝내는 곳은 지옥이다.

차라리 정이 떨어진 후에 이별한다면 고통이 덜할 것이다. 고통은커녕 앓던 이가 빠진 것처럼 시원하겠다. 한껏 정들어 있는 상태에서 이별하는 것이기에 오로지 고통이다. 이별할 것을 알고 사랑했다면 그저 좋은 추억이겠지만, 운명 모를 반짝 사랑은 처절한 고통만 남는다.

2. '나간 며느리 다시 안 데려온다'

반짝 사랑, 영 이별이란 말은, 아주 짧은 시간 동안 사랑하다 영영 보지 못하게 된다는 뜻이지만, 인생 전체를 의미하는 말이기도 하다. '인생은 가을 나비라'는 말처럼, 잠깐 살다가 죽는다. 살아있는 동안 잠깐 사랑하다, 죽으면 영영 이별이라는 뜻도 된다. 남녀가 갑자기 만나 잠깐 사랑하다 헤어지는 것도, 부부가 한평생 살다가 이혼하는 것도 반짝 사랑, 영 이별이다.

이혼에 대한 속담이 없다는 것은, 옛날 우리 사회가 이혼에 대해 얼마나 강력한 압력을 가했는지 추측하게 된다. 물론 이혼이라는 어휘를 근대 이전에 일반적으로 사용하지 않았기 때문이겠다. 근대까지만 해도 한 번 인연을 맺으면 해로동혈이고, 사별하면 여자는 수절해야 한다는 의무감에 살았다. 이혼이 쉬워진 것은 20세기 중반을 훨씬 지나서겠다. 쉽다고는 하지만, 아직도 이런저런 이유로 아주 쉬운 것은 아니다.

이혼이라는 말 대신 "나갔다"는 어휘로 대신했다. '나간 며느리 다시 안 데려온다'는 식이다. 지금처럼 갈등이 생기면 합의이혼을 하지 않고, 시집에서 나가겠다고 선언을 하거나, 도망을 했다. 나가서 돌아오지 않으면, 그것이 곧 이혼이었다. 그러면서도 언젠가는 돌아오기를 기다렸으니, 어쩌다 일어나는 이혼 아닌 이혼이었다. '나간 며느리 흉보듯 한다'고 하면서도, '나간 며느리가 효부였다'고 안타까워했다. '나갔던 며느리 전어 굽는 냄새 맡고 돌아온다'고 하여, 이혼 효력이 상실되기도 했다. 심지어 '나갔던 며느리 효도한다'고 하여, 이혼은 없던 일이 돼버린다. 자존심 때문에 '나간 며느리 다시 안 데려온다'고 하지만, 은근히 되돌아오기를 기다리는 것이다.

말이 그렇지 백년해로라는 것이 쉬운 일이겠는가. 오로지 한 사람만 믿고 의지해 한평생을 보낼 수 있는 인내심이 있겠느냐는 말이다. 세상은 급속히 변하는데, 그 속에서 둘이 변함없이 살아내는 게 쉽지 않은 것은 틀림없다. "결혼생활은 광범위한 사회적 정치적 경제적 문화적 과정이며, 결혼생활이 변함없는 상태로 남아있기를 기대하는 것, 그리고 지난 수백 년 동안 사회적 구조, 경제적 관계, 인구통계학적 형태, 그리고 문화적 형상들이 엄청난 변화를 겪는 동안 일관된 사회적 의미를 지니고 있기를 기대하는 것은 부질없는 일"[67]이라고 주장하는 사람도 있다. 요즘 세태처럼 흔한 이혼은 필연적일 수밖에 없다는 생각이겠다.

'재취로 시집가면 귀염 받는다'는 말도 알고 보면, 수절은 부질없는 짓이니까 다시 혼인하라고 권하는 것이다. 이혼이 두려워 비슷한 형태를 택한 것이 별거, 졸혼이라는 것이다. 큰 변화를 앞둔 과도기적 현상이겠다. 큰 변화란 가정해체에 해당하는 중혼, 다처다부제를 말한다.

혼인해서 부부가 평생 끝까지 산다는 것을 일종의 죄악으로 생각하는 경우가 있다. 조나단 위프트의 《걸리버 여행기》를 보면 다음과 같은 글이 있다. "'스트룰드브루그(불멸의 인간)'들이 자기들끼리 결혼한 경우, 부부 중에 나이가 어린 쪽이 80세가 되면 그 결혼은 해소된다. 물론 이것은 왕국의 친절한 배려에 따른 것이다. 왜냐하면 자기 잘못이 하나도 없는데도 이 세상에 영원히 살아야 한다고 단죄된 사람들이 아내라는 짐을 지고 두 배로 비참하게 살도록 해서는 안 된다고 법률이 그들의 합리적인 특권을 규정했기 때문"[68]이라는 부분이다. 영원히 사는 불멸의 인간이라도 80세면 짝을 바꿔 자유롭게 해줘야 한다는 생각이었다.

소설에서는 이런 생각의 표현이 흔하디흔하다. "지금으로부터 10년 전 첫 번째 부인과 이혼했을 때 다른 사람들이 결혼기념일을 축하하듯 이혼을 환희의 분위기 속에서 치러냈던 그였다. 그때 그는 자기는 어떤 여자든 간에 한 여자와는 살 수 없고 오로지 독신일 경우에만 자기 자신답다는 것을 깨달았다"[69]는 것이 그렇다. 한 남자, 한 여자와 사는 게 구속이라고 생각하고, 그것에서 벗어나는 게 작은 축제라고 깨닫는 사람 적지 않을 것이다. '속에 감춘 정도 풀릴 날이 있다'고, 정을 담은 말은 할 수 있어도, 어떻게 이혼 말이 쉽게 나오겠는가. '속에 말을 담고 있으면 혓바늘이 선다'고 하더라도, 이혼 말은 내뱉지 못하는 사람이 대부분일 것이다.

'집 나갈 년이 보리방아 찧어놓고 가라', '나가는 년이 물 길어놓고 갈까', '나가는 년이 쌀 씻어놓고 나가랴', '나가는 년이 세간 사랴'고 했다. 정을 끊어야 나갈 수 있으니까, 집안사람이나 집 살림에 조금이라도 애착을 가지면 안 될 것이다. '나가는 며느리 말 대답하듯 한다'고, 일부러라도 한 껏 냉정해야 분위기에 맞는다.

옛날의 이혼은 주로 시집의 가족들 전부와 헤어짐을 뜻했다. 그것도 일방적으로 가출을 단행함으로 성립이 되는 것이었다. 시집의 대가족 속에 자식을 남겨두어도 크게 걱정하지 않아도 되었다. 이제는 합의이혼도 숙려기간을 보내야 하고, 자식의 양육을 맡고 양육비를 책임져야 한다. 소가족제도 속에서 대부분 남자가 집을 떠나게 되니, '집 나가면 생고생이라'는 말을 절감하게 된다. 다른 연인이 반겨 맞아준다 해도, 제 정을 어찌 몽땅 쏟아줄 수 있도록 정서가 안정되겠는가.

3. '죽어 이별은 문 앞마다 한다'

'죽어 영영 이별은 칼로 끊은 실 같다'고 했다. '죽은 정은 멀어진다', '죽은 정이 하루에 천 리 달아난다'고도 했다. 죽었는데도 정을 끊지 못하면 어떻게 될까. 죽은 사람은 말이 없는데, 산 사람만 슬픔에 잠겨 몸이 한껏 축날 것이다. '산 사람은 살아가기 마련이라'고 하지만, 그 삶이라는 게 오죽하겠는가. '살아있는 사람은 살아있는 편에 붙는다'고 하지만, 한동안은 죽은 사람 편에 붙어살 수밖에 없겠다. 슬픔이 웬만큼 진정돼야 일상을 찾을 것이다.

자연수명까지 다 살아도 서러운 것인데, 중도에 하차한다는 것은 정말 슬픈 일이다. '인생은 다만 백 년이라'고 했듯이 짧고도 짧다. '익은 감도 떨어지고 생감도 떨어진다', '땡감도 떨어지고 물렁감도 떨어진다'고 했다. '죽음에는 노소가 없다'는 말에는 다른 설명이 필요 없겠다.

'이 문 저 문 다 닫아도 저승문은 못 닫는다'고 했다. 아무리 정이 들고 사랑하던 사람이라도 앞에 열린 저승문을 닫아줄 수는 없는 일이다. '변소 길과 저승길은 대로 못 간다'고 하잖는가. '이 방 저 방 다 좋아도 내 서방이 제일 좋고, 이 집 저 집 다 좋아도 내 계집이 제일 좋다'고 노래를 하던 부부라도 저승길은 어쩔 수 없다. '이 복 저 복 해도 죽는 복을 잘 타고나야 한다'지만, 죽으면 그만이라고 생각할 것이다. '이승과 저승이 피딱지 한 장 차이라', '이승 문밖이 저승이라'는 생각은 누구나 다 하겠다. 충분한 삶을 즐겼다고 생각되지 않는데, 바로 죽음이라 생각하니 어찌 애석하지 않으랴.

'정든 임 이별은 하늘이 왼편으로 일곱 번 뱅뱅 돌고, 부모님 이별은 눈물만 세 방울 떨어진다', '남편이 죽으면 하늘의 별이 보이지만, 자식이 죽으면 하늘의 별이 안 보인다'고 했다. 가족의 죽음도 이렇게 차별이 생긴다. 소중하기 짝이 없는 것이 남편임이 당연하고 자식은 집안의 보배니까 한껏 슬프겠지만, 부모는 '한 치 건너 두 치'고 어차피 앞서가실 분들이니 슬픔이 덜하겠다. '서방이 죽으면 청산에 묻고, 자식이 죽으면 가슴에 묻는다'는 말도 있지만, 자식이야 제 뼈와 살을 받았으니 당연히 제 살점 베어내는 아픔이겠다. 그 슬픔에는 못 미치지만, 어엿한 짝인데 어찌 슬픔이 작을 것인가.

'남자는 장가 가는 날과 아내 묻는 날 웃는다', '사내는 장가가는 날과 아내 죽는 날 웃는다'고 했는데, 이젠 되지도 않을 소리다. 평균수명이 여자가 훨씬 길기 때문이다. 그래서 '여자는 남편이 죽으면 부엌에 가서 웃는다'는 말이 있는 것이다. 사별의 고통이 너무 크다면, 더이상 사람을 만날 의욕이 없어질 것이다. 늙은 사별도 마찬가지겠다. '이별이 사별이다'는 말이 있다. 이별한 후에 죽을 때까지 사람을 만나지 못하게 되었다는 뜻이다. 짝을 잃은 후, 혼자서 사는 게 차라리 낫다는 사람이 있겠다. 반면에 제 한평생을 꽉 채워, 누군가와 더불어 꼭 짝을 맞춰 살아야겠다는 사람도 있을 것이다.

이별도 사별이냐, 생이별이냐에 따라 맺히는 한은 다르겠다. 혼전 이별이냐 부부간 이별이냐에 따라 다르겠다. 부부 중 한쪽이 죽었을 때 살아남은 사람에게 이득이 무엇인지 따지는 말들은 참으로 심술궂다. '젊어 상부는 고생이고, 젊어 상처는 복이다', '젊어 상처는 아내 묻는 날 뒷간에 가서 혼자 웃는다', '남자가 젊어서 상처하면 남모르게 두 번 웃는다', '이십 상처는 돌아서서 웃는다', '이십 상처는 숨어서 웃는다', '이십 전 상처는 복처고, 사십 후 상처는 망처다', '중년 상처는 망처라', '중년 홀아비는 허리가 휜다', '중년 상처에 대들보가 휜다', '중년 상처는 악담에 들었다', '오십 상처는 망처라', '육십이 지나 아내가 죽으면 남자는 고아가 된다', '육십이 지나 남편이 죽으면 여자는 팔자가 펴진다'는 속담들이 그렇다. 모두 과장되고 농으로 하는 말이다. 정들고 혼인을 하고 자식을 낳는 과정에서 얼마나 많은 정성을 들였는데, 그것을 쉽게 배반하려 들겠는가.

비슷비슷한 뜻을 가진 말이 많은 걸 보니 대부분 사람이 그렇게 생각한다는 것일까. 아내가 죽었는데 웃는다는 것은 악덕이다. 한 번 더 새 여자와 즐길 수 있다는 속셈인데, 속악한 생각일시 분명하다. 이런 말들을 요약하는 속담이 있다. '남자 젊어 상처는 복이고 늙어 상처는 고생이며, 여자의 젊어 상부는 고생이고 늙어 상부는 복이라'는 것이다. 남녀가 젊고 늙음에 따라 복불복이 확실히 다르다는 것을 알게 된다. 남자는 새 여자에 대한 기대감으로, 여자는 남편 뒷수발에 고생하지 않아도 된다는 생각으로 하는 말이겠다. '서방 죽은 것은 돌담 허물어진 것이고, 시아버지 세상 뜬 것은 짚담 넘어간 것이라'고 할 정도로 죽음이 주는 충격이 다르지만, 세상 모든 죽음에서 자식 앞세우는 것 빼고는 제 짝 죽는 것이 제일 아픈 일은 틀림없겠다.

'상처가 악처', '상처가 망처'라고 했다. 이런 생각이라면 '상처하면 뒷간에 가 웃는다', '상처한 남자는 남모르게 두 번 웃는다', '사내는 세 번 아내 죽기를 바란다'는 생각을 하지 않을 것이다. 제 처지가 '꿩 떨어진 매', '꿩도 매도 다 놓쳤다'는 꼴이 되는데, 누가 즐겁게 웃겠는가. 옛말이기는 해도 '상처한 자리 중매는 상처한 부인의 관이 집에서 나가기 전에 들어와야 좋다'는 속담이, 아마도 가장 잔혹할 것이다. 아무리 '정든 아내도 죽을 때는 정을 떼고 간다'고 했더라도, 제 정까지 금방 떼어버리면 도리가 아니다.

'정이 질긴 사람은 삼년상을 물려도 못 떠난다'고 했다. 왜 아니겠는가. 한평생을 정붙이고 살아왔는데, 삼 년이란 세월에 정이 어디로 사라지겠는가. '사내는 아내 무릎 베고 죽어야 팔자가 좋다'고 했다. 누가 먼저 죽는 것이 좋을까에 대한 생각은 부부가 조금씩 다르겠다. 늙어 죽을 때가 되면 제 이익보다 상대방에 대한 배려가 우선이다. 죽는 사람보다 남는 사람을 더 걱정하게 되는 것이다.

'늙어 홀아비가 돼봐야 아내의 공도 알게 된다'고 했는데, 꼭 아내가 죽어야 공을 알게 된다면 무척 둔감하고 매정한 것이다. 홀로 남으면 한껏 외로워진다는 것을 생각하고, 건강을 유지하도록 충고를 하고, 보신도 하도록 부지런히 애써야 한다. '좋아도 내 낭군이요, 나빠도 내 낭군이라'고 생각하며, '좋아도 한평생, 나빠도 한평생'을 다한 제 짝에 대한 도리를 오래오래 기억해야 한다. 살아생전 '정이 찰떡 같다'는 말을 듣지 못했어도 잔정을 오래오래 간직할 일이다.

이런 말들은 여자가 일찍 죽었을 때나 하는 말인데, 이제는 거의 소용없게 되었다. 대부분 남자가 먼저 죽기 때문이다. 남자들이 세태가 이렇게 변할 줄은 몰랐겠다. 지금부터는 이제까지 남자들이 하던 말에 대응하는 속담들이 쏟아질 것이다. 부부 중 누가 먼저 죽든, '너는 죽어 맷돌 위짝이 되고, 나는 죽어 맷돌 밑짝이 되리라'는 말이나 중얼거릴 일이다.

'홀아비 사정은
과부가 알아준다'

　'마음이 슬프면 과부 된다'는 말은 터무니없다. 홀어미, 홀아비가 돼서 마음이 슬프다고 해야 하리라. 마음을 즐겁게 유지하는 습관을 들이라는 뜻으로 하는 말이겠다. '서른 과부는 넘겨도 마흔 과부는 못 넘긴다'고 했다. 남자를 충분히 경험한 홀어미는, 덜 경험한 홀어미보다 홀로 견디기가 어렵다는 뜻으로 하는 말이다. 오죽하면 '서방 그리운 과부가 기둥 안고 매암돈다'고 하겠는가. 그러니 '서방 만난 초년 과부 뒷물할 새 없다'고 하는 것이다.
　'남의 집 과부 아이 밴 데 미역 걱정한다'면 정이 많은 사람이다. 여자라면 착한 것이고, 남자라면 주책바가지라 할 것이다. 그보다 의심을 먼저 하겠다. 혹시 뱃속에 든 아이의 아버지가 아닐까, 하겠다. 홀어미가 있는 곳에 남자들이 찾아드는 것은 지극히 정상적인 일이라 하겠다. '꽃 없는 나비요, 물 없는 기러기라'고 하는데, 찾는 사람이 있어야 세상 사는 재미라 할 것이다. 그렇다고 무조건 찾아가겠는가. '꿀 있는 꽃이라야 벌 나비도 찾아간다'고 하듯, 남자들도 뭔가 유혹하는 게 있어야 가겠다. 홀어미가 홀아비만 택하겠는가. '꿩 대신 닭도 쓴다'고 제 짝이 있는 사람도 마다할 처지가 아닐 것이다. 그래서 때때로 일이 벌어진다.

홀아비, 홀어미가 평생토록 '끈 떨어진 조롱박 신세'로 살아갈 수는 없다. 재혼을 하든, 애인을 두든 외로움을 벗어나야 할 일이다. '허울 좋은 과부가 밤마다 마을 다닌다'고 하며 비난을 퍼붓지만, 기본 욕망인데 어쩔 것인가. 개개인의 욕망을 풀어내야 사회 분위기도 좋아질 것이다. 홀아비 홀어미가 넘쳐나고, 총각 처녀가 숱하게 많은데 자유롭고 명랑한 사회라고 할 수는 없을 것이다.

'금 없는 곳에서는 구리가 보배라'고 했다. 금쪽같은 첫 번째 배필을 잃고 새로 짝을 만나면, 구리조각으로 생각되어도 다행이라 여길 일이다. 아니 첫 번째 짝보다 더 훌륭한 사람을 만날 수도 있다. '금으로 꾸민 말안장을 얹어놓아도 당나귀는 역시 당나귀라'고, 매번 제 짝을 평가절하해야 좋을 것도 없다. '봉을 닭으로 안다'기보다, '닭을 봉으로 안다'는 식으로 제 생각을 바꾸는 게 낫겠다.

'굶어 본 놈이라야 남의 고생스러운 사정도 안다'고 했다. 어려움을 당해봐야 역지사지易地思之할 공감 능력도 생기고, 정도 나눌 수 있는 여유도 생긴다. 짝을 잃고 홀로 산다는 게 얼마나 고통스럽고 불편한 일인지 왜 알 수 없겠는가. 홀아비 홀어미 처지를 안타깝게 여겨 말 부조라도 잘하는 것이 인간의 도리다. '남편이 없으면 쥐새끼까지 업수히 여기고 지랄을 더 한다'고 하니, 사람이야 말할 것도 없겠다.

아주 늙지 않은 홀아비 홀어미에게 제일 필요한 게 짝짓기 상대일 것이다. 육허기를 해결하는 것이야말로 의식주 문제만큼 절실하겠다. '기갈 든 놈은 돌담조차 부순다'고 했다. 본능을 만족하기 위해서는 무슨 일이나 한다는 뜻인데, 체면을 차릴 여유가 없을 것이다. '말 거시기 하는 것을 보면 젊은 과부는 단봇짐을 싸고, 늙은 과부는 한숨만 쉰다'고 한 것처럼, 짝짓기 욕망이 충족되지 않으면 누구나 다소간 의외로 행동을 하게 된다. '기갈 든 놈한테서 염치 찾는다'고, 육허기에 찌든 사람들이 서로 만나는데 무엇이 두려우랴. '용두질 치고 신세타령한다'는 처지가 안타까울 뿐이다.

'꼴 외면하던 황소, 배코질해 들어온다'는 말이 있다. 오랫동안 짝짓기를 참았다가 생각을 바꿔, 하겠다고 결심하면 대책이 없이 적극적으로 덤빈다는 뜻이다. '열녀 과부 바람 들면 강 건너 고자까지 코피 터진다'는 말과 같은 뜻이다. 왜 아니겠는가. 그동안 가슴 저 밑에 켜켜이 쌓여 있던 욕정이 폭발했으니 당연하겠다. '열녀문 하나가 서자면 삼층장에 피 묻은 솜이 가득 차야 한다'고 하지 않던가. 남자가 생각날 때마다 바늘로 제 몸을 찔러 각성하며 피를 닦아낸 솜이 삼층장에 가득 찰 정도면 얼마나 참았겠는가. 가문에 열녀문을 세우는 영광을 위해 한껏 압박한 비인간적 사회였다.

'과부가 홀아비를 끌여들여도 핑계는 있다'고 했다. 핑계가 뭐 필요하겠는가. 사람들의 이해가 필요할 뿐이다. 홀로 사느라고 얼마나 고통이 크겠는가. '남편 죽었다고 섧게 울던 년이 시집은 먼저 간다'는 게 크게 나무랄 일은 아니겠다. 뭔가 급한 사정이 있겠다고 생각해야 도리다. 홀아비를 만난 것에 대해 축하를 해줄 일이다. '과부 구제는 죄가 아니라 공덕이라'는 말이 더없이 옳다. '과부는 수절이 생명이라'고 했던 예전의 압박은 비정하기 짝이 없는 짓일 뿐이다. 사회가 압박을 해대니, '과부살이 십 년에 독사 안 되는 년 없다'고 하는 것이다. '과부 방에 들었던 새벽 중 내빼듯'이란 속담이 연상시켜주는 정황도, 비난보다 동정이 필요할 것이다. '과부집에는 함부로 들어가지 않는다'는 말은 맞지만, 눈이 맞으면 어쩔 수 없겠다.

'과부 서방질은 동네가 먼저 안다', '과부 서방질은 삼이웃이 먼저 안다'고 하는데, 과부의 서방질이 빈번해서 들키는 게 아닐 것이다. 주위에 사는 사내들 대부분이 과부에 욕심을 내다보니 들통이 나고, 소문이 만들어졌을 것이다. '과부 수절은 머슴이 빼앗는다'고 하는데, 머슴이 기득권자일 수밖에 없다. 그래서 '과부집에서는 머슴이 왕방울'인 것이다.

홀어미가 돈을 알뜰히 모으는 습관이 있다는 속담이 많다. '과부는 퇴침에 은이 서 말이다', '과부 몸에는 금이 서 말이고, 홀아비 몸에는 이가 서 말이라'는 말들이 그렇다. 왜 돈을 알뜰히 모으겠는가. 새 사람을 만나 그럴듯하게 살아볼 요량이겠다. 팔자를 바꿔 보려고 안간힘을 쓰는 것이다. 운수 사납게 짝을 잃었을 뿐이지, 비난받을 일이 없다.

'홀아비 딱한 사정 과부가 안다'고 했다. 사내는 홀로라도 씩씩하게 살 줄 알겠지만, 전혀 그렇지 않다. 제아무리 기상이 넘쳤던 사내도, 의지했던 사람을 잃고 나면 갑자기 힘을 잃게 된다. '혼자서는 용빼는 재주가 없다'는 말이 맞다. '과부 홀아비 만나듯 한다'는 말은 아주 자연스럽게 여겨야 할 것이다.

홀아비 생활은 홀어미의 경우와 달리 무척 구차한 것으로 표현된다. '홀아비 삼 년에 이가 서 말이라'는 말과 비슷한 속담이 무척 많다. 특히 성 속담이 짓궂다. '홀아비 거시기 일어나 봤자 용두질이나 친다'는 말이 그렇다. 집안일은 모두 여자를 시켜먹고 꼰대 언행에 젖어 살던 사내는 자급자족하는 습관이 턱없이 부족하다. 곁에서 여자가 사라지면 한껏 무력해진다.

'각시 잃은 건 안 섭섭하여도, 담배 잃은 건 섭섭하다'고 생각하는 비정한 인간이 있을까. 아무리 원수같이 살았어도 곁에 늘 있던 사람이 없어지면 쓸쓸하기 그지없을 것이다. '각시 없어야 각시 귀한 줄을 안다'는 거야 당연하겠다. '못된 아내라도 홀아비로 있는 것보다 낫다', '더러운 처와 악한 첩이 빈방보다 낫다'는 것을 절감했겠다. '악처도 독수공방보다 낫다', '악처보다 효자가 못하다', '악처 하나가 효자 열둘보다 낫다'는 것을 뒤늦게 깨닫게 된다. "있을 때 잘하라"는 말이 아주 절실하게 새겨질 것이다. '기러기는 짝을 잃어도 까마귀와는 사귀지 않는다'고, 저 스스로 고결함을 지키겠다면 도리가 없다. 어쨌든 혼자 살아간다는 것은 큰 용기가 필요하다. 이런 사람들을 격려하는 것은 인간의 기본 도리다.

1. '같은 값이면 홀어머니 집 머슴살이를 하랬다'

'같은 값이면 과부 집 머슴살이', '같은 열닷 냥이면 과부 집 머슴살이'라는 말들이 있다. 품값 외에 팁이나 보너스가 있다는 암시다. 뭔가 더 바랄 게 있다는 것처럼 사람의 마음을 끄는 것은 없겠다. 제 할 일을 아주 열심히 하는 것은 물론이려니와, 시키지 않은 일까지 찾아서 하겠다. '꿩은 몸이 나무에 있어도 마음은 콩밭에 있다'는 말대로, 머슴이 일을 하지만 과부와 짝짓기 할 기회를 호시탐탐 노린다는 것을 누구나 추측할 수 있겠다. '남새밭에 한 번 들어가 똥 눈 개는 늘 저 개 저 개 한다'는 말이 있다. 홀어미 집에 한 번 잘못 발길을 돌려도 의심을 받게 될 판인데 아예 눌러살고 있는 머슴이 의심받는 것은 필연이겠다.

홀어미와 내연의 관계가 되면 머슴은 그야말로 왕방울로 행세하는 게 당연하겠다. '꿩 잡는 게 매'라고, 머슴이 먼저 과부를 차지할 수밖에 없겠다. '임자 없는 땅과 임자 없는 구멍에는 말뚝 먼저 박는 놈이 제일이다', '길에 떨어진 홍합은 먹는 놈 살로 된다'는 속담이 좀 속되어서 그렇지 맞는 말이다. '똥개도 제집 앞에서는 한 수 따고 들어간다'는데, 머슴에게 기득권이 있는 건 당연하다. 홀어미가 짝짓기에 굶주린 줄 알지만, '굶네 굶네 하며 떡만 잘 해먹는다'고, 충분히 욕망을 채울 수 있다. 물론 주위 사람들도 심증을 가지게 될 것이다. '굶는 데는 장사가 없다'고 할 때, 배가 곯는 것을 뜻한다. 그러나 이 말은 성의 굶주림에도 마찬가지로 쓸 수 있는 말이다. '못 믿는 건 굶은 거시기 구멍이라'는 속담이 그 의미다.

일단 홀어미를 차지한 머슴이야 거칠 것이 없겠다. '마당 빌린 놈이 뜰까지 빌리란다', '마당 빌려 뜰 빌리라더니 안방마저 빌리란다', '마루 디딘 놈이 안방 못 들어갈까', '마루에 올라가면 방에 들어가고 싶다'고, 머슴이 더이상 머슴 노릇을 하겠는가. 왕방울로 행세하는 정도가 아니라 바깥주인 행세를 할 것이다. '머슴이 삼 년 되면 주인마님을 부리려고 한다'는 말이 있다. 원래는 일머리를 잘 알기 때문에 주인을 되레 힘들게 한다는 뜻이다. 주인이 홀어미라면 당연히 바깥주인 노릇을 한다는 뜻이 되겠다.

'과부한테 궂은일 거들어주어 밑질 것 없다'는 말도 마찬가지다. 홀어미가 워낙 알뜰하게 재산을 모으는 게 공통적이라서 서비스가 많을 거라는 기대를 누구나 하게 될 것이다. 그 중 최상의 기대는 역시 육보시라 하겠다. '젊은 과부는 한숨 먹고 산다', '젊은 과부의 울음은 산천초목도 울린다', '젊은 과부의 한숨은 땅도 꺼진다'고 하는데, 그 괴로워하는 모습은 정과 사랑에 대한 갈증 때문이겠다. 그러니 '머슴이 주인 과부 수절을 빼앗는다'는 것은 비교적 수월한 일이겠다. '제아무리 미련한 과부 속곳이라도 불송곳이면 들어간다'고 하는데, 머슴이 딱 적합한 이미지다.

'종놈 오래 살면, 상전 과부 바람나 외간 사내 끌어들이는 꼬락서니를 본다'고 하는데, 저도 해보겠다고 나서는 게 당연한 욕심이겠다. '의뭉한 놈이 과부집에 간다'고 하는데, 여자에 대한 사내들의 공통적인 속성이 의뭉함이 아니겠는가. 홀어미가 재물을 한껏 모아두었겠다, 홀몸이겠다, 이놈 저놈 다 노릴 것이다. 기득권을 가진 놈이니 '등겨 먹던 개가 필경에는 쌀겨 먹기 마련이라'는 격으로 하나둘 벗겨 먹을 것이다. '꿩 먹고 알 먹고 둥지 헐어 불 땐다'는 정도를 넘어설 것이다. '꿩 먹고 알 먹고, 깃털 뽑아 이 쑤시고, 꼬리깃 뜯어 부채 만들고, 다리 잘라 등 긁고, 둥지 헐어 불쏘시개 하고, 박제한다'는 정도로 철저히 등쳐먹는 놈도 있을 것이다. '노루를 피하면 범을 만나고, 산을 피하면 태산을 만난다'고, 죽은 남편이 생각나겠다. '제 거시기 주고 인심 잃는다', '제 거시기 주고 뺨 맞는다'는 생각에 한스러운 때도 있을 것이다.

'과부가 일생을 혼자 살면 한숨이 구만 구천 말이라', '과부가 제 설움으로 운다'고, '도둑을 피하니 강도를 만난다'는 꼴이 된 처지가 원망스러울 것이다. '화는 홀로 오는 법이 없다', '화는 쌍으로 온다'는데, 한 쌍이 아니고 두 쌍 세 쌍으로 온다고 운명을 탓할 것이다. 누가 숯검뎅이가 된 속을 알아주랴, 오로지 '과부가 과부 속 안다'고 푸념만 나오겠다. '돌에도 나무에도 기댈 데 없다'는 사람이 누군가를 만나면 정을 흠뻑 쏟을 수 있겠다. 홀어미라 하면 먼저 '독수공방에 유정낭군 기다리듯' 하는 정경을 떠올릴 것이다. 이해하거나 돕지 못할망정 함부로 손가락질할 일은 아니다.

2. '홀어미라고 험담 말랬다'

'임 없이 혼자 먹는 밥은 돌 반 뉘 반이라'고 했다. 정든 임과 조금만 떨어져도 '임 없이 먹느니 차라리 임과 함께 굶는 것이 낫겠다'고 하는데, 임 잃은 처지는 오죽할까. 더구나 사별하면 '가지가 꺾이고 잎이 떨어진 나무에는 병든 새도 안 찾아든다', '임자 없는 개꽃에는 나비도 아니 온다'고 하니, 남은 생이 절망스러울 수밖에 없겠다.

'되모시나 과부나', '되모시가 처녀냐 숫처녀가 처녀지' 하는 말들이 있다. 되모시란 시집을 갔다가 이혼하고 처녀행세를 하는 여자를 말한다. 요즘 말로 돌싱이겠다. 순결을 따지지 않는 세태인데, 숫처녀 아니라고 무시하면 시대에 뒤떨어졌다고 욕먹을 일이다. 사별을 했든 생이별을 했든 홀로 사는 여자를 괜스레 욕할 일은 아니다.

참으로 짓궂은 말도 많다. '복 없는 과부는 봉놋방에 자도 고자 옆에서 자게 된다', '복 있는 과부는 앉아도 요강 꼭지에 앉는다', '복 있는 과부는 넘어져도 가지밭에 넘어진다', '복 없는 가시나는 남장하고 머슴방에 가 누워도 고자 곁에 가 눕는다', '재수 없는 과부는 봉놋방에 들어도 고자 옆에 눕는다'고 했다. 육허기를 면해보려고 무진 애를 써도 끝끝내 이루지 못한

사랑, 속담이 말한다 **217**

다는 뜻이다. 홀아비나 홀어미 할 것 없이 육허기에 괴로울 것이다. 그 괴로움 하나 면하재도 복불복, 행불행을 따져야 하니 지친 삶이 될 것이다.

'내 서러운 말 남 들어서 헤심상, 남 서러운 말 나 들어서 헤심상'이란 속담이 있다. 헤심상이란 근심 걱정을 드러내지 않고 천연덕스럽다는 뜻이며, 누구나 남의 근심 걱정에 대해서는 대수롭지 않게 여긴다는 말이다. 그러니 남에게 내 아픈 사정을 말해야 소용이 없겠다. '내 살을 꼬집어 남의 아픈 사정을 알아라', '내 살을 찝어 봐야 남의 아픔도 안다'고 했는데, 공감력이 부족한 사람에게 하는 충고다. '찍어 먹어 봐야 똥인지 된장인지 알까' 하지만, 세상에 공감력이 부족한 사람이 쌓이고도 쌓였다.

예전에는 홀어미를 두고 청상과부와 홍상과부로 구별해 말했다. 조혼이 풍습인지라 10대에 혼인했다. 1020대를 청상과부, 30대 이후를 홍상과부라 했다. '청상과부는 한숨 먹고 산다', '열아홉에 청상과부 되면 산천초목도 운다', '청상과부 울음소리는 하늘도 울린다', '청상과부 한숨에는 땅이 꺼진다'고 했다. 뭣 모르고 혼인을 하게 된 10대야 잠자리 맛이 무언지 잘 모르겠다. 그래도 30대라면 남자 맛을 제법 알 것이다. 그래서 '이십 과부는 참고 살아도, 사십 과부는 못 참는다', '청상과부는 살아도, 홍상과부는 못 산다', '청상과부는 수절을 해도, 홍상과부는 수절을 못 한다', '이십 과부는 눈물 과부고, 삼십 과부는 한숨 과부고, 사십 과부는 거시기 과부다' 하는 말들이 있는 것이다. 재혼을 억압하는 시대였던지라 한숨과 눈물로 한세상을 살았다.

'광대뼈가 나온 여자는 과부 된다'는 속담이 있는데, 당연히 맞는 말이 아니다. '광대뼈가 나온 여자는 고집이 세다'는 생각으로, 홀어미 팔자라고 한 것인데 터무니없다. 그렇다면 서양 여배우들이 광대뼈를 돋보이게 수술을 한다든지, 도드라지게 화장을 하는 것이 과부가 되기 위함이겠나. 아무리 관상이 통계에 의한다고 해도 일반화시킬 것은 못 된다.

홀어미에게 왜 욕을 할까. 욕먹을 짓을 하지 않아도 욕을 듣는다면 당연히 욕하는 사람들이 잘못이다. "남편 잡아먹었다"는 무식한 편견 때문이겠다. '각시 죽은 홀아비는 살다가 보니 거적문만 덩그렇고, 서방 죽은 홀어미 보니 부자만 된다'고 했다. 더이상 팔자를 그르치지 않기 위해 돈에 의지하는 것이다. '평생 수절하겠다고 삼일장에 목쉰 년이, 가지밭에 먼저 간다'고 욕하는데, 사내가 없는데 어쩔 것인가. '마음씨 좋은 과부 속곳 마를 새 없다', '울기 잘하는 과부가 개가한다'고 하는데 당연한 일이다. '거시기 맛나자 과부 된다', '아이 낳은 과부 혼자 못 산다'고 하여, 비꼬거나 조롱하지 말 일이다.

'아시 팔자 그른 년은 두 번 팔자도 그르다', '아예 팔자 험하거든, 두 번 팔자 보지 마라'하는 말도 터무니없다. 팔자란 그렇게 미리 정해진 게 아니다. 누구든 제 팔자가 펼쳐지는 앞날을 미리 볼 수는 없다. '팔자는 독에 들어가서도 못 피한다'는 말을 하지만, 그렇지 않다. '팔자는 길들이기에 달렸다', '팔자소관이란 길들이기 탓이라'는 말이 맞다.

아무리 '내 흉은 남이 보고, 남 흉은 내가 본다'는 세상이지만, 외로움이나 아픔을 겪는 사람을 두고 흉을 본다는 것은 도리가 아니다. 더구나 흉을 만들어 남을 업신여기는 것은 아주 못된 버릇일 뿐이다. 가끔 남자라도 만나면, '과부가 마음이 좋으면 동네 시아버지가 열둘이라'고 비꼬고 과장하는 심술은 감당하기 힘들겠다. 소문은 더더욱 고통스럽겠다. '소문이란 잘된 일보다 못된 것에 더 빠르다', '좋은 소문은 기어가고, 나쁜 소문은 날아간다'고, 사람들은 나쁜 소문에 더 관심을 두고 즐기기 마련이다. '소문이란 눈덩이처럼 굴러갈수록 더 커진다', '소문이란 말 없이 천 리 간다'고 하듯 언제나 과장되기 일쑤다. 그러니 '소문이 발등 찍는다'고 하는 것이다. 홀어미로 사는 것도 힘든데, 한번 소문에 휩싸이면 살맛을 잃게 될 것이다.

'도깨비도 숲이 있어야 모이고, 소도 언덕이 있어야 비빈다' 했다. 조건이 맞아야 일의 결과가 있다는 뜻이다. 홀로 살면 사랑을 쏟을 곳이 없다. 홀어미가 자식이라도 있으면 비빌 언덕이 되겠다. '범도 과부 외아들이라면 물고 가다가도 놓고 간다'고 했다. 남편 없이 애지중지 기른 아이라서 누구든 소중하게 여길 줄 알아야 한다는 뜻으로 하는 말이다. 그래서 '수절 중에 자식 없고 시부모 없는 수절이 제일 어렵고, 그 다음은 자식은 있고 시부모 없는 수절이며, 그 다음은 시부모 모신 수절이고, 마지막으로는 자식 키우면서 시부모 모시는 수절이라'는 길고 긴 속담이 있는 것이다. 이 시대 수절이라는 말조차 꺼내기 애석하다. 지조보다 때로는 자유가 더 소중할 수 있다. '수절과부 늘그막에 훼절한다'는 옛 속담은 유효기간이 한참 지났다. 홀로 사는 사람을 얕볼 일이 아니다. '내 남이 제 허물 모른다'고 했다. 독야청청도 좋다.

3. '홀아비와 과부를 업신여기지 말랬다'

'정만 들면 첫 서방이나 둘째 서방이나 매일반이라'고 했다. 어찌 그렇지 않겠는가. 남이야 뭐라고 하든 제가 좋다면 좋은 것이다. 아니 곁에 있는 사람도 좋다. '홀아비 장가가서 좋고, 홀어미 시집가서 좋고, 동네 사람 술 얻어먹어 좋다'고 하지 않는가. '처녀 시집가기보다도 과부 시집가기가 더 어렵다'고 했는데, 그 어렵다는 일을 해냈으니 대견한 일이다. '암돌쩌귀가 수키와한테 개가하듯' 한다고 하는데, 남녀가 아주 쉽게 혼인을 거듭한다는 뜻이다. 홀어미 홀아비가 쉽게 짝을 이루는 것은 자연스러운 일이다.

'십 년 과부도 시집갈 마음은 못 버린다'고 했는데, 뒤늦게라도 사랑을 만나면 더욱 좋을 것이다. '늙어서 만난 부부가 더 정답다'고 하지 않는

가. '오십 과부는 금과부, 육십 과부는 은과부, 칠십 과부는 구리과부'라 했는데, 조금 더 젊고 늙은 게 뭔 큰 차이겠는가. '홀아비 눈에는 미운 여자 없다'고 했는데, 홀아비 눈에는 젊고 늙음도 대수롭지 않겠다. '홀아비는 외문에 돌쩌귀 하나인데, 홀어미는 쌍문에 청동화로가 아홉이다', '못 사는 과부 없고 잘 사는 홀아비 없다'고 했다. 홀아비로서는 재물도 덤으로 들어오니 보통 횡재는 아니다. '불운이 극도에 달하면 행운이 온다'더니, 딱 맞는 말이라 하겠다. 여자와 재물이 함께 들어오니, '꿩으로도 쓰고 닭으로도 쓴다'고 할 것이다. 이리저리로 다 유익하게 쓴다는 뜻이다.

길거나 짧거나 홀로 사느라 고통이 적지 않았겠다. '불쌍타 해도 과부 신세만큼 불쌍한 신세 없다'고 했다. 홀아비도 마찬가지겠다. 육허기를 끄는 사랑을 하자 해도 남의 눈치를 봐야 하니, 이만저만 곤욕스러운 것이 아니었을 것이다. '생초목 타는 불은 가랑비로 끄지만, 과부 가슴 타는 불은 소나기로도 못 끈다'는 심정을 그 누가 이해해 주겠는가. '홀아비 딱한 사정 과부가 안다'고 하지만, 남의 눈이 무서우니 부자유일 뿐이다. '홀아비 집 앞길은 풀이 무성해도, 홀어미 집 앞길은 큰길이 난다'고 하지만, 세간에서 허풍을 떠는 것일 뿐이겠다. '저 생각해서 후살이 간다'고 당당하게 살고 싶어 늦게라도 사랑을 택하는 것이다. 그러니 '이 효자 저 효자 해도, 늙은 홀아비 중신하는 자식이 효자라'고 한 것이다.

홀아비와 홀어미가 찰떡궁합으로 만나면 뒤늦게라도 부러울 게 없겠다. '기생도 늘그막에 남편을 얻으면 한평생의 분 냄새가 없어진다'고 했다. '사람을 보려면 다만 그 후반을 보라'고 했다. 숱한 시행착오를 저지르며 준비한 것이 후반부에 열매를 잘 맺는가를 평가하라는 말이다. 숱한 남자를 상대한 기생의 경우라도 이러하거늘, 평범한 삶을 산 사람들은 말할 것도 없겠다.

'원앙도 짝을 잃으면 삼 년간 홀로 산다'고 했는데, 누가 관찰했는지는 몰라도 애썼다. 모든 원앙이 3년이란 세월을 지킬까. 인간도 3년 정도 기다리는 것이 최소한의 도리를 지키는 것이라는 생각에서 하는 말이겠다. '재취로 시집가면 귀염받는다'는 말이 있다. 나이 많은 홀아비와 재혼을 하게 되면 대우를 받게 된다는 뜻이다. '여자 팔자가 아무리 궂어도 사내하고 신발은 있다'고 했는데, 늦게라도 만났으니 다행이라 할 것이다.

'굼벵이는 뒹구는 재주가 있고, 두꺼비는 혓바닥으로 파리 잡아먹는 기술이 있다'고 했다. 홀아비 홀어미도 마찬가지다. 남들이 무시하거나 동정을 할지 몰라도, 이들도 다 사는 방법이 있는 건 당연하다. '사람이 살다 보면 이런 일도 보고 저런 일도 본다'고 했다. '재수가 없으려면 쇠똥에 미끄러져서 말똥에 코 박고 넘어진다'고 하듯, 연거푸 안 되는 일만 계속되는 수가 있다. '뱃놈의 계집은 잘못하면 세 번 과부 된다'든지, '홀아비 사정 보다 과부 아이 밴다'는 꼴이 되기도 한다. 그런 어려움을 겪고 사랑을 되찾는다는 것은 아주 복된 일이다.

'신정보다 구정이 낫다'고는 하지만, 꼭 맞는 말은 아닐 것이다. 그보다 '신정도 좋지만 구정도 잊지 말랬다'는 충고가 낫겠다. '정도 각각, 흉도 각각'이라고, 제각각 느끼는 게 다르겠다. '알 수 없는 것이 부부관계라'고 했거늘, 누가 남들 부부관계를 두고 '냉수 대접 들여다 보듯 뻔하다'고 말할 수 있을 것인가. 신정이 좋은 사람 있고, 구정이 좋은 사람 따로 있겠다. 잃은 사랑은 새롭게 되찾는 게 최상이다.

4. '과부 좋은 것과 소 좋은 것은 동네에서 나가지 않는다'

'정부貞婦도 말년에 정조를 잃으면, 반생의 깨끗한 절개도 사라지게 된다'는 생각을 중요한 가치로 여기지 않고, 여자를 억압하지 않는 시대라서 좋다. 재혼에 두려움을 갖게 하려고, '첫 팔자 험한 년은 두 번 팔자도 험하다'고 겁을 주었다. 그런 필연이 어디 있을 수 있겠는가. 제 팔자는 정해져 있지 않기에, 얼마든지 고쳐 나갈 수 있다. '팔자는 길들이기로 간다'고 하지 않던가. 천성이 아니고, 제가 길들인 제 습성에 따라 팔자가 만들어지는 것이다.

'새침데기 과부가 남모르게 시집간다', '새침데기 과부가 보리밭으로 간다'는 말이 있는데, 겉으로는 얌전하게 보이지만 은밀한 짓은 잘한다는 뜻이다. 바로 이 은밀하게 일을 도모하는 습성이 제 팔자를 짓게 된다. 홀어미가 사내를 은밀히 만난다고 욕할 이유가 있는가. 외로움을 견디지 못해 한탄하고 있는 것보다야 훨씬 낫다고 생각할 일이다. 남자를 만날 수 있다면 능력 있는 홀어미로 생각해야 한다. '과부 홀아비 만나는데 예절 찾고 사주 보고 할까' 하는데, 만약 이런 습성을 가진 사람이 있다면, 짝짓기 욕망, 즉 육허기를 해소하기는 매우 힘들어질 것이다. 은밀할 때 은밀하고, 남 앞에 나설 때 나서야 제 실속을 차리겠다.

'갇힌 새는 하늘을 그리워한다', '갇힌 새는 옛날 놀던 숲을 그리워한다'고 했다. 홀아비든 홀어미든, 짝을 잃었을 때부터 뭔가에 갇혔다는 생각을 하게 된다. 혼자 된 몸이 자유로운 것이 아니라, 제 생각을 털어놓을 데가 없어 가슴속에 묻어두는 습성이 생겨 그렇겠다. '버린 임 못 잊어 한숨 짓는' 모습으로 살지 않겠다는 결심이 중요하다. 자유를 얻으려면 다시 짝을 찾는 게 낫다는 생각을 하게 되는 것이다. '갇혔던 새가 하늘로 날아간다'고, 제 통로 개척을 하는 팔자가 펼쳐지게 된다.

'돌멩이도 쓸만하면 울 밖으로 안 넘어간다'고 했다. 제 언행이 남에게 좋게 보이면, 큰 노력 없이 좋은 짝을 만나게 된다. 중매쟁이가 드나들 것도 없이, 가까운 곳에서 나타나게 되는 것이다. '거지도 배 채울 날이 있다'는데, 참한 사람에게 배필 찾아올 날이 없겠는가. 잃은 제 짝을 생각하면서 늘 갈망했던 사람이 나타난다.

짝을 새로 만난 사람은 늘 앞선 짝과 비교를 하겠다. '얻은 도끼나 잃은 도끼나', '얻은 궤나 잃은 궤나' 하는 생각이 든다면 본전이겠고, 영 잘못됐다고 하는 경우도 많겠다. 특히 나이 차가 많을 경우는 더 심각하겠다. '얻어 입은 옷은 걸레감만 되고, 늙은 영감 잘못 얻으면 두 번 과부 된다'는 생각이 절실할 것이다.

'놋동이 잃고 질동이 얻었다'고 생각할 사람도 있겠고, '질그릇 깨고 놋그릇 장만한다'고 여기는 사람도 있겠다. 누구나 사면팔방을 눈여겨보면 장단점이 숱하게 있을 텐데, 제가 보고 싶은 면만 보니까 단점이 우선 띄겠다. '질그릇 병에 감홍로 들었다'고 하니 더 겪어볼 일이다. '잃은 도끼는 쇠나 좋지' 하고 생각하면, 상대도 그렇게 생각하게 될 것이다.

'놓친 고기가 덕석만하다', '놓친 고기는 생각할수록 커진다'고 아쉬워해도 소용이 없다. 그런데 사실 잃은 사람이나 새로 만난 사람에 대해 잘 모르기 때문에 차별하는 마음이 생기는 것이다. '누런 소는 힘이 세고, 검은 소는 고기가 맛 좋다'고, 장단점을 제대로 알지 못해 갖게 되는 생각이다. 새로 만난 짝에 익숙해지지 않아서 그렇지, 좋은 점이 적지 않겠다.

'사람 버릴 것 없고 물건 버릴 것 없다'고 했다. '굽은 나무는 안장감, 꺾인 나무는 길맛감'이라 했다. 시원찮은 것도 요긴하게 쓸 수 있는데, 더구나 주위에서 아깝다고 하는 사람을 내버려 둘 리가 있겠는가. '흠 없는 옥'이 있겠는가. '양을 잃고 소를 얻는다'는 판단은 오로지 제가 할 수 있을 뿐이다.

'영감 죽고 무엇 맛보기는 처음이라'고 할 수 있는 홀아비와, '홀아비 부자 없고, 과부 가난뱅이 없다'는 홀어미가 만났는데 더 무엇이 필요하겠는가. 늦게 만난 정이 더 따뜻하고, 정만 있으면 첫 번째나 둘째나 마찬가지라고 했는데 무얼 더 바라겠는가.

짧은 인생도 제힘에 겨워 지루하게 사는 사람이 있고, 즐겁고 길게 이어가는 사람도 있겠다. 힘든 짐을 짝과 나누어진다면 상쾌할 것이고, 짝의 짐을 덜어오면 더욱 즐거운 법이다. '고집이 당나귀 뒷발굽 같다'고 할 정도면, 제 고집에 갇혀 빠져나올 생각을 못한다. 자유롭게 산다면서 부자유를 누리니, 그런 모순도 없는 삶을 살게 된다. 삶의 길은 제가 개척한 만큼만 열린다. 세상은 제 눈을 뜨는 만큼만 보이기 마련이다. 팔자는 제가 펴는 만큼만 펼쳐질 뿐이다. 복불복, 행불행은 오로지 제 선택에 달렸을 따름이다.

'주색에는 선생이 없다'

'짚신 한 켤레를 삼는 데도 선생이 있다'는데, 짝짓기를 하거나 술을 마시는데 선생이 없어서 되겠는가. 아마도 주위에 진정한 선생이라 할 수 없는 선생이 너무 많은 탓이겠다. 예전에야 사람과 사람이 만나서 가르치고 배웠지만, 지금은 숱한 매체가 선생 노릇을 하기 때문이다. 단순한 짝짓기라면 집짐승만 봐도 깨우칠 것이다. 배우지 않아도 베테랑이 될 수 있다는 것을 말이다. 그런데 인간들은 그것으로 안 된다고 말하며, 숱한 기술을 가르치겠다고 '개나 걸이나' 다 나선다.

'팔 세 번 부러진 의사가 명의 된다'고 했는데, 오입질 서방질에도 마찬가지겠다. 팔난봉에 도가 튼 사람이 훌륭한 선생이 될 수 있겠다. 그러나 '까마귀 열두 가지 소리, 하나도 고울 리 없다'고, 듣는 사람 마음만 심란하게 만들 것이다. '시거든 떫지 말거나, 떫거든 시지 말지' 할 가르침들이 쌓이고 쌓인 세상이다.

흔히 짝을 맞춰봐야 팔자를 안다고 하는데, 제 팔자가 짝짓기를 통해 탄탄대로가 되었다는 사람 드물다. 물론 여기서 짝이라는 것이 짝짓기만을 뜻하는 건 아니다. 남녀 인격을 통틀어 말하는 것이겠다. 어쨌든 '팔자가 구九 자 같이 늘어졌다'는 사람도, '팔자가 칠七 자보다 못하다'는 사람도, 짝짓기에는 끊임없이 정보를 수집하고 토론하는 과정에서 기법을 터득하게 되는 것이다.

'아는 집 들어가듯 한다'고 했는데, 서로에게 익숙한 남녀는 짝짓기에 베테랑이 되어 거리낌이 없겠다. 이심전심이 되어 서로 선수가 된 처지에, 허락받고 영역에 들어가겠는가. 아는 집 들어가듯 하는 게 자연스러울 것이다. '오리에게 헤엄 가르칠 걱정을 한다'고 무시하며 자신 있는 언행을 할 것이겠다. '젊은 놈 허리 아픈 것은 요용소치腰用所致라'는 것도, '젊은 여자는 익은 음식이라'는 것도 알 만큼 다 안다고 자신할 것이다. 그뿐일까. '첩 많은 놈 간 갈라진다'는 것도 다 안다고 흰소리를 치겠다. '말로 거시기를 하면 자손이 없다'며 실습까지 시키겠다고 덤비는 오입쟁이도 적지 않다. '주는 것 안 먹는 놈이 없다'고 바람잡이 노릇을 하는 사내 많고도 쌓였다.

남자의 원수는 술과 계집이라는 말은 수없이 듣는다. 술과 여자만 보면 평상심을 잃는 게 사내다. 술이야 마시는 것이니까 그렇다 치고, 여자에게 작업을 걸려면 상당한 모험이 필요한데도 나선다. 자존심도 염치도 심각하게 따지지 않는다. '낯가죽이 곰발바닥 같다', '낯가죽이 땅 두께 같다', '낯가죽에 철판을 깔았다'더니 딱 맞다. 주색에는 선생이 없다고 하는데, 저 자신이 선생이라고 나서는 사내들이 부지기수다.

'내가 하면 사랑이고, 남이 하면 불륜이라'는 말은 "내로남불"로 줄여서 즐겨 쓰고 있다. 특히 정치가들이 많이 쓰는 말이다. 오입질과 서방질 전문가들은 다 사랑으로 생각한다. '마누라 여럿 둔 놈의 창자는 호랑이도 안 먹는다'고 하지만, 괘념치 않는다. 오히려 제 스펙이라고 자랑이 팔도강산이다. '뱀굴과 여자 속은 모른다'는 말로 시작하여, '색시는 아이 셋을 낳아도, 그냥 혼자 내쳐두고 다니지 말아야 한다'는 주의까지 북 치고 장구 치는 재야고수들이 한둘 아니겠다.

'까마귀라 하여 모두 오디에 환장할까' 하는 말처럼, 누구나 주색에 환장하고 덤비지 않는다. 주색잡기에 도무지 흥미를 느끼지 못하는 사람도 꽤 있다. 무슨 재미로 사느냐고 묻는 사람이 심술궂은 것이다. 습관적으로 호색하는 사람도 있고, 스스로 버릇을 잘 들여 바른 언행을 하는 사람도 있다. 잡스러운 재미만 재미가 아니라는 언행으로 모범을 보이는 사람이 적지 않다.

술 마시는 것과 여자를 상관하는 일은 가르쳐주지 않아도 누구나 잘 하게 된다. '남자는 모두가 늑대라'는 말은 남자들의 본능을 잘 요약한다. 그 복잡한 속내를 잘 비유했는데, 비단 늑대뿐일까. 세상에 수컷이란 동물은 거의 다 주책바가지다. 짝짓기 욕심에 오래 갈고 닦아 온 인격이 순간에 무너지기도 한다. 물론 수컷이 주책을 떨지 않으면 어떤 생명체라도 멸종하기 쉽다. 세상에 점잖은 동물이라 할, 판다 곰도 종족보존을 한다. 대나무만 열심히 먹고 암컷에 관심이 전혀 없는 듯한 수컷도 여가를 선용한다.

동물 세계에서 의도적으로 성교육을 시키는 경우는 없을 것이다. 동물 세계에서 성교육을 시켜야 한다고 생각한다면, 오리나 개구리에게 헤엄을 가르칠 고민을 하는 것과 다를 바 없다. 교육이 필요 없는 것은 본능이라서 그렇다. 야생에 사는 동물들은 그들 부모가 하는 짓을 보고 배운다고 하지만, 인간들은 자식들 보는 데서 짝짓기를 하기는커녕 감추느라 정신이 없다. 아마도 제 부모의 짝짓기를 보고 크는 자식은 무척 드물 것이다. 요즘은 각종 매체가 성교육을 시키고 있지만, 예전에는 그런 것 없어도 아이 잘 낳고 또 즐겼다.

'알고 있는 일일수록 더욱 명치에 가둬두어야 한다'고 했는데, 성에 대한 지식이 특히 그렇다고 생각하는 사람이 많을 것이다. 그런데 그게 아니란다. 안다고 다 아는 것이 아니라는 말이다. 아마추어 같은 사고방식으로는 성력性力을 충분히 발휘할 수 없다는 뜻이다. 마치 수캐에게도 더 배울 것이 있다는 생각이다. "남자의 성적 기교는 생이지지生而知之의 것이 아니다. 배워야 한다. 이점에서 남자는 조류와 포유류 수컷과 다를 바가 없다. 흥분, 발기, 사정은 자동으로 입력되어 있지만 성의 세부 사항은 습득해야 한다."[70]고 로빈 베이커는 주장한다. 그래서 인도에는《까마수트라》가 있고, 중국에는《소녀경》이 있는 것이다. 고등동물답게, 예지적 인간답게 짝짓기도 아주 섬세하고도 열정적으로 해내야 한다는 것이다.

'뚝머슴 장작 패듯 한다', '뚝머슴 무 토막 자르듯 한다'고 하는데, 짝짓기를 그렇게 했다가는 '촌놈 똥배 부른 것만 안다'고 욕먹을 것이 뻔하다. 사랑도 기술이기 때문에 배우고 익혀야 한다는 것이 에릭 프롬의 주장이다. "생활이 하나의 기술인 것과 같이, 사랑도 하나의 기술임을 깨닫는 것이다. 만약 우리가 사랑을 어떻게 하는가를 배우기를 원한다면, 음악이나 예술, 건축, 혹은 의학이나 공학의 기술 등과 같은 어떤 다른 기술을 습득하고자 할 때와 똑같은 방법으로 시작하여야 한다"고 주장하며, 두 가지 단계를 제시한다. "하나는 그 이론을 완전하게 아는 것이고, 다른 하나는 실천을 열심히 하는 것이다"고 말한다.[71] 프롬이 짝짓기를 염두에 두고 이런 말을 했는지는 모르겠다.

유튜브에는 선생이 많다. 절대적 여성 편향이다. 남자들이 오죽 답답했으면 여자들이 저렇게 떼 지어 나섰을까 하는 생각이 든다. 짝짓기의 기교를 교육하는 것에서 끝나지 않고, 불륜까지 당당해야 한다는 생각을 갖게 한다. 이런 경우 레드 라인을 넘어섰다고 하는가. 어쩌면 부끄러움이 파렴치의 경지까지 이른 느낌이 들기도 한다. 짝짓기가 핵심이기는 하지만 전부는 아닌데, 마치 이것 외에는 만사가 허사라는 어투로 이끌어가는 모습이 때로 애처롭다.

남녀의 거시기가 몸의 중심부에 자리잡고 있다는 것에 의미를 한껏 부여할 수 있을 것이다. 카잔차키스의《그리스인 조르바》에서 조르바가 부주인공을 다그친다. "이 답답한 양반아, 그건 천국으로 들어가는 열쇠라는 걸 왜 모르셔"[72] 했다. 천국으로 들어가는 열쇠니, 몸의 중심에 자리잡고 있는 것이겠다.

천국으로 들어가는 열쇠가 있는데, 그 누가 천국으로 가기를 포기하겠는가. 기회만 있으면 천국으로 가려는 욕심을 누구나 가질 것이다. 그러니 조르바는 말한다. "여자를 보는 남자는 모두가 여자를 갖고 싶다고 말해야 합니다. 여자란 가엾게도 그걸 원하고 있어요.. 그러니까 남자라면 여자에게 그렇게 말하고, 여자를 기쁘게 해줘야 합니다."[73]는 말이 거침없다. '매듭은 맺은 사람이 풀어야 하고, 자물쇠는 제 열쇠라야 열 수 있다'고 했는데, 거시기는 만능키라는 말투다. '과하다면서 석 잔 먹고, 그만 먹는다면서 다섯 잔 먹는다'고 술 마시는 사람의 공통적 습성을 빗댄다. 여자를 탐하는 것이나 술을 과음하는 것이 다 같이 중독이라 하겠다.

1. '거시기 얘기를 하면 돌부처도 돌아앉아 웃는다'

'닭소리 다른 데 없고, 개소리 다른 데 없다'고 했다. 남자들은 남자들끼리 여자 얘기, 여자들은 여자들끼리 남자들 얘기를 해야 흥미 있다. 아니 요즘에는 남녀가 서로 어울려 음담패설을 즐긴다. 성담이야말로 흥미진진하여 활력을 주는 건 사실이다. '음담에는 부처님도 웃는다', '색시 말을 하면 부처님도 고개를 돌리고 웃는다'는데 사람이야 오죽할까. 음담을 즐긴다고 해서 음란하다고 하면 안 된다. '음란하면 마음도 불안하다', '음란하면 의리도 잃는다', '음란하면 가난해진다', '음란한 사람은 신맛을 좋아한다'는 말들이 있는데, 그렇지는 않다. 사람들 가운데 관심을 끌 목적으로, 그리고 따분한 일상을 벗어나기 위해 즐기는 경우가 허다하다. 어둡고 무거운 분위기보다는 경쾌한 성담으로 일상을 경쾌하게 만들 수 있다면 생산적인 효과가 될 수 있겠다. 다만 그런 시도를 하려다 성추행 시비에 휘말리는 경우가 허다하다. 분위기 파악을 못해서 그렇다.

'계집 허벅지 얘기 싫다는 사내 없다'고 했다. 하찮은 말을 이렇게 저렇게 떠든다고 할 때, '개코 쥐코 떠든다'고 말한다. 남녀 할 것 없이 노골적인 성담性談을 한껏 즐기는 세태다. 유튜브에서는 청춘 남녀들이 나와 좋아하는 체위니 크기, 지속시간 따위의 얘기를 거리낌 없이 해댄다. 몇 사람과 해봤느니, 하루에 몇 번을 했는지 떠드는 것은 예사다.

'발뒤꿈치 나오면 엉덩이 나왔다고 한다', '발뒤꿈치 보고 뭣 봤다고 한다', '발목만 보고 사타구니 봤다고 한다'고 했다. 이런 성담을 즐기면서 남자들은 성에 대한 감성이 점점 투박하게 된다. 성에 관한 온갖 상징어, 은어, 욕, 속담을 만들어낸다. 예컨대 짝짓기를 두고 '발바닥을 뒤집는다', '방구들 농사를 짓는다', '배꼽을 맞춘다', '살송곳을 꽂는다'고 하는 말들이 그렇고, '밤송이와 거시기는 익으면 저절로 벌어지게 된다', '배와 거시기는 물이 많아야 좋다', '여자와 논은 물이 많을수록 좋다', '비빔밥하고 거시기는 질어야 맛이 좋다'는 속담도 그렇다.

'방사는 일 착, 이 온, 삼 치, 사 요분, 오 감창, 육 지필이라'는 속담은 상당히 구체적이다. 짝짓기로 최상의 쾌감을 느끼기 위해서는, 여자의 거시기가 우선 좁아야 하고, 따뜻해야 하며, 이빨로 씹는 듯해야 하고, 엉덩이를 잘 돌려야 하고, 교성이 흥분을 더 해주고 오래 지속해야 한다는 것이다. 이 정도면 그야말로 전문가의 안목이라 하겠다. '방아확은 새것이 좋고 여자 확은 닳은 것이 좋다', '방은 커야 좋고 거시기는 작아야 좋다'는 말을 만들어내는 것도 재치가 있다.

'배꼽 밑에 금테 둘렀나', '배 밑에 바람 들었다', '배알을 준다', '베갯동서가 되다'는 말들도 당연히 성담이다. '불이 나도록 박아대면 물을 확 싸서 끈다'는 말은 짝짓기를 간결하게 요약하는 말이다. 대놓고 즐기는 이런 성담이 오락이자 일종의 교육이었던 셈이다. 어차피 막가는 세태라서 두려워할 것도 부끄러워할 것도 없는 시대라는 것을 알게 한다. 제 몸뚱이 사용 내역을 설명하고 취향을 말하는데 꼴 틀린 꼰대처럼 굴 것도 없다.

'박복한 과부는 사내가 생겨도 고자만 생기고, 다복한 과부는 넘어져도 가지밭에서 넘어진다', '상놈 거시기에도 금테 두른 놈이 있다', '상년 거시기에도 은 거시기가 있다'는 속담을 즐긴다고 죄 될 것도 없다. 속담은 어차피 속된 말이 본질이다. 속담은 점잖은 말의 반대쪽에 있으면서 위선을 깨는 데 도움이 된다. 사실 말맛의 절정은 성 속담에서 더욱 잘 보여준다. 예컨대 '화투장과 거시기는 만질수록 커진다', '화투와 개는 뒤가 잘 붙어야 한다'는 말들은 얼마나 절묘하게 진리를 꿰고 있는가.

'남자의 그것 짧은 건 써도, 글 짧은 건 못 쓴다'는 말이 있는데, 요즘 이 말을 했다가는 본전도 못 찾을 것이다. 반대로 말해야 한다. "남자 그것 큰 건 써도 글 큰 건 못 쓴다" 하고 말이다. '소문 난 거시기는 넉 자고, 소문 안 난 거시기는 다섯 자라'는 말이 재미있다. 남자의 거시기가 큰 게 좋다는 생각에서 꾸며진 말이다. 글이라는 건 필요한 소수에게 해당되는 것일 뿐이다. 남자가 달고 다니는 것은 여자를 만족시키기 위해 웬만하지 않으면 안 된다. 남자 그것이 작으면 소박을 맞을 수밖에 없다. '새벽에 거시기 꼴리는 것은 제 애비도 못 막는다', '새벽 거시기 꼴리는 건 원님도 못 고친다' '새벽 거시기 안 서는 놈한테는 돈도 빌려주지 마라', '새벽 거시기가 안 일어나면 저승길이 멀지 않다'는 말들은 근거가 있다. 새벽에 남자 중앙이 긴장하지 않으면 정기가 빠져나가고 있다는 증거가 된다.

짝짓기의 횟수에 대해서도 재담가들은 기준을 마련한다. '봄 거시기는 사흘에 한 번이고, 여름 거시기는 엿새에 한 번이고, 가을 거시기는 하루에 한 번이고, 겨울 거시기는 하루에 열 번이라'고 했다. 이 말은 농경시대에 농사꾼의 일과 영양에 따른 계산에서 나온 것으로 생각된다. 봄에는 농사 준비에 바쁘고 양식도 많지 않으니까 사흘에 한 번이고, 여름에는 농사일이 가장 바쁘고 보릿고개도 있어 영양이 가장 나쁠 때니 엿새에 한 번으로 권한다. 가을에 추수일에 정신은 없지만 먹을 게 많으니 하루에 한 번이고, 겨울에는 농한기면서 먹을 것이 쌓여 있으니 하루에 열 번까지 가능하다는 것이겠다. 물론 과장이 있는 말이다.

성욕이 솟는 대로 짝짓기를 할 수는 없지만, 그 욕구를 계속 유지할 수 있다는 것은 활력이 있다는 증거가 된다. '사내들이란 숟갈질 할 힘만 있어도 딴 여자 볼 궁리를 한다'고 하는 말이 맞는다면, 죽음 직전, 그러니까 밥숟가락 놓기 전까지 성욕을 갖는다는 얘기다. 기진맥진氣盡脈盡해야 비로소 성욕도 사라진다는 말이 된다. 하지만 욕심이 목까지 찼다고 될 일 아니다. 당연히 거시기에 피가 차야 된다. 거시기가 분기탱천憤氣撑天했어도 상대가 만족하지 못했는데, 숟가락질도 못 하는 주제에 어딜 감히 덤비랴.

거시기가 쉴 때는 입으로 음담패설을 즐긴다. '못난 놈이 잘난 체, 모르는 놈이 아는 체, 없는 놈이 있는 체 한다'고, 어설프게 아는 놈이 말로 신나게 떠들어댄다. '말로 거시기를 하면 자손이 귀하다', '말로 거시기를 하면 자손이 없다'고 했는데, 음담패설의 고수는 자식이 귀한가 돌아볼 일이다.

거사를 치르고 나면 대부분 허무감, 허탈감에 시달리는 게 사내다. 겨우 이걸 느끼기 위해 염치없이 대들었나, 하면서 후회막심하는 경우가 적지 않겠다. 거시기도 하고 나면 싱겁다고 하는데, 실전은 절차도 복잡하니 차라리 음담패설로 대리만족하자는 생각이 깔려 있는 것이다.

2. '눈 어둡다면서 다홍 고추만 잘 딴다'

'눈이 어둡다 하더니 바늘귀만 잘 꿴다'는 말을 들으면, 바늘귀 꿰는 광경이 연상될 것이다. '눈 어두운 체하며 다홍고추 잘도 딴다'는 말을 듣는다면, 당연히 다홍고추 따는 광경이 연상되겠다. 그러면서 동시에 남녀 간의 짝짓기를 떠올릴 것이다. 중의법인데 불경스럽다고 할 것도 없다. 잡놈 잡년이 됐든 선남선녀가 됐든 어쨌든, '댕기 끝에 진주씨요, 상추밭에 파랑새라'는 식으로 잘 어우러지니까 가능한 일이겠다. '벙어리가 서방질을 해도 다 제 속이 있다'고 하듯, 다 제 사연이 있어 일을 저지른다. '계집이 군것질 심하면 서방질하고, 사내가 군것질 심하면 도둑질한다'고 해도, 다 제 필요에 따른 것이겠다.

짝짓기를 유별나게 좋아하는 사람이 있다. 사람마다 성호르몬을 강하거나 약하게 받아 태어난다니 당연히 구별이 있겠다. 성호르몬을 강하게 받은 사람은 억제하느라 힘이 들 것이다. 반면 약하게 태어난 사람은 짝짓기에 소극적이라고 짝으로부터 비난을 받을 수 있다. 이래저래 성호르몬이 말썽을 부리는 셈이다. '여우 거시기를 가지고 있나' 하는 말이 있다. 유별나게 남자가 따르는 여자를 두고 하는 말이다. '여우 거시기를 가지고 다니면 남자가 잘 따른다'는 속설에서 비롯된 말이다. 지성도 참으로 지독하다 하겠다. 여우 거시기를 도려내 말린 것을 가지고 다니며 남자를 유혹하려 하겠다는 생각 말이다. '신바람 난 계집 마음인가' 하는데, 여자가 신나면 당연히 사내는 더욱 신나겠다. '버릇 굳히기는 쉬워도 버릇 떼기는 어렵다'고, 오입질 서방질로 만나는 습성이 어디 가겠는가.

'얼굴 자랑은 해도 거시기 자랑은 못한다'고 했는데, 세상에 마치 거시기 자랑을 하려는 듯 나대는 사람도 있는 법이다. '얼씨구나 하는 판에 절씨구나 한다'고, 서로 마음이 맞으면 일이 벌어지는 것이다. 활달하게 행동하는 사람이 꼭 호색적은 아니다. '어수룩한 개가 울 넘는다', '얌전한 강아지가 부뚜막에 올라가 똥 싼다'고, 점잖게 행동하는 사람이 오히려 바람둥이일 수도 있다. '알고 달라는 데야 없다고 못하는 것이 거시기라'고 대답한다면, 참으로 기특하다 하겠다. '화냥년 속치마처럼 바쁘다'는 비유도 재미있고, '화냥년이 수절 타령한다'는 비꼼도 재기발랄하다.

워낙 은밀하게 이루어지는 것이 짝짓기인데, 의심쩍은 사람들은 늘 주위를 끌기 때문에 스스로 탄로가 나는 경우가 많다. '봄 꿩이 제 울음에 죽는다'고, 좀 다른 행동을 하기 때문에 소문이 난다. 그래서 '집안에서 한 잔치는 소문이 안 나도, 방안에서 몰래 한 화냥질은 소문이 난다', '화냥년 서방질은 하늘도 안다'고 한 것이다. 본래 짝짓기라는 게 한참 밀고 당기기를 하기 마련이다. '줄 듯 줄 듯 하면서 애만 먹인다', '줄 사람은 천연한데 김칫국부터 마신다'는 정경이 생기겠다. 그러나 베테랑들은 '줄 바에야 벗기고 주느니 벗고 주랬다', '주려면 홀랑 벗고 주어라'고 하거나 '울타리 밑에 임 세워두고, 아랫목에서 홑이불이 고깔춤을 춘다'고, 적극적이거나 대범하게 일을 벌인다. '준 흉은 있고, 안 준 흉은 없다'고 했다. 돈을 빌려주지 않으면 흉잡힐 일이 없을 것인데, 괜스레 빌려줘서 흉을 잡힌다는 뜻으로 쓰는 말이다. 몸을 허락하지 않았으면 되는데, 일단 줘서 일이 벌어진다는 뜻으로도 쓸 수 있는 말이다.

성호르몬이 작동하는 대로 따르다가는 화냥년, 오입쟁이 소리를 들을 수밖에 없다. 스스로 잘 조절해야 한다. 성호르몬이 사시사철 계속해서 몸을 움직이게 하는 건 아니다. 여자는 봄에, 남자는 가을에 특히 강하게 작동한다. '가을은 남자의 마음을 흔드는 계절이고, 봄은 여자의 마음을 흔드는 계절이다', '가을 거시기는 쇠판을 뚫고, 봄 거시기는 쇠젓가락도 끊는다'는 말에서 그것을 알게 된다. 철 따라 성욕이 다르다면 핑곗거리가 되겠다. '암탉이 오리알을 낳고도 할 말이 있다'는데, 사람이 핑계를 못 댈 것인

가. 핑계가 안 통하면 '중의 첩도 저 좋아서 한다'고 하면 그만이겠다.

'바다에 배 지나간 자리 없고, 여자 배에 거시기 지나간 자리 없다'고 마구 몸을 내둘려 좋을 건 없겠다. '못난 여편네가 아래위로 주전부리한다'고 하지만, '물거미 지나간 흔적'과 다름없으니 누가 알랴, 하겠다. 그래서 '모르고 한 번, 알고 한 번' 하게 되면 오입에 베테랑이 되겠다. '바람둥이 여편네 속곳 물 마를 새 없다'더니 그렇겠다.

제 몸을 쉽게 허락하는 것은, 짝짓기가 '대동강에 배 지나간 자리', '대천 바다 배 지나간 자리에 표적 없다'는 것에 지나지 않는다는 생각을 하기 때문이다. 짝짓기 흔적을 흔히 배 지나간 자리라고 표현하는데, 배(腹)와 배(船)라는 동음이의어가 아주 절묘하게 맞아 떨어진다. '배 지나간 자리나, 배 지나간 자리나'란 속담도 기발한 언어유희다.

'강물에 소 지나간 자리라', '개울물에 개 지나간 자리', '바위에 개 지나간 흔적' 하면서 짝짓기를 즐긴다고 누가 뭐랄 수 있겠는가. 간통죄도 없어져, 이제 짝짓기의 자유를 법으로 관리하는 일도 없어졌다. 제 몸을 관리하는데 시비를 거는 사람은 이제 아무도 없는 것과 마찬가지다. 오로지 제 짝뿐인데, 요즘은 "배 째라"는 식으로 나가면 짝도 어찌지 못하는 경우가 적지 않다. 이혼이 수단인데, 그것마저 여의치 않은 사람도 많은 모양이다. 그저 최소한 도리를 지켜달라고 하소연을 하는 부부가 늘고 있단다.

'바람 쐬러 보리밭에 나왔다 명주 속곳 찢긴다'고 할 정도면 고의적인 반칙이라 할까. 바람을 왜 하필 보리밭으로 쐬러 가는가. 잠시 즐길 상대가 혹시 없나, 하는 속셈 아닌가. '바람이 불려거든 돈바람이 불고, 풍년이 들려거든 임 풍년이 들랬다'고 한 것처럼 임 풍년에 욕심을 둔 사람은 아닐까. '바람 핑계, 구름 핑계' 하면서 '덩치보다 간이 크다' 할 정도로 모험에 나선 건 아닐까. '바람 부는 대로 산다'는 말도, 호색한들은 내키는 대로 짝짓기를 한다는 식으로 해석할 것이다.

'달라는 것이 고마워서 준다'는 사람은 그야말로 무골호인이다. 어차피 썩을 몸인데 인심이나 쓴다고 하면 세상사가 얼마나 편하게 돌아갈까. 남들이 '드러난 상놈이 울 막고 살랴', '드러난 상년이 울 막고 살랴' 할 정도면 당사자들은 더욱 편할 것이다. 사정이 이러하니 제 짝도 제대로 못 차지하는 아내가 있게 되는 것이다. '만만한 년은 서방도 없다'는 탄식을 쏟아내는 여자가 있다는 말이다. '내 것이 중하면 남의 것도 중하다'고 했는데, 다홍고추 잘 따는 여자에 걸려 짝 잃은 신세가 되는 것이다. '남의 남편은 정 들어도 못 산다'고 했는데, 칸 크고 통 큰 사람에게는 통하지 않는다. '너의 재물은 내 것, 나의 재물도 내 것'이라 배짱을 부리겠다. '내 돈도 남의 손에 들어가면 내 돈이 아니라'는 처지가 되는 사람 적지 않다.

'내 병은 내가 제일 잘 안다'고 했다. 그런데 서방질 오입질에는 웬만한 처방으로 듣지를 않는다. 이미 짝짓기 중독에 걸려 습관적으로 일을 벌이면서도 헤어나지 못하는 저를 모를 리 없다. '개살구 지레 터진다'고 염치, 체면 가리지 않고 막 나가는 것이다. '못난 계집 바람나면 머슴 한 놈 망치고, 잘난 계집 바람나면 여러 양반 망친다'는데, 잘난 척하면서 못난 짓을 해대는 사람 적지 않다. '곱게 생긴 년이 밑 헤프다', '웃음이 헤픈 여자는 아래도 헤프다'는 말을 믿을 수 없지만, 사내 사냥을 은근히 즐기는 여자들이 늘어가는 세태임은 분명하다.

3. '거시기는 비위 좋은 놈이 잘한다'

'범은 발톱을 아끼고, 공작은 깃을 아낀다'고 했는데, 사람은 어느 부위를 아껴야 할까. 얼굴을 아껴야 하나, 아니면 거시기를 아껴야 할까. 아마도 얼굴은 아껴도 거시기는 한껏 쓰겠다는 생각을 할지도 모른다. '죽으면 거름도 안 될 인생'인데, 아껴서 무엇하겠느냐고 생각할 것이다. 써먹고 싶은 만큼 써먹을 기회가 없어서 그렇지, 남녀를 구분할 것도 없겠다. 성서에서는 아담과 이브가 부끄럽다고 가린 곳이 거시기인데, 떼어낼 수도 없는 일이다. '똥구멍이 더럽다고 도려낼 수 없다'고 했다. 서방질 오입질에 망신이라도 당하면 제 거시기가 불편하게 여겨질 것이다. '자식과 불알은 있어도 짐스러운 줄 모른다'고 했지만, 그건 거시기가 문제를 일으키지 않았을 때 생각이겠다.

'밥술깨나 먹으니까 두 계집도 모자란다'고 했다. '방탕 자식 작심은 삼일이라'고도 했다. 제 거시기를 한껏 사용하려고 무진 애를 쓰는 사람이 적지 않다. '먹자는 놈과 하자는 놈 못 말린다', '먹자는 놈한테는 못 이긴다', '밤송이 우엉송이 다 찔러 보았다', '젊은 거시기는 뿌듯한 맛으로 하고, 늙은 거시기는 요분질 맛으로 한다'는 속담들이 다 오입쟁이들의 행태를 두고 하는 말이다.

짝짓기 즐거움에 빠지면 남녀 구별할 것도 없이 충고가 먹혀들지 않는다. 제 주위에 얼마나 많은 덫이 기다리고 있는지 생각을 할 수가 없다. '권하는 맛에 서방질한다'거나 '너는 노래 불러라, 나는 첩질이나 하겠다'는 지경에 들어서면 구제해 줄 재간이 없게 된다. 사내는 '절구통에 치마 씌운 것만 봐도 사지를 못 쓴다', '절구통에 치마만 둘러놓아도 입이 헤 해진다'고 했다. 눈이 돌아가고 제정신을 못 차려, 제 앞에 덫이 놓여 있다 해도 괘념하지 않는다. '염치 없는 것이 거시기라'고, 염치나 체면을 차리지 못한다.

'거시기에 미치면 철면피가 된다'고 했는데, 남녀 구분할 것도 없다. 현실에서는 추측만 할 뿐이겠지만, 문학작품에서는 흔한 주제가 된다. 아주 오래된 작품인 《아라비언 나이트》가 그중 하나다. 이 작품에는 이야기가 시작되는 실마리가 먼저 제시된다. 샤·자만 왕의 독백이 그것이다. "형수는 더러운 노예 중에서도 가장 더러운 놈과 사랑에 빠지다니. 그러나 이것도 단지 모두가 다 하는 짓, 서방질을 하여 남편에게 오쟁이를 지우지 않는 계집은 하나도 없다는 사실을 가르쳐 줄 뿐이다." "나는 굳게 믿는다, 이 세상의 사내로서 계집의 음탕에 시달리지 않는 자는 한 사람도 없다는 것을!"[74]하는 부분이 있다. 왕비의 음행으로 인해 분노하여 숱하게 사람을 죽이는 왕을 진정시키기 위한 자매의 이야기가 1001일 동안 펼쳐지는 것이다.

떠도는 이야기들을 모아놓은 것이지만 당시의 세태나 가치관을 유추할 수 있는 작품이다. 왕이 사냥을 간 사이에 검둥이 노예와 왕비가 짝짓기 놀이를 노골적으로 하는 장면을 묘사한 장면부터 길고 긴 이야기의 항해가 펼쳐진다. 물론 꾸며낸 이야기겠지만, 현실의 한 부분이 없으란 법은 없다. 상상력으로 만든 것이라 할지라도 짝짓기 욕망에는 염치도 체면도 없으며, 남녀의 구별이 없다는 것을 깨우치게 해준다. '사람이 근본을 모르면 짐승이나 매한가지라'는 것을 절감하게 한다.

'구시월 메뚜기 흘레로 망한다'고 했는데, 암컷 수컷이 붙어 떨어지지 않으니 쉽게 잡힌다는 소리다. 사람도 남녀가 붙어 떨어질 줄 모르면 사달이 나는 건 당연하다. 물론 부부나 연인 사이라면 문제가 있을 리 없다. 내연의 관계일 때 그렇겠다.

'나라님도 여자 앞에서는 무릎을 꿇는다'는 말로, 사내들은 기본적으로 체면이나 자존심을 버려야 한다는 것을 내세운다. '남자는 팔십이 되어도 거시기 생각을 못 버린다', '남자는 코 풀 힘만 남아있어도 사내구실을 하러 간다'고 하니, 남자의 염치나 체면은 여자 앞에서 말하기 곤란하다.

염치불구하고 체면불구하고, 하면서 뭔가 하려면 비위가 좋아야 한다. 여자를 한껏 탐하려면 '비위가 노래기 회 쳐 먹겠다', '비위 좋기가 오뉴월 쉬파리를 찜 쪄 먹겠다'고 할 정도는 돼야 할 것이다. 사내들 못 된 것은 여자를 음식으로 보기도 한다. 반반한 여자를 보면 '날 것으로 삼켜도 비린 내가 안 나겠다', '여자는 익은 음식이다' 식으로 말한다. 날고기로 유추해서 '날고기 싫다는 호랑이는 있는지 몰라도, 계집 싫다는 사내 없다'고 말을 한다. '개 입에서 상아 날까' 하는데, 오입쟁이 입에서 덕 있는 말이 나올 리 없다. '형수님 형수님 하면서 치마 속으로 손 집어넣는다'는 건 예삿일이고, '첫날밤도 안 지낸 새각시 하루만 꾸어달란다'고 할 정도겠다. 아무리 염치없는 놈이라도 그렇게 할 수 있을까. '먹는 것과 여색에는 염치가 없다'고 했으니, 가끔 후레자식을 볼 수도 있겠다.

4. '거시기한 다음에는 달라진다'

'들어갈 때 마음 다르고 나올 때 마음 다르다'는 말은 참으로 천의 얼굴을 가졌다. 이렇게 저렇게, 여기저기 쓸 수 있는 말이다. 그만큼 사람의 마음이 쉽사리 변한다는 말도 되겠다. 짝짓기를 두고도 이 말은 절묘하게 쓸 수 있다. 짝짓기를 시작하면서 갖는 마음과 끝날 때 마음이 천양지차라는 뜻이다. 여자보다 남자가 특히 그렇겠다. 사정하는 순간은 지상 최고의 쾌감으로 질주하다가 갑자기 허무함의 구렁텅이로 처박히게 되니 그렇다. '들어갈 때는 남대문이요, 깰 때는 수구문이라'는 비유가 맞겠다. '문전 객사한다'는 말도 하는데, 드나드는 힘이나 끈기가 아주 부족하다는 뜻으로 빗대는 말이다. 이 말은 축구에서 골문 처리 미숙을 뜻하는 말로도 쓸 수가 있다. 그러나 짝짓기에서 조루증을 비유하는 말로 쓰면 정말로 절묘하게 들어맞는다.

사내들 모두가 짝짓기를 열망하는 것 같지만, 능력이 좀 부족한 사람에게는 보통 부담이 아니다. '들어도 태산 안 들어도 태산'이겠다. 원래 말을 듣거나 안 듣거나 감당하기 힘들다는 말인데, 드나든다는 말로 해석해도 좋다. 여자 거시기에 출입하는데 엄청난 부담이 된다는 말이다. '들어서 죽 쑨 놈 나가서도 죽을 쑨다'는 말이 조루증을 빗대는 말이 될 수도 있다.

'단 것이 진盡하면 쓴 것이 온다'는 말은 짝짓기에 적용해도 진리다. '단 불에 기름 뿌린다'는 듯 순식간에 달아오르는 게 짝짓기다. '도깨비하고 씨름하는 격'으로 어우러지기는 하지만 도대체 왜 여기까지 와야 하는지 너도나도 모를 일이라 생각되겠다. '오입쟁이 제 욕심 채우듯 한다'고 하는데, 제 혼자 달아올라 절정에서 몸부림치고 순식간에 떨어져 나가면 대책이 없는 짓이겠다. '다 가서 문턱을 못 넘는다', '다 끓여놓은 죽 솥에 침을 뱉는다', '다 된 밥에 재 뿌린다'고 하는 비난이 돌아올 것은 뻔하다.

짝짓기라는 게 머리의 정수리를 뚫고 나가는 듯한 쾌감을 준다지만, 정말 잠깐이다. 그 후유증과 정말 맞바꿔도 좋겠는가, 하는 후회도 엄습한다. 이런 것이 전부라면 짝짓기를 두 번 다시 하고 싶지 않다는 생각을 하는 사람도 있을 것이다. 그러니 전과 후가 달라지지 않을 수 없다. 허무함 때문에 짝과 애정 행각을 정리하고 싶은 생각이 들 것이다. '내 모른다 네 방귀 한다'는 말을 감히 할 수 없을 뿐이겠다. 그래서 진짜배기 오입쟁이들은 한 여자와 한 번만 짝짓기하고 그만둔단다. '네 거시기 내 몰라라 한다', '언제 네 떡 내 먹었느냐 한다'는 태도를 보이고 사라진다면 기가 막힐 노릇이겠다. 여자는 '배 지나간 바다에는 연기나 남았지만, 임이 지나간 가슴엔 한숨만 남는다'는 자괴감에 시달릴 것이다.

남자의 후유증과 여자의 후유증은 다르다. 남자는 절정에 올랐다가 나락으로 떨어진 허무감에 극도의 피곤함을 느낄 것이다. 여자는 홍콩을 갔다가 여진餘震에 떨다가 또다시 파도가 휘몰아 오기를 바라고 기대할 것이다. 그러니 서로 리듬을 타지 못하면 필히 패한다. 상대방을 배려하면서 호흡과 리듬을 맞출 때 짝짓기는 쾌감을 극대화할 수 있게 된다.

'메로 치나 절구로 치나, 떡방아는 한 가지라'고 하면서, 다짜고짜로 덤비는 사람에게 무슨 사랑을 기대하겠는가. '오입쟁이는 인물을 가리지 않고, 주객은 청탁을 가리지 않는다'고 하듯, 짝짓기라면 무조건 대들면서 충분히 배려를 하겠는가. 인물을 가리라는 뜻이 아니다. 짝짓기도 사랑의 표현이라면 상대방에 대한 배려가 우선이라는 말이다. 그런데 그 행동이 제 욕구를 만족하는 데서 그친다면 오히려 갈증에 더 시달릴 것이다. '다 된 음식도 먹고야 먹었는가 해라'고 하는데, 짝짓기를 해도 한 것 같지 않은 기분이겠다.

짝짓기하고 나면 달라진다는 말은 신체적, 정신적 후유증에 시달리게 된다는 의미도 있지만, 인간관계가 좋다 못해 힘들어진다는 염려도 있다. 살맛이 서로 환장할 정도로 좋으면, 서로를 완전히 소유하고 싶어 사사건건 간섭하고 질투심도 키우게 될 우려가 있다. 그래서 질투는 사랑의 양념이라고 했는데, 정도가 심하면 서로를 좀먹을 수 있다.

'보살도 첩 노릇 하면 변한다', '성인군자도 남의 첩 노릇을 하면 변한다'고 했다. 어찌 그렇지 않겠는가. 첩이라는 열등감은 모든 면에서 과도한 시기와 질투로 나타날 것이다. 아무리 인품이 좋던 사람도 일단 짝짓기를 경험하면 언행이 달라질 수밖에 없다는 뜻으로 하는 말이다. '계집은 거시기 잘하면 좋은 일 없어도 사흘 웃는다'고 했다. 만족스런 짝짓기 덕분에 몸에 활력이 솟는 것으로 끝나면 좋은데, 욕심이 생기고 덫에 빠지게 된다.

시기 질투를 여자만 하는 게 아니다. 남자도 시기 질투심을 깊게 누르고 산다. '사랑이 지나치면 미움을 불러온다', '사랑에는 질투가 양념이라', '불 난 끝은 있어도 질투 끝은 없다'고 하는데, 사랑하면 따라붙는 게 질투심이다. 그래서 마음이 편협해지기도 한다. 질투심이 솟으면 언행이 '애그러지게 나가며 어그러지게 들어온다'는 꼴이 된다. 이쪽에서 좋지 않게 대하면, 저쪽에서도 좋지 않게 대하기 마련이라는 뜻이다. 사랑도 품앗이라고 한 말이 백번 지당한 말이다. 짝짓기를 하더라도 그것이 제 덫으로 돌아오지 않게 살필 일이다.

사랑, 속담이 말한다 **243**

'남녀 간의 정분이란 하늘도 모른다'

'묏부리는 우뚝한 맛이요, 골짜기는 깊숙한 맛이라'는 속담이 산과 골짜기의 웅장함을 표현하는 말이다. 그런데 느닷없이 남자와 여자의 거시기를 형용하는 말이라 한다면 면박을 받을 수 있겠다. '살맛'이 느껴지는데, 살아가는 맛이 아니라 '뼈와 살'이라 할 때의 살맛이라는 뜻이다. 그렇다. 우뚝하고 깊숙한 살이 어우러져 맛을 내는 게 몸 사랑, 짝짓기다.

'구멍을 파도 한 구멍만 파라', '우물을 파도 한 우물만 파라'고 한다. 얼마나 은유적이기도 하고 상징적이면서 사실적 충고인가. 게다가 에로틱하고 다소간 외설적인가. 이런 충고가 거의 먹히지 않는 게 짝짓기 쪽일 것이다. '구멍 파기에 미치면 녹아내리지 않을 삭신 없다'는 확신은, 짝짓기 중독에 걸린 사내들이 하게 될 것이다.

'단 구멍이 신 구멍만 못 하다'는 말도 성 속담이다. 아무리 음식이 맛있다 해도 짝짓기 맛에 비할 바가 아니라는 뜻으로 빗대는 말이다. 쑥스럽다 해도 누구나 수긍할 말이겠다. 신 구멍을 '단 꿀 빨 듯한다'는 데야 누가 시비를 하겠는가. '단물 신물 다 빨아 먹는다'고 대드는 데야 어쩔 수가 없는 게 정분이다. '하자는 놈과 먹자는 놈은 당할 수가 없다'고 하지 않던가.

짝짓기에 대한 인간의 애착이 산짐승이나 집짐승만 못하다고 할 수 없다. 몇 종류를 제외하고, 발정기에만 수컷을 받아들이는 짐승보다 인간은 마음만 먹으면 언제나 짝짓기를 할 수 있다. 그래서 스스로 또는 남들이 제동을 걸어야 한다. 일부일처제는 짝짓기를 조절하는 최소한의 제도다.

'남자와 여자란 뒷간에서 얼핏 마주치기만 해도 정이 붙는다'고 했다. 처음 만나는 남녀라도 사랑의 심지를 붙이는 데는 아주 짧은 순간, 찰라라 해도 무방한 시간이면 가능하다는 것이겠다. 누구는 남성의 경우 0.2초 사이에 여성이 매력적인지 아닌지 판단을 끝낸단다. 이 짧은 시간에 어떻게 빨려드는지 귀신인들 알아채겠는가. 흔히 '하늘이 알고 땅이 알고, 네가 알고 내가 안다'고 하지만, 하늘과 땅이 하찮은 인간사에 관심이나 두겠는가. 자기네 정분이야 처음에는 네가 알고 내가 아는 정도겠다. 아니 저 하나뿐이겠다.

'나중 꿀 한 그릇보다 당장의 엿 한 가락이 달다'고 대드는 건, 십중팔구 사내 쪽이다. '나중에야 삼수갑산을 갈지라도' 하며 앞뒤 생각을 하지 않는다. 눈으로 보는 순간 바로 뇌로 연결되고 화학작용에 따라 행동하라는 명령이 전달되는 것이다. "집중력과 힘, 정열을 불어넣는 화학물질에 흠뻑 젖은 채, 그리고 주인의 행동을 자극하는 뇌의 엔진에 떠밀려 연인들은 초인적인 구애 충동에 굴복하고 만다"[75]는 것이다.

윌러의 소설 《메디슨 카운티의 다리》를 두고 사랑에 대해 다양한 것을 말할 수 있다. 어느 날 길을 묻기 위해 나타난 사진작가와 농부의 아내가 사랑에 빠져 보낸 4일간의 이야기다. 남편과 자식들이 일주일간 전시회에 나간 틈이라서 여주인공 프란체스카는 방문자의 매력에 무장해제되고, 남편 리처드가 차지했던 여주인공의 마음속을 방문자 킨케이드에 대한 사랑으로 채우게 된다. 불과 몇 초만에 마음을 빼앗긴다.

이러니, '정분이란 한 번 죽고, 한 번 살아봐야 한다'는 말을 믿을 것도 못 된다. 함께 오래 살아봐야 정분에 대해 평가할 수 있다는 뜻인데, 순간에 끝내버리는 사람들에 대해 '번갯불에 콩 볶아 먹겠다', '번갯불에 회 쳐 먹겠다', '번갯불에 담뱃불 붙이겠다', '번갯불에 용 구워 먹겠다', '번갯불에 꿩 구워 먹겠다'는 말들로 비유할 수 있겠다. '인생만사가 꿈속이라'더니, 꿈이 아니고야 보기 쉽지 않을 듯하다.

'얼굴이 비춰지는 어루쇠는 있어도, 사람의 넋이 비춰지는 어루쇠는 없다'고 했다. 얼굴이 예쁜지 아닌지 판단하게 하는 거울은 있어도 정신 상태가 어떤지 판단하도록 하는 거울은 없다는 뜻이다. 정말 그렇다. 상대방에 대해 전혀 알지도 못하고 제 몸과 마음을 넘겨주겠다는 결심을 한순간에 해버리는 마음을 어떻게 측량하겠는가.

어차피 '인생살이는 이판사판이라', '인생 제백사는 줄타기 놀음이라'는 것을 알아서 그런 용기를 내는 것일까. 그러니 짝짓기에 쉽게 빠지는 것이겠다. 짧고도 의미 없는 인생이라서 차라리 쾌락에 몸을 맡기자는 생각을 하는 것이다. 제 마음에 고삐를 걸지 못하는 사람은, 제 정분의 방향을 어떻게 잡아야 하는지 알 수 없을 것이다. 애정도 '바람 부는 대로 물결치는 대로' 맡긴다고 하겠다.

1. '꽃과 나비는 한곳으로 간다'

'도끼 찾으면 장작 패려 하는 것이고, 도리깨 찾으면 보리타작 하려는 것이라'고 했듯이 남녀가 서로 찾는 이유는 대부분 짝짓기를 하려는 것이다. '처녀 많은 동네, 보리 풍년드는 해 없다'고 했다. 처녀가 나타나면 총각이야 어련히 따라올 것이다. 예전에는 보리밭이 사랑을 나누는 장소였다. 물레방앗간도 역시 그랬다. '눈이 맞으면 배도 맞춘다'는데 옛날 시골에 배 맞출 장소가 없으니 보리밭 밀밭이 제격이겠다. 말이 그렇지, 여자의 정기가 한껏 오르는 봄에는 보리이삭 밀이삭이 한참 까끄러울 때라서 정사를 벌이는데 고통스러웠겠다. 좁은 초가는 부모와 형제들이 차지하고 있는데 어쩌겠는가. '거시기는 정이라'는데, 어쩔 수 없는 일이다. '가는 정이 있어야 오는 정이 있다'는데, '정조에 흙자국이 난다'고 해도 어쩔 수 없는 본능 탓이겠다.

'참새가 방앗간을 그냥 지나칠까', '까마귀가 오디밭을 두고 지나칠까' 하는데, '시골 총각처녀 보리밭, 물레방앗간을 그냥 지나칠까' 해도 될 곳이었다. 요즘이야 모텔 호텔 팬션은 물론, 아쉬운 대로 차 속에서도 편하게 짝짓기를 한다. 유튜브에서는 내놓고 짝짓기하기 좋은 곳, 불륜 저지르기 좋은 곳을 알려주기도 하니 요지경 속이라 할 것이다. '말 갈 데 소도 간다'고, 서로 뜻만 맞으면 장소 불문이라 할 것이다.

'암캐 수캐 노는데 청삽살개 못 놀까' 하는 생각을 실천에 옮기면 일은 시작되는 것이겠다. '거시기 맛 중에 제일이 번개 거시기라'는데, 동네 사람들 눈을 피해 짧은 시간에 아주 강렬한 사랑을 하는 것이다. 어쩔 수 없이 선택한 장소지만, 자연 속에서 벌이는 일이라 아주 로맨틱한 곳이라 하겠다. 야외에서, 더군다나 어두운 밤에 일을 벌이려면 온몸의 감각이 아주 정교했을 것이다. 이런 면에서 '촌놈이 더 무섭다'고 할 것이다. 어련하겠는가, '시골 놈이 서울 놈 못 속이면 보름씩 배를 앓는다'고 하듯 의뭉함 속에 섬세한 계책이 있는 것이다.

'암소 곧달음에 황소 늦걸음이라'고 했다. 암소는 고지식하게 밀고 나가는데, 황소는 느긋하게 행동한다는 뜻이다. 사람이 짝짓기를 할 때도 그럴까. 아마도 대부분은 사내가 먼저 달아올라 곧달음을 할 것이고, 여자가 늦걸음을 할 것이다. 아니 정반대의 경우도 있을 수 있겠다. 하고픈 마음이 막상막하로 급한데, '암까마귀인지 수까마귀인지 어찌 알랴'고 해야겠다.

마음이 똑같으면 가는 곳, 가는 길도 한마음이겠다.

　꽃과 나비가 한 곳으로 간다는 말은 총각 처녀가 친해지면 어느 한 곳으로 가서 어우러져 놀기 마련이라는 뜻이다. 총각 처녀만 그런가. 눈이 맞은 남녀는 어쨌든 남의 눈에 띄지 않는 곳으로 가게 된다. 짝짓기에 기갈 든 사람들이라면 말할 것도 없다. 사내는 '여자와 집은 저질러 놓고 보아라' 하는 생각으로 재촉해댈 것이고, '여편네는 정으로 살고 정으로 죽는다'고 호응하겠다. '꽃게나 방게나 옆으로 기기는 마찬가지라'고 했는데, 사랑에 빠진 사람들의 생각이 크게 다를 바 없겠다. '여자는 외골수라'고 하는데, 짝짓기에는 남자도 마찬가지다.

　'개가 사람을 보고 꼬리를 흔드나, 먹이 보고 흔들지' 하듯, 사람보다는 제 욕정을 해소하기 위해 만난다면 참으로 편리할 것이다. 그리움도 없이 속전속결로 욕망을 처리하니 얼마나 시원할 것인가. 선수끼리는 한눈에 알아보는 것이다. '눈치가 빠르면 절에 가도 조개젓을 얻어먹는다', '눈치 빠르기가 비린내 맡는 고양이 콧구멍 같다'더니, '눈치만 보고 사부인 고쟁이 벗긴다'는 정도로 고수가 있을 것이다.

　요즘 많은 사람이 그렇듯이, 그리움 없이 사랑을 익힐 사이도 없이 막 바로 짝짓기로 들어가는 관계는 얼마나 편리한 것인가. '눈치 하나는 파발마보다 빠르다', '눈칫밥 먹는 주제에 상추쌈까지 싸먹는다'고 할 정도가 되기 위해서 얼마나 훈련을 했겠는가.

　'나비도 꽃이 고와야 찾아온다'고 하는데, 괜한 소리다. '비단옷 입고 외도한다'는 뜻이 아니겠다. 나비는 꽃을 차별하지 않고 꿀이 많이 든 꽃을 찾아든다. 사람도 마찬가지다. 곱다고 무조건 찾아들면 허탕일 수 있다. 꿀처럼, 사람 됨됨이가 가득한 사람을 찾아들겠다.

　'망나니는 망나니와 길 가게 되고, 불행에는 불행이 손 잡는다'고 했다. 사회에 그런 광경을 자주 보면 건전한 사회는 아니다. '선남선녀는 선남선녀와 길 가게 되고, 행운에는 행운이 손잡는다'는 광경을 자주 봐야 사랑도 보람이 있다고 생각하겠다. 만나자마자 짝짓기 할 곳을 찾는 모습들에서, 풍조가 반짝 사랑으로 변해가는 조짐을 보게 된다.

2. '잠깐 인연도 길이길이 못 잊는다'

'놀다 가면 건달이고, 자다 가면 낭군이지', '놀다 가는 것이 정분인가, 자고 가는 것이 정분이지' 하는 말은 평범한 연인 사이에서도 할 수 있고, 화류계 사람이 할 수 있는 말이기도 하다. 평범한 연인들이야 잠깐 사랑이 아쉬운 것이고, 화류계 사람이야 돈을 한껏 뜯어내기 위한 말이겠다. '하룻밤을 자도 만리장성을 쌓는다'고, 하룻밤 인연으로 큰 것을 이룬다는 뜻이겠다, 큰 것이라는 게 뭘까. 사랑보다 큰 게 있을까. 물론 사업도, 인생 큰 설계도 이루어질 수는 있겠다. '하룻밤 인연에도 죽을 때까지 기와집을 지었다 헐었다 한다'는 경우도 크다. 잠깐의 인연인데 평생을 두고 못 잊으며, 이 궁리 저 궁리를 한다는 것이다. 한평생 못 잊을 것을 머릿속에 새겨줄 수 있으니 얼마나 대단한 일인가.

'도깨비방망이와 가죽 방망이는 놀리기에 달렸다'고 했다. 남녀가 어우러져 짝짓기 없이 진한 사랑이 될 것인가. 남자의 거시기가 제대로 작동해서 여자의 사랑이 생겨나야 이야기가 만들어질 것이다. 서로 내뱉는 소리가 '도깨비 씻나락 까먹는 소리', '도깨비 여울 건너는 소리', '도깨비 염불하는 소리' 같을지라도 사랑의 소리로 변해가게 되겠다. 하룻밤 제대로 어우러지면, 어설프게 오랫동안 계속된 사랑보다 나을 경우가 있는 법이다.

'하루 이틀로 사람 마음을 모른다'고 했는데, 하루 이틀 사이에 만리장성은 쌓을 수 있다. '하룻밤의 인연으로 만리장성을 쌓으러 간다'니 말이다. 그까짓 만리장성이라는 게 동침하는 일인데, 각자의 마음을 몽땅 빼앗기니 한껏 과장해보는 말이겠다. 그러나 감각이 '곰 발바닥 같다'는 정도가 아니라면, 먹을 떡인지 버릴 떡인지 알 것이다. '눈치가 종자닭 잡아먹겠다'는 정도가 되면 '하룻밤을 자도 수가 생긴다'고 할 만큼 좋은 일을 만들어 낼 수가 있겠다.

'하고 많은 길바닥 돌에도 연분이 있어야 찬다'고 했다. 하고 많은 남녀가 어우러져 살아가는데, 연분이 있어야 연애고 혼인이고 이루어지는 것이겠다. 오래도록 정을 들여 이루어진 인연은 말할 것도 없겠고, 잠깐의 인연도 인생 설계도에 있는 것처럼 오래도록 새겨질 수 있다.

'하룻밤을 자도 임은 임이다', '하룻밤을 자도 아내는 아내라'는 말이 있다. 기약 없는 하룻밤이라면 임이니 아내니 하는 말이 부질없을 것이다. 사람 마음이 아침저녁으로 바뀌는데 어찌 믿을 것인가. 짝짓기 욕심에 저절로 튀어나오는 말이겠다. '계집이란 쉬 뜨거워졌다 금방 식는 번철이요, 여우비 오는 여름 날씨라'고 했는데, 남자들도 오장이 깊지 않아서 쉽게 변하기는 마찬가지겠다.

앞에서 예로 든 박순원의 소설 〈은비령〉속의 주인공이야말로 하룻밤에 만리장성을 쌓는 연애소설이라 할 것이다. 만리장성을 쌓는다는 것은, 사랑의 욕구를 충분히 풀어낸다는 뜻이기도 하고 기약을 맺는다는 뜻이기도 하겠다. 이런 일이 있으면 실제로 일어난 일인데도, '꿈에 서방 맛 본 것 같다'는 생각이 들 것이다. '도깨비에 홀린 것 같다', '도깨비 장난 같다'고 느껴야 하룻밤 만리장성을 쌓고 허문 것이겠다.

'번개 거시기에도 정이 솟고, 도둑 거시기에도 정이 큰다'는 말이 기막히다. 짝짓기를 번개처럼 순간적으로 하더라도 정이 생긴다는 말이 된다. 또한 남의 사람과 몰래 짝짓기를 해도 정이 커진다는 말이다. 다소간 비정상적인 짝짓기라도 워낙 강렬한 체험이기 때문에 정이 생긴다는 것이다.

'깨끗한 물이라도 엎지르면 자국이 남는다'고 하는데, 남녀 간의 하룻밤 정분이 자취가 없겠는가. '깨뜨린 물동이요, 저지른 쟁반이라'는 정도는 물론 아니겠다. 몸 사랑이야 '한강수에 배 지나간 자리요, 팥죽 그릇에 수저자국이라' 정도로 생각해야 할까. 마음속에 깊이, 그리고 오래 흔적이 남는다는 말이다. 오래 지나도 '버린 님 못 잊어 한숨짓는다', '말이 먹다 남은 콩 못 잊듯 한다'고 할 것이다. '못 잊어 원수라'고도 할 사람 적지 않겠다.

어느 가수의 노래 〈당신은 누구시길래〉의 가사대로 "단 한 번 눈길에 부서진 내 영혼", "단 한 번 미소에 터져버린 내 영혼"이 사랑인지라 남모르게 시작되는 게 사랑이다. '갑자기 붙는 불은 쉬 꺼진다'고 하지만, 모든 사랑이 다 그렇지는 않다. 단숨에 맞아 이루어진 사랑은 오히려 평생을 못 잊는 흔적으로 남을 수 있다.

3. '모르는 게 상팔자'

남녀 간 정분이야 둘이면 되는 은밀한 일이라서, 남들이 알 필요는 없겠다. 아니 소문이 나면 곤혹스럽다. '이불 속에서 하는 일도 남이 먼저 안다'고 허풍을 떠는데, 짐작이든지 소문일 것이다. 연애에 대한 소문은 특히 뻥튀기가 크다. '소문은 건드리면 더 커지는 삭정이불 같다', '소문보다 사실이 못하다', '소문은 반이 거짓말이라'고 하는데, 사람들 습성이 제 얘기보다 남 이야기를 즐기기 때문이다. 특히 남 잘된 얘기보다는 잘못된 얘기, 은밀한 얘기에 관심을 더 갖는다. '소문은 잘 된 것보다 못된 것이 더 빠르다'는 말이 맞다.

소문은 한동안 중심을 두고 맴돌기 때문에 정작 당사자는 뒤늦게 알게 되는 경우가 허다하다. '등잔 밑이 어둡다'는 꼴이기 마련이다. '세상천지에 다 아는 여편네 화냥질, 제 서방놈만 눈치 못 챈다'는 상황이 되는 건 예삿일이다. '모르는 건 놈팽이뿐', '모르는 건 남편뿐'이라 해서 오쟁이 진 놈으로 몰아간다. 그런데 요즘 일부 사람들은 부부간 서로 자유롭게 혼외정사를 하자고 타협을 한단다. 스와핑이라고, 짝을 서로 바꿔 사랑놀이를 한단다. 그야말로 놀라운 신천지가 전개되고 있는 풍조다.

'세상은 요지경 속이라' 했다. 그 요지경 속을 다 들여다볼 수는 없다. 구석구석 다 볼 수 없으니 어두운 곳이 있기 마련이다. '세상에 비밀은 없다'지만, 드러난 비밀보다 드러나지 않은 비밀이 많은 법이다. 드러난 비밀은 비밀이 아니지만, 한동안 의도적으로 숨기거나 숨어 있던 것이다. 세상에 드러나지 않은 것은 각자 가슴에 숨기고 있는 작고 큰 사건들이겠다. 의도했든 하지 않았든 개인의 미세한 역사는 비밀에 의해 이어져 있다고 하겠다.

비밀이 많은 사람은 맑지 못한 경우가 많다. 마음속에서 숱한 일을 진행하고 있기에 스스로 번잡스러워하기 때문이다. 숨만 내쉬어도 비밀이 새어나갈까 봐 조심하는 표정이 역력할 것이다. '숨은 내쉬어도 말은 내뱉지 말랬다'는 말이야 함부로 말하지 말라는 뜻이지, 비밀로 하라는 말은 아니다. 비밀이라고 다른 사람에게 말하지 말라고 하는 것은, 말을 하라는 뜻인 셈이다. 사람의 입을 믿을 수 있는가. '소에게 한 말은 안 나도, 아내에게 한 말은 난다', '마누라에게 이야기하면 새나간다'는 속담에서 깨달아야 할 것이다. 가장 가까운 사람도 조심해야 한다.

앞에 예로 든 소설 《메디슨 카운티의 다리》에서 프란체스카는 킨케이드와 나눈 나흘간의 사랑에 대해 남편에게 말하지 않는다. '말하지 않으면 귀신도 모른다'는데, 낌새를 전혀 차리지 못한다. 그렇다고 '모르는 것은 남편뿐'이라는 경우가 되지는 않는다. 주위 사람은 다 알고 남편만 몰라야 하는데, 남편뿐만 아니라 주위도 눈치를 채지 못하게 했다. '여자의 비밀은 요람에서 무덤까지라'는 말을 꼭 지키는 주인공이다. 죽은 후에 자식들이 어머니 유품을 정리하다 비밀을 알게 되는 이야기다.

만약 주인공이 잠깐 사랑을 남편에게 실토했다면 무슨 일이 일어났을까. 대개의 경우, 부부간의 극심한 불화로 죽을 때까지 마음 편하지 못했을 것이다. 자식들도 마찬가지며, 이웃으로 퍼져 손가락질을 피하지 못했을 것이다. 조금도 내색하지 않거나 발설하지 않는 것은 불륜을 저지른 사람들의 최소한 도리일까? '적선積善하려다 득죄得罪한다'는 말이 있다. 원래 남에게 베풀려다가 오히려 죄를 짓게 된다는 뜻이다. 적선은 아니지만, 어쩌다 저지른 일을 실토해 양해를 구하고 서로 간의 관계를 새롭게 하려다 죄인이 된다는 뜻으로 써도 무방하겠다. '죄값은 해야 한다', '죄는 삼대를 간다'고 했는데, 이 작품의 주인공에게는 그런 게 없다. 잠깐 사랑이 단 한 번 아무도 모르게 행해졌는데 누가 죄를 물을 수 있겠는가. 그렇다고 '가재와 여자는 가는 방향을 모른다'고 비난할 사람도 없다.

'비밀 없는 놈은 재산 없는 것보다 더 빈곤하다'고 했다. 비밀이 없으면 투명인간이겠다. 말은 언제나 정직해야 하고, 비밀이 될 만한 것도 머릿속이나 가슴속 어디에도 숨겨둘 곳이 없을 것이다. 세상사 살아가면서 거짓말을 할 때가 있겠다. '너무 정직한 것은 거짓말만도 못하다'고 하는데, 입만 다물면 무난할 일을 그놈의 입 때문에 사달이 생긴다는 말이다. '입이 방정이라'는 말이 맞다고 할 것이다.

'숨기는 일치고 좋은 일 없다'고 했다. 사람들의 습성이 좋은 일이 있으면 자랑하고 싶어 못 참는다. 주위 사람들에게 좋은 일이 아니어서 속에 묻어두는 건 당연하다. 그러나 좋고 나쁜 일이라는 게 상대적일 뿐이다. 잠깐 사랑을 경험한 여주인공은 스스로 아주 뿌듯한 정신적 재산일 수 있다. 정정당당한 연애는 아니지만 홀로 생각하면 가슴 벅찬 경험이다. '자랑 끝에 불 붙는다'고 하지만, 어딘가에 자랑하고 싶어 못 견딜 것이다. 자기들끼리는 사랑은 사랑인데 남들에게 떳떳하지 못할 뿐이다. '거짓말도 방편이라'고 하는데, 비밀을 지키기 위한 방편이다.

'가까운 데 눈보다 먼 데 눈이 더 무섭다'고 했는데, 가까운 사람은 물론 멀리 있는 사람도 조심하라는 충고다. '물에도 눈이 있고, 바람에도 귀가 있다'고 했다. 물도, 바람도 조심해야 하는가? 사랑을 두고 거짓말을 하는 것은 비밀을 지키기 위함이다. 특히 짝짓기에 대한 것에 대해 말하지 않는 것은 불문율이다. '남자들 배꼽 밑 얘기는 하지 않는 법'이라고 했는데, 그것도 자랑이라고 서로 까발리는 사람들도 적지 않다. '감추려면 튀어나온다', '싸고 싼 향도 냄새는 숨길 수 없다'고 했다. 제 몸단속을 잘하든지, 주위 단속을 철저히 하지 않으면 비밀은 슬금슬금 기어나오기 마련이다.

'모르는 것이 부처'라 했다. 의심은 의심을 낳는다. 의심이 꼬리를 물면, 저 자신을 스스로 괴롭히게 된다. '공연히 숲을 헤쳐서 뱀을 일군다'는 말이 맞다. 내버려 두면 별일이 아닐 것인데, 파헤치면 제가 상처를 입게 된다. 알고도 모르는 체하여, 저 스스로 깨닫고 원위치하게 할 수 있을 정도면 진실로 덕이 있는 사람이다. '남의 계집 탐하는 놈의 각시 편한 날 없다'고 했으니, 스스로 대오각성할 때를 기다려야 할까. '여자의 속과 뱀굴은 모른다', '여자의 속은 한 품에 든 남편도 모른다'고 했는데, 아무리 가까워도 속을 알려고 하지 말 것이다. 비밀은 스스로 기어 나오기 전에는 비밀로 놓아두는 게 좋을 수 있겠다.

'음양에는
천벌이 없다'

'음지 없는 양지 없다'는 말은 절대 진리다. 인간사에 밝은 일이 있으면, 그 그림자가 있기 마련이다. 어둠 속에서 은밀하게 진행되는 일이 없으며 세상의 일이 제대로 펼쳐질 수가 없다. 어둠 속에서 이루어지는 사랑은 사랑이 아니라고 할 수가 있는 것인가. 어둠 속에서 사랑하다가 들키면 인벌人罰은 틀림없이 받는데, 욕을 먹거나 손가락질을 받아도 인벌은 인벌이다. '인벌은 막을 수 있어도 천벌은 못 막는다'고 하는데, 그럼 천벌이라는 것도 받아야 하는가. 잘못된 언행이 쌓이고 쌓이면, 인벌도 쌓이고 쌓이겠다. 더 이상 물러설 곳이 없으면 나락으로 떨어진다. 그걸 천벌이라 하겠다. 벼락 맞는 걸 천벌이라고 하는데, 벼락은 천기天氣현상일 뿐이다. 벼락이 죄 있는 사람을 확인할 능력이 없다.

'애매한 놈이 생벼락을 맞는다', '애먼 놈 옆에 있다가 벼락 맞는다'고 했다. 진짜로 벌을 받을 사람은 받지 않고 엉뚱한 사람이 피해를 입는다는 뜻으로 하는 말이다. 벌이 대상을 정확하게 겨냥하지 못한다는 뜻이겠다. 인간이 생각하는 죄와 하늘이 생각하는 죄가 달라서 그럴 것이다. 그렇다고 마음 놓고 죄지을 수 있겠는가. 극악한 사람을 제외하고 웬만한 사람은, 자기검증을 무의식적으로 거친다. 작은 죄를 지어도 머뭇거리고 자책하기 마련이다.

인간이 판단하는 선과 악이라는 것도 늘 변한다. 당대의 풍습과 제도에 따르기 일쑤며, 더구나 개개인의 사정에 따라 달라지기 때문이다. '하늘의 벼락은 피할 수 있어도 죄는 피하지 못한다', '하늘에 죄지으면 기도할 데도 없다'고 한다. 그러나 하늘도 인간에게 죄를 물으려 해도 판단 기준이 달라 머뭇거릴 수밖에 없다. 어디까지나 인간들이 스스로 위로하는 말일 뿐이다. 예컨대 '하늘은 욕심이 많아 좋은 사람 먼저 데려간다'는 말이 그렇다. 아무리 좋은 사람이라도 하늘이 데려다 무엇에 쓰겠는가. 인간세계에 좋은 사람이 많이 필요한데, 하늘이 먼저 욕심을 채운다면 인간세계를 빨리 망하게 하려는 음모라고 할 수밖에 없다. '하늘을 좇는 자는 살고, 하늘을 거스리는 자는 망한다'는 말은, 결국 인간세계의 풍습과 제도를 잘 따르라는 말이겠다.

'남의 밭 콩을 따도 할 말은 있다'고 했는데, 남의 짝과 바람이 난다면 무슨 일을 당하게 될까. 천벌을 받는다고 말들을 하지만, 인간사에 하늘이 일일이 간섭을 하지는 않는다. 남녀가 어우러지는 것은 기본적으로 자연의 이치인데 하늘이 뭐하러 간섭을 하겠는가. 인벌은 법으로 다스리는 것이 대부분인데, 간통죄도 없앴으니 각각의 애정관에 맡긴 시대라고 하겠다. 벼락이 간통한 사람들을 겨냥하지 못으니 헛된 벼락이고, '벼락 때린 하늘에 눈 흘기기'로 대수롭지 않게 여길 것이다. 인벌이야 돈으로 틀어막든지, 귀를 틀어막고 소문을 견디는 정도겠다.

천벌은 없는지 몰라도 곳곳에 덫은 있다. '꽃을 탐내는 나비가 거미줄에 죽는다'고 했다. '꽃 본 나비 불을 헤아리랴' 하는데 상습적으로 덤벼도 덫에 걸리지 않는다면, 그것도 능력이라고 할 수밖에 없겠다. '남의 가슴에 못 박으면 제 창자에는 말뚝이 박힌다'는 생각으로 스스로 억제하기를 바랄 뿐이겠다.

인간을 두고 예지적 인간이라고 하는 것은, 다른 동물에 비해 많이 진화했다는 말일 뿐이다. 피그미 침팬지와 98.4%의 유전자가 같다는 것은, 인간도 동물일 뿐 별다른 피조물이 아니라는 말이다. 제 행동을 늘 야생동물과 비교해서 얼마나 다르게 생각하고 행동하는지 판단해보면 깨달을 것이다. 특히 사랑하는 것이 다른 동물과 다르다고 하는데, '지렁이 어금니 부러질 노릇'이다. 짝짓기하는 게 다를 바 없듯, 동물도 사랑의 과정이 있다.

짝짓기 욕심이 수시로 솟는 건 남녀노소 구별이 없을 것이다. '남자 버릇이 개 버릇이라' 는 말은, 남자는 개처럼 늘 짝짓기 하고픈 욕망을 가진다는 뜻이다. '말 거시기 하는 것은 안방 마님도 문틈으로 엿본다'는 속담이 괜한 말이겠는가. 남녀노소 구별 없이 도사리고 있는 이런 본성은, 여건만 허락된다면 쉽게 실천할 수도 있다. 짝짓기에도 고수, 베테랑이 있다. 남녀 구분할 것 없이, 눈치 하나로 서로 선수인지 알아보는 것이겠다. '내 것은 내 것이고 네 것은 내 것이라'는 욕심이, '게도 제 구멍 아니면 들어가지 않는다'는 말을 무색하게 한다.

제 짝이 없는 사람이 짝짓기 욕심에 시달리는 건 죄도 아니고 수치도 아니겠다. '생홀아비가 더 괴롭다'는 경우는 어떤가. 생홀아비란 아내가 있으면서도 짝짓기 욕구를 충족시키지 못하는 남자를 두고 말한다. 그렇겠다. 속도 모르는 남들이야 제 것 두고 다른 여자를 탐한다고 욕하겠지만, 부부 일을 어디 가서 하소연하겠는가. '너는 노래 불러라, 나는 첩질이나 하겠다'는 사람을 말릴 수도 없는 노릇이다. '여자는 백 가지 약 중 으뜸이지만, 잘못 쓰면 비상이라', '남의 사정 다 들어주면 동네 시아버지가 아홉이라'는 속담들은 어긋난 사랑을 피하라는 말이다.

인벌이 쌓이면 천벌이다. '인심이 천심이라'는 말과 같은 말이다. 자칫 정과 사랑이 빗나가면 덫이 하나씩 놓이게 된다. 눈먼 사랑을 피해야 덫도 천벌도 피할 것이다.

1. '세 살 때 못 만난 것이 한이다'

'쇠고기는 본처 맛이고, 돼지고기는 애첩 맛이라'고 했다. 쇠고기 맛이나 돼지고기 맛이나 그게 그거라고 하는 사람도 있고, 쇠고기는 깊은 맛이 있고 돼지고기는 얕은맛으로 먹는다는 사람도 있다. 사람의 살맛을 집짐승의 살맛과 비교하는 게 참으로 기발하다. 다만 먹는 곳이 다르겠다. '거시기 끝에 정 붙는다'고 하는데, 살맛이 좋아 정과 사랑을 듬뿍 내놓게 되는 것이다. '피장파장에 장군멍군이라'는 꼴로 합해지면, 지구가 반쪽이 나도 모를 수 있다.

짝짓기라는 것이 쾌락의 절정이고 아주 강렬한 체험이라서, 남녀노소 할 것 없이 가슴 속 깊은 곳에 욕망으로 꿈틀대고 있기 마련이다. 한번 겪고 나면 '목마른 사람 물 찾듯' 간절히 원하게 된다. 진작 그 맛을 알았다면 좀 더 일찍 즐겼을 것이라는 아쉬움을 갖게 되는 것은 당연하겠다. 그래서 '세 살 때 못 만난 것이 한이다' 하는 말이 나온 것이다.

풋사랑을 하는 총각 처녀나 익은 사랑을 하는 부부, 홀아비 홀어미 할 것 없이 짝짓기는 즐거운 사랑놀이다. 경박한 사랑이 습성화되어 있는 사람은 제짝을 짝짓기 인형처럼 생각하고, 진실한 사랑을 하는 사람은 제 짝에 정성을 다하다 못해 경외심으로 대하겠다. '풀무질이 오래되면 굳은 쇠도 녹는다'고 하듯, 사랑의 풀무질에 서로 간의 정은 나긋나긋해질 수밖에 없다. 그리되면 《채털리부인의 사랑》이라는 소설에서 여주인공이 항상 갈구하는 "부드러운 사랑"에 입문할 수 있을 것이다.

수인사부터 시작하는 풋사랑이야 살맛을 알기까지는 웬만큼 시간이 필요하겠다. '오랜 가뭄 끝에 단비 온다'고, 빨리 베테랑이 되려 애쓸 것이다. 반면 '땅꾼이 땅꾼 알아보고, 백정이 백정 알아본다'고 하듯, 이미 베테랑이 된 사람들이 서로 알아보는 것은 재빠르겠다. 오가다 눈만 잘 돌려도 서로가 원하는 것을 금방 알아보는 건 일도 아닐 것이다. 눈이 보배고 눈치로 아홉 식구를 먹여 살린다는데, 상대의 눈 돌아가는 것을 순식간에 읽어내는 전문가가 수두룩하겠다. 선수가 선수를 알아보는 격이다.

'음식과 남녀의 정은 인간 최대의 욕정이라'고 했다. 삼 시세 끼 때가 되면 참아내지 못하는 것, 때때로 치미는 짝짓기 요구를 못 참는 것이 자연스럽다는 뜻이겠다. 맛있는 음식을 늘 머릿속에 담고 있듯, 살맛 나는 일을 항상 기대하는 것도 중요한 본능의 하나다. 부끄러워 내놓지 못해서 그렇지, 사람들 머릿속에는 성에 대한 잡다한 생각이 또아리를 틀고 있을 것이다.

'성性'이란 글자가 육체관계를 한다는 의미로 쓴 역사는 짧다. 짝짓기라는 어휘 사용의 역사도 그렇다. 오랫동안 '씹'이라는 말을 써왔다. 점잖지 못하다고 생각할 뿐만 아니라 욕으로 취급한다. 이제는 '짝짓기, 성, 성교, 섹스'란 말만 사용하고, '거시기'란 말로 암시하는 경우가 많다.

어느 시인의 시 〈자정의 시계〉에, "가끔 나는 내 머릿속에 든 것의 '8할'은 섹스, 그것이 아닐까... / 윤후명의 소설에 밑줄을 그었다. 공감해! 그녀는 뿔처럼 짧게 외쳤다"[76]는 부분이 있다. 또한 곧 이어, "...섹스는 인생의 극치입니다. 그걸 죽을 때쯤 알거나 대부분 모르고 죽습니다..." 하고 말한다.

머릿속 8할이 과장이 아니라는 것을 뒷받침하는 연구가 있다. 이를 뒷받침하는 예는 있다. "12살에서 19살에 이르는 미국의 사춘기 소년들은 깨어 있는 동안에 평균 5분에 한 번씩 섹스에 대해 생각한다고 대답했다. 심지어 50살 된 어른들도 하루에 몇 번씩 섹스에 대해 생각한다"[77]고 했다. 그러니 남녀노소 따질 것 없이 짝짓기 생각에 사로잡혀 있다고 해도 놀랄 것은 아니겠다.

짝짓기 욕망을 몸속에 가득 채우고 살면 정서가 불안정할 것은 틀림없는 일이다. 풀어내지 않으면 언행이 정상적으로 작동하지 않는다. 그 욕구 해소 방법은 짝을 찾아 집중하는 것으로 습성을 들여야 좋다. 욕정이 솟을 때마다 '미친놈 널 뛰듯', '미친년 풋나물 캐듯' 이곳저곳으로 설쳐대는 습관이 들면 평생 그 모양 그 꼴로 살아가게 된다.

'거시기 하자는 대로 하면 망신당한다', '거시기 하자는 대로 하면 망조가 든다'고 했다. '고기는 이깝에 물리고, 사람은 욕심에 죽는다'고 하는데, 제일 위험한 일이 비밀로 하고 싶은 짝짓기일 것이다. '계집이 여럿이라도 정은 다 각각 있다', '계집이 여럿이면 들어가는 방마다 말이 다르다'고 하는데, 멋모르고 짝짓기 중독이 되면 몸과 마음이 혼미해져 영혼을 저당잡힌 꼴로 살아갈 것이다. 내놓은 난봉꾼이라도 절제는 있어야겠다. '미친놈 떡 집어먹듯' 발광을 해봤자, 세상이 거덜 나는 게 아니고 제가 거덜 날 것이다.

'지랄도 제 흥이라야 엉덩이가 돌아간다'고 했다. 아무리 쾌감의 절정에 살맛을 느끼는 짝짓기라도, 제가 미쳐 돌아가지 않으면 된다. '좋은 일에는 귀신도 샘을 한다', '좋은 일에 마가 많고, 아름다운 인연이 두 번 다시 오지 않는다'고 했다. 쾌락에 흠씬 빠져 지내면 당연히 소홀히 하는 일상이 있겠다. 좋은 인연을 저 함부로 대하면 떨어져 나갈 것이다. 처음에는 어릴 때 못 만나 한 맺힌 것처럼 수선을 떠는 사람은, 사랑이 식을 때도 쉽게 식는다. 제 정과 사랑을 항심으로 유지해나가는 지혜를 터득할 일이다.

2. '아이 버릇과 거시기 버릇은 길들이기에 달렸다'

'아이 버릇 거시기 버릇 들이기로 간다'는 말은 틀림없는 진리다. 남자는 거시기 버릇을 잘 들여야 한다는 말이다. '사내는 삼 부리를 조심하랬다'고 했다. 거시기가 세 가지 부리 중 제일 말썽부리기 쉬운 곳이라 할 수 있다. 사실 요즘은 여자도 마찬가지다. 내버려 두면 무슨 일을 저지를지 모를 정도지만, 제 몸 사용을 누가 나무랄 수도 없는 일이다. '갓 난아기 강변에 보낸 것 같다'는데, 성욕이 발동하면 꼭 그렇다.

'평생 신수가 편하려면 두 집을 거느리지 말랬다', '두 집 살림을 하는 집에는 까마귀도 앉지 않는다'고 하는데, 두세 집 거느리는 것을 능력으로 아는 게 사내다. '콧김 입김 다 쏘인 여자라'는 말은, 이 남자 저 남자 다 경험했다는 뜻으로 하는 말이다. 아예 남녀 편력을 내놓고 자랑하며, 잠깐 사랑을 수집취미로 과시하기도 한다. '인왕산 호랑이 요새 뭐 잡아먹고 사는지' 하는 말이 있다. 정말이지 대책이 없는 인물들이 적지 않다. 저 못된 버릇을 유튜브에 올려놓고 조회수가 넘쳐나기를 바라고 있는 씨앗들이 정말 많다.

한번 든 버릇은 쉽게 고칠 수 없다. 오입 버릇 고치기를 바라는 것은 '여름철 쇠불알 떨어지기를 바란다'는 것과 마찬가지다. '습관이란 처음에는 거미줄 같다가 나중에는 쇠사슬이 된다'는 속담은 기막힌 비유라서, 누구나 가슴에 새기고 다녀야 한다. 자신을 늘 관찰하면서 나쁜 습관이 거미줄처럼 약했다가 점점 굵고 강해지려 하면, 쇠사슬이 되기 전에 얼른 끊어내야 한다. '상추밭에 한 번 똥 눈 개는 늘 누는 줄로 안다', '섶보리밭에 들었던 소와, 계집방에 들었던 놈은, 한번 가고 나면 솔깃하다'는 것처럼, 솔깃한 기분이 쌓이고 쌓이면 쇠사슬 버릇이 되는 것이겠다.

'물에 빠진 건 건져도, 여자에 빠진 건 못 건진다'는 말과 '깊은 물에는 안 빠져도, 얕은 술에 빠진다'는 말은, 사내들이 평생 좌우명으로 삼아야 할 속담이다. 주색에 빠지면, '말이 미치면 소도 미친다'는 격이 된다. '못된 수캐 동네 다니며 일만 저지른다'고, 세상을 소란스럽게 만든다. '동네마다 후레아들 하나씩 있다'는 말은 여지없이 맞는다. 여자의 경우도 '배 지나간 자리 없고, 거시기한 흔적 없다'고 자신 있게 나서면 말릴 수도 없다.

'대중없는 수캐 앉을 때마다 거시기 자랑한다'고, 제 짝짓기 능력이나 거시기를 과시하는 사람들이 적지 않다. '마구간에 가 내놓고 있으면 당나귀라고 하겠다', '마구간에 가면 당나귀가 형님 하겠다'고 나대면, 제 인생은 이미 뻔할 뻔 자로 치닫는다. '뭇 사람에게 손가락질 받으면 병 없이도 죽는다'고 했다. 천벌이 따로 있는 게 아니고, 뭇사람의 손가락질이 천벌인 셈이다.

오입질 서방질에 능숙한 사람들은 저들 나름대로 품계를 만들려고 한다. '서방질은 할수록 샛서방이 늘고, 오입질은 할수록 더하게 된다'는 말이 그들을 한껏 북돋운다. '서방질은 할수록 새맛이 난다', '서방질은 한 번 하나 열 번 하나 욕먹기는 마찬가지라'는 생각에 그만두지 못한다. '도둑질은 말릴 수 있어도 화냥질은 못 말린다'는 말은 그래서 있다. 오입질은 더 말할 것도 없다. '오입쟁이 날이 나면 건달이 되고, 건달이 배고프면 조방꾼 된다'고 했다. 가진 돈을 다 날려도 오입질에서 벗어나지 못한다는 말이다.

'암중 무당 백정 종의 거시기를 해야 온 오입쟁이가 된다'는 말이 참으로 심술궂다. 남들이 꺼리고 두려워하는 부류의 여자들과 짝짓기 경험이 있어야 진짜배기 오입쟁이란 뜻이다. 마치 에버레스트 산맥 최고봉 몇 개를 성공하면 등반 전문가로 인정해주는 격이다. '송아지 못된 것이 장마당으로만 돌고, 사내 자식 못된 것이 남의 안방으로만 돈다', '암내 맡은 수캐 싸대듯 한다'는 말대로 한평생을 수캐로 지내고 나서는, 인생이 부질없다고 말할 것이 뻔하다. '털도 안 뽑고 잡아먹으려 한다', '솥 아궁이와 여자 사타구니는 쑤실수록 좋다', '고기도 먹어본 놈이 많이 먹고, 밥은 굶주린 놈이 많이 먹는다'는 경지를 몸소 실천해본 왕 중 왕이라도 거덜 난 제 몸과 마음을 살펴보면서 손익계산을 할 때가 있을 것이다. 제가 쫓아다닌 것이 결코 정이나 사랑이 아니었다는 것을 늙어서야 조금 깨닫기나 할까.

'돌절구도 밑 빠질 때가 있고, 쇠도 녹슬 때가 있다'고 했다. 강한 척 달려들던 몸이 시리고 냉기가 돌면, 좀 꼬리를 사리게 되겠지. '달려드는 도깨비 부적을 써 붙여도 효험이 없다', '음탕한 소문은 씻기 어렵다'고 하던 여자들의 비웃음이 들리는 듯하겠다. '아내가 여럿이면 늙어서 생호라비 된다'는 것도 절실히 깨달았을 것이다. 그리움이나 사랑 없이 오로지 짝짓기를 목적으로 덤비는 버릇이 쇠사슬이 되어 저를 묶었다고 깨닫겠다.

3. '겁은 나도 도둑 거시기 맛이 제일이라'

'보리술이 술이냐, 남의 계집이 계집이냐' 하는 속담이 있는데, 남의 여자를 여자로 보는 사내가 허다하다. '얻어먹는 인절미보다는 훔쳐먹는 보리개떡 맛이 더 있다'는 생각을 가진 사람도 적지 않으니 세상이 요 지경 속이라는 것이다. '뱀은 봐도 남의 여자는 보지 말랬다'고 했다. 쉽게 말하면 간통하지 말라는 뜻이다. 요즘 사람은 반대로 말할 것이다. 뱀은 징그러우니, 남의 여자는 봐도 뱀은 보지 말라고 생각할 것이다.

'다른 도둑질은 다 해도 거시기 도둑질은 못 한다'고 했는데, 간 큰 남자와 통 큰 여자가 무슨 짓을 못할까. '도둑놈은 죄가 하나요, 잃은 놈은 죄가 열이요', '도둑맞은 놈의 죄가 더 많다'고 했다. 도둑을 알아도 닦달을 하지 못한다. '빚내서 장가들여 놓았더니, 동네 머슴 좋은 일만 시킨다'는 꼴이 됐는데, 어디 가서 하소연하겠는가.

낚시꾼이 손맛 때문에 고기를 낚는다고 하는데, 오입쟁이는 말할 것도 없이 거시기 맛 때문에 동분서주하는 것이겠다. '네 맛도 내 맛도 없다'고 한다면, 누가 그렇게 한심하고 위험한 짓을 하겠는가. '사람 모이는 속은 호두엿 장수가 먼저 알고, 신명 속은 광대놈들이 먼저 안다'고 했다. '뻔뻔스럽기는 낯도둑이다', '뻔뻔스럽기는 너구리 낯짝이다', '뻔뻔스럽기는 양푼 밑바닥이다'는 말로 모욕을 주려 하지만 '개구리 낯짝에 물 퍼붓기'다.

'남자는 도둑질 말고는 다 배워라'고 했다. 거시기 도둑질은 도둑질이 아닐까. 아니면 남의 여자를 탐하는 것은 그냥 저질러지는 것이지, 배우는 것이 아니라는 것일까. 도둑이라면, '도둑놈도 의리가 있고, 개똥참외도 꼭지가 있다'고 하니 최소한 의리만 지키면 되는 것일까. 그 의리란 무엇인가. 서로 간의 일을 무덤에 갈 때까지 묻어두는 것 정도인가. '도둑놈도 인정이 있다'니까 당연한 일이겠다. '도둑놈도 핑계는 있다'니까, 숱한 사람 숱한 핑계가 있겠다. '도둑질을 해도 손발이 맞아야 한다', '도둑질에 쌀자루 붙잡아주는 격'이라고 남녀가 손발이 맞으니까 일이 나는 것은 물론이다. '남의 계집 탐내는 놈의 각시 편한 날이 없다'고 하는데, 발 달린 짐승을 어쩌랴. '남의 것을 탐내는 놈이 제 것을 더 아낀다'고 하지만, '미끼 없이 낚는 고기 없고, 낚은 고기 미끼 주는 법 없다'는 이치를 아는데 뭘 바라겠는가.

예전 양반들이야 상민에 비해 육허기가 덜했겠다. 제집 여자 노비를 거리낌 없이 범할 수 있었으니, '계집 종년 요강 삼기'란 말이 생겨난 것이다. 그런데 그게 아니다. 고기도 먹어본 놈이 더 밝히는 이치대로, 남의 여자까지 탐했다. '내 마누라보다 남의 마누라가 더 나아 보인다'는 욕심이 더 충만했다. 그러니 '남의 것만 보면 눈에서 불난다', '남의 것을 마 베어먹듯 한다', '남의 계집 방에 한 번 들어간 놈은 늘 말하게 된다'는 심보를 몸소 실천하게 된다.

오입쟁이들이 여자의 맛에 등급을 매기는 일이 있었던 모양이다. '일도一盜 이비二婢 삼과三寡', '일도一盜 이비二婢 삼첩三妾 사기四妓 오처五妻'라는 말들을 즐긴다. 마치 버섯의 등급을 '일 능이 이 송이 삼 표고' 또는 '일 능이 이 석이 삼 송이 사 표고' 하는 식으로 말이다. 좀 더 나갈 수 있겠다. '거시기 맛은 첫째가 유부녀 둘째가 과부 셋째가 암중 넷째가 무당 다섯째가 백정년 여섯째가 종년 일곱째가 처녀 여덟째가 기생 아홉째가 첩 열째가 아내라'고 했다. 아무리 길게 나열해도 첫째는 유부녀고 꼴찌는 아내다.

최상이 남의 여자와 간통하는 맛이고, 제 아내는 맨 마지막이란다. '훔친 떡이 맛있다', '계집과 음식은 훔쳐 먹는 것이 별미다'고 하는데, 훔치는 순간의 긴장감이 맛을 돋우는 것일까. '훔친 놈의 죄보다 잃은 놈의 죄가 크다'고 하니, 다소간 위로를 받기 때문일까.

제 아내가 최악이라 생각하는 것은 늘 곁에 있기 때문일 것이다. 그렇게 생각하는 제 아내가 다른 남자에게는 최상으로 변한다. 이런 아이러니도 없다. 결국 마음이 요사스러워서 그렇다. '꽃은 남의 집 꽃이 더 붉고, 여자는 남의 여자가 더 예쁘다', '닭도 남의 닭이라야 맛이 있다'는 생각은 '놀부 마누라 명함도 못 드린다'는 욕심보다 윗길이다. 사실 '대접에 든 물맛이나 물항아리에 든 물맛이나 같다'고, 제 여자나 남의 여자의 맛이나 크게 다를 바 없다고 생각하는 게 대부분일 것이다. 그렇지만 음식처럼 별미가 있다고 우기면 도리가 없는 노릇이다.

남자의 거시기에 대한 등급도 매겼다. '일 온, 이 양, 삼 두 대, 사 넓적이, 오 꼬부랑이, 육 장대, 칠 우멍거지, 팔 물렁이, 구 당문파, 십 시들이'란다. 첫째는 따뜻한 것(溫), 둘째는 정기가 좋은 것(陽), 셋째는 귀두가 커서 자극이 강한 것(頭大), 넷째는 넓적한 것, 다섯째는 약간 구부러진 것, 여섯째는 길다란 것, 일곱째는 포경, 여덟째는 물렁한 것, 아홉째는 조루(當門破), 열째는 발기되지 않는 것이라는 뜻이다. '젓가락 짝과 거시기는 딱딱할수록 좋다'고 했는데, 심사가 물렁한 놈이 거긴들 딱딱하겠는가.

'도둑 거시기에 맛 들이면 낮을 밤으로 안다'고 했다. 세상을 거꾸로 살기도 하는 것이다. 그러니 '도둑 거시기에 날 새는 줄 모른다'는 건 예사겠다. '도둑은 제 발등이 저려서 뛴다'는 때를 기다려야 할까. 아마도 '오뉴월 쇠불알 떨어질 때를 기다린다'는 편이 나을 것이다.

사랑, 속담이 말한다 **267**

4. '품마다 사랑이 있다'

'짚신도 제짝이라야 발이 편하다', '짚신에는 제날이 좋다'고 했는데, 제 짝 두고 다른 남자 여자를 찾는다. 편한 것보다 새로운 사람을 향한 호기심이 강한 탓이겠다. 품마다 제각기 나름의 사랑이 있다고 생각하면 중증이고 중독이라 할 수 있을 것이다. 사랑이라고 말하기에는 좀 주저하게 되고, 정이되 헤픈 정이라고 해야겠다. '정이 헤프면 화냥년 된다', '정을 함부로 주다가는 화냥년 된다'고 했는데, 왜 아니겠는가. '정을 주려면 한 곳에다 주어라'고 하지만, 초점을 맞추지 못하는 사람이 허다하다. 여기 조금 저기 조금 나누어 주다 보면, 제 정분이 중심을 못 잡게 된다. '의가 없는 부부는 맞지 않는 신발과 같다'는 상태가 되기 마련이다.

'극락의 길은 제 곁에 있다'는 말이 좋기는 한데, 쾌락주의자들에게는 자기합리화의 말이 되기도 한다. 제 곁에 있는 사람과 어우러지면 그게 극락이라 할 수 있으니 말이다. 남녀 어느 품인들 정이나 사랑으로 머물 수 없을까 보냐고 한다면 도리가 없겠다. 그때그때 곁에 있는 사람과 어우러지다 보면 정든 사람이 숱하게 생겨나니 말이다.

'한 밥그릇에 두 술은 없다'고 했는데, 이 말은 한 남자에 두 여자가 붙어사는 게 아니라는 뜻이다. '암컷 하나에 수컷 둘은 못 산다'고 하듯, 물론 반대의 경우도 마찬가지다. 결혼 풍습이 민족마다 달라 일부다처제, 일처다부제가 있기도 하다. 그러나 대부분이 일부일처제다. 명분은 그렇지만, 간통죄가 있거나 없거나 사람들은 "한 밥그릇에 두 술이 있다"는 듯 혼외 정사를 즐긴다. 누구 말마따나 개인의 몸을 국가가 법으로 관리하는 게 아니라서 뭐라 할 수 없고, 그래서 간통죄는 없어지는 것이다.

'숲에서는 꿩을 길들이지 못하며, 못에서는 게를 기르지 못한다'고 했는데, 바람난 사람도 마찬가지로 길들일 수 없다. '바람둥이 여편네 속곳

마를 새 없다', '오입쟁이는 죽어도 기생집 울타리 밑에서 죽는다'고 하잖는가. 상황만 예전과 다를 뿐이지 아무리 현대인이라도 다를 바 없겠다. 본성을 그럴듯하게 숨길 뿐이지, 아직 본성이 크게 진화하지 못했다.

바람둥이들이 즐겨 하는 말이 품마다 사랑이 있다는 것이겠다. 정해진 제 사랑만 사랑이 아니라, 제 품에 들어오는 사람은 다 제 사랑이라 여길 것이다. 한용운의 "님만 님이 아니라 기룬 것은 다 님이요" 하는 시구조차도 바람둥이들 좋은 대로 해석할 것이다.

'여자와 돗자리는 새것이 좋다', '지나가는 화냥년을 데리고 자도, 하룻밤에 만리장성을 쌓는다'는 말들도 분별없는 정을 정당화한다 하겠다. '옛정은 새 정처럼 아끼고, 새 정은 옛정처럼 귀하게 여겨라'는 말도 마찬가지다. 이별이나 사별한 사람을 위로하거나 격려하는 말로 쓰면 좋을 말인데, 아무 때나 써대니까 문제가 되겠다.

'같은 음식이라도 짜다는 사람 있고, 싱겁다는 사람 있다'고 했다. 짝을 고르고 선택하는 일에도 마찬가지다. '오뉴월 감주맛 변하듯'하는 제 취향대로 짝을 선택한다면, 세상이 지옥을 방불케 할 것이다. 짝짓기 베테랑들만 살판이 날 것이고, 제 정신을 가진 사람은 '가슴에 맷돌을 얹었다'는 꼴로 숨도 쉬지 못하겠다. '곶감 단맛에 배탈 나는 줄 모른다'고, 짝짓기 단맛에 취해 '살이 살을 먹고 쇠가 쇠를 먹는다'는 세상으로 변해갈 것이다. '여자와 무는 바람이 들면 못 쓴다'면서, '내 것 잃고 내 함박 깨뜨린다'는 꼴로 탄식하는 꼴이 보기 좋을 수는 없겠다.

'도끼가 제 자루 깎지 못한다'고 했다. 누구든 제 허물을 스스로 알아서 고치고, 제대로 역할을 하게 만들지 못한다는 뜻이다. 서로서로 거울이 되지 않으면 인간사회가 더이상 진화할 수 없다. '노루가 다리만 믿는다'고 가로 뛰고 세로 뛰고 한다면, 예지적 인간사회라고 할 수는 없다. 인간의 보배는 자식이라 믿으며 정성을 다해 길렀는데, '철나자 망령 든다'는 꼴이 돼

버리면 키우고 가르친 보람이 삭은 방귀 사라지듯 할 것이다. '공든 잿밥에 곰팡이 핀다'는 모양새가 되겠다.

남녀 사랑이 '알면 장난이요, 모르면 그만이라'는 식으로 매번 이루어 질 수는 없다. 일마다 '모르면 약이요, 아는 게 병이다'는 걸 바랄 수도 없다. '바람도 불다가는 그친다', '맴돌던 닭도 때가 되면 홰 안으로 돌아온다'고 했으니, 잠시 헤맸더라도 원위치로 가는 게 도리겠다. '갈 때는 한량이요, 올 때는 거지라'는 꼴로 귀환할 것이 아니라, 신사 숙녀로 쇄신하면 더 바랄 일 없겠다.

5. '다 해도 씨도둑은 못 한다'

'씨앗은 훔쳐도 사랑 씨는 훔치지 말랬다'고 했다. 어쩌다 혼외정사를 했다고 하더라도 남의 씨앗을 기르는 데까지는 가지 말라는 것이다. '씨도둑은 못한다', '씨는 못 속인다', '주전부리해서 난 자식이 닮는다'는 속담이 다 그런 뜻이다. 못된 짓 한 것은 둘이 다 마찬가지라는 뜻으로, '자루 벌린 놈이나 퍼담는 놈이나 도둑은 매한가지라' 한다.

'뒷집 아이 난 데 옆집 아저씨가 좋아한다'는 말이 있다. 간통으로 제 아이가 태어나 좋아한다는 뜻이다. 좋아하는 것은 반드시 무슨 연유가 있다는 말이거나, 저와는 아무런 연관이 없는데 괜히 나선다는 뜻으로 빗대는 말이다. 씨도둑질의 혐의가 짙은 걸 암시하는 말로 쓰기 쉽다.

'동네 송아지는 이웃집 황소를 닮고, 자식은 아비를 닮는다'는 것이 당연한 일인데, 아비를 닮지 않은 자식이 나왔다면 청천벽력이 따로 없겠다. '감자 씨와 자식 씨는 못 속인다'고 하는데, 감자만 그런가. 세상에 생명을 가진 것의 씨종자는 속일 수 없다. 노기 등등하여, '돌은 내가 들어놨는데,

가재는 엉뚱한 놈이 잡는다'고 펄펄 뛸 노릇이다.

'다른 도둑질은 다 해도 씨도둑질은 하지 말랬다', '다른 도둑질은 다 해도 씨도둑질은 못 한다'고 했다. 간통이 흔해진 세태라서 당사자들에 대한 비난도 대수롭지 않게 여겨질 수밖에 없다. '도둑의 씨가 따로 없다'고, 혼외정사를 하는 사람들이 미리 정해져 있는 것은 아니다. 제 짝에 대한 불만이 참을 수 없을 만큼 있다든지, 타고난 남성 호르몬이 강해서 벌어지는 일이겠다.

혼외정사에 관한 통계는 이미 숱하게 쏟아져 나왔다. 《킨제이보고서》가 세상에 나왔을 때 엄청난 파장을 일으켰다. 세상에 저렇게 많은 사람이 간통을 저지르느냐는 탄식이 쏟아졌다. 마치 '가슴에 돌무더기 구르는 소리가 난다', '가슴에 모과 떨어지는 소리가 난다'는 듯이 놀라고 놀랐다. 그러나 시대가 급변하면서 이제는 아주 예사로운 일로 생각하게 되었다. 일부일처제는 명분일 뿐이고, 현실은 일부다처제, 일처다부제라는 것이다.

간통하되 남의 자식을 낳는다는 것이 문제다. 세상의 자식들 중 10% 정도가 제 아비 자식이 아니라는 통계는 숱하게 제시되어 믿지 않을 수 없게 되었다. 열 명 중 하나라는 말인데, 적지 않은 규모다. 예전에야 부자간에 닮았다, 닮지 않았다는 논쟁이 눈으로 판별하는 정도였지만, 이제는 DNA 분석을 통해 친자확인을 하고 있으니 빼도 박도 못한다.

여자가 혼외정사를 했을 때, 체내에서 이른바 "정자전쟁"이 일어난다는 것을 아주 상세하게 설명해준 것이 로빈 베이커의 《정자전쟁》이란 책이다. 숱한 사례들을 통하여 여자의 몸속에서 남자들의 정액이 어떻게 경쟁하고 있는가를 아주 섬세하게 연구하고 설명한 저서다. 이 책에 의하면, 여러 남자의 정자가 여자의 몸속에서 치열한 전쟁을 하며 여자 자신도 누구의 자식이 수태되는지도 정확히 모른다는 것이다. 상간남의 정자가 남편의 정자를 쫓아내고 수태에 성공했다면, '굴러온 돌이 박힌 돌 뺀다', '굴러온 돌이 주춧돌을 밀어낸다'고 할 수 있겠다.

남녀 염색체를 xx, xy로 구분하고 아들 딸이 남자에 의해 결정된다는 주장이 유일한 진실일 수 없고, 여자 몸속 환경 때문이라는 말도 설득력이 있다. 여자의 자궁은 외부에서 들어오는 정자를 선택하는 작용을 하기 때문이다. 남편의 정자가 아무리 열심히 들어가려고 노력하더라도, 그 틈에 상간남의 정자가 들이닥쳤다면 누구의 것이 정자전쟁에서 승리할지 모른다는 것이다. 그야말로 '운수가 사나운 놈은 찬물을 먹다가도 이가 빠진다'는 격이고, '재수 있는 놈은 엎어져도 떡전에만 엎어진다'는 격이다. 행불행 운불운은 여자의 몸에서 결정된단다.

남자의 성욕이나 성력은 사실상 여자에 못 미친다. 남자가 이리 기웃, 저리 기웃하지만 내놓지 않는 여자의 욕망에 비하면 조족지혈이다. 숱한 경력을 쌓았다는 사내도 '설익은 재주에 코 깨진다'는 수모를 겪기 일쑤다. 남자가 정열에 넘쳐 이리저리 사랑을 나눠준다고는 하지만, 사람의 보배라는 자식 출생의 결정은 여자가 하는 것이다. 자식을 두기 위한 짝짓기야 대단한 성력 없이도 가능하겠다. 큰 공력 없이도 임신을 시킬 수 있으니, '아버지 공은 천 년이고, 어머니 공은 만 년이라'는 말이 있는 것이다.

'뱃놈의 자식은 씨 다른 자식이 셋이다' 하는 말은, 씨도둑과는 약간 다르겠다. 고기를 잡으러 며칠씩 남편이 바다에 있는 동안 간통을 해서 남의 자식을 낳는 경우가 여느 경우와 같다. 다른 경우는 고기잡이하는 남편이 사고로 자꾸 죽으니, 거듭 혼인을 하는 바람에 배다른 자식을 여럿 두게 되는 것이다. 간통과 사별의 두 가지 형태가 공존하겠다.

'도둑의 때는 벗어도, 화냥의 때는 못 벗는다'고 했다. 간통하는 세태가 별일 아니라는 쪽으로 변해가고 있으니, 그런 듯 여기면 된다 하더라도 씨도둑은 조심할 일이다. 제 짝이나 자식에게 너무 큰 상처를 주기 때문이다. '도둑놈에게 인사불성이라 한다'고 하지만, 그 정도의 도리는 지켜야 사람의 허물을 썼다고 하겠다.

 18 장

'샛밥은 한번 먹으면 못 끊는다'

　'하룻밤을 동침해도 헌 각시라'고 했는데, '풀방구리에 쥐 드나들 듯' 샛밥을 먹으러 드나드는 색시를 뭐라고 불러야 할까. 오입에 도가 튼 사내를 오입쟁이라 하듯, 서방질 잘하는 여자를 서방쟁이라 할까. 오입쟁이든 서방쟁이든 씨가 따로 있는 것은 아니겠다. 남성 호르몬을 유난히 강하게 받은 사람은 한평생 짝을 구하고 버리는 일을 되풀이하게 된다. '어지럼증이 지랄병 되기는 수월하다'고 했는데, 사람이 잠깐 사이 변하기 마련이다.

　'바람기 없는 계집 없고, 허풍기 없는 사내 없다'고 하는데, 사내들의 바람기를 여자에게 덮어씌우는 말이라 할 수 있다. '바람기 없는 사내 없고 허영기 없는 여자 없다' 정도라면 모르겠다. 사실 바람기고 허풍기고 사람 나름이지, 남녀로 구분할 건 못 된다. '남자가 잘 나면 역적질을 하고, 여자가 어여쁘면 서방질을 한다'는 말도 부분적으로만 진실이다. 혼외정사를 예 든다 해도, 특별히 바람기가 있어 새로운 상대를 택하는 것은 아니다. '홧김에 서방질한다', '홧김에 서방 얻는다'는 경우는 있겠다. 남편이 바람을 피우니 화가 나서 맞바람을 피운 경우가 그럴 것이다. '핑계김에 서방질한다', '핑계김에 화냥질한다', '핑계 핑계 대고 도라지 캐러 간다'는 경우는 어떨까. 바람기가 농후해 보인다 하겠다.

'계집하고 돈은 임자가 따로 없다', '계집하고 전답은 주인이 따로 없다'는 건 사내들이 부리는 억지다. 모든 사물에 주인이 있다고 했는데, 사람이라고 별수 있겠는가. 적어도 문서에 등재가 되어 있는 엄연한 부부다. '계집하고 쪽박은 내돌리면 탈이 난다'고, 잠시 탈이 날지는 몰라도 부부는 서로가 주인이다. 어차피 수캐 넋에 여우 넋이 나가게 된다. '돈 마다는 놈 없고 계집 싫다는 놈 없다'는 생각을 깔고 있으니 그렇다.

흔히 자가용과 영업용으로 구분해서 혼외정사를 비유하고 있다. 자가용 있다고 때때로 영업용 안 타느냐는 비유법이 기발하기는 하다. 삼시 세끼만 먹고 샛밥은 안 먹느냐는 물음도 그렇다. 일부일처제를 무력화시켜 일부다처, 일처다부제로 만드는 것이 '샛밥'이요, '영업용 차'다. 배우자 외의 남녀를 만나 바람을 피울 때 '샛밥'을 먹거나 '영업용'을 탄다고 말하는 것이 재미있다. 여자의 경우는 서방질이라 하고, 남자는 오입질이라 한다.

애초 제 짝을 고른다고 골랐지만, 살면서 생겨나는 욕심을 누구라서 계속해서 채워줄 수 있으랴. 부부는 서로에게 최대 즐거움을 주기 위해 나름대로 공력을 들일 것이다. 사내는 비뇨기과 의사의 도움을 받기도 하며 안간힘을 쓰기도 한다. 짝짓기의 즐거움이 예사롭지 않은데, 한껏 충족시켜 주지 못하는 제 짝이 점점 원망스러울 것이다. 그러다 보니 대체 인력을 구하게 되는 것이다. '장작불과 계집은 쑤석거리면 불붙는다'고 하듯, 제짝에게 소홀하면 쑤석거리는 누군가에게 눈이 돌아가는 것이다.

제 거시기에 공력을 들이면 무엇하랴. 이미 샛서방을 두고 있는 아내에게는 푸대접을 받을 수 밖에 없다. '샛서방 거시기는 두 뼘이고, 본서방 거시기는 반 뼘이다', '샛서방 거시기에는 금테를 두르고, 본서방 거시기에는 쇠테를 둘렀다', '샛서방 거시기에는 금테를 두르고, 본서방 거시기는 반 뼘이라'는 생각에 들떠있기 때문이다. 저 좋으면 한껏 부풀리는 게 사람 심리다. 본래의 제짝은 제쳐두고 오로지 샛서방만 훌륭하게 보일 것이다.

샛서방과 본서방을 비교하는 속담은 많고도 많다. '샛서방 국수에는 고기를 밑에 담고, 본서방 국수에는 고기를 위에 담는다', '샛서방도 반 서방이다', '샛서방 맛과 청갈치 맛은 한 번 보면 못 잊는다', '샛서방 맛이 청갈치 맛이다', '샛서방은 세 살 때 못 만난 것이 한이고, 본서방 만난 것이 한이다', '샛서방은 세 살 때 못 만난 것이 한이다', '샛서방을 모르는 것은 본서방뿐이다', '샛서방질하는 계집의 방탕을 모르는 건 본서방뿐이다', '샛서방이 생기면 본서방은 원수가 된다', '샛서방하고 정이 들면 본서방 무서운 줄도 모르게 된다', '샛서방하고 정이 들면 본서방 정은 떨어진다'는 것들인데 부지기수다.

이렇듯 마음이며 몸이며 훌쩍 떠나버렸는데, 다시 돌아올 수 있을까. 이미 '오이 꼭지 따버리듯 한다'는 언행을 숱하게 보았는데, 어찌 다시 받아들일 마음이 있으랴. '내 것도 남의 손에 들어가면 사정해야 한다'고 했지만, 상간녀 상간남에게 사정한다는 것은 도저히 상상도 못할 일이겠다. '병에 장사 없고, 여자 앞에 신사 없다'지만, 하소연하기도 자존심이 허락하지 않을 것이다. '맹물에다 도끼 대가리를 삶아 먹으면서, 동냥치 첩질을 해도 제멋에 산다'고 했다. '멋에 취해 중 서방질' 한다는데, 제멋에 살게 버려두자고 포기를 하겠다.

1. '샛밥 맛이 더 좋다'

제러드 다이아몬드는 《총, 균, 쇠》에서 톨스토이의 《안나 카레리나》의 첫 문장을 인용한다. "행복한 가정은 모두 엇비슷하고 불행한 가정은 불행한 이유가 제각각 다르다"는 말인데, 이 저술에서는 인간의 역사 초기에 야생동물을 가축화하는 과정을 설명하기 위한 방편으로 이용하고 있다. 즉 "가축화 할 수 있는 동물은 모두 엇비슷하고 가축화할 수 없는 동물은 가축화할 수 없는 이유가 제각각 다르다"는 말을 하기 위한 것이다. 그러면서 그는 "결혼생활이 행복해지려면 수많은 요소들이 성공적이어야 한다는 것이다. 즉 서로 성적인 매력을 느껴야 하고 돈, 자녀 교육, 종교, 인척 등등의 중요한 문제들에 합의할 수 있어야 한다. 행복에 필요한 이 중요한 요소들 중에서 어느 한 가지만 어긋난다면 그 나머지 요소들이 모두 성립되더라도 그 결혼은 실패할 수밖에 없다"[78]고 했다. 마치 '열 가지 이로움은 있어도 한 가지 해로움이 없어야만 변통시킬 수가 있다'는 말과 같은 의미를 내세우려는 것 같다.

행복한 결혼 조건 중 성적 매력을 제일 먼저 꼽은 것이 특별할 것도 없다. 결혼의 본질이 짝짓기를 즐기고 자식을 두기 위한 것이다. 성적 매력 없이 서로 끌리고 사랑하기란 쉽지 않은 것은 당연하다. 성적 매력이 점점 떨어지면 어쩔 것인가.

결혼을 두고 편하게 사랑하기 위한 방편이라고 말하는데, 거의 맞는 말이겠다. 짝짓기를 즐기면서 때로는 긴장하며 바쁘게, 때로는 마음껏 게으를 수 있는 삶을 살고 싶은 것이겠다. 그러다 보면 사랑도 편해지고 또 게으르기 마련이다. 연애 시절 한껏 긴장하던 습성이 점차 퇴색되는 건 당연하다. 이미 짝을 잡아둔 상태인데 새삼스레 매력을 보일 필요가 없다고 스스로 무장해제하는 게 보통이겠다. '네 쇠뿔이 아니면 내 쇠뿔이 부러지랴' 하며 상대방을 탓하는 습성이 들기 시작할 것이다.

위에서 예를 든 소설 《안나 카레니나》에는 외도에 관해 다음과 같은 대화가 나온다. "말하자면 이런 일이야. 가령 자네가 결혼해서 아내를 사랑하고 있는데, 또 다른 여자에게 마음이 끌려서…." "미안하지만 난 그런 일은 통 이해할 수가 없어. 마치 실컷 배부르게 먹은 후 빵집 옆을 지나면서

빵을 훔쳐내는 것과 마찬가지 이야기니까, 이해할 수 없잖아?"[79] 하는 부분이다. 아내와 짝짓기를 하고 싶은 대로 하고도 부족해서 다른 여자와 나눈 혼외정사를 두고, 빵을 실컷 먹은 후 또 빵을 먹는 것에 비유했다. 세상 남녀 모두가 톨스토이와 같은 생각을 한다면 무슨 걱정일까. 오입질에 능한 사람은, '배부르고 등 따뜻해지면 음란해진다'는 것을 이해 못 하느냐고 되묻겠다. 무미건조한 삶을 어떻게 견디냐고 투덜대기도 하겠다.

남녀가 혼외정사를 하는 이유는 뭘까. 서로 간 사랑의 감정 소통이 안 되고, 짝짓기가 수월하지 않다는 것 때문이겠다. 아니면 다른 이성에 대한 호기심 때문일 것이다. 이런 점은 남녀 구별할 것도 없이 마찬가지겠다. '여복은 있어도 처복은 없다'고 생각하는 것이겠다. 여복이라고 할 때, 많은 여자와 인연을 맺으면 여복이라 할 수 있고, 한 여자를 만나도 아주 만족한다면 여복이라 할 수 있다. 여복은 있고 처복은 없다 했을 때, 다수의 여자를 전제로 하는 말이겠다.

호기심이 없으면 제 아내 외의 여자들에게 관심이 거의 없을 것이다. 호기심이 있다는 것은 모험심으로 연결된다. 모험심은 바로 행동으로 이어지기 마련이다. '한번 엎지른 물은 다시 주워담지 못한다'는 자책을 하다가, '한 번 보면 초면이요, 두 번 보면 구면이라'는 식으로 나설 수 있다. 마침내 '한 번 서방질한 여자는 늘 하는 줄로 안다'는 습성이 들기 시작하겠다. '죽 떠먹은 자리 없고, 거시기한 흔적 없다', '죽 떠먹은 자리요, 한강에 배 지나간 자리라', '여물섶에 쇠뿔 박았다 뺀다고 자국날까' 하고 생각하면 돌아오기 힘든 강을 건넌 셈이 될 것이다.

어차피 오입쟁이는 짝짓기를 '맛'으로 한단다. 한 끼 식사하듯 오입을 즐기겠다니 사랑이 아니라서 편하겠다. '음식 맛은 오대 부자라야 안다'는데, 한껏 돈을 써야 겨우 알 것이다. 군것질로 생각한다면 먹어도 그만 안 먹어도 그만이라는 정도겠다, 그런데도 제짝 아닌 사람과 벌이는 군것질은 무척 강렬하게 새겨진단다. '군밤 맛과 샛서방 맛은 못 잊는다', '신정新情은 꿀맛이고 구정舊情은 밥맛이라', '샛밥이 더 맛있다'는 말들이 그것이다. 여자의 맛, 사내의 맛이라는 것은 짝짓기 맛만은 아닐 테지만 어쩌겠는가. 남녀 간 사랑의 진화가 그 정도일 뿐이다.

2. '샛서방하고 정이 들면 본서방 정은 떨어진다'

'팥잎 고깃국은 샛서방 주고, 콩잎 고깃국은 본서방 준다'고 했다. 팥잎 국에는 고기가 잘 보이지 않고, 콩잎 국에서는 고기가 잘 보이기 때문에 비롯된 말이다. 샛서방에게는 은밀한 정을 준다는 뜻으로 하는 말이다. '한 치의 벌레에도 오 푼의 이야깃거리가 있다'는데, 하물며 사람에게 그렇게 된 사연이 왜 없겠는가.

'눈 온 다음 날 샛서방 빨래한다'고 했는데, 샛서방에 대한 지극한 마음이다. 눈이 오면 날씨가 따뜻하니까, 남의 눈을 피해 샛서방을 위한 일을 한다는 뜻이다. 이렇게 샛서방에게 지극정성인데 본서방에 돌아갈 정이나 사랑이 있겠는가. 이 정도면 본서방은 '꼭지 떨어진 홍시감이요, 강 건너간 임이라'는 처지가 된다.

샛서방과 정을 통하는 건 도리가 아니지만, 도리보다 정이 앞서니 어쩔 수 없는 일이겠다. 남자는 내놓고 첩을 두었으니, '상덕은 본처한테로 가고, 사랑은 첩한테로 간다'고 했겠다. 명분은 본처가 차지하고 실리는 첩이 차지한다는 뜻이다. 여자의 경우, 샛서방이 생기면 국물도 없다는 듯 대하는 경우가 허다하단다. '제집 울타리에 개구멍을 넓힌다'는 말이 있는데, 여자가 외간 남자와 상관한다는 뜻으로 빗대는 말이다. 샛서방에게 빠지면 울타리에 개구멍을 넓힐 정도로 대담해진다는 말이다. '미친놈치고 제가 미쳤다는 놈 없다'고, 저만 모를 뿐이다.

소설이기는 하지만, 아주 담대한 여자가 있다. 어엿하게 남편이 있으면서도 새로운 남자와 결혼을 허락해달라고 무조건 졸라대는 인물이다. 《아내가 결혼했다》는 작품에서, 아내가 남편에게 부탁하는 장면을 보자. "나는 당신을 사랑해. 그래서 당신과 결혼했어. 지금도 당신을 사랑해. 당신과의 결혼을 깨고 싶은 생각은 추호도 없어. 그리고 또 나는 그 사람을 사랑해. 그래서 그 사람과 결혼하고 싶어. 이상하게 들리겠지만 그게 전부야"[80]하는 부분이다. 아내가 중혼을 제안하는 것이다. '내 노랑 병아리만 내라 한다'는 격으로 졸라대는 여주인공이다.

제짝에게서 갑자기 이런 부탁을 들으면 어쩔 것인가. 세상이 두 쪽 나는 기분일 것이다. 이제 마지막 남은 과제가 가정의 해체라는 것이라고 인류학자들이 주장한다고 하지만, 막상 일부다처제나 일처다부제가 현실이 된다면 관습이 되기 전에는 충격이 무척 클 것이다. '하늘이 무너지는지 땅이 꺼지는지 모른다'는 심정이겠다.

공공연한 중혼과 비밀스러운 일부다처제, 일처다부제 중 한쪽을 택하라면 어느 쪽을 택할 것인가. 여주인공은 중혼을 택한다. 평범한 결혼생활이 싫증도 났겠다. 카잔차키스의 《그리스인 조르바》의 주인공처럼, "결혼은 후추가루 안 친 음식같이 맛대가리가 없다"는 것이라고 생각하겠다. "정직한 결혼 이야기는 맛대가리가 없어요. 후추가루 안 친 음식 같은 거니까....우리 마을에서는 '훔친 고기라야 맛이 있다'는 속담이 전해 내려오지요. 마누라는 훔친 고기가 아니오. 자, 저 훔쳐먹은 밤참을 무슨 수로 다 기억해 낸다? 수탉이 장부를 가지고 다니며 한답니까?"[81]하고 말하는 자유영혼에게는 어떤 결혼형태라도 상관없다고 할 것이다. 그러나 평범한 일부일처제에 만족한다면, 중혼이란 충격 그 자체일 것이다.

'계집 못난 것이 위아래로 주전부리한다'는 여자라면 몰래 서방질을 하려 하겠지, 당당하게 중혼을 요구하지는 않을 것이다. 서방과 짝짓기 맛은 '고드름에 초 친 맛'이라 생각한다 해도 그렇다. 물론 대부분 남자도 생각이 다르지 않다. 예컨대, "부인, 부인이 여자라서 그런지 우리 남자들의 욕구를 이해하지 못하는 것 같습니다. 당신네 여자들은 남편이 하나만 있어도 행복하겠지요. 그걸로 충분하고도 남겠지요. 하지만 우리 남자들은, 평생 한 여자만 끼고 살기란 지겨운 노릇이지요. 부인은 잘 모르겠지만, 남자와 여자는 전혀 별개의 물건이지요. 성경에도 그렇게 나와 있지 않습니까."[82] 하고 내놓는 주장이 그렇겠다.

사랑은 중간이 없다고 했다. 새로 애인이 생기면 모든 정이 그리로 옮겨가기 마련이다. 물론 양다리 걸치기 사랑도 사랑이라 할 수 있겠지만, 어차피 제일 흡족한 쪽으로 정을 쏟기 마련이다. '서방은 샛서방이 좋고, 계집은 샛계집이 좋다'는 생각을 누가 돌려놓을 수 있을까. '사내 못난 것이 오입질 자랑만 한다', '소문 난 열녀 똥구멍으로 호박씨 깐다'는 맛으로 사는 필부필부, 장삼이사들은 저 자신도 구제하기 어렵다.

'벙어리가 서방질하듯 한다'는 말이 있다. 어떤 일을 말없이 슬쩍 해치운다는 뜻이다. 이제는 오입질 서방질을 숨기려고 하지도 않는다. 심지어 제짝에게도 당당하게 말하는 사람이 늘어가고 있다. '서방질도 핑계가 있어야 한다'고 하는데, 별다른 핑계도 없이 도발적으로 통보를 한다. '남의 꽃이 더 붉어 보인다', '고기도 놓친 고기가 커 보이고, 떡도 남의 떡이 더 커 보인다'고 하는데, 속일 수 없는 사실이겠다. 일터 현장에서 보너스처럼 먹던 샛밥 정도에 비유할 수 있을까. '본서방 거시기에는 쇠테를 둘렀고, 샛서방 거시기에는 금테를 둘렀다', '본서방 거시기는 한 뼘이고, 샛서방 거시기는 두 뼘이다'는 생각은 자연스럽게 들 것이다. '범을 놓고 수염이나 칭찬한다'는 말이 있는데, 사내를 두고 거시기나 자랑하고 떠들어대니 누가 봐도 안타깝다 할 것이다.

3. '오입질은 할수록 늘고, 서방질은 할수록 샛서방이 는다'

'한 놈의 계집은 한 문으로 낳고, 한 년의 서방은 한 나무에서 열린다'고 했다. 남녀가 아무리 여럿과 오입질 서방질을 해도, 서로 닮아 비슷한 행동을 하게 된다는 뜻이다. 서로 뜻이 맞으니 그렇다. 취미이자 특기가 짝짓기 쪽으로 발전한 사람들이다. 이를테면 오입질공동체 서방질공동체라는 것이 가능하겠다. '동서끼리는 오입도 같이한다'고 했으니 한 집안에서도 공동체가 가능하다. '말뚝 동서요, 구멍 동서라' 하면서 함께 어우러지는 사내들을 보면 참으로 희한한 공동체도 있다는 것을 알 수 있다.

'서방질하는 년 족보 따로 없다'고 했다. 누구나 버릇을 잘못 들이면 오입 베테랑이 될 수 있다는 뜻이다. 그러니 '아들 삼 형제면 도둑 보고 웃지 말고, 딸 삼 형제면 화냥년 보고 웃지 말랬다', '자식 둔 사람은 남의 자식 보고 화냥년 도둑놈 소리를 하지 않는다'고 한 것이다. 부모가 오입쟁이가 아니라도 자식 중에 오입쟁이 서방쟁이가 날 수도 있다는 말이 된다. 삼 형제라는데, 요즘 자식을 별로 낳지 않으니 걱정하지 않아도 될까. 천만의 말씀이다. 자식이 하나라도 오입쟁이 서방쟁이가 될 수 있다. '외아들에 효자 없다'고 했는데 어련하겠는가.

'범의 꼬리는 놓을 수도 없고, 잡고 있을 수도 없다'고 했는데, 샛서방을 잡고 있기도 어렵고, 놓기도 어렵다고 할 것이다. 그만큼 유혹이나 습성이 강렬하기 때문이겠다. 그러니 에라 모르겠다, 하고 대드는 것이다. '한 번 해도 화냥년이요, 두 번 해도 화냥년이라'는데, 기왕지사 막 가본다는 기세로 나서면 말릴 수가 없다. '환장한 김에 화냥짓 한다'고, 노기등등怒氣騰騰하여 나서는데, 그 기세를 누가 꺾겠는가. '한강수에 배 지나간 자리요, 팥죽 그릇에 수저 자국이라', '개구리 쉬어간 자리라'거나, '서방질은 할수록 새 맛이 난다'고 생각하게 되면, 이미 고개를 넘은 수레 비탈길 달려가는 상황이 된 것이겠다.

'남의 남편은 정들어도 못 산다'고 했는데, '멧돼지 잡으러 갔다가, 집돼지 범에게 물려 보냈다'는 꼴이 되는 걸 두려워하지 않아 불치병이 된 것이겠다. '삼이웃이 다 알아도 모르는 건 제 서방뿐이라'고 할 정도면 전문가일 것이 뻔하다. '무른 땅에서 마당삼 캐듯 한다', '밤에 벙거지 쓴 놈이 들락날락한다'는 경력을 가지지 않으면 어떻게 베테랑이 되겠는가. '가을 고추밭에서 다홍고추 따듯 한다'는 정도가 되면, 버릇은 천성이 되어 머리와 가슴의 중심에 자리를 잡았을 것이다.

'오입쟁이는 인물을 가리지 않고, 주객은 청탁을 가리지 않는다', '오입쟁이가 인물 보고 하나, 거시기 보고 하지'하는 말이 있다. 오입쟁이는 상대 여자를 배려하지 않는다. 제 육허기, 욕심만 끄면 된다고 생각한다. 그래서 '오입쟁이 제 욕심 채우듯 한다'는 말이 있다. '계집질을 잘하려면 입담치레 체면치레 거시기치레를 잘해야 한다'고 하는데, 건강한 인간이 되기 위해 수련한 것이 아니라, 오로지 여자를 탐하기 위해 깨우친 술수이겠다. '오입쟁이는 죽어도 기생집 울타리 밑에서 죽는다'고 하듯, 아무리 좋은 수단이 있는 것 같지만 끝내 벗어나지 못하게 된다.

'막 돼먹은 인간은 나라도 다스리지 못한다'고 했다. 나라가 다스린다는 뜻은 법으로 다스린다는 말이다. 막 돼먹은 인간치고 법에 걸리지 않는 수법을 모르는 자가 없다. 법망을 피해 최대한 속악하게 설친다. 오입질 서방질이라는 걸 막는 게 간통죄였는데, 이제 무엇으로 막을 것인가 통탄하는 사람도 적지 않다. 모든 악행을 막는 건 본래 법이 아니다. 개개인 제 양심이다. 제 몸 제가 관리하는데 누가 뭐라 할 수 있는 건 아니다.

'허튼 계집도 마음 잡을 때가 있다'고 했다. 아무리 즐거운 일이라 해도 제 언행에서 그칠 수 있다. '천 서방 만 서방도 저 싫으면 그만이라'고 하지 않던가. '노루는 노루끼리 놀고, 늑대는 늑대끼리 논다'고, 오입질 서방질이 취미이자 특기인 사람들끼리 놀게 내버려 두면 된다. '여자와 날고기는 오래 두고 보지 마라'고 생각하든 '막창 계집년 서방 바꾸듯' 하든, 험하게 굴린 몸이 얼마나 고되겠는가.

4. '꿀이란 많이 먹으면 독약이다'

'촌마다 불행자 하나씩은 있다'고 했다. 어디를 가나 못된 사람이 있기 마련이라는 뜻이다. 어수룩한 곳이 더할 수 있다. '촌물이 더 쏜다'고 하지 않는가. 남녀 구별할 것도 없다. '촌닭이 관청 닭 눈 빼먹는다'고 하지 않던가. 어수룩한 것 같지만, 생각한 것보다 훨씬 더 능청스럽다든지 큰일을 저지른다는 뜻이다.

남들의 눈에 띄지 않게 재미를 보려면 어수룩하게 보인다든지 은밀하게 행동해야 함은 물론이다. 재미있는 일에 흠씬 빠지게 되면 파렴치하게 본격적으로 나선다. 그런 행동을 무지한 사람이 감행한다는 뜻으로 흔히 촌놈 촌년을 내세운다. '촌년이 늦바람나면 속곳 마를 새 없다', '촌년이 늦바람나면 속곳 밑에 단추 단다', '촌년이 바람나면 거시기에 불이 난다', '촌년이 서방질을 하면 날 새는 줄 모른다', '촌년이 아전과 서방질을 하면, 중의 꼬리에 단추를 단다'는 속담들이 그렇다. 촌놈보다는 촌년을 내세우는 말이 많고, 촌놈의 경우 '촌놈이 더 무섭다'는 정도로 줄인다. 촌놈 촌년이 짝짓기를 더 밝힌다는 뜻이겠다. 실제로 촌에 사는 사람이 아니고 어수룩한 듯하거나 무지한 사람을 두고 하는 말이다.

'꿀보다 더 단 건 진고개 사랑, 초보다 더 신 건 여편네 거시기' 하는 속담이 있다. 사랑이니 짝짓기라는 것이 달고도 시다는 뜻이겠다. 달디달기만 한 것이 아니라 시디시기도 하다는 말이다. 그야말로 사람을 중독시키는 오묘한 맛이라는 뜻이다. '색을 좋아하는 사람은 신맛을 좋아한다'니까, 신맛을 넣은 것일까.

'미녀는 낮 친구, 추녀는 밤 친구' 하면서 밤낮으로 여자에 빠지면 구제할 길이 없다. '술에 빠진 놈은 건져도 여자에 빠진 놈은 못 건진다'는 말이 틀리지 않다. '비에 젖은 년이 이슬 가릴까' 하고 나서는 여자도 마찬가지겠다. '한번 주면 정 없다'고 다시 한번 하고, '한 번 가도 화냥, 두 번 가도 화냥'이니 내쳐 나서버리면 '마루 넘은 수레 굴러가듯' 할 것이 뻔하다.

정의 절정인 짝짓기는 어떤가. '샛서방 거시기 맛 꿀맛이고, 본서방 거시기 맛은 물맛이라'고 할 정도다. 꿀맛과 물맛으로 비유하는데, 실상은 물맛이 기본이다. 영속적이어서 변함없고 무엇보다도 소중한 것이 물, 물맛이다. 꿀이야 흔하지 않고 가끔 먹는 것이라서 귀하게 생각되지만, 물보다 소중할 수는 없다. '꿀도 과하면 취한다', '꿀도 사흘만 먹으면 단 줄 모른다'고 했다.

'떡과 거시기는 오래 칠수록 좋다'니까, 제 능력에 비해 오래도록 해보려는 일념에 빠져들겠다. '떡을 치다가 꼬꾸라질 놈의 세상'을 뇌까리며 안간힘을 쓰다가는 복상사에 이를 수도 있다. '세상에서 가장 행복한 죽음은 복상사라'는 말이 있기는 하지만, 해보는 소리겠다.

짝짓기에 필요한 상식도 속담에서 많이 제공한다. 요분과 감창에 대한 노골적인 것들이 적지 않다. '떡판 엉덩이는 요분질 못한다', '떡판이 크면 요분질 못한다', '요분질 못하는 거시기는 용두질만도 못하다', '요분질에 전신의 피가 다 마른다', '요분질은 상하좌우로 잘 놀려야 한다'고 했다. 감창에 대한 속담은 찾아내지 못했지만, 그것에 대한 교육을 유튜브 선생들이 하고 있다.

'사내 못난 건 뭣만 크고, 계집 못난 건 젖퉁이만 크다'고 욕 삼아 한다.

그런데 이제는 선망의 대상으로 삼는다. 하다 하다 공공연하게 확대 수술을 하는 사람이 적지 않다. 섹스 어필이라고 하는데, 쉽게 말하자면 짝짓기 유혹이라 하겠다. 이런 일을 감행하는 사람들을 두고, '허파에 바람 들고 간이 부었다'고 할 수는 없다. 어차피 세태는 대다수가 하는 대로 모습을 바꾸어가기 마련이다. 조상들은 감히 상상할 수도 없던 일들이 실현되고 있는 마당이다.

'단물만 쪽 빨린다', '단물만 실컷 빼먹는다', '단물 신물 다 빨아먹는다'는 말들이 있다. 제짝 중 어느 한쪽이 한껏 빨리는 짓은 도리가 아니다. 한껏 빨아먹는 쪽도 마찬가지다. 꿀을 과하게 먹으면 독이 되는 것은 변치 않는 진리다.

5. '샛서방 정은 삼 년이고, 본서방 정은 백 년이다'

샛서방과 본서방을 고욤과 감에 비유하면 적절하겠다. '좋아도 자랑 못 하는 게 샛서방이라'고, 내놓지 못하니 존재감이 작다. 본서방이야 맛이 없거나 있거나 내놓고 사니 감이라 하자. '고욤이 감보다 달다'는 생각은 일반적일까. '고욤 칠십 개가 감 하나 못 당한다'고 하는데, 아무리 단맛이 나는 샛서방이 많아도 본서방 하나만 못하다는 말이겠다. '고욤이 아무리 달아도 감만 못하다'는 말이 그것이다. '고욤나무에 감 달릴까', '고욤 맛 알아 감 먹는다'고 하면, 속 편한 일이다. 샛서방이 아무리 좋다고 해도 본서방보다 못하니까, 알아서 샛서방질을 하지 않겠다는 뜻이다.

예전에는 혼외정사의 남자 쪽 상대를 첩妾이라 했다. 몰래 외도를 하기보다는, 오입질을 공공연하게 하도록 풍습으로 만든 것이다. '첩은 죽어도 옳은 귀신 못 된다'는 말이 있지만, 그래도 해보겠다는 여자가 있는데 어찌할 것인가. 못난 놈의 본처가 되느니, 잘난 놈의 첩이 되는 게 낫다는 생각 때문이겠다. 가난한 남자의 본처가 되어 찌든 삶을 사는 것보다, 부잣집에서 풍부하게 살고 싶다는 욕심 때문이다. '첩의 살림은 밑 빠진 독에 물 붓기다', '첩의 살림은 시루에 물 붓기다', '첩은 돈 떨어지면 가는 날이라', '첩은 살림 장만하는 재미로 산다'는 말들이 그런 생각을 요약한다. 본처의 재물이나 사랑을 빼내어 제 것으로 만드는 게 첩 지위를 무릅쓴다는 얘기다.

'마른 하늘에 생벼락'을 맞은 것도 억울한데, 소중한 것을 다 뺏기게 되니, 본처로서야 미치고 팔딱 뛸 일이다. 사랑을 빼앗긴 것은 물론 재산도 축내고 있으니, 악마가 따로 없다고 하겠다. '첩은 큰마누라 정 빼먹는 재미로 산다'는 말이 얼마나 잔인한 것인가. 그러니 '첩을 보면 돌부처도 꿈틀한다'고 했다.

처와 첩을 비유하는 말들은 기발하다. '첩은 여우, 본처는 소', '작은 마누라는 정으로 살고, 큰마누라는 법으로 산다', '첩은 양념이고, 처는 밥이라', '큰마누라는 매꾸러기고, 작은마누라는 거시기 꾸러기다'는 말들이 그렇다. '첩살이 설움이 부평초 설움이라'이라고 하지만, 본처의 설움에 비하면 덜하다고 할 것이다. 때로는 '첩이 큰방 차지한다'는 경우도 있으니, 그럴 때는 모욕감에 치를 떨 것이다.

첩을 둔 사내가 좋기만 하겠는가. 좋기는커녕, 이럴 줄 알았으면 첩을 들이지 않았다고 크게 후회를 할 것이다. '첩의 꼬리에는 강샘이 따라다닌다', '첩은 질투 먹고 산다'고 했는데, 영락없이 겪어내야 할 일이다. 짝짓기하는 즐거움은 잠깐, 끝없이 몰아치는 질투에 살맛을 잃을 것이다. 만약 또 다른 첩을 통해 위안을 얻으려 하면, '첩이 첩 꼴 못 본다'고, 지옥 맛을 보게 될 것이다.

'첩은 양념 맛으로 산다'고 했는데, 양념이 음식 전체의 맛을 버릴 수 있겠다. 차라리 양념 없는 덤덤한 음식이 속 편할 것이다. '첩 사랑 일 년 사랑, 남의 계집 번개 사랑'이라고 했다. '자랑하고 싶어도 자랑 못 하는 것이 샛서방 자랑이라'고 했다. 화냥년이라고 욕을 먹는데 어찌 자랑할 수가 있겠는가. '자랑하면 자랑단지가 깨진다'고 했다. 그저 혼자 즐거우면 되지, 자랑까지 할 필요가 있겠는가. 자랑을 듣는 사람의 시기 질투가 남자복을 빼앗아 간다. '고양이도 낯짝이 있고, 벼룩도 콧등이 있다'고 했으니, 파렴치하다는 말을 듣지 않는 건 제게 달렸다.

사랑은 두 사람 사이의 평등을 전제로 한다. 《적과 흑》에서처럼 신분 차이를 두고 맺은 사랑은 사랑이라는 목표 외에 중간 목표가 있기 마련이다. 이를테면 돈이나 사회적 계층에 놓인 담을 먼저 극복해야 한다. 레날 부인과 사랑에 빠진 줄리앙은 "내 사랑에 응답하는데 있어서는 우선 나를 평등하게 대해야 한다. '평등'을 떠난 사랑이란 있을 수 없다"[83]고 생각한다. 진정한 사랑은 서로 평등하기를 바라지 않아도 평등하게 되지만, 사랑 외에 뭔가를 바라거나 줄 게 있다면 평등이 이루어지지 않는다.

평등한 사랑으로 얻어지는 건 평화로움과 즐거움이겠다. 로렌스가 장편소설 《채털리 부인의 사랑》에서 보여준 진지함은 혼외 사랑에 대해 분별 있는 비난을 하도록 설득하고 있다. 작품 내내 "따뜻한 사랑"을 강조하는 작가는 추악하게 병들어가는 산업사회에서 진정한 휴머니즘이 무엇인지에 대해 종합적으로 통찰해낸다. 그런 안목 속에서 남녀의 사랑은 유일한 돌파구가 되기 때문에 숱한 성행위 묘사가 결코 외설스럽게 느껴지지 않는 것이다. 사냥터지기 멜러즈는 "난 따뜻한 마음을 믿소. 특히 난 사랑에 있어 따뜻한 마음을, 따뜻한 마음으로 성행위를 하는 걸 믿소…….죽음과 천치 짓은 바로 이 모든 차가운 마음으로 하는 성행위요.", "사내들을 원숭이가 아닌 진정한 사내로 만들어주는 것이요. 그렇소! 그건 부드러움이요,...섹스는 사실 접촉에 지나지 않는 것으로 모든 접촉 중에서 가장 친밀한 접촉일 뿐이요. 그리고 우리가 두려워하는 것은 바로 이 접촉이요. 우리는 반쪽 의식밖에 없고 또한 반쪽만 살아 있소. 하지만 우린 온전히 살아나야만 하고 깨어나야만 하오"[84]하는 태도가 그의 항심이다. 이런 생각을 가진 멜러즈와 하반신불수가 된 냉정한 남편 클리포드가 비교될 수 있겠는가.

남편에게서 따뜻한 사랑 또는 부드러운 사랑을 받지 못하면 샛서방을 찾게 되겠다. 아내에게서도 그런 사랑을 받지 못하면 첩을 찾을 것이다. '맛없는 국이 뜨겁기만하다'고 비유할 정도의 짝이라면 사달이 생기게 마련이다. '예쁘고도 간사한 것이 첩이라'는 것을 알면서도 끌리는 것은 어쩔 수 없다. '아비 죽인 원수는 잊어도, 여편네 뺏긴 원수는 못 잊는다'고 해도 도리가 없다. '서방질 잘하는 여자도 천장 보기가 미안하다'는 자괴감 또는 자존감만이 저 자신을 치유할 수 있겠다.

'화류계의 정은 삼 년,
본딧 정은 백 년'

'꽃도 이슬 맞으며 피는 나팔꽃이 있고, 이슬 맞으며 지는 달맞이꽃이 있다'고 하는데, 꽃을 여자라 생각한다면, 화류계의 꽃은 달맞이꽃일까. 벌과 나비는 밤에 피는 꽃이라서 찾지 못할 것 같지만 틈이 있다. 밤에 피는 달맞이꽃이라서 벌과 나비를 더 잘 받아들인다. '달밤에 봐서 미운 여자 없다', '먼 데서 봐 안 예쁜 여자 없고, 밤에 봐서 안 예쁜 여자 없다'고 했는데, 달 대신 홍등가의 붉은 전깃불도 한가지겠다. '달밤엔 사내의 마음을 호리는 두억시니가 작희한다'고 했는데, 불 밑에서 여자를 보면 남자들의 정신이 흔들린다는 뜻이다.

도화살桃花煞이라 했다. 뭇 남자와 상관해야 하는 운명을 가진 여자를 말한다. 화류계에 있는 여자 중 돈을 벌려고 하는 사람도 있지만, 많은 남성과 어우러져야 하는 팔자가 있다는 것이다. 팔자라고 하지만 몸의 화학작용이 남다르게 강해, 내놓고 살아야 하는 소수의 사람도 있단다. '도화살 낀 계집이야 오가는 길손 허기나 꺼주고, 살수청이나 들어주면 된다'는 말에 그런 뜻도 포함된다.

꽃을 파는 직업은 필요악이겠다. 결혼생활을 방해하기도 하면서 동시에 보완해주는 역할을 한다. 일부다처제의 구속을 다소 느슨하게 하고, 배다른 자식들로 인한 갈등과 손실을 막아주기 때문이다. 그리스 학파의 주장처럼, 결혼과 매춘이 짝짓기 사업이지만 분명하게 구분이 된다. 결혼과 매춘의 차이를 청부업과 임대업으로 빗댄 그리스 시닉cynicime 학파의 생각은 진정 냉소적이지만 정곡을 찌른다. "매춘은 일부일처제 덕분에 일취월장 새롭게 조직적으로 배양되어 간다. 이것은 마치 매춘이 일부일처제의 찬미자를 지옥으로 떠밀어버린 것과 같다. 매춘이란 결국 일부일처제의 중요한 목적인, 혈통이 바른 상속인을 어느 정도까지 유지시키기 위하여 일부일처제가 어쩔 수 없이 필요로 하는 보호막이었던 것"[85]이라는 주장을 부정할 수는 없을 것이다.

화류계에 종사하는 사람이 따로 있는 것은 아니다. 사정이 그렇게 되면 어쩔 수 없는 법이다. 그래서 '아들 삼 형제면 도둑 보고 웃지 말고, 딸 삼 형제면 화냥년 보고 웃지 말랬다'고 한 것이다. 자식들이 많다 보면 어쩌다 도둑놈도, 화냥년도 나올 수 있으니 그들을 비웃지 말라는 뜻이다. '사람의 운명은 내일을 모른다'고 했으니 말이다.

'노류장 계집도 정이 없으면 종사하기 어렵다'고 하듯, 잠시 짝짓기를 하더라도 정을 내줄 수밖에 없다. 물론 돈에 고마워 내는 정이겠다. '몸은 팔아도 마음은 팔지 말랬다'고 했는데, 도대체 어찌 마음이 동하지 않을 것인가. '정을 함부로 주다가는 화냥년 된다'고 하지만 함부로 준 정 때문이 아니고, '돈이 사람을 부린다'는 세상사 잘못된 이치에 휘둘렸기 때문이다.

'까치 내려앉는 보리밭 있고, 까마귀 내려앉는 보리밭 따로 있지 않다'고 했다. 누구든 고만고만하기 때문에 짝짓기에 기갈이 들면 찾는 곳이 같다. 내놓고 내려앉을 곳이 아니기에 밤을 기다려 찾기 일쑤다. '길가 버들과 담 밑에 핀 꽃은 누구나 꺾을 수 있다', '길가에 핀 꽃이 임자는 없으되 이름은 있다', '길가 우물은 혼자 마시지 못한다'고 하는 말들은 노류장화路柳

墻花, 즉 화류계 여성들을 두고 비유하는 속담이다. 누구나 상대할 수 있다지만 돈이 있어야 한다. 돈 쥔 사람이 잠시 임자가 된다. '누렁이도 돈만 있으면 황 첨지라고 한다'는데, 돈이 없으면 천대받는 게 세태다. 참 편한 사랑이라 할 수 있겠다.

'나 모르는 기생은 다 가假기생이라'고 큰소리치는 사람은 돈깨나 처바르고 다녔다는 말이다. 그러나 '나무에 잘 오르는 놈이 떨어져 죽고, 헤엄 잘 치는 놈이 빠져 죽는다'고 했으니, 오입 자랑은 말 일이다. '나무 좋아하는 원숭이 나무에서 떨어져 죽고, 계집 좋아하는 놈은 계집 단속곳 속에서 빠져 죽는다'는 말을 잘 새길 일이다. '노름 술 계집은 패가의 삼대 장본이라'는 말은 사내들에게 옛날부터 충고해 온 속담이다. '술에는 공술이 있어도 거시기에는 공짜가 없다'는 말은 화류계 여성과 짝짓기를 하려면 현금계산이 필수라는 말이다.

'버릴 사람 없고 버릴 그릇 없다', '사람과 그릇은 있는 대로 쓴다'고 했다. 그렇다. 사람을 두고 생산적이라거나 비생산적이라는 판단을 섣불리 할 수 없다. '누구나 벗겨놓고 보면 다 마찬가지라' 했다. 아무리 고결하다는 사람도 자연계라는 큰 틀에서 보면 생산적일 것도 없다. 화류계 사람들이 불필요할까. 필요악일까. 색안경을 쓰고 보지만 천하다고 여길 수 없다. 세상이 필요로 해서 생겨났기 때문이다. 세상 모든 사물이 그렇듯이, 인간도 존재하는 것만으로 정당성을 가질 뿐이다.

1. '닦은 콩과 기생첩은 곁에 두고 못 참는다'

'기생도 도인 기생이 있다'고 했다. 역사 속에서 긍정적으로 평가받는 이들을 잘 알 것이다. 황진이, 논개와 같은 이들이 그렇다. 천한 직업이라는 질시嫉視 속에서도 빛나는 재능과 의로운 행동을 하는 잘난 인물이 분명 있다. '기생에게 예절을 따진다', '기생도 양심이 있다', '기생이 열녀전 끼고 다닌다'고 비꼬지만, 모두를 일반화하면 안 될 일이다.

　화류계 사람들이 있는 이유는 당연히 고객이 있기 때문이다. 예전에야 기생만 있었지만 요즘엔 남자 접대부도 있으니, 남녀를 구분할 것은 아니겠다. '기생 맛을 모르면 여자 맛을 모른다'고 했다. 그래서 사내들은 남의 여자와 상관하는 것 다음으로 살맛이 좋다고 여겼다. 제 여자에 물려 새로운 상대를 찾는 남자들에게 돈만 있으면 만만한 상대가 기생이었다. '기생과 묘자리는 먼저 차지하는 게 임자라'지만, 차지한다는 게 잠깐일 뿐이다. 뿌린 돈만큼 몸을 허용하는 것이겠다.

　'기생첩이 제일 무섭다'고 했다. 왜 안 그렇겠는가. 돈을 뜯어내려고 호시탐탐 노리는 데야 견뎌낼 사내가 드물 것이다. '돈으로 맺은 연분은 돈 떨어지면 그만이라'는 생각은 하지 않고, 오로지 짝짓기에 정신이 팔리면 '종 치고 막 내린' 인생이 되는 것이다. '돈이 재주를 부린다'는 것과 '돈이 화근이라'는 것을 제대로 깨우칠 수 있게 된다.

　기생이란 어엿한 직업이고 서비스업이다. 남자를 홀려 한껏 돈을 우려내는 직업이다. 정찰제도 아니고 홀리는 만큼 돈이 나오니, 어떻게 하든지 남자를 홍콩에 보내 정신을 못 차리도록 갖은 수단을 다 쓸 것이다. 이러니 사내는 '여자는 닳을수록 좋다'고 하는 것이다. 물론 제 아내로는 결코 닳고 단 여자를 택하지 않겠다. 짧게 상관할 여자니까 닳고 단 여자를 선호하는 것일 뿐이다.

　온몸을 다 동원해서 애교를 부린다는 뜻으로, '경마 말 네 굽 구르듯 아양을 떤다'는 말을 한다. 이런 애교에 웬만한 남자는 무장해제 되기 일쑤다. '놀던 계집 결단이 나도 엉덩이짓은 남는다', '놀던 계집이 결단이 나도 요분질은 남는다'고 할 정도로 숙달시킨 기교로, 남자를 홍콩 보내는데 어찌 배겨날 재간이 있겠는가. 여자의 아양 앞에서 사내는 완전히 무장해제 될 뿐이다.

여자는 큰 자본 없이도 돈을 벌 수 있다는 뜻으로 쓰는 말들이 많다. '여자는 무자본 대상이라', '여자는 밑천 없이 큰 장사를 한다', '여자는 치맛자락만 들춰도 돈이 들어온다', '여자는 흉년에도 굶어 죽지 않는다'는 속담들이 그것이다. '개꽃도 꽃은 꽃이고, 밀개떡도 떡은 떡이라'고 하면서, 화류계 사랑에 빠진다고 관계자 외에 누가 뭐라 하겠는가. '개꽃에는 나비도 아니 온다'고 하지만, '사람 살 곳은 골골이 다 있다'고 했다. 다 살아가기 마련이다. '여자는 밤 여자가 아름답다', '볶은 콩과 기생첩은 옆에 두고는 못 견딘다', '볶은 콩과 애첩은 곁에 두고 못 견딘다' 하고 사내들이 속을 태우는데, 어찌 돈이 안 돌겠는가.

'제 여편네 새로 해 입은 치마보다, 화류계 계집 입은 팬티가 더 좋아 보이는 것이 사내라'는 말은 좀 심술궂다. 그러나 습성이 들면 제 행동반경에서 끝내 벗어나지 못한다. 아무리 놀아 본 놈이라도 '놀아보아야 부처님 손바닥이라'고, 오입쟁이도 여자 손바닥에서 놀뿐이다. 제 딴에는 '방귀깨나 날린다' 해도 별수 없다.

벗은 여자의 몸을 두고 '엎어놓으면 바가지요, 뒤집어놓으면 조롱박이라'고 요약하는데, 말이야 재치가 있다. 그런데 그 상상을 하며 '눈에 삼삼, 귀에 쟁쟁'하면 제정신을 차리지 못한다. '쇠뿔도 단김에 빼고, 호박떡도 더운 김에 먹으랬다'는 생각이 솟구치면 일은 시작되는 것이다. '엎어지든 잦혀지든' 해야 하겠다면 누가 막겠는가.

'놀아본 놈이 놀 줄 안다'고 했다. 아무리 '계집 싫다는 놈 없고, 돈 마다는 놈 없다'고 하지만, 여자 앞이라면 부끄러워 나서지 못하는 남자도 적지 않다. 놀아 본 놈이라야 '계집이라면 생으로 회를 쳐 먹으려 한다', '계집이라면 절구통에 치마를 두른 것도 좋아한다'고 할 정도로 환장을 하며 덤벼들겠다. '손바닥도 마주쳐야 소리가 난다'고, 서로 잘 맞으니까 짝짓기가 가능한 것이겠다. 결국 돈의 힘이다. '사람 힘보다 돈 힘이 세다'고 했는데, 맞는 말이다.

기생 노릇을 한다고 서방이 없겠는가. 기둥서방도 서방이겠다. '속 좋기는 기생 서방이라'는 말이 있다. 기둥서방이라도 서방인데, 제 여자가 다른 남자하고 짝짓기하는 것을 숱하게 봐줘야 하니까 속이 말이 아니겠다. '속이 여름 두엄벼늘 속 홍어 속이라'는 말이 꼭 그럴 것이겠다. 그래도 어쩌겠는가. 별수 없으면 '믿는 건 대감뿐이라'고, 의지해 사는 수밖에 없겠다. '정들고 못 사는 것이 화류계의 남녀라'고는 하지만, 예외가 있는 것이 당연하다.

예전 기생이야 직업으로 내놓고 돈을 벌었지만, 지금은 은밀한 직업이 돼 있다. 직업이 아니고 아르바이트로 돈을 버는 사람이 헤아릴 수도 없이 많을 것이다. 야간업소에 수 년, 수십 년을 다닌 이력이 있어도 신분이 드러나지 않는다. 한껏 몸을 놀려 돈을 벌다가, 시치미 떼고 혼인을 해도 쉽사리 알 수 없는 세태다. 예전에야 '계집 인물 잘나면 노방초 되기 십상이라'고 했지만, 인물이 잘나면 연예인이 되는 시대다. 화류계 정은 저도 모르게 일부일처제를 유지하는데 한 역할을 했다. 이젠 짝짓기가 점점 자유롭게 돼가는 세태라서 기여도가 떨어질 수도 있겠다.

2. '화류계의 정은 돈이 든다'

"존재의 흔들리는 가지 끝에서 / 너는 이름도 없이 피었다 진다. / 눈시울에 젖어드는 이 무명의 어둠에 / 추억의 한 접시 불을 밝히고 / 나는 한밤내 운다"[86]는 표현은, 유명 시인의 〈꽃을 위한 서시〉 제2연이다. 민족전쟁을 겪으면서 인간의 삶과 죽음, 존재와 무의 문제를 성찰하는 작품이다. 그런데 화류계 사람들을 생각하면서 갑자기 이 시구가 연상되는 건 생뚱맞은 일일까. "너는 이름도 없이 피었다 진다"는 부분 때문이다. 밤과 꽃, 울음이라는 이미지가 결합하여 암울한 분위기를 만들어내니 그렇겠다. 세상을 살아내기 위해서는 삶과 죽음을 넘나들며 돈을 벌며 힘들게 사는 사람들이 많다는 안타까움 때문일 것이다.

'돈이 농간을 부린다'고 했다. 세상이 천국으로도, 지옥으로도 여겨지는 것은 다 돈 때문이다. 정확하게 말하자면 각자의 마음 때문이지만, 돈이 마음을 지배하고 흔들어대서 그렇다. '돈이 사람을 살리기도 하고 죽이기도 한다'는데, 어찌 흔들리지 않을 수 있겠는가. '돈이 있으면 존대 받고, 돈이 없으면 천대 받는다'고 하는데, 조금도 그른 말이 아니다. 적은 돈을 벌려고 온갖 천대를 참아내는 사람이 숱한데, 세상은 꿈쩍 않는다.

'도랑 치고 가재 잡고, 돈 줍고 논에 물 댄다'고 했다. 남녀가 만나 짝짓기 즐거움을 맛보고 대가까지 기대된다면 흥분되는 일이 틀림없겠다. 돈이 오가는 매춘이 그런 경우인데, 소박한 형태의 매춘도 매춘이다. 김동인의 〈감자〉, 김유정의 〈소낙비〉라는 소설에서 대표적 예를 볼 수 있다. 절대빈곤의 시대에는 소박한 매춘으로 연명하는 경우가 허다했다. '너 좋고 나 좋고 했는데, 광목 한 통 왜 달라나'하는 말을 들으며 살아내야 하는 경우가 허다했겠다.

돈을 버는 것이 아니라면 어쨌든 사랑이니 즐겁기도 할 것이다. 돈이 오가야 하니, 사랑이라 할 수 없어 매춘이라 하겠다. 한쪽에서는 사랑이라 우기지만, 다른 쪽에서는 돈에 대한 사랑이어서 온전한 사랑이기 어렵다. '화대와 복채는 깎는 법이 아니라'고 했다. 사내들이 짝짓기 대가를 제대로 치르도록 충고하는 말이다. 짧은 시간에 사랑도 뭐도 아니었다고 시치미를 뗀다면 대책이 없기 때문이다.

'하룻밤에 소금 석 섬을 먹어도 짜다는 소리를 않는다'는 말은 옛날 일화에서 비롯된 속담이다. 소금장수가 소금 석 섬을 팔아 기생집에 갔는데, 기생의 교태에 녹아 하룻밤에 다 날렸다는 이야기다. 등골까지 다 빼먹고, 이빨까지 내놓고 가게 만드는 것이 기생들의 교태였다. '사내 못난 것이 오입질 자랑만 한다'고 하는데, 돈을 많이 잃었다는 자랑에 지나지 않는다. '계집 밑 닦는데 다 날렸다'는 말이나 들을 것이다.

화류계 출입을 하는 사람을 두고, '비싼 밥 먹고 비지개떡 같은 짓 한다'고 힐난을 해댄다. '비싼 것이 싼 것이고, 싼 것이 비싼 것이라'는 말을 한다. 사내들의 육허기를 끄는 데는 화류계의 잠깐 사랑이 최선이란다. 첩을 두면 돈이 여간 많이 드는 게 아니라는 말이다. 이런 이유로 매춘은 불멸이다. 세계사에서 매춘을 없애려고 부단히 노력해왔고, 지금도 그 노력이 계속되고 있지만 허사다. 아마도 바닷속 불가사리를 없애는 게 빠를 것이다.

'미꾸라지는 맑은 물에 놓아줘도 시궁창을 찾는다'고 했다. '기생 맛을 못 보면 계집 맛을 모른다', '말과 계집은 바꿔 타봐야 새 맛을 안다'고 하듯이, 닳고 단 사내들은 화류계를 떠나지 못한다. '기생이란 일 원 삼십 전 사랑이라'고 해도 그게 좋단다. 오래 참고 견디며 이루는 사랑보다는 다짜고짜로 맺는 정분이 편하단다. 그리움도 절차도 없이, 돈 놓고 돈 먹기로 맺고 끊는 정이 좋단다. 선수는 선수끼리 만나야 속이 편하단다.

'밤에 만져봐도 양반이라'는 말은 사람이 항상 늘 점잖다는 말이다. '화류계 여자는 이런 남자를 가장 싫어할 것이다. 낮에는 점잖은 척해도 밤에는 잡놈이 되기를 바랄 것이다. 적어도 '밤에는 임 보듯 낮에는 남 보듯' 해야 한다는 생각이겠다. '옷감과 여자는 밤에 봐야 곱다'고, 홍등가를 어슬렁거리는, 황야의 늑대 같은 사내가 좋을 것이다. '돈에는 반해도 사람에게는 반하지 않는다'는 신념으로, 사랑 아닌 사랑으로 삶을 견디겠다.

3. '눈물로 사귄 정은 오래 가지만 돈으로 사귄 정은 잠깐이라네'

　기생, 지금으로 말하자면 화류계 여성은 왜 기둥서방을 둘까. 하룻밤 사랑을 나누고 돈이나 버는 게 편할 텐데 기둥서방을 둔다? '소도 비빌 언덕이 있어야 일어난다'고 하니, 비빌 언덕을 두는 것일까. 남편이 없으면 쥐새끼까지 업수히 여기고 지랄을 한다니까, 남이 업신여기지 못하게 하려고 그럴까. 몸으로 돈을 버는 직업이라고 업신여겨 못된 짓을 하는 인간들이 얼마나 많을 것인가. 뒤를 봐줄 사람이 당연히 필요하겠다. 그런데 있으나 마나 한 기둥서방도 있는데, 소설 속이다.

　이상의 그 유명한 단편소설 〈날개〉가 좋은 예다. 주인공은 33번지 18가구 유곽을 배경으로 기둥서방 노릇을 하는 인물로 설정한다. 손님을 자주 받아 돈을 버는 아내를 아주 끔찍하게 여긴다. "18가구에 각기 벌려 든 송이송이 꽃들 가운데서도 내 안해가 특히 아름다운 한 떨기의 꽃으로 이 함석지붕 밑 볕 안 드는 지역에서 어디까지든지 찬란하였다. 따라서 그런 한 떨기 꽃을 지키고 - 아니 그 꽃에 매달려 사는 나라는 존재가 도무지 형언할 수 없는 거북살스러운 존재가 아닐 수 없었던 것은 물론이다"[87]하고 유곽의 배경과 아내의 직업, 자신의 처지를 소개한다. 소설 속 사내는 아내로부터 푼돈을 받아 저금통에 넣어 모은다. 아내가 손님과 일을 치르고 날 때마다 주는 푼돈이다. '갈보 집에서 예절을 따진다'고 하는데, 둘 사이에는 예절을 지키려고 서로 무진 노력을 한다.

　'기생 집 문 앞에서 노는 놈은 건달이라'고 하는데 주인공은 건달이 아니라 부끄럼 잘 타고, 아예 집에 들어앉아 기생하는 사내다. 아내가 손님을 받아 일을 치를 때 모르는 척하고 있기만 하면 위로와 팁을 받는 사내다. 사내의 처지에서는 눈물겨운 사랑이다. '눈물로 사귄 정은 오래 가지만 돈으로 사귄 정은 잠깐이라네'라고 하는데, 화류계 여성과 눈물로 사귀는 정 같고 오래 갈 것만 같다. 작가는 비상식적인 이야기로 관심을 끌게 한 것이다. 비상식적이라 했지만, 아무리 몸으로 돈을 번다고 해도 사사로운 정까지 없을 것인가.

'정들고 못 사는 것이 화류계의 남녀다', '정들고 못사는 게 화류쟁이'라고 했다. 화류계라 하더라도 남녀간 사랑 없는 곳이 어디 있겠는가. 돌아가는 사정을 서로 뻔히 아는 바에 애틋한 사랑으로 발전하는 경우가 드물 것이다. 때때로 화류계 여성과 손님 사이에 정분이 맺어지는 경우가 있을 것이다. 세계문학, 한국문학에 이런 주제와 소재를 가진 소설은 적지 않다.

'밤에 봐서 안 예쁜 여자 없다'고 해서 '밤 쌀 보기, 밤에 여자 보기', '밤에 남 임 보듯' 한다고 했다. 그러니 아무리 밤에 피는 꽃이라는 화류계 여성이라도 유혹당하기 마련이다. '유곽에서 숫처녀를 찾는다'는 말이 있다. 무척 엉뚱한 짓을 한다는 뜻으로 빗대는 말이다. 숫처녀를 찾아 백년가약이라도 맺으려는 걸까. 유곽은 돈으로 잠깐 사랑을 맺는 곳이다. 돈으로 잠깐 사랑을 나누는 곳에는 눈물로 사귀는 정이 없다는 얘기다. '닭의 새끼 봉 될 리 없고, 각관 기생 열녀 될 리 없다'고 비유해서는 안 된다. 화류계 사람을 신분으로 차별을 해서는 안 된다. 다만 돈이 없을 뿐이다.

돈으로 사귄 정이라고 해서 반드시 화류계 사랑만 뜻하는 건 아니다. 평범한 사람도 크게 나을 것도 없다. 돈에 팔려 사귀고 혼인까지 하는 사람이 적지 않다. 혼인할 때 돈을 따지는 것은 오랑캐 풍습이라고 하지만, 이 땅에서 현재도 버젓이 일어나고 있는 현실이다. '돈이 없으면 아무 일도 이루어지지 않는다'고, 사랑도 혼인도 불가능한 세태다. 모든 것을 돈의 액수로 판단하는 세상인데 사랑이라고 오염되지 않겠는가.

돈은 사랑의 인연을 맺게도 하지만, 떼어놓기도 한다. 돈이 많은 사람일수록 만나기도 헤어지기도 쉽게 해버리는 경우를 자주 볼 것이다. 돈이 많으면 등과 배가 따뜻하고, 그렇게 되면 만사가 여벌이기 때문이다. 만사에 여벌이라는 말은, 세상에 절실히 원하는 게 없다는 말이다. 사랑도 그렇다. 돈이 많으면 마음이 풀어져 사랑에도 게으르게 된다. 그러니 결국 새사람을 찾겠다고 헤어지는 것이다. 부족한 게 있어야 제 마음이 긴장되고 사랑에 절실한 자세를 갖게 된다. '향기가 있는 꽃은 가시 돋힌 나무에 핀다'고 했다. 보람 있는 일은 어떤 것이든 고난이 따른다. 사랑도 예외는 아니다.

4. '여우하고 계집은 피 안 나게 사내를 잡아먹는다'

'한량이 기생 무릎을 못 베고 죽어도, 기생집 울타리 밑에서도 죽는다', '죽어도 기생 윗방에서 죽는다'고 했다. 기생의 처지에서는 좋기도 하고, 귀찮기도 하겠다. 저에게 한껏 돈을 쓰고 기둥서방 노릇을 하니 좋을 것이고, 다른 돈 많은 사내를 상관하지 못하니 방해가 되기도 하겠다. '갈보도 절개가 있고, 도둑놈도 의리가 있다'고, 애물단지라도 어쩌지 못하겠다. 그렇지만 남자의 신세는 이미 잡아먹힌 것과 다름없다. '기생의 정이란 장마 때 물같이 갈래 없이 흐른다'고 했는데, 기둥서방으로 박혀 있다고 한들 얼마나 가겠는가.

'여자가 꼬리를 치면 오뉴월 봇줄도 흩어진다', '여자가 꼬리를 치면 봇줄도 흩어진다'고 했다. 봇줄이란, 마소에 써레, 쟁기 따위를 매는 줄을 말한다. 여자가 남자 마음을 혼란케 해서, 하는 일에 문제가 생긴다는 뜻이다. 여자야 꼬리를 치든 말든, 남자가 유혹당하지 않으면 된다고 하겠지만, 말같이 쉬울 것인가. 열에 아홉 정도만 넘어갈까. '여자가 꼬리를 치면 거시기 맛밖에 볼 것이 없다', '여편네가 꼬리를 치면 밟힌다'고 하는데, 그게 목적이겠다. 제 마음에 들어야 꼬리도 치는 것이지, 아무한테나 그렇겠나.

'남자는 거시기 방망이로 흥하고 망한다'고 했는데, 흥한 예는 보기 힘들지만 망한 경우는 흔히 볼 것이다. 돈 많은 독신녀나 과부댁과 연인 사이라면 흥할 수도 있겠다. 홀로 사는 여자가 돈을 잘 모아둔다는 생각을 하기 마련이다. '과부 삼 년에 은이 서 말이다', '과부 몸에는 금이 서 말이고, 홀아비 몸에는 이가 서 말이다', '과부 베개 속에는 은이 서 말이라'는 말이 있잖는가. 그렇지만 돈이 전부일 리 없다. 사람에 따라서는 받은 만큼 또는 그 이상으로 혹독하게 갚아야 할 수도 있다. 만약 '계집의 색이 강하면 놋쇠 도막도 녹인다'는 정도의 홀어미를 만난다면 '계란 바구니에 절구질'당한 정도의 꼴이 될 수도 있다.

'계집을 오래 상종하면 생니 뽑아달라고 한다'고 했다. 제 재산 다 까먹을 각오가 돼 있지 않으면 화류계 여자에게 정을 주지 말아야 하겠다. 돈도 잃고 사랑도 건강도 잃어, '게도 구럭도 다 잃었다'는 꼴이 된 사람 적지 않다.

남자들은 저 스스로 여자보다는 강자인 줄 안다. 거기다 돈이라도 좀 있으면 '하늘이 돈짝만 하고 남문이 쥐구멍만 하다'고 여기며 허세를 부리기 마련이다. 돈으로 여자를 얼마든지 구할 수 있다는 자신감에 빠지게 된다. 그러나 '도끼 가진 놈이 바늘 가진 놈을 못 당한다'고 했다. '바늘 넣고 도끼 낚기'라는 것을 알고서도 속아 넘어가는 것이 남자다. 여자가 꼬리를 치면 오뉴월 봇줄만 흩어지는 정도에 그치지 않는다. 남자의 몸과 마음은 물론 재산까지 흩어지게 만든다.

'추녀도 밤에는 친하게 된다'고 했다. 미녀가 아니라도 잠자리 서비스를 받게 되면, 사내는 정신줄을 놓게 된다. 미녀의 얼굴에 얼이 빠지고 추녀의 잠자리 맛에 넋을 잃게 되니, 사내는 이러나 저러나 장엄하지 못한 전사를 하게 된다. '선 요망 익은 요망 다 떤다'고 했는데, 돈을 우려내는데 무슨 짓을 못하겠는가. '재물과 여색은 따라다닌다'는 걸 모를 리 없겠다. 여자 앞에서 아무리 많은 돈이라도 여지없이 무너져 내린다. '절세미인도 흠은 있다'지만 밤의 추녀는 사내를 잘도 후려낼 것이다. 사내가 여자에게 피도 흘리지 않고 거꾸러졌는데 장렬한 전사라고 할 수도 없다.

'기회는 머리만 있고 꼬리는 없다'고 했다. 여자에게 이리 당하고 저리 뜯기면서 때때로 제정신이 드는 수도 있겠다. 기회가 보일 때 떨어져 나와야 하는데, 결단을 내리지 못하면 영영 잡아먹히고 만다. '돈 잃고 병신 된다'는 말은 노름판에서만 쓰는 말이 아니다.

5. '하고 나니 개떡 같은 게 거시기다'

'고기는 낚을 때 천 냥이고, 먹을 때는 서 푼이다' 하는 말이 있는데, 짝짓기도 마찬가지다. 여자와 더불어 한 이불에 들 때는 천국에 들어선 것 같지만, 제대로 해내지 못하든지 끝내고 나면 한없이 허무한 것이 짝짓기다. 그러고 보면 '고기는 먹는 재미보다 잡는 재미가 크다'고 하는 것과 비유할 수 있는 것인가. 그럴 턱이 있겠는가, 하고 누구나 생각하니 일이 되는 것이다. '고기는 씹어야 맛이고, 말은 해야 맛이고, 너구리는 굴속에 들어가야 맛이라'는 게 당연하다 여기겠다.

짝짓기를 한 번 하자고 해도 얼마나 많은 공력이 들며, 얼마나 큰 후유증이 있을 것인가. 애인이나 부부 사이도 그럴 것인데, 만약 혼외정사라면 걱정이 따를 것은 물론이다. 그런데도 왜 감행을 하는 것일까. "남자와 여자의 몸은 두뇌에서 적절한 이유를 찾거나 말거나에 상관없이 상대와의 성관계를 주기적으로 원하도록 유전적으로 설정되어 있다"[88]는 주장이 설득력이 있거나 핑곗거리가 될 수 있겠다. 개인의 습성이 아니라 유전적인 천성이라니 기막힌 일이다.

성에 대한 도덕적 신념이 아주 보수적인 사람이라든지 병약한 사람을 제외하면, 대부분 사람은 짝짓기에 공력을 들일 것이다. 늙을 때까지 거의 강박증에 시달리는 사람도 적지 않다. 성호르몬의 분배가 똑같지 않기 때문이다. 제 몸에서 적게 만들어진 사람은 당연히 짝짓기에 회의적이겠다. '점하고 난 사람이나 거시기하고 난 사람이나, 하고 나면 싱겁다'는 생각은, 사실 남자의 경우 비슷할 것이다. 성호르몬이 강한 사람이라도 별반 큰 차이가 없겠다.

더구나 남의 여자와 상관했을 때는 더하다. '점과 남의 각시는 할 때뿐이지 돌아서면 싱겁다', '점과 남의 각시는 할 때뿐 돌아서면 심심하다', '점은 칠 때뿐이고, 남의 각시는 동침할 때뿐이다'는 말들이 그릇되지 않겠다. '남의 부부간 갈라놓는 것이 죄 중에서 가장 크다'고 했는데, 이런 강박증도 가벼운 것은 아니겠다. 이리저리 생각하면 소유했다고 생각했는데 소유당한 기분일 것이다. 그래서 남녀 간에 소유 또는 정복이라는 건 없다. 제 기분이 잠시 동안 분별력을 잃었을 뿐이다. 더구나 돈 주고 사서 순식간에 짝짓기를 해치우면 뭔가 불편한 기분이 더욱 크겠다. 깜짝 사랑도 아니고 순전히 혼자 '차 치고 포 치고' 해댔으니 뒤끝이 상쾌할 리가 없을 것이다.

누구나의 한평생에서 정과 사랑에 대한 생각은 너무나 길고, 짝짓기 시간은 아주 짧다. 지독하게 공력을 들여야 하는 것은 짧게 끝나고, 서서히 익혀내야 할 사랑은 너무 짧다. 사랑으로 서서히 달구어 이르는 절정이 짝짓기여야 하는데, 짝짓기를 끝내고 사랑을 하려니 허무감에 시달리게 된다.

'십 년 공적이 모래성이라' 했다. 한평생 쌓은 제 이력이 모험에 찬 것이라 할지라도 자랑할 것은 못 된다. '좀벌레의 솜털' 정도의 성취를 내세울 게 뭐 있겠는가. 정, 사랑이란 게 제대로 거두지 못해 부끄럽기만 하고, 더구나 짝짓기 편력이란 게 자존심에 상처를 대가로 해서 이루어진 것이라면 깊이 묻어두는 게 좋겠다.

덧없는 게 인생이라서 단말마^{斷末魔} 같은 짝짓기 쾌락이라도 채워 의미를 만들려 하는가. 아서라 말아라, 말리는 사람 많겠다. 인생은 탄탄대로가 아닌데, 색정에 취해 살면 고통만 더 가중될 뿐이다. '인생 백 년에 고락이 상반이라'고 했다. 반은 고통이고 반은 즐거움이라면 반타작하는 인생인데, 온전히 쾌락으로 채우려다가 오히려 삶 전체가 고통이 되는 수가 있다.

'주색은 사람을 함정에 빠지게 한다'

'사슴은 뿔 때문에 죽고, 사람은 입 때문에 망한다'는 말이 있다. 이것을 '사슴은 뿔 때문에 죽고, 사람은 거시기 때문에 망한다'는 속담으로 바꿔도 좋겠다. 입이나 거시기나 육체의 한가운데서 막강한 기능을 하기는 마찬가지기 때문이다. 덫은 외부에만 있는 게 아니다. 제 가장 소중한 것이 덫이 되기도 한다. '계집을 초간장도 안 찍고 삼킨다'고 할 정도로 탐하는 사내는 부지기수다. 아주 쉽사리 여자를 유혹하는 것처럼 허풍을 떨어대지만, 쉬운 일 속에 어려움이 숨어 있는 법이다.

'남자는 삼 부리를 조심해야 한다', '남자는 세 가지 뿌리를 조심해야 한다', '남자는 입부리, 거시기 부리, 발부리를 조심해야 한다'는 말들은 다 같은 뜻이다. 세 가지 부분을 정상적으로 쓰지 않고 남용하거나 오용하면, 사내 삶이 크게 잘못될 수 있다는 충고의 말이다.

바깥 활동이 남자 위주였던 과거에는 남자들에게 한정된 말이었지만, 오늘날 여자들의 바깥 활동이 왕성할 때는 여자들도 마찬가지다. '여자도 세 가지 뿌리를 조심해야 한다'는 속담이 가능하겠다. '말 헤픈 년이 서방질한다'고 하니, 우선 입단속이 필요하겠다. 입을 통제하면 거시기는 자연히 자제되는 것인가.

입을 조심해야 한다는 충고는 헤아릴 수 없이 많다. '혓바닥 묶어 놓을 장사 없다', '입이 원수라'고 하지 않는가. '세 치 혀가 다섯 자 몸을 망친다', '세 치 혓바닥을 조심해라', '혓바닥이 칼날이라', '입처럼 간사한 건 없다', '입이 도끼날 같다', '입은 화와 복이 드나드는 문이다', '입은 사람을 해치는 도끼다', '혀 밑에 도끼 들었다'와 같은 말들을 평생 새기며 입단속을 해야 한다. 사랑의 대부분을 말로 하게 되는데, 자칫 잘못 놀리면 그야말로 사랑을 쪼개버리는 도끼가 될 수도 있다.

발부리는 남자의 경우 사람을 공격하는 부분이 된다. 폭력에 조심하라는 의미도 되지만, 가서는 안 될 곳을 가지 말라는 뜻도 있다. '과부집에 풀 안 난다'는 말에서 발부리를 조심해야 한다는 뜻이 요약돼 있다. '한 번 남의 계집 방에 간 놈은 늘 가는 줄로 안다'는 말도 그렇다. 여자라고 크게 다를까. '한 번 서방질한 여자는 늘 하는 줄로 안다', '한 번 가도 화냥년, 두 번 가도 화냥년'이라 했다. 발길을 잘 돌려야 화를 당하지 않는다는 충고다.

남녀의 거시기는 가장 말썽을 부리는 부위다. 가장 음험한 곳에 가장 즐거움을 주는 부위가 갖춰져 있다는 것이 아이러니다. 이것 때문에 사람들은 쾌락을 즐기는 만큼 쉽사리 덫에 빠진다. 소설 《그리스인 조르바》에서 조르바의 말을 들어보자. "산다는 게 곧 말썽이오." "죽으면 말썽이 없지. 산다는 것은…두목, 당신, 산다는 게 뭘 의미하는지 아시오? 허리띠를 풀고 말썽거리를 만드는 게 바로 삶이오!"[89]한다. 조르바는 스스로 자유인임을 선언하고, 그에 맞는 행동을 한다. 저 마음 먹은 대로 마구잡이 행동을 하지 않고 책임감도 강하다. 작품에서는 여자가 원할 때 호응하는 정도로 말썽을 부릴 뿐이다. '여자에 빠진 사람은 구하기 어렵다'는 정도가 돼야 오입쟁이라 할 텐데, 조르바는 여자에 빠져 살지는 않는다.

짝짓기에 빠지면 어떤 함정이 기다리고 있을까. 돈을 잃고 명예를 잃고 건강을 잃는다는 함정이겠다. 세간에서 말하는 3단계가 단번에 또는 점차로 닥쳐오는 환란이 되기 일쑤다. '술 여자 재물에 유혹되지 말아야 한다'고 늘상 듣고 말하지만, 어느 순간 빠져드는 게 색정이다. 색정에 빠지면 언행이 비정상적이게 된다. '꽃 보면 꺾고 싶은 것이 사내의 심정이라'지만, '꽃뱀에게 물리면 아야 소리도 못 한다'는 지경에도 이르게 된다. 마침내는 욕바가지가 되기 마련이다. '인두껍을 썼으니 사람이다', '인간이 아니면 상대를 말고, 길이 아니면 가지를 말라'는 말이 주위에서 오가며, 경계의 대상이 되는 건 한순간이다.

짧은 인생에 뭘 그리 조심하고 살 것인가, 하며 막무가내인 사람은 제 앞의 덫을 두려워하기는커녕 즐길 수도 있다. '너는 노래 불러라, 나는 첩질이나 하겠다'고 내닫는다면 누가 막을 사람 있겠는가. '굽은 지팡이는 그림자도 굽어 보인다'고, 하는 짓마다 욕먹을 짓을 할 수도 있다. '오기로 서방질한다'고, 많고 많은 사람 중에 분명 있겠다. 그런 사람에게 '색은 원수를 피하듯 해라'는 말이 통하지 않는다. 그저 함정에 빠지거나 덫에 치이지 말라고 충고하는 정도일 뿐이겠다. '구멍에서 나와 구멍으로 들어가는 것이 인생이라'는 말을 한다. 어머니로부터 나와 묘지 구멍, 즉 묘혈墓穴로 들어간다는 뜻이다. 오입쟁이, 서방쟁이는 좀더 야하게 말하려나. "구멍에서 나와 구멍에서 놀다 구멍으로 들어가는 것이 인생이라"고 말이다.

1. '속이 편하려면 한 팔에만 여자를 뉘어라'

"속이 편하려면 한 팔에만 남자를 뉘어라" 하는 말도 있어야 속담에서 남녀평등이 이루어졌다고 보겠는가. 남녀가 거의 같이 다부다부제多夫多婦制 시대를 살면서 서로 각성을 요구하는 충고로 받아들일 말이다.

사내들이란 '짚다발 한 뭇 들 힘이면 여자를 본다', '짚다발 한 뭇 들 힘이면 시앗을 둔다'는 속담은 당연히 남자들이 여자들보다 속악하다는 것을 말한다.

'남자는 사십이 넘으면 잡놈이 되고, 환갑을 넘으면 개가 된다'고 했다. 참으로 듣기 민망한 말이지만, 나이가 들어도 인격을 제대로 갖추기 어렵다는 뜻이다. 말할 것도 없이 짝짓기에 대한 욕망과 그 퇴행이 보여주는 모습 때문일 것이다. '나무가 늙어 고목이 되면 오던 새도 안 온다'고, 늙은 몸으로 얼마나 버티겠는가. '나무가 다 타면 불도 꺼진다'는 것을 모를 사람 없겠다. 기력이 쇠락해지면 '맛도 못 보고 뭣 끝에 똥만 묻힌다', '먹지 못하는 감 찔러나 본다'는 조롱을 받거나 자괴감에 시달릴 것이다.

'색에는 귀천이 없다', '색에는 남녀노소가 없다', '색에는 상하가 없다'고 해서, 성별이나 나이에 구별 없이 색욕을 억제하기 쉽지 않다는 것을 말한다. 직업에도 관계없다는 뜻으로, '운전사는 정거장마다 아내고, 뱃놈은 뱃머리마다 아내라'는 말도 한다. 짝짓기는 후대를 잇기 위해 아주 중요한 행위지만, 성인의 재미있는 놀이로도 의미심장한 것이다. 주색잡기 중 최상의 주제다.

'주색은 사람을 함정에 빠지게 한다'는 말대로, 색정과 술은 늘 짝지어 어우러지기 일쑤다. 술과 색정의 상호 연관성에 관해서는 셰익스피어가 〈맥베스〉에서 잘 말해준다. "욕정은 일지만 일은 못 치르죠. 그래서 과음은 색정에 관한 한 양다리를 걸치는 사기꾼이라 하지 않습니까요? 욕정을 일으켰다가는 죽여 버리고, 충동질을 했다가는 다시 물러서게 하죠. 용기를 주었다가 실망시키고, 시작하게 해놓고 꽁무니를 빼며, 결국은 속여서 잠들게 한 다음 넘어뜨려 놓고 줄행랑을 치죠."[90] 했다. 이럴 때 '술은 들어가고 망신은 나온다'는 말이 딱 맞다. '술과 색은 범 간 데 바람이라'는 말처럼, 주색은 한데 어우러지는 법이다.

로빈 베이커도《정자전쟁》이라는 책에서 말한다. "남녀는 술을 많이 마실수록 성교를 더 원하고, 아니면 적어도 덜 저항한다. 그렇지만, 취한 정도가 일정 수준을 넘어서면 남자와 여자 모두 기능이 어려워진다. 남자는 발기가 더 어렵고 – 발기불능장애 – 여자는 질, 또 대부분의 경우 음순의 감도가 떨어진다. ······ 남자는 술을 많이 마실수록 성교를 더 원하지만, 할 수 있는 힘은 더 떨어진다. 대조적으로, 여자는 술을 많이 마실수록 성교를 더 원하고 또 얻을 수 있다."[91]고 했다.

술과 색욕이 함께하면 망신살이 뻗치기 그만이다. 술이 용기를 주고 색욕이 일을 저지른다. 그러다 보면 두 팔에 여자를 뉘게 되고, 급기야 팔이 부족할 정도가 된다. 술에 빠진 건 건져도 여자에 빠진 건 못 건진다고 하지만, 둘에 중독이 되면 아예 구제 불능이 된다. '열두 살 적부터 서방질 다닌 탓에 배꼽에 거시기 박는 놈도 봤다'는 것처럼, '망신살이 무지개 뻗듯 한다'는 꼴이 된다.

'고래 심줄 같이 질기다'고 할 수 있는 짝짓기에 대한 욕망을 어떻게 해소 또는 억제하느냐가 진실로 지혜겠다. 성호르몬의 강약은 타고난 것이니 어쩔 수 없지만, 그것을 통제하는 것이 저마다의 팔자를 좌우하게 된다. '양처 가진 놈 끼니를 굶는다', '양처 가진 놈은 동지섣달에도 홑바지 입는다', '양첩한 놈 밥 굶는다'는 말을 수없이 들어도, 제 버릇 개 주지 못하는 게 사람이다.

2. '거시기가 하자는 대로 하다가는 망신당한다'

거시기가 말을 잘 들으면 다행이다. 제가 달고 다닌다고 제 뜻대로 되는 건 아니다. '제 구실 못하는 거시기가 뒷동산에 가니까 일어난다'

고 하잖는가. 거시기와 주인의 뜻이 제대로 맞지 않으면 망신당하는 건 당연하다. 필요할 때는 작동하지 않고 불필요할 때는 작동을 하니, 이런 부조화가 따로 없을 것이다. '손발이 맞아야 도둑질도 한다'고 했는데, 제 몸에 달린 것도 말을 듣지 않으면 그보다 망신이 없겠다.

'사향노루는 사향 때문에 죽고, 사람은 입 때문에 죽는다'고 했는데, 사람은 거시기 때문에 위태로운 경우가 적지 않다. '사향노루는 죽을 때 배꼽을 물어뜯고 죽는다'고 했을 때, 사람은 거시기를 물어뜯지는 않고 머리카락을 쥐어뜯을 수는 있겠다. 오입쟁이가 제 거시기 자랑을 한다지만 잠깐이다. '소문난 거시기가 보잘 것 없다', '소문난 거시기가 잔등이 부러졌다'고 망신을 당할 수 있는 것이다. 실제로 거시기가 부러질 수 있는지는 몰라도, 거시기를 키우려 온갖 짓을 하다가 아주 망했다는 얘기를 들을 수 있다. '뿔을 바로 잡으려다가 소를 죽인다'는 꼴을 당하는 격이다.

남자와 짝하는 여자는 망신을 당하지 않을까. '속곳을 거꾸로 입고 사랑방에 간다'는 말이 있는데, 남 몰래 짝짓기를 하다가 당황하고 조급하니 실수를 한다는 뜻이다. '속곳 벗기를 버선짝 벗듯' 하다 보면 실수를 한두 번 하겠는가. 그러니 '속곳을 열두 벌 입어도 거시기는 거시기 대로 나온다'고 하는 것이다.

'사람이 망하려면 머리부터 망한다'고 했는데, 호색하다 보면 위아래에 있는 머리부터 망하겠다. 거시기는 위의 머리가 시켜서 한 것이니까 같은 계통으로 봐야겠다. '산속에 있는 열 놈의 도둑은 잡아도, 제 마음속에 있는 한 놈의 도둑은 못 잡는다'고 했다. 음욕이 평상심을 도둑질해 간 것이다. '범 같은 사내도 여자에게는 빠진다', '사내 홀리는 재주는 따로 있다'고 했다. 마음먹고 유혹하려 들면, '식은 죽 가장자리 둘러 먹기'일 것이다. '향기로운 미끼에는 반드시 물릴 고기가 있다'는 말대로, 사내는 '덫에 치인 범이요, 그물에 걸린 물고기라', '허방에 빠진 고라니, 덫에 치인 토끼' 꼴이 된다. '색시귀신에게 붙들리면 발을 못 뺀다'는 말이 맞다. '색상에는 영웅이 더 염려라'고 했다. 색상이란 과도한 짝짓기로 생기는 병이다. 영웅이 색을 더 밝힌다는 뜻으로 하는 말이다. 허세만 늘어 영웅인 체 해봐야 '망둥이한테 거시기 물린다', '미꾸라지한테 거시기 물린다', '자라 새끼한테 연장 물린다'는 신세가 될 뿐이다.

유튜브에서 여자들이 나와 제가 상대한 남자들 거시기 크기를 말한다. 대놓고 제 연장 자랑을 하는 사내가 적지 않다. '자라 거시기가 크면 목구멍 넘어간다더냐', '자라 거시기가 크다고 물 밖에 나오나' 하고 조롱도 한다. '자랑 끝에 불난다', '자랑 끝에 쉬 슨다'고 했다. '참깨가 크니 들깨가 크니 한다'는 꼴이다. 사람이 별짓을 다 한다더니, 정말 못하는 짓이 없다. '미꾸라지도 배통은 있고, 빈대도 낯짝이 있다'고 했는데, 도무지 부끄럼이란 게 씨로 쓸래도 없다.

'집안이 망하려면 거시기 큰 놈이 난다'고 했다. 거시기가 크면 오입쟁이가 된다는 생각 때문이겠다. 사실 거시기 크다고 오입쟁이가 되는 건 아니다. 요즘은 많은 사내들이 거시기 확대수술을 많이 하고 있다는데, 알고 보면 의무방어전조차 제대로 치르지 못하는 경우도 있다는 것이다. 그러나 사내의 과대망상증이라는 것이 끝없어서 제 거시기를 마치 '조자룡이 헌칼 쓰듯' 휘둘러 보기를 원하는 사람도 있겠다. 그렇게 되면 망신살이 뻗칠 수도 있겠다.

'주린 배 채우려는 도둑질보다, 부른 배 터지려고 하는 도둑질이 더 무섭다'고 했다. 서방질 오입질도 마찬가지다. 다만 육허기를 끄리는 것보다 원 없이 실컷 해보겠다고 대드는 사람은 대책이 없다. '양기가 원기라'고 했다. 젊다고 과도하게 사용한 양기가 늙으면 소진될 수밖에 없다. 그러니 '양기 줄고 식성 줄고 음성 줄면 저승길이 멀지 않다'는 말이 있는 것이다. 덫에 치이고 그물에 걸린 것은 스스로 제 양기를 소진했기 때문이다. 제가 제 덫에 걸린 것이겠다. '개가 제 그림자 보고 짖는다'는 꼴이 되어 저 스스로를 두려워할 지경이 된다.

'죽기를 작정하고 덤비는 아낙에게 이길 사내 없다'고 했다. 이 말은 여러 경우에 해당한다. 짝짓기 맛이 환장하게 좋은 사내에게 죽어라 하며 대드는 경우를 생각할 수 있다. 정, 사랑을 배반하거나 대가를 받기 위해 한껏 투쟁하는 경우일 것이다. '죽는 년이 거시기 감출까', '죽는 년이 앞 가릴까' 하고 내달면 아무리 대가 센 사내라도 그물에 걸린 물고기 신세가 된다. '색녀 앞에서는 성인군자가 따로 없다'고 했다. '열두 가지 요분질에 뼛골이 다 녹는다'고 하는데, 죽었다 깨어나도 남자는 여자의 성력을 당해낼 수 없다.

'색골은 배 위에서 박아놓고 죽는다', '색골은 배 위에서 죽는다'고 하는 말은 복상사를 한다는 뜻이다. 복상사까지도 각오한다면 누가 감히 말릴 수 있을까. 짝짓기에 목숨 거는 놈처럼 어리석은 자가 있을까. '걸신들린 놈 밥 먹듯 한다'고, 짝짓기에 유별나게 모든 것을 바치는 남자 적지 않다. '색념에 빠진 놈은 약사여래가 환생을 해도 못 고친다'고 했는데, 이런 부류가 적지 않단다.

주색에 곯게 되면 치매는 받아놓은 밥상이다. 알콜성 치매로부터 짝짓기에서 오는 근육의 과도한 이탈은 제 명을 재촉하게 된다. 절제하지 않으면 '여우한테 홀리고, 호랑이한테 잡아먹힌다'는 꼴이 될 것이다. '주색잡기는 패가망신이라', '주색잡기로 패가망신 않는 놈이 없다'고 했다. '한 죄는 있어도 안 한 죄는 없다'는 말을 새겨들어야 한다. '건망증이 심하면 화살 맞고도 모른다'고, 치명타를 맞고도 정신줄을 당기지 않으면 산목숨이라 할 수 없겠다.

3. '세상에 남자의 원수는 술과 계집이라'

'계집을 밝히면 술도 좋아하게 된다'는 말처럼, 술과 여자가 찰떡궁합이 되어 사내를 괴롭히니 '원수니 악수니 한다'는 말이 나오게 된다. 가만히 있는데도 술과 여자가 원수 되겠는가. 저 스스로 찾아들어 원수로 만들 뿐이다. '원수는 골골마다 만난다'고 했다. 술과 여자가 남자의 원수라면 골골마다 술과 여자가 있다는 말이다. 그렇다. 어디 가나 여자와 술을 만난다. '원수도 한집에서 사는 수가 있다', '원수는 밥상머리에 앉아 있다'는 말도 그렇다. 아주 가까운 곳에 원수가 있다는 말인데, 그럴 수 있다.

'원수는 순으로 풀어라', '원수는 순리로 풀어라'고 하는데, 이치와 상식에 따라 술과 여자를 대하라는 말일 것이다. '술은 첫물에 취하고 사람은 홋물에 취한다'고 했는데, 사람은 한참 사귄 후에 빠져든다는 의미로 쓰는 말이다. 좀 다르게 생각하면, 술은 초반부에 취하고 여자는 그 다음에 끌리게 된다는 말로 알아들을 수도 있겠다. 술이 성욕을 자극해서 짝짓기에 이르니 술과 여자가 원수가 되겠다.

'원수는 세월이 갚고 남이 갚아 준다'는 말을 재미있게 생각할 수도 있다. 세월과 함께 앙심이 삭혀지면 원수 갚을 생각이 사라질 것이다. 여자와 술이 원수인데 남이 갚아준다면, 내가 상대할 여자와 내가 마실 술을, 다른 사람이 대신 짝짓기를 하고 다 마셔 버린다는 말이 될 수도 있다. 남에게 신세를 지느니 내가 손수 해야 한다고 생각하는 사람이 대부분이니 원수를 갚지 못하게 된다.

《그리스인 조르바》라는 소설에서, 결혼을 몇 번이나 했느냐는 두목(부주인공)의 말에 2천, 3천 번쯤 된다고 주인공 조르바는 대답한다. "우리 마을에서는 '훔친 고기라야 맛이 있다'는 속담이 전해 내려오지요. 마누라는 훔친 고기가 아니오. 자, 저 훔쳐먹은 밤참을 무슨 수로 다 기억해 낸다? 수탉이 장부를 가지고 다니며 한답니까?"[92]한다. 여기서 결혼은 짝짓기, 그것도 외도를 말한다. 혼외정사의 횟수가 2천 3천이라면 베테랑 중에 베테랑급일 것이겠다.

2천 3천이라는 횟수는 이미 충분히 알려져 있다. 인류학자들이 말하는 한 사람이 한평생 해내는 평균 짝짓기 횟수다. 얼핏 생각하기로는 많은 횟수라 생각할 수도 있다. 그런데 한평생 중 40~50년 동안 성 기능을 발휘할 수 있다면, 평균 일주일에 한 번꼴이다. 인간이 동물계에서 섹스의 베테랑이라는데, 횟수가 적은 편이라는 생각을 하게 될 것이다. 영양공급이 풍부하고 건강에 관심이 많은 현대인은 특히 그렇게 생각을 하겠다.

'한 치의 기쁨에는 한 자의 걱정이 따른다'고 했다. 짝짓기를 통해 얻는 즐거움은 길 수도 있고 짧을 수도 있는데, 걱정은 길고도 크다. 성호르몬이 강한 사람이야 걱정이 작겠지만, 약한 사람은 걱정이 클 것이다. 여자보다는 남자 쪽이 그렇다. 성력이 강하면 오입질로 해소할 걱정일 것이요, 성력이 약하면 한 여자도 만족하지 못하는 것에 대해 자괴감이 들게 되겠다. 사내가 대놓고 자랑하는 거시기의 크기는 사실 '도토리 키 재기'다. 그런 걸 두고 '콩이 기니 팥이 기니 한다'고 하겠다. 조금 크다고 자랑하면 '여윈 당나귀 귀 베고 무엇 베면 남을 것이 없다', '여윈 당나귀 불알 베어버리고, 거시기 베어버리면 뭐가 남느냐'고 놀림을 당하기 쉽다. 오입쟁이 사내라고 다를 것이 있겠는가. 자신감에 넘치던 거시기 빼면 뭐가 남을 것인가.

'주전부리 잘못하다가는 다리 부러진다'고 했는데, 다리만 부러지면 다행이다. 돈도 명예도 단숨에 몽땅 잃을 수도 있다. '원수의 화살은 피할 수 있어도, 은인의 창은 막기 어렵다'고 했는데 당연한 말이다. 여자와 술을 상대하지 않으면 원수는 없다. '한 가지 악행이 백 가지 선행을 쓸어 넘긴다'는 말대로 여자나 술 중 하나라도 과하면, 쌓은 공적이 말짱 도루묵이 될 수 있겠다. '망신살이 뻗치면 바람에 옷자락만 펄럭여도 샛서방을 보았다고 소문 난다'는 세상이다. 덫에 걸리면 아얏소리 한번 내지 못하고 매장되기도 한다.

　'잠 원수와 거시기 원수는 죽어야 갚는다', '잠은 잘수록 늘고 거시기는 할수록 더한다'고 한 말은 결코 헛말이 아니다. '허욕에 들뜨면 한 치 앞도 못 본다'고 했는데, 오입질 서방질 주색잡기가 모두 허욕에 들떠 생기는 일이다. '맛없는 떡 먹으려다가, 맛있는 떡 잃어버린다'고, 제가 차지할 수 있는 것 이상을 욕심내면 기어이 탈이 생기는 게 세상 이치다.

'거시기에는 염치도 없고
체면도 없다'

　기성세대들이 성도착^{性倒錯}이라고 생각하던 모습들이 이제는 당당히 풍속으로 바뀌어 가는 실정이다. 어디까지가 성도착이고, 어디부터가 건전한 성인지 구별할 수가 없는 현실이 되었다. 어느 시대나 당대는 성의 실험장이다. 일반 사람이 무심코 지나쳐서 그렇지, 그늘이든 양지에서든 이런 변화는 서서히 사회적 관습으로 편입되고 있다.

　혼전 성교를 비윤리적이라고 하면 덜떨어진 사람이라 비난받을 것이다. 계약 결혼도 그렇고, 싱글맘 싱글파파도 흔히 보고 겪는 일이 되었다. 오래전 성 풍속의 변화에 대해 한 학자는, "성의 실험을 행하는 사람들이 출현하였다. 부부가 배우자를 교환하여 성교를 행하는 스와핑, 몇 쌍의 남녀가 모여서 난교파티를 하는 스윙깅, 또는 두세 쌍의 남녀가 성생활에서 유아까지 공유하며 생활하는 그룹 메리지, 부부가 합의 하에 다른 한 사람 혹은 몇 명의 애인을 갖는 오픈 메리지 등 … 동시적인 다부다처제적 성관계가 일부일부제로부터의 성의 개방으로서 새롭게 현대의 가족형태 가운데 일부분을 차지하게 되었다"[93]고 주장한다. 성 풍속이 참으로 다양해지는데, 기성세대에게는 이러한 변화가 두렵기도 할 것이다. 성도착으로 생각했던 행태가 정상적인 관습으로 자리 잡으면 혼란스러울 수밖에 없겠다.

짝짓기가 사랑의 본질이라고 하지만, 사랑이라고 할 수 없는 짝짓기가 허다하다. 요지경 속이라는 세상사를 보고 듣고 겪지 않을 수 없다. '눈 뜨고 남의 눈 빼먹는 세상'을, 눈 뜨고 못 볼 일도 허다하게 일어나고 있다. '이 꼴 저 꼴 안 보려면 눈머는 것이 상책이라'는데, 차마 그럴 수는 없으니 견뎌 낼 수밖에 없다. '일신이 천금이라'고 하듯, 소중한 제 한 몸을 유지하기 위해 무진 애를 쓴다. 누구나 제 본능을 해결하기 위해 다양하게 행동한다. 제가 익힌 버릇으로 살지만, 세태에 이질적이거나 상식을 벗어난 행동이 허다하다. 특히 성 습관은 은밀하게 행해지는 것이라서 내놓고 말하기 쉽지 않은 것이 숱하게 많겠다.

신분이나 재산이 크게 불평등했던 예전에는 성 역시 불평등했다. 가난한 계층에서는 '일 용두질 이 비역 삼 거시기'라는 행동으로 본능을 해결했다. 자위행위, 남색, 짝짓기를 뜻하는데, 당연히 지금도 없어진 것은 아니다. 대부분의 청소년과 성인이 자위행위를 즐기며, 일부 사람들이 동성연애를 하고 있겠다. 성의 자유가 거의 억압되지 않는 요즘 세태지만, 개개인은 여전히 제 짝짓기 욕구를 어느 정도 억압해야 한다. '오이 모르고 거시기 모르랴'고 하는데, 분별력을 가졌으면서도 통제할 수 없이 빠져드는 게 성 습관이다.

성 소수자에 대한 생각은 천차만별이다. 앞서가는 사회일수록 성 소수자를 인정하고 또 보호하려고 법을 만들고 실천하려고 애를 쓴다. 후진 사회에서는 보수적인 생각에서 한발도 물러서지 않으려 한다. 성에는 자연이 결정한 여성 남성 그리고 자신이 선택한 제2의 성이 있다는 것을 인정하지 않으려 한다. 오로지 양성 즉, 여성 남성의 구별만 있어야 한다는 고집이다. 그러거나 말거나 사회는 변한다. 성을 제 생각대로 택하는 추세는 이미 확실해졌다. 성의 구분에 대한 신념이 확실할 때 변태, 폭력 따위도 제대로 논의할 수 있을 것이다.

성이 사랑으로 이어질 수 없는 행태들이 다양하다. 인간의 역사를 보면, 지금은 금기로 여기는 것들이 당연하게 행해진 경우가 있었다. 근친상간이 대표적이다. 옛 국가에서는 왕의 혈통을 잇는다는 미명 아래 근친혼이 흔했다. 혼인까지 이르지 않아도 근친간이 흔했다. '말(馬)도 상피한다'는 말로 암시하는 인간사회의 금기는 엄격해야 하지만, 일종의 사건으로 종종 드러나기도 한다. 인륜 위에 천륜을 생각했던 유교사회에서는 천인공노天人共怒할 일로 취급한다.

수간獸姦은 성의 평등화가 이루어지지 않은 사회에서 흔히 볼 수 있는 변태적 행위다. 특정계층이 여성을 독차지하고 소외계층, 예컨대 노비들에게 차례가 돌아오지 않으니 동물을 택하는 행위다. 자위행위로도 욕구가 해소되지 않으니, 울며 겨자 먹기인 셈이다. 극비리에 아주 소수의 경우가 있을 것이고, 주로 문학작품의 소재로 활용되는 경우가 적지 않다.

성폭력, 성희롱은 쉴 새 없이 일어나고 있는 일이다. 짝짓기가 사랑의 열매인데, 폭력으로 이루겠다는 생각 자체가 사랑의 파괴다. 성희롱은 짝짓기의 욕구를 간접적으로 풀어보려는 어설픈 시도다. 성희롱의 죄를 묻는 법이 사회마다 천차만별이지만, 건전한 사회가 되기 위해서는 남녀 관계를 맑게 하는 노력이 필요한 건 사실이다.

'본디 휘어진 나무는 봄비가 와도 안 펴진다'고 했다. 근본이 시원치 않으면 아무리 환경이 좋아진다고 해도 나아지지 않는다는 뜻으로 비유하는 말이다. 성도착자들이 적지 않다. 이들은 근본이 시원찮아서 그런가, 교육을 제대로 받지 못해서 그런가. 아니면 성호르몬이 유난히 강해서 그런가. 비밀스럽게 행해지는 것이 성이니, 이렇든 저렇든 관심 두지 않는 게 상책일 것인가.

'사람이 무섭다', '귀신보다 사람이 더 무섭다'고 했다. '사람이 하늘을 이긴다'는 속담이 있는데, 좋지 않은 일에 특히 그렇다. 하늘이라고 말하긴 하는데, 그냥 사람들 몰래 도모하는 일이 허다하다는 뜻도 포함되어 있다. 천륜天倫을 그르치는 경우를 두고 하는 말이다. 천륜을 어겨 천벌을 받아야 하는데 그냥 넘어가는 경우가 적지 않다. '네가 알고 내가 알고 하늘이 알고 땅이 안다'고 했지만, 모든 일이 다 까발려지거나 들통나지 않는다. 하늘에 누가 있어 인간 언행을 일일이 감시하겠는가.

사랑이 아니라 욕정을 해결하기 위한 수단에 별별 것들이 다 자행된다. 워낙 은밀히 이루어져서 요지경 속을 다 알 수는 없지만, 종종 터져 나오는 사건만으로도 많은 짐작을 하게 된다. '세상은 요지경 속이라'는 말은 욕정에서 비롯되는 사건을 요약하기에 너무 점잖은 말이다. 숱한 금기의 벽을 부수며 저질러지는 짝짓기 사건을 보면, '세상에서 제일 무서운 짐승은 사람이라'는 말을 수긍하게 된다. 물론 그 금기라는 것이 인간이 만들어 놓은 것이라서 절대적인 것은 아닐 뿐이다.

1. '말도 사촌까지 상피한다'

'사람이란 동물이 음기 양기가 동하면 촌수가 안 보이고 귀신의 눈에도 보이지 않는다'는 말이 있다. 정욕이 솟구치면 분별력조차 깡그리 잃는 게 사람인 것이다. 사촌은 고사하고 모자간 부녀간에도 성행위가 있다는 것을 알게 된다. 무당에게 그런 비밀을 털어놓고 도움을 구하는 예를 볼 수 있다. 극히 드문 일이겠지만, '세상에 일어나지 않을 일이 없다'는 말을 새삼 떠올리게 된다. '세상에서 제일 믿기 어려운 게 떠도는 소문이라', '세상에 떠도는 말은 에누리 속으로 들어야 한다'고 하지만, 그런 일이 있기는 분명히 있는 모양이다.

남매간이나 가깝고 먼 친척 간에 사달이 나는 예는 허다하지만, 대개 청소년기에 집중된다. 청소년기 정욕이란 정말 억제하기 어렵다. 아주 가까운 친척, 특히 사촌 형제 사이에 종종 일어난다. 서양의 경우 사촌까지 혼인하는 것이 허용되지만, 이 땅에서는 엄연히 근친상간으로 생각한다. 앙드레 지드의 소설 《좁은 문》이 자서전적인 고뇌가 담긴 작품인데, 지드가 두 살 위인 외사촌과 연애를 하고 결혼도 하는 전력에서 비롯된 것이다. 그러나 주인공들은 근친상간이라는 강박증을 전혀 갖지 않는다. 근친상간이란 민족마다 다른 풍습이어서 명확한 기준이 있는 것은 아니다.

아주 드문 경우지만 부모와 자식 간에 성행위가 있다는 것을 듣게 된다. 무당에게 상담하면서 모자간의 끊을 수 없는 성관계를 상담하는 예도 있고, 아버지가 딸을 수년간 폭행을 하여 구속되는 예도 있다. 앙드레 지드의 소설 〈배덕자〉에는 주변 인물이 딸과 관계를 가져 자식을 두었다는 것이 제시된다. "그의 입을 통해 나는 제일 먼저 외르트방이 자기 딸과 성관계를 가지는 것을 알았다....그리고 맏딸한테서는 벌써 아버지의 아이가 둘이나 있답니다"[94] 하는 부분이다. 이 정도면 '인두겁을 썼으니 사람이라'고 할 것이다. 사랑은 물론 아니려니와 불륜이라 하기도 약하고, 천인공노할 일이다.

모자간 근친상간의 원조는 소포클레스의 《오이디푸스 왕》이다. 테바이의 왕인 오이디프스가 라이오스 왕을 죽이게 되는데, 불행하게도 아들이 아버지를 죽이게 된 것이다. 서로 떨어져 살았으니 아비를 알 리가 없었고, 스핑크스의 수수께끼를 푼 덕분에 어머니인 줄도 모르고 어머니와 혼인을 해서 자식을 두게 되었다. 이 모든 사실을 안 오이디푸스 왕이 제 눈알을 찔러 빼버리면서 울부짖는 모습은 통렬하기 그지없다. "세 갈래 길이 만나는 좁은 길이여. 너희들은 내 손으로 뿌린 아버지의 피, 곧 나의 피를 마신 것이다. 내가 너희들 앞에서 우연히 어떤 일을 저질렀던가를 상기해

보라. 그리고 그 후 나는 이곳에 와서 다시 어떤 짓을 저질렀던가! 오, 결혼식! 너희들은 나를 탄생시켰고, 나를 탄생시킨 다음에도 또다시 아이를 낳게 해서 아버지와 형제와 아들, 신부와 아내와 어머니를 근친상간의 혈연으로 묶어 놓았다. 그렇다, 이 세상에서 가장 더러운 치욕을!"[95]하고 외치는 내용이 그렇다. 그리스·로마 신화 속에서야 근친상간은 예사롭다 보니, 비극에서도 당연히 소재가 되었겠다.

'말도 상피를 본다', 고 했는데, 사람의 경우 그렇지 못한 경우가 때때로 있다. 상피란 근친상간을 뜻하며, 짐승조차 근친상간은 하지 않는다는 뜻이다. 하물며 사람이 근친상간을 해서야 되겠느냐는 뜻으로 빗대는 속담이다.

근친상간이란 상하의 근친관계 즉 양친과 자녀, 조부모와 손, 의부모와 딸 사위, 그리고 형제자매 사이의 성행위를 말한다. 또한 어머니와 딸이 공통의 연인을 갖는 관계도 근친상간에 아주 가까운 형태로 여긴다. 한 남자를 두고 모녀가 경쟁하는 일은, 프랑스 소설가 앙드레 모로아를 비롯한 많은 소설작품의 소재가 되곤 한다. 조정래의 장편《태백산맥》에서도 한 예를 볼 수 있다. 부정적 인물인 염상구가 솥공장집 딸 윤옥자를 겁간하여 아내로 삼는데, 그녀의 어머니와도 이미 짝짓기를 한 후였다. 모녀와 짝짓기를 동시에 하는데, 이럴 경우도 근친간으로 취급한다.[96] 이 외의 작품에도 근친상간에 대한 문제가 제시된다. 하근찬의〈신의 희작〉, 장용학의 장편《원형의 전설》, 최명희의 장편《혼불》이 대표적 예다.《혼불》에서는 강모와 강실이 사촌간인데 짝짓기하는 장면이 제시된다.

근친상간은 인간사에서 최초의 형태였다. 고대 그리스 로마 신화에서 신들의 역사는 근친상간의 역사였다. 왕가의 신성함을 유지하는 수단이 근친상간이었던 것도 사실이다. 인간들은 이런 예를 따라 흉내를 냈다. 당시에 근친상간에 대한 혐오감은 없었던 것으로 알려져 있다. 근친상간은 역사적 소산인 셈이다.[97] 서양사에서는 네로가 어머니를 겁간한 파렴치한 으로 기록하기도 한다. 정사正史에 기록되지 못하는 성의 일탈 문제는 야사 野史에서 많은 자료를 볼 수 있다.

　근친상간은 금기 영역이며. 당연히 정상적인 사랑일 수는 없다. 사랑이 기는커녕, 퇴행일 뿐이다. 에릭 프롬도, "근친상간적 정착은 퇴행의 정도에 따라서, 그만큼 사랑하는 능력을 해치거나 파괴한다"[98]고 했다. 사랑으로 자신을 확대하는 것이 아니라 사랑의 능력을 아예 거세시킬 수 있다.

　이 땅에서 근친상간은 완전 금기다. '개도 상피하고, 쌍놈도 항렬이 있다'고 압박한다. '음녀淫女에게는 상피가 없다'고 했다. 음탕한 여자에게는 상피라는 생각이 없을 정도로 무분별하게 행동한다는 뜻이다. 음녀만 그런가. 음남淫男도 마찬가지다. '상피 붙고 담양 가겠다'는 말을 욕으로 쓴다. 아주 못된 짓을 하고 귀양을 간다는 말이다. 담양은 유배지로 유명했던 곳이다. 속담에서는 인간말종으로 취급하는 것이다.

　근친 간의 로맨스를 멋지게 그려낸 영화도, 소설도 있다. 피치 못할 운명 때문에 헤어진 쌍둥이 오누이가 우연히 만나 사랑에 빠진다는 소재로 한 작품이 가끔 있다. 오누이 쌍둥이를 낳게 되면 상피난다고 어릴 적부터 갈라 기르는 풍습도 있었다. 근친상간은 결코 사랑일 수 없고 파렴치라는 것을 강조해왔다. 아예 상상도 못 하게 봉인을 해왔다.

2. '수간하는 놈도 낮잠 자는 놈보다 낫다'

　부지런히 일해야 먹고 살았던 농경사회에서는 밤낮없이 일하는 사람을 최상으로 여겼다. '부지런이 반복半福이라'고, 할 정도로 강요하는 사회였다. 일만 하니 사랑할 여유가 충분치 못한 것은 당연하다. 게다가 사랑할 상대를 택하기도 쉽지 않은 사회였겠다.

짝짓기에서 민주주의, 더 구체적으로 말하면 평등하지 않은 시대에는 수간이 성행했던 모양이다. 여자의 대부분을 양반들이 차지하고, 하층민은 제 짝을 구하지 못해 성욕을 해소하지 못했다. 그러니 하다 하다 못해 짐승이라도 택하는 것이겠다. 이종異種동물, 즉 종이 다른 동물 간의 짝짓기가 동물세계에 있는지는 몰라도, 인간계에는 당연히 있다.

제2차 세계대전 후 일본 대표작품 중 하나라는 〈사육〉이란 소설에 수간 장면이 나온다. 아이들이 등장하는 성장소설 형식으로 충격적 체험을 제시한다. 2차대전 중 미국 흑인 조종사가 일본을 폭격하다가 추락하여 사로잡히게 되고, 창고에 갇혀 사육당하게 된다. 흑인 병사의 자위행위를 관찰한 아이들이 넣어준 염소와 짝짓기를 하는 장면은 가히 충격이다.

> 언청이가 발가벗은 채로 달려가서, 잡화상집 중마당에서 큰 암염소를 끌고 왔을 때, 우리는 언청이의 기발한 착상에 박수갈채 했다. 흑인병은 붉은 입을 딱 벌리고 외치자, 물속에서 뛰어나와서, 겁에 질려서 맹맹거리고 우는 암염소에게 달려들었다. 우리는 미칠 듯이 웃었고, 언청이는 힘껏 암염소의 목을 잡아 눌렀고, 흑인병은 햇볕에 그 검고 건장한 섹스를 빛내면서 악전고투 했으나, 숫염소 같이는 잘 궁합이 맞지 않는 것이다.... 우리는 흑인병을 둘도 없는 훌륭한 가축, 천재적인 동물로 생각하는 것이었다.[99]

위의 인용문 맨 끝 문장을 보자. 아무리 흑인이지만 가축이나 동물로 생각한다는 점이다. 성 충동을 참아내지 못하고 암염소와 짝짓기를 하니, 아이들의 눈에는 그렇게 생각되는 것이 당연하겠다.

한국문학에도 드물지만 수간 장면이 제시된다. 한승원의 중편소설 〈폐촌〉, 이문구의 중편 〈해벽〉에서는 개와 여자가 짝짓기를 하는 장면이 묘사된다. 〈폐촌〉에서는 미륵례라는 여자가 커다란 세퍼드와 함께 살며 짝짓기하는 장면이 남주인공의 눈에 의해 제시된다. 〈해벽〉은 미군 주둔지에 초대된 양공주가 돈을 받고 세퍼드와 짝짓기하는 모습이 제시되고 있다. 작품에 따라 수간의 장면을 활용하는 의도는 다르지만, 독자에게는 매우 이질적이고 충격적으로 읽히는 건 사실이다.

서정주의 시에서도 예를 볼 수 있다. 제목도 용감하게 〈소 ×한 놈〉이라고 제목을 붙인 산문시다. "원 마을에서도 品行方正키로 으뜸가는 총각놈이었는데, … 거짓말도 에누리도 영 할 줄 모르는 숫하디 숫한 놈이었는데, 〈소 ×한 놈〉이라는 소문이 나더니만 밤 사이 어디론지 사라져 버렸다."[100]고 표현한 이야기 형태의 시다. 품행이 아무리 방정하다고는 해도, 인간의 짝짓기 본성은 어쩔 수 없다는 생각의 표현이다.

'수간하는 놈도 낮잠 자는 놈보다 낫다'는 속담이 우리 속담사전 속에 유일하게 수간이라는 어휘를 달고 있다. 아무리 못난 짓을 해도 게으른 것보다 낫다는 뜻으로 하는 말인데, 고약하기는 하다. 수간을 쇠 거시기라고 하며 욕으로 사용하는 경우도 있다. '점잖은 척하는 놈이 쇠 거시기한다'고 하여, 위선적인 사람을 비판한다. '쇠 거시기한 놈 같다'는 말이 있는데, 얼굴색이 붉은 사람을 두고 빗대는 말이지만 괜한 시비다. '인사 않는 놈이 쇠 거시기한다'고 했는데, 예의 염치를 모르는 사람을 모욕주기 위해 하는 말이다. 집짐승과 짝짓기를 하면 그 짐승과 같은 부류로 취급해야 한다는 생각이겠다.

일부일처제 세상에서 부부관계 외에 사랑은 다 불륜으로 보게 된다. 사회마다 풍속이 다르고 금기사항도 다르다. 성에 대한 금기는 특히 예민하지만, 그럴수록 오히려 사건은 잘도 터진다. '감추려면 튀어나온다'고 하지 않던가. '하지 말란 일이 더 하고 싶다'는 심사를 내보이는 게 인간사회다. 이렇게 평온한 사회에서 수간이라는 게 보통 충격적인 일이 아니다. 그러니 아예 입에 담기에도 조심스럽고, 몇몇 작가들이 작품에서 가끔 다룰 뿐이다. 분명한 것은 사랑과는 아주 멀고 먼 행위라는 것이다.

3. '좋은 버릇은 들기 어렵고, 나쁜 버릇은 버리기 어렵다'

'좋은 산천에서 좋은 인물 난다', '좋은 밭에서 좋은 곡식 난다'고 했다. 환경과 교육이 좋으면 하찮은 인물이 날 수가 없다. 하찮은 인물이란 나쁜 버릇을 제 몸에 달고 사는 사람이며, 훌륭한 인물은 좋은 버릇으로 주위를 감동케 하는 사람이다. 나쁜 습관으로 제 몸을 쇠사슬로 묶고 있는 사람은 누구도 구제할 수가 없다. '검둥개 미역 감긴다고 희어지지 않는다'는 말은 원래 천성이 고쳐질 수 없다는 뜻인데, 습성도 고칠 수 없다는 뜻으로 쓸 수 있는 말이다.

'세 살 버릇 여든까지 간다'는 말에는, 버릇을 쉽게 고칠 수 없다는 뜻이 들어있다. 그래서 어릴 때 버릇을 잘 들여야 한다. 좋은 버릇을 갖기 위해서는 좋은 버릇을 가진 사람의 행동을 보고 따르는 게 최상이다. 좋지 못한 환경에서 자란다면 좋은 버릇을 갖기 어렵게 된다. '버릇 고치라니까 과부집 문고리 빼들고 엿장수 부른다'는 행위가 그렇겠다. 빗나간 행위에 익숙해지면, 그걸 따라하는 제 버릇이 일탈된 것인지도 잘 모르게 된다. 어려서 사랑을 받아보지 못하면, 남을 제대로 사랑하지 못하는 버릇을 갖게 될 수밖에 없다. '난 버릇이 든 버릇이라'는 속담이 있다. 제가 익힌 버릇은 그대로 내보이기 마련이라는 뜻으로 하는 말이다. '난봉꾼 마음 잡아봤자 사흘이라'는데, 든 버릇이 쉽사리 고쳐질 리가 없다. 난봉으로 다져진 인격은 쇠사슬이 되어 꼼짝 못하게 행실을 동여맨다.

사랑도 버릇을 잘 들여야 한다. 자신은 물론 남을 사랑한다는 것처럼 아름다운 버릇이 있을까. 그런데 남을 사랑하려다가 잘못하여 서로 증오하게 되고 급기야 상대를 파괴하는 경우가 허다하다. 사랑했던 사람에게 폭력을 가하고, 사랑했기 때문이라는 이유를 댄다. 폭력이나 파괴는 소유욕에서 비롯한다. 사랑하는 사람을 제 것으로 만들려는 욕심 때문이다. 부부간도 서로 소유했다고 하지 않는다. 사랑의 일탈은 모두 버릇을 잘못 들인 데서 비롯된다.

예컨대 동성애 같은 것일 수도 있다. 오늘날에는 성소수자를 공식적으로 인정하지만, 입에 올리기도 거북한 일이었다. 소설에서만 가끔 취급하는 소재일 뿐이다. 한국문학에서도 동성애를 제시하는 작품이 있다. 최일남의 〈숙부는 늑대〉, 고원정의 장편 《빙벽》에서 예를 보게 된다. 속담사전에서도 '비역도 못하고 부랄에 똥칠한다', '비역은 한 놈이 소문내고 거시기는 준 년이 소문낸다'는 두 가지만 수집되어 있다. 성소수자들은 동성애가 당연히 사랑이라고 여기지만, 아직 대부분 사람은 일탈된 사랑으로 인식하고 있다.

스토킹으로 사람을 괴롭히는 건 엄연한 범죄다. 제 딴에는 사랑 때문이라고 둘러대지만, 피해자의 마음을 헤아리지 않는 건 사랑이 아니다. 배려가 사랑을 시작하는 마음인데, 그렇지 못하니 폭력의 일종이 된다.

그룹섹스를 즐기는 사람들도 적지 않다고 하는데, 일탈된 행위다. 사랑은 서로에게 은근하게 집중하는 것이다. 집단의 힘에 편승하는 짝짓기를 내놓고 하는 일이 사랑이라 할 수 있을까. '말리는 것은 더 하고 싶다'고, 금기시하는 것이 있으면 기어이 그걸 해보려고 하는 심사를 두고 사랑이라 하기가 쑥스러운 짓임은 분명하다. 스와핑이란 것을 감행하기도 한단다. 부부들, 또는 연인들이 서로 짝을 바꿔가며 짝짓기를 즐기는 방법이란다. 그것을 즐기는 사람들의 논리야 나름대로 있겠지만, 역시 사랑이라 받아들이기에는 한참 꺼릴 수밖에 없을 것이다.

성도착은 참으로 여러 형태가 있을 것이다. 워낙 은밀하게 행해지니 알 수 없을 뿐이겠다. 지난 시절엔 짝짓기 체위만 두고서도 정상위가 아니면 모두 성도착적인 것으로 생각했다. 이제 이런 것을 두고 비정상적이라고 나무라는 사람은 없겠다. 짝짓기로 상대를 괴롭힐 정도면 사랑이라 하기 어렵겠다. 예컨대 염재만의 장편 《반노》는 호색녀인 주인공이 남편에게 끝도 없이 짝짓기를 요구해서 괴롭히는 장면이 부지기수로 묘사되고 있다. 남주인공은 안간힘으로 받아주면서 고통을 느끼지만, 고집스럽게 사랑이라 주장한다. 매저키즘이 사랑일 수는 없다. '허물을 고치면 귀신도 감동하는 수가 있다'고 했다. 짝짓기의 목적은 최고의 쾌락을 즐기기 위한 것이라고는 하지만, 좋은 버릇만으로도 쾌락의 절정에 이를 수 있다. 나쁜 버릇이 몸에 굳기 전에 좋은 버릇으로 바꿀 일이다. '좋은 본은 보기 어려워도 나쁜 본은 보기 쉽다'는 말을 잘 새겨, 좋은 버릇을 몸에 익힐 일이다.

4. '천성 고치는 약은 없다'

천성이란 게 인간이란 종이 태어날 때 공통적으로 가지게 되는 성격의 바탕이다. 이 천성에다 제 버릇을 더해 세상을 살게 된다. 버릇을 오래 변치 않고 가지게 되면 제2의 천성이 된다. 그러니까 천성이란 선천적인 것은 물론 후천적으로 고착된 버릇까지를 뜻한다.

인간이 타고난 성품은 선한가, 악한가에 대한 논쟁을 끝내지 못한다. 때로는 선하고 때로는 악해서 종잡을 수가 없기 때문이다. '꽃밭에 불을 지를 놈'이란 말이 있다. 아름다움을 파괴하니 습성이 매우 불량하다는 뜻이다. 사람의 잔인한 성품은 불시에 불쑥불쑥 나타난다. 천성은 선악이 반반으로 바탕을 이루는데, 습성을 잘못 들이면 악한 성품으로 발전한다. 천성을 습성으로 더럽히지 않는 것이 최소한의 도리다. '버릇 굳히기는 쉬워도 버릇 떼기는 어렵다'고 했다. 버릇이란 잠자코 있던 언행이 저도 모르는 사이에 머리를 내미는 것인데, 나쁜 버릇은 자기점검을 통하여 머리를 내밀 때마다 두드려 없애야 한다. 자기점검에 소홀하여 버릇이 고착되면 천성까지 악하게 변한다.

세계전쟁의 역사는 남성 살해는 물론 여성 성폭력과 살해의 역사라 할 수 있다. 인간이라는 종種이 갑자기 악마로 돌변해, 생지옥을 만드는데 어찌 예지적 인간이라고 할 수 있으랴. 아무리 합리화시키는 어떠한 전쟁이라도 추악한 것은 똑같다. 추한 전쟁을 더욱 추하게 만드는 것은 노약자를 살해하거나 폭력을 행사하는 것이며, 특히 성폭력은 인간성이 선하다는 것을 아예 부정하게 만든다.

전쟁터에서도 사랑은 번개 사랑이라도 아름다울 수 있다. 지옥을 겪으며 불안하게 맛보는 사랑이란 게 얼마나 절절하겠는가. 예컨대 《서부전선 이상 없다》에서 주인공이 경험하는 사랑은 소박한 대가가 필요했다. 군용빵을 주고 아주 잠깐 홍등가의 사랑을 맺는 것이었다. 휴가 중인 청년에게는 상투적인 배설행위가 아니라 처참한 전쟁터에서 잃은 정과 사랑의 일시적 회복이었다. "머리가 까만 여자의 입술을 느꼈다. 나는 자신의 몸을 여자에게로 차츰 밀착시켰다. 그리고 눈을 감고 전쟁도 불안도 야비함도 모두 잊어버리고 오직 젊고 행복스러운 기분만을 불러일으키려고 애썼다"[101]고, 주인공은 느낌을 전한다.

이런 경우와는 달리 전쟁터에서는 아름다운 사랑보다는 성폭력이 훨씬 더 많다. 전쟁에서는 군인들이 모두 짐승으로 변한다고 하지만, 짐승을 모욕하는 일이다. 짐승은 전쟁하는 인간만큼 잔인하지 않다. 발전했다는 도구를 든 인간은 아예 제노사이드, 종족 말살 시도가 예삿일이다. 무기를 들지 않은 여자도 폭력의 대상이 된다. 성폭력에서 그치는 것이 아니라 잔인하게 죽인다.

베트남 전쟁에 참여했던 미군의 성폭력 만행을 두고, "이들은 평소에 강간을 할 남자들이 아니었다. 그들은 아무런 심리적 문제를 갖고 있지 않았다. 그런 환경에 데려다 놓고 총을 쥐어주면 이상한 일들이 일어난다. 총은 권력이다. 어떤 사람들에게는 총을 계속 소지하는 것이 마치 지속적인 발기상태와도 같다. 방아쇠를 당길 때마다 섹스 경험을 하는 것 같다"[102]고 주장했다.

뒤르라는 연구자는 《음란과 폭력》이라는 저술에서 숱한 역사적인 사실을 제시하고, "성폭행범은 단순히 육체적 쾌락이 아니라 상대 여자에 대한 모욕을 노리는 경우가 많으며, 이와 같은 사실은 성폭행범들이 단순히 여자의 몸에 삽입하는 것 이상을 추구하거나, 그 밖의 것을 요구했던 사례를 통해 확인할 수 있다"[103]고 주장한다. 성을 통해 본 인간 본능과 충동의 역사라는 부제副題 대로, 인간이 한계 상황에서 얼마나 극단적인 행위를 할 수 있는가를 잘 보여준다.

성폭력은 본능 중 아주 극단적인 악한본능이다. 상대방을 능욕시켜 제 못 된 쾌감을 이루려는 능욕심리다. 제 하찮은 자존심을 세우려 여자를 능욕하는 경우가 허다하다. '사내 못난 놈은 여편네만도 못하다'고 했는데, 당연하다. 집은 좁아도 사는데 속이 좁은 놈하고는 못 산다고 했다. 사내라고 뻐기는 놈일수록 여자를 해치기 쉽다니 조심할 일이다.

22장

'정이 원수요, 정이 병이다'

　　'한평생 살다 보면 고비고비 험한 곡절 열두 고비 넘긴다'고 했다. 정과 사랑으로 단단히 무장했다고 해서 세상사에 펼쳐져 있는 고난과 덫을 쉽사리 피하거나 극복할 수 있는 것은 아니다. 오히려 매정 냉정 몰인정으로 무장하고 나서야 제 안일을 더 확보할 수 있을지도 모른다. 사람마다 사정에 따라 정을 쏟는 방법이 다를 수밖에 없다. '어른도 한 그릇, 아이도 한 그릇' 하듯, 제 정을 잘도 분배하는 사람이 있다. 그런가 하면 한 사람에게만 폭포수처럼 쏟아주고, 다른 사람은 냉정하게 대하는 사람도 있다.

　　제 정을 주되 잘못 주니까, 정이 원수고 병이라 한탄하게 된다. 정을 더 주느냐 덜 주느냐 하는 것은 결국 처세술이 되겠다. '주러 와도 미운 놈 있고, 받으러 와도 고운 놈 있다'고, 정을 준다고 줘도 원수가 되는 수도 있고, 냉정하게 굴어도 찾아드는 사람이 있는 법이다.

　　누군가에게 정을 주고받는 일도 잘 헤아려야 하는 것은 물론이다. 주는 게 고마워서 무조건 받다가는 일이 생겨도 빠져나오기 힘들다. '주는 것은 흙도 금으로 알고, 돌이라도 옥으로 알고, 해害라도 복으로 알아라'고 하는데, 반쯤만 옳다. '주고서 욕먹을 인심 없고, 받고서 고마워하지 않을 인정 없다'고 하지만, 때로는 그럴 경우가 있다. 주는 사람과 받는 사람의 관계에 따라 다르다. 제 눈치껏 정을 주고받아야 한다. 일방적으로 정을 준다고 좋은 것은 아니다. '사랑도 품앗이다', '정도 품앗이라'는 말이 있다. 제짝에게 정을 주는 방법을 잘 훈련해야 하지만, 제짝이 나에게 정을 주도록 훈련하는 동기도 마련해주어야 한다. 품앗이라고 해서 정의 분량을 따지는 게 아니다. 가치와 양이 아니라, 서로 정성을 들일 줄 아는 습성을 들여야 한다는 말이다. 가는 정만 강하고 오는 정이 미미할 때, 혹은 그 반대일 때는 정이 배신당했다고 여기기 마련이다.

정이 원수가 되면 회복하기 정말 어렵게 된다. 정을 아끼고 경계하려는 마음이 먼저 들기 때문이다. '오랜 원수를 갚으려다가 새 원수가 생겼다'는 말이 있는데, 정이 원수고 병이라 했으니 정을 끊는 게 원수를 갚는 일이겠다. 그런데 또 새로운 정이 생기면 또 정을 앓고 끊어버려야 한다. 그렇게 정이나 사랑은 계속되는 것이겠다.

'갈림길이 많으면 양을 잃는다'고 했다. 사랑하는 사람과 변화가 많다 보면 우여곡절을 겪고, 결국 헤어지게 된다. 정이라는 게 변화무쌍해서 정이 원수라는 소리가 수시로 나올 것이다. 많은 사람에게 정을 나눠준다는 것은 갈림길을 많이 만들어 놓는 일이다. 그 갈림길에서 상대는 물론이고 자신조차도 어느 길을 택할지 난감하게 된다.

사랑에는 당연히 짝짓기가 따른다. '소금에 안 절여지는 나물이 없다'고 했다. 과도한 짝짓기는 원기를 고갈시키는 것은 물론이다. 원기에는 정신력이 당연히 포함된다. '소금에 절인 파김치가 되었다'고, 한껏 처진 화상으로 변하기 마련이다. '차돌에 바람이 들면 삼만 리를 날아간다', '차돌에 바람이 들면 석돌만도 못하다'고 했다. 짝짓기에 마음과 몸이 빼앗기면 제 삶에 균형을 잃은 허깨비가 되기 쉽다. '열 번 찍어서 안 넘어가는 나무 없고, 여자가 열 번 녹여서 안 녹는 남자 없다'고 했다. 일단 녹아나면 회복하기가 쉽지는 않겠다. '사람에게 홀리면 덕을 잃고, 물건에 홀리면 본심을 잃는다'고 했으니, 제 중심을 잃을 정도로 정에 약해져서는 안 된다.

'사내는 도둑질 빼고 다 배워라'는 말을 믿고, 계집질 오입질도 괜찮다고 한다면 앞날이 불안하다. '사내 등골을 빼먹는다'고 할 사람은 수시로 나타난다. '재수 없으면 송사리한테 거시기 물린다'고 하는데, 송사리에게 물려봤자 큰 문제가 될 것인가, 하겠다. 큰일은 작은 일로부터 시작된다니 무시할 것은 아니다. 팔자가 사나우면 무슨 일에 얽혀걸릴 줄 알지 못한다. '사나운 팔자는 불에도 타지 않는다'고 하니 말이다.

1. '정이 지나치면 원수가 된다'

정과 사랑을 마음속 깊이 켜켜이 쌓아두고 있는데, 왜 원수가 될까. 한껏 주고 싶은데 줄 수가 없어서 그럴까. 내 정을 한껏 줄 테니, 다른 곳으로 눈 돌리지 말라는 욕심 때문일 것이다. '사랑이란 둘이 없다'고 했으니, 당연하다고 여길 것이다. 사랑은 한 사람을 완전히 내 것으로 만드는 소유의 과정이라고 생각하기 때문이다.

사랑을 한껏 주는 짝이라면 편안히 있으면서 받아들이면 된다. 사랑도 품앗이라고는 하지만, 받기보다 주는 것만 즐기는 사람도 가끔 있다. 주는 것도 웬만해야 하는데, 파상공격처럼 느껴지면 숨 쉴 대상을 찾게 된다. 질투하는 마음은 여기서부터 비롯한다. 제 사랑 외에 눈 돌아가는 곳이 있을지 모른다는 염려 때문이다. '먹지 않는 종 없고, 투기 없는 아내 없다'고 했듯이, 질투심은 누구나 있다. 받는 사랑이 부족해서도 바람이 들고, 지나친 사랑을 피하려고 바람이 들기도 한다.

편안한 사랑, 부드러운 사랑이란 서로를 안정시키는 사랑이다. 마치 천

칭 저울이나 시소처럼 양쪽 무게가 똑같으면 평형상태를 유지하여 안정감을 주는 것처럼 말이다. 겉보기에 평화롭거나 안정돼 있다는 것이, 사랑이 소극적이거나 게으르다는 뜻은 물론 아니다. 둘 사이에 평형을 유지하기 위해서는 대단한 힘이 작용해야 한다. 둘 사이의 사랑이 팽팽하게 맞서 오히려 평온한 것처럼 여겨질 뿐이다.

팽팽한 긴장감 속의 평화가 아니라, 차라리 서로 사랑에 게을러지면 걱정이 없겠다는 생각이 들기도 하겠다. 사랑에 욕심을 부리지 않고, 서로 간에 사랑에 느긋하면 걱정거리 없어 좋을 것이다. 그런데 인생사에 걱정 없는 시간이 있겠는가. 좋지 않은 습성이 드는 것은 잠깐이다. '사람마다 버릇은 한 가지 버릇은 있다'는데, 그 버릇이 오입질 서방질이라면 진정한 원수가 된다. '계집 둘 가진 놈 똥은 개도 안 먹는다', '계집 둘 가진 놈의 창자는 호랑이도 안 먹는다', '발이 편하려면 버선을 크게 짓고, 집안이 편하려면 계집 하나만 데리고 살랬다'고 했다. 법적으로는 일부일처, 현실적으로는 일부다처·일처다부인 세태에서 걱정거리가 없어 걱정인 집안은 없겠다.

'걱정이 없어야 먹은 것도 살로 간다'는데, 걱정이 없는 사람이 있을까. '걱정 없는 사람은 사돈네 개 밥 안 먹는 것 걱정한다'고 하듯, 작든 크든 걱정은 누구에게나 있다. 사실 사람은 평생 걱정으로 살아간다. '걱정이 열 섬이면, 근심이 스무 섬이라', '걱정이 반찬이면 상발이 무너진다'고 할 만큼, 감당할 수 없는 걱정으로 살아가는 사람도 허다하다.

'걱정할 일이 없으면 누운 개 발 밟으랬다', '걱정할 일 없는 놈 상놈의 벗 사귄다'고 하지만 걱정을 만들 정도로 한가한 사람 없겠다. 진짜배기 중고는 '걱정거리가 없으면 양처兩妻하랬다'는 말처럼, 아내를 둘, 아니 그 이상 두면 걱정이 풍성하게 쌓일 것이다. '걱정이 많으면 빨리 늙는다'고 하니까, 제 명도 줄이면서 짧은 생을 걱정의 축제를 벌일 것이다. 여자라고 걱정이 없을까. '인심이 천심이라'지만 '인심 좋은 년이 속곳 마를 새 없다', '인심이 좋은 여편네 하룻밤에 서방이 셋이라'고 했다.

'열렬한 사랑이 불타는 증오를 낳고, 사랑하는 여인이 한을 품으면 오뉴월에도 서리가 내린다'고 했다. '여자는 질투심과 허영심을 빼면 두 근도 안 된다', '여자는 남편 옆에 암코양이만 있어도 질투한다'는 선입견을 가지면 문제를 해결하지 못한다. 때로는 강한 사랑이 강한 증오로 변하기 때문에 더 강한 사랑으로 해결해야 한다. '사내가 열 계집 못 거느리는 것도 병신이라'는 말을 그대로 믿으면 나락으로 간다. '사내가 잘나면 열 계집도 거느린다', '사내 싫어하는 계집 없다'는 말을 믿다가는 강한 증오를 맞게 된다. 강한 사랑과 강한 증오를 상쇄하느니 은근한 사랑을 쌓는 것이 훨씬 이익일 수가 있다.

제 사랑을 주는 것에 비해 오는 사랑이 적다는 생각이 쌓이면 원망하는 마음만 쌓이게 된다. '원망과 불평으로는 성공하지 못한다'고 했다. 당연한 말이다. 원망과 불평으로 병풍을 친 마음속에 어찌 사랑이 깃들 수 있겠는가. '잡은 고기 먹이 안 준다'고 했지만, 제짝에게 초지일관으로 애정을 쏟는다면 원수가 될 리 있겠는가. 서로 멀어진 틈 사이로 다른 사랑이 비집고 들어오면 원수가 될 것은 뻔하다.

2. '사람의 정이란 더러운 것이다'

중국의 주자십회에 대해 잘 알 것이다. 예수의 십계명도 마찬가지다. 왜 꼭 열 가지에 아귀를 맞추려고 했을까. 십진법적인 사고방식에 고착되어서 그럴까. 인생사에 후회하고 경계할 것이 열 가지만 되겠는가. 사람들이 흔히 저지르는 잘못 열 가지를 자기 나름대로 추려본 것이겠다. 주자십회 중 여덟 번째가 색불근신병후회色不謹愼病後悔다. 즉 색에 빠지면 병이 든 후에야 뉘우치게 된다는 말이다. 십계명 일곱 번째는 간음하지 말라고 했다.

색정을 삼간다는 것은 이해가 되나, 간음까지 그만두는 게 가능할까, 여길 것이다. 인간이 그렇게까지 진화할 수 있을까. '어림 칠 푼도 없는 소리'겠다. "사람이란 게 뭔데"하고 질문하며 성찰해보면 알게 된다. 아름다움에 빠져드는 게 사랑이라 했는데, 세상에 아름다운 것이 얼마나 많은가. 고운 사람을 보면 사랑하고 싶은 욕심이 드는 게 당연하겠다. 마음속 욕심이 움직이는 것을 두고 간음이라고 한다면, 아예 사랑의 싹을 잘라버리라는 말이 된다.

'사람이 궁하면 안 하는 짓이 없다'고 했다. 돈이 없어서 궁하면 살 궁리를 하지만, 색욕에 궁하면 저도 모르게 미치광이가 되기도 한다. '불과 시집간 색시는 쑤석거리면 탈이 난다', '불과 시집간 색시는 쑤시면 못 산다'고 했는데, 남의 여자를 탈 나게 한다. '핑계 없는 서방질 없다', '핑계 핑계 도라지 캐러 간다'는 습성을 들였다가, '같잖은 서방질에 쫓겨난다'는 경우가 허다하겠다. 자신의 일탈을 지극히 경계하지 않는 한, 웬만한 사람은 그릇된 길로 들어서기 일쑤다. 십계명이나 주자십회를 충실히 지키려 하는 사람들은 스스로 잘 진화해보겠다는 사람이다. 그런데 사랑도 없이 진화할 수 있을까. 작은 일탈도 없이 제 사랑을 잘 운행해낼 수 있을까.

정을 서로 한껏 주고받을 때는 좋지만, 그놈의 정이란 게 변화무쌍해서 한번 변하기 시작하면 그야말로 '격강隔江이 천 리라'는 느낌을 들게 한다. 조금만 삐끗해도 사랑이 없다고 질책을 받기 일쑤다. '양연도 인연이고, 악연도 인연이라'는 생각에, 참을 인忍 자를 수백 번 마음에 써도 사랑의 요구는 끝이 없다. '질투는 만병의 근원이다', '질투는 제 몸을 망친다'고 했는데, 강한 사랑의 요구가 질투라는 걸 모를 리 없다. 쏘는 사랑의 맛도 한계가 있다. 질투로 자주 쏘인 사랑이 무리 없이 커가기란 사실상 힘들다.

사람을 잘 만나는 것도 팔자소관에 달렸다고 한다. '팔자소관은 길들이기 나름이라'고 말하지만, 운이 좋지 않은 팔자가 쉽게 고쳐지지도 않는다. '팔자 드센 년이 팔자 고친다'는데, 험하게 행동해야 제 팔자를 고친다는 말이 되니, 엄두가 안 날 것이다. '팔자 센 년, 서방 거시기 보기가 원님네 말 거시기 구경보다 어렵다'고 했는데, 세상이 너무 불공평하다고 탓할 수밖에 없겠다. 정이나 사랑이란 게 그렇게 불공평하면, 정이 더럽다고 생각하겠다.

팔자야 그렇다고 해도, 정이나 사랑이란 게 도무지 상식적이라고 여겨지지 않겠다. '사내들은 마누라가 죽으면 변소에 가서 웃는다', '사내가 죽으면 여자는 부엌에 가 웃는다'는 것에서 사랑이란 게 말짱 도루묵이라고 여길 수밖에 없다. '사돈네 사타구니에도 발 들어간다', '치마만 들어도 돈이 들어온다'고 할 때, 정이 참으로 추할 수도 있구나, 하고 생각하겠다. '여자는 정조가 목숨이라', '여자 수절은 있어도 남자 수절은 없다'는 남녀 간 성차별을 넘어, 일방적으로 여자를 무시하는 언사에서 당연히 사랑은 없다.

인격체로 존중해야지, 오로지 짝짓기의 대상으로 보는 사람은 사랑의 바탕이 그릇된 것이다. '여자는 손에 묻은 밥풀이다', '여자는 엉덩짝 맛에 산다', '여자는 머리보다 엉덩이를 잘 돌려야 한다'는 말들이 그렇다. '여자는 샘보와 아기보를 빼면 서 근도 안 된다', '여자는 아기보 때문에 소견보가 적다'는 말들에서, 여성 비하의 절정을 본다.

남녀가 서로간 존중 없이 사랑이 가능할 수 없다. 사랑은 평등으로부터 시작된다는 말이 그래서 설득력 있다. 예컨대 '여자는 가까이하면 버릇이 없고, 멀리하면 원망한다'고 인식하고 있다면, 남자의 정신상태는 못된 권위주의에 빠져 있다고 할 것이다.

정이나 사랑이 권위적인 모습을 띠면 진정한 사랑이 되지 못한다. 진정한 사랑이 느껴지지 않을 때, '사람의 정이란 더러운 것이라'고 마음속 깊은 곳에서 솟구치는 소리를 듣게 된다.

3. '애정이 헛벌이한다'

'열 고을 화냥년이 한 고을 지어미 된다'고 하면 성공한 인생인가. 여하튼 헛벌이한 애정이 아님은 틀림없다. 실컷 놀아도 보고 당당한 여인으로 새롭게 태어났으니 말이다. 이런 일은 흔치 않겠다. 이미 쇠사슬이 된 제 버릇을 끊고 나오기란 무척 어렵기 때문이다. '열녀가 서방 바꾸기보다 어렵다'고 했는데, 그 정도로 어려울 것이다. '열녀각 밑에서 서방질'도 예사로 하다가 갑자기 돌아선다는 게 어디 쉽겠는가. 남자도 마찬가지다. 오입질에 중독이 되었다가 어찌 쉽게 신사가 되겠는가.

'열녀 과부 바람 들면 강 건너 고자까지 코피 터진다'는 말이 있다. 오랫동안 정조를 지키다가 어느 날 갑자기 회의가 들어 신념을 포기하는 것이다. 일부종사의 덧없는 애정이 터무니없다는 것을 깨달았기 때문이리라. 사실 제 몸 제가 관리하는데 누가 뭐라고 할 수 있겠는가. '계집이 한번 여우 꼬리를 휘두르면 세상이 다 뒤집힌다'고 하는데, 세상이야 뒤집히지 않겠지만, 많은 사람이 혀를 찰 것이다.

'열녀는 천한 첩에서도 난다'고 했는데, 열녀에 씨가 있는 것은 아니다. 제 신념이 그렇다면 누구나 열녀의 길에 들어설 수 있다. 다만 열녀의 길이 너무 험난해서 보통 사람은 감히 흉내 낼 수 없을 뿐이다. '열녀문 하나가 서자면 삼층장에 피 묻은 솜이 가득 차야 한다'는 말이 그것을 짐작하게 한다. '열아홉 과부는 수절을 해도, 스물아홉 과부는 못한다'는 뜻을 알 것이다. '오십 년 수절하다 고자 영감 부랄 잡는다'고 하는데, 늙어서 뒤늦은 각성을 하기보다는, 젊어 깨달아야 즐거움을 더 맛볼 것이겠다.

'사내는 거시기 방망이로 흥하기도 하고 망하기도 한다'고 했다. 주색에 잠깐 빠졌다 나오기란 쉽지 않다. '주색에 빠지면 서로 더하려 한다'는 말이 맞다. '주색에 빠지면 도리를 잃는다'고 했지만, 도리는 오입질에 힘을 쓰지 못한다. '하늘도 두렵지 않고, 땅도 두렵지 않다'는 정도에 도달하는 게 일도 아니다.

'여자는 알밤 줍기다' 하는 말이 있다. 사내 운수가 좋아야 좋은 여자를 얻게 된다는 뜻이다. 당연한 말인데, "남자는 알밤 줍기다" 해도 맞는 말이 되니 별다를 것도 없겠다. 세상사가 다 마찬가지다. 운수가 좋아야 뭔 일이고 잘 되는데, 운수라는 것도 스스로 준비를 해야 얻을 수 있다. 좋은 여자를 얻으려면 저부터 품질 좋은 인간이 되어야 한다.

'천 리 길을 찾아와서 문턱 넘어 죽는다'는 말을 이렇게 저렇게 응용해 보면, 참으로 여러 곳에 적용할 수 있다. 짝짓기에 한정하면, 남자가 애써 절정에 도달하기 직전 소위 문전객사 한다는 뜻으로 쓸 수 있는 말이다. 여자에 적용한다면, 오랫동안 수절을 하다가 막판 한순간에 훼절한다는 뜻이 될 수도 있겠다. 짧은 인생이라도 막판까지 도리를 지키려고 무진 애쓰지 않으면 허사가 된다. 일탈 한번 없는 인생사를 살았다면 진실로 남다른 사람이다.

남자가 여성 편력사遍歷史, 여자가 남성 편력사를 자랑삼는 사람이 적지 않다. 그것도 경력이라면 경력이고, 제 개인의 역사라면 역사임에는 틀림 없다. 편력사가 화려한 사람일수록 좀더 화려할 수 있었다고 자랑을 하기 일쑤다. 그것도 자산이라면 일종의 자산임이 확실하다. '말 갈 데 소 갈 데 다 다녔다', '마른 땅 진 땅 다 다녀 봤다'고 자랑하는 사람은, 진지한 사랑을 해보지 못한 것이 유감일 것이다.

남녀가 서로 열심히 노력해서 사랑을 가꾸는데, 그 사랑이 보람이 없다고 여겨지면 허무하기 짝이 없겠다. 그럴 때 애정이 헛벌이한다고 생각하게 되겠다. '떨어진 감은 때깔이 좋고, 쥐 물려간 생선은 가운데 토막이기 마련이라'고 했다. 과거에 놓친 것들은 다 아쉬워 보이는 법이다. 사랑에 빠졌던 제 인생이 좋아 보이고, 두고두고 추억거리가 될 수도 있겠다. 만약 짝짓기에 중독되어 인생을 탕진했다면 후회가 심할 것이다. 왜 진지한 사랑이 없었는지를 말이다.

'출세했다는 사내 입술에 피 안 바른 놈 없고, 성공했다는 계집 밑에 물기 마를 날 없다'고 했다. 출세고 성공이고 해봤자 자기들 생각일 뿐이다. 권력을 휘두르는 자리를 차지했다고 뻐기며 남다르게 행동하지만, 지혜로운 사람의 눈으로 보면 별스럽지 않다. 남을 지배하는 것처럼 비겁한 일이 없다. 많은 사람에게 못된 짓을 하든지, 몸을 팔아 잘 살면 떳떳한 인생이 될 수 없겠다. 권력을 휘둘러 돈과 명예, 주색을 한껏 탐닉하는 사람이 어찌 사회를 이익되게 할 수 있으랴.

사람이 정과 사랑을 창과 방패 삼아 사는 것은 틀림없다. 늘 정과 사랑으로 살게 되는데, 지나치게 되면 다른 일에 한 발짝도 못 나가는 수가 있다. '지나침은 모자람보다 못하다', '지나친 욕심은 패가망신의 장본이라'고 했다. 짝짓기도 마찬가지다. '과하다면서 석 잔 먹고, 그만 먹는다면서 다섯 잔 먹는다'는 게 술인데, 짝짓기도 빠지면 똑같다. 하면 더하게 된다고 했는데, 짝짓기가 꼭 그렇다. '노름꾼은 노름 않는다고 손목을 끊고도 노름판에 간다'는 경우와 다름이 없다. 망신을 당한 후에나, 폭삭 늙은 후에나 그만두게 된다.

'젊어서 마누라가 여럿이면, 늙어서는 마누라가 하나도 없다', '열 서방 사귄 계집 늙어선 한 서방도 없다'고 했다. 늙으면 마음이 착해진다. 제 과오를 반성하기 때문이다. '오만 흉은 다 묻혀도 화냥 때는 못 벗는다'고, 오입질 서방질에 대해서도 후회와 반성은 당연히 하겠다. 짝짓기 욕망에 따라 갈피를 잡지 못했던 지난날이 깨끗하지 못해 괴로움을 겪겠다. '항문이 더럽다고 도려낼 수 없다'고, 그냥 지고 사는 수밖에 없다. '죄는 지은 데로 가고, 공은 닦은 데로 간다'고 했는데, 크게 죄가 될 일이 아니라면 공덕을 닦지 못한 게 아쉬울 뿐이겠다.

4. '정을 베는 칼은 없다'

'결 좋은 장작 쪼개지듯' 한다는 비유가 있다. '맺고 끊은 듯하다'는 말도 있다. 사람의 정이라는 게 '대쪽 쪼개듯' 할 수가 없다. 정이라는 게 불같이 타오르는 듯하다가 '겻불 사그라지듯 한다'고 할 만큼 금방 꺼지기도 한다. '연분은 맺기는 쉬워도 끊기는 어렵다'고 했는데, 좋은 인연이 나쁜 인연보다 끊기 어려운 것은 당연하겠다. 남자들이 '열 계집 버리는 법 없다'고 했는데, 정을 베는 칼을 가지고 있지 않기 때문이다. '남의 사정 보다가는 갈보 된다'고 했는데, 마찬가지로 정 베는 칼이 들어먹지 않아서 그렇다.

'열 번 평양기생을 얻어도 정은 든다'는 말이 틀리지는 않을 것이다. 깜짝 사랑도 사랑이라는데 왜 안 그렇겠는가. 품마다 사랑이 있다는데 어쩔 것인가. 그런데 그럴 때마다 정이나 사랑을 끊어내야 하는데, 파렴치 또는 배신이라서 도리가 아니겠다. 여러 번 정을 벨 수 있다는 건 진짜배기 사랑이 아니었기 때문이다. 오랜 그리움이 쌓여 이루어진 사랑이 아니기에 쉽게 식을 수 있다. '열 서방 사귀지 말고 한 서방만 사귀랬다'는데, 정이 질겨야 한다는 말이다. 변함없는 정을 계속하라는 강요가 아니라, 사랑과 미움을 주며 받더라도 진정한 정으로 이어가라는 것이다.

'열 살 줄은 서로 뭣 모르고 살고, 스물 줄은 서로 아기자기하게 살고, 서른 줄은 눈코 뜰 새 없이 살고, 마흔 줄은 서로 못 버려서 살고, 쉰 줄은 서로 가여워서 살고, 예순 줄은 서로 고마워서 살고, 일흔 줄은 서로 등 긁어주는 재미로 산다'고 하면, 정이 어디서 끊기겠는가. 조혼이 풍습이던 시대에 생겨난 속담이다. 십진법으로 인생의 전환점을 설정한 게 다소간 무리겠지만, 정과 사랑의 감정 변이를 재미있게 표현한 말이다.

'사랑과 증오는 종이 한 장 차이라'는 말이 있다. 사랑과 증오라는 가치의 차이가 하찮다는 뜻이 아니다. 사람의 마음이 '손바닥 뒤집는 것처럼 쉽다'는 말이다. 사랑과 증오의 가치는 천양지차인데, '마음이 열두 번씩 변사變詐를 한다'는 생각 때문이다. '가을 날씨와 계집의 마음은 못 믿는다', '가을 날씨와 남자의 마음은 모른다', '가을 날씨와 사람 마음은 모른다'는 누구나 제 마음을 들여다보면 잘 알 것이다. 사람 마음에 비하면 가을 날씨는 양반이다. 자연의 질서를 사람의 하찮은 마음과 비교하다니, 안 될 말이다.

억지로 정을 끊어내면 저 가는 길에 덫이 하나 늘어나는 것과 마찬가지다. '정을 따르자니 앞날이 울고, 앞날을 따르자니 정이 운다'고 했는데, 정을 끊는 대부분 이유는 제 앞날을 헤아리기 때문은 아니겠다. 제 신세 생각해서 사랑을 아예 끊어버린다면 얘기는 다르겠다. 하지만 또 다른 사람과 정분이 나기 위해 끊는 사랑이라면 중독이거나 악습을 기르는 일이 되겠다. 악습이 반복되면 화를 짓게 된다. '하늘이 만든 화는 피할 수 있으나, 제가 만든 화는 피할 수 없다'는 말을 잘 새겨야 한다.

많은 사람을 사랑하고 헤어졌다는 경력을 자랑하며 우쭐하는 사람도 있는데, 객기일 따름이다. '못된 수캐 동네 다니며 일만 저지른다', '못난 년이 꼴값한다'고 했는데, 정이 너무 헤프니까 욕을 먹는 것이다. 제 몸에서 나오는 정을 값싸게 돌려대면, 역시 값싼 정만이 되돌아올 뿐이다. 값싼 정이라서 맺고 끊을 것도 없다고 생각하니, 제 언행이 저를 묶는 그물이 되기 마련이다. 정을 베는 칼이 없다지만, 값싼 정이 아닐 경우에 한정하는 말이겠다.

'하고 많은 돌바닥 돌에도 연분이 있어야 찬다'고 했는데, 연분에는 좋은 것도 있고 나쁜 것도 있다. 육허기만 끄고 곧 끊어낼 생각으로 만나면 좋은 연분이 나쁜 인연으로 바뀌기 쉽다. 행운이 불운으로 될 수 있다는 말이다. '좋은 일에 마가 많고, 아름다운 인연은 두 번 오지 아니한다'고 했다. 좋은 인연은 두고두고 정과 사랑을 쌓아가야 행운이 될 것은 당연하다. '들어오는 복을 차버린다'는 실수를 범하지 않아야 팔자가 편다.

'젊어서는 색으로 살고, 늙어서는 정으로 산다'

'주먹에 핏사발이나 들었다'는 말을 한다. 젊은 혈기가 있다는 뜻이다. 이 피를 어디다 쓸 것인가. 젊은이가 고민할 것도 없겠다. 몸이 먼저 말한다. 사랑하고 싶다고, 짝짓기하고 싶다고 말이다. '젊어서는 사랑으로 살고, 늙어서는 정으로 산다'는데, 젊어 사랑을 못하는 것처럼 멍청한 사람이 있겠는가. '돌 멍청이는 담이나 쌓고, 나무 멍청이는 불이나 때고, 소 멍청이는 잡아나 먹지만, 사람 멍청이는 무엇에 쓰랴' 했다. 맞는 말이다. 사랑할 때 사랑해야 하는데, 때를 놓치면 뒤늦게 배고픈 늑대처럼 뒷골목을 어슬렁거린다. 고시 공부를 한답시고 법조문이나 외면서 젊음을 보낸 사람은 틀림없이 정서적인 균형에 문제가 생긴다. 사랑도 훈련이 필요한데, 어찌 그렇지 않겠는가.

'굴린 달걀은 병아리 되고, 손에 쥔 계란은 곯는다', '굴린 계란은 병아리 되고, 굴린 사람은 쓸모가 있다'고 했는데, 이보다 더 기막힌 말은 없을 것이다. 고시나 합격해서 정치하겠다고 나선 사람들 봐라. 대부분이 비상식적이고 몰인정하다. 제때에 사랑이 훈련되지 못해 그렇다. 그런데도 부모들은 공부 다 해놓고 사랑을 하라고 몰아붙인다. 곯은 계란을 만들어 놓고, 성공했다고 야단을 떤다. '자랑 끝에 불 붙는다'는 이치를 알 리가 없다.

　젊은 혈기를 짝짓기에 다 낭비하면 다른 일에 힘이 덜 가는 것은 물론이겠다. 젊다고 '말과 계집은 올라 타봐야 안다'면서 나대면 후환을 두려워해야 한다. 그래서 '주색에 곯으면 추하게 늙는다'고 한 것이다. '지혜는 늙은이에게서, 힘은 젊은이에게서 빌려야 한다'고 했는데, 틀림없는 말이다. 젊을 때 아껴 아껴서 사랑해야 한다. 몸과 마음을 다 아끼면서 사랑에 빠지는 것이 진짜배기 로맨스다.

　'여자는 이십이 꽃이고, 남자는 삼십이 꽃이라'고 했는데, 참고사항이다. 여자보다 남자의 나이가 많아야 여자를 잘 다룬다는 생각에서 만든 말이겠다. 경험과 성격에 따라 다르다. 사랑의 숙련도가 2030에 절정을 이루는 사람은 드물고, 요즘 세태에는 40 이후에 이르는 사람도 많다. '여자 사십 전 바람은 고쳐도, 사십 후 바람은 못 고친다'는 말은 그런 의미를 가진다.

　청장년기에는 몸 사랑이, 노년기에는 마음 사랑이 꽃을 피워야 정상이겠다. 평생을 가을 메뚜기처럼 안고 죽자 업고 죽자 한다는 식으로 살 수는 없다. '여자는 얼굴이 늙고, 남자는 마음이 늙는다'고 하지만, 제 하기 나름이다. 제 성격과 습성에 따라 마음과 몸이 생기를 갖기도 하고 잃기도 한다. '늙어서 만난 사람이 더 정답다'고 하는 것은 몸 사랑보다 마음 사랑에 의존해서 그렇다.

　'천만 가지 다 먹고는 살아도 나이 먹고는 못 산다'고 안타깝게 말한다. "나이야 가라", "내 나이가 어때서" 하고 외쳐본들 몸속 나이테는 꿈쩍 않는다. 본래 시간이란 없다. 달력을 걸어놓고 숫자를 세고 시계를 보고 사니, 시간이 있는 것처럼 여겨진다. 시간이란 개념이 없으면 나이라는 것도 없다. 세상 돌아가는 원리엔 오로지 순환작용만 있는 것이다. 늙는다는 것은 내가 세상과 함께 꽤 여러 번 돌고 도는 순환을 했다는 것뿐이다.

　사랑이 늙겠는가, 사람이 제 몸의 정기를 소진하는 것 뿐이다. '늙은 말이 콩 마다랴', '늙은 말이 서 마지기 콩밭을 뜯어먹는다'고 하는데, 그저 해 보는 소리다. 늙어서도 변치 않는 색정으로 살겠다고 나선다면 '사마귀가 수레에 덤벼드는 꼴'을 스스로 보여주는 것이다. 기력이 따라주지 않는 것은 물론이려니와, '주색잡기란 늙기에 혹하면 아주 빠지고 만다'는 말대로, 말년을 수렁에서 벗어날 수 없기 때문이다.

'기력이 쇠하면 앙심으로 견딘다', '기름이 다 닳으면 등불은 꺼진다', '기린도 늙으면 노마老馬만 못하다'고 했다. 그런데 '남자는 늙어 들깨 한 말만 들어도 아이는 만든다'고 했다. 기력이 쇠잔해도 생산성이 있다는 말인데, 사실 아기 만드는 것과 짝짓기 능력과는 별개란 말이겠다. 늙으면 병까지 찾아드니 '노병老病에는 약도 없다'는데, 짝짓기 욕심마저도 쇠잔해질 것은 당연하다. '사내가 새벽 거시기 안 일어나면 끝장이다'고 했는데, 거시기 대신 깊은 정을 만들어내면 좋다.

어느 시인은 〈첫사랑〉이라는 작품에서 첫사랑과 낡은 사랑을 비유해 말한다. "사랑은 낡아가고 시들어만 가네" 하는데, 사람이 늙어 사랑이 시드는 것이 아니다. 마음, 정열이 제풀에 움츠러들어서 그렇다. "인생은 사랑은 시든 게 아니라네 / 다만 우리는 놀라움을 잊었네 / 우린 사랑을 잃었을 뿐이네"[104]하며, 첫사랑처럼 신선하게 재생시키지 못함을 안타까워한다.

늙으면 호기심이 부족해진다. 그냥 습관적으로 행동한다. 호기심이란 세상을 새롭게 보려는 습성이다. 사람마다 새롭게 보려는 습성이 있다면 정과 사랑을 쇠잔하게 하지는 않겠다. 색정으로 만발했던 젊음을 애석하다 말고, 늙어 부드러운 눈으로 세상사를 새롭게 볼 수 있어야 정과 사랑도 생기발랄할 수 있겠다.

1. '꽃도 한 철 나비도 한철'

'나무가 좀 먹지, 세월이 좀 안 먹는다'고 흰소리하던 시절은 빨리도 간다. 세월이 좀 먹는다는 것을 절감한 나이가 된 것이다. '나무가 흔들리면 새들도 날아가게 마련이라'는 것을 알게 된다. 늙는다는 건 흔들리는 일이다. 삶의 종착역이 다가온다는 서글픔에 흔들린다.

생명이 있는 모든 것들이 한철이다. '고사리도 꺾을 때 꺾고 술은 괼 때 걸러라', '고사리도 한철이다'는 말이 어긋남 없다. 아무리 '사람은 하루 죽을 것을 모르고 열흘 살 것만 안다'고 하는데, 제 한철이 언제인지 알아야 한다. 한철 잘 놀았으면 안타깝지만 물러설 줄도 알아야 한다. '오래 앉아 있는 새가 화살을 맞는다'고, 어디든 오래 머무를 욕심을 버려야 한다.

짧은 삶을 살면서 가장 아쉬운 일은 좀 더 강렬한 사랑을 하지 못했다는 것이겠다. 사는 데 여러 조건을 갖추고 짙은 사랑을 해보리라 미루고 미루었다면, 더욱 아쉬움이 진할 것이다. 사랑이 별것 아니라고 생각한다면, 살아가는 일은 더욱 별것이 아닌 게 된다. 사랑이 한철임은 분명하니까 자칫 '철 넘은 김치', '철 늦은 동남풍'이 되기 일쑤다. '철도 뜨거울 때 두드려야 된다'는 말은 사랑에도 해당한다.

'여자 서른이면 서운하고, 마흔이면 매지근하고, 쉰이면 쉬지근하고, 예순이면 착 쉰다', '여자 사십이면 사그라지고 오십이면 오그라든다', '여자 나이 사십이면 장승도 돌아보지 않는다', '여자 오십이면 오그라든다'는 말들은 예로부터 사내들이 주절거리던 속담이다. 여자들이 짝짓기에 대한 욕망을 억누르고 내보이지 않던 시대에 해댄 말들이다. 과연 그런가. 이 시대에 이런 말을 하다가는 망신당하기 일쑤다. 심지어 '여자는 삼십에 삭고, 남자는 삼십에 꽃핀다'는 생각을 가지고 있다면, 임자를 못 만났다는 말이 된다. '사내는 설 때까지지만, 여자는 관뚜껑 닫을 때 거기도 함께 닫는다'

는 말을 잘 새길 일이다. 어쨌든 누구나 사랑도, 짝짓기도 한철인 것을 어쩔 수 없다.

'진 꽃은 또 피지만, 꺾인 꽃은 다시 피지 못한다', '꽃도 십일홍이면 오던 벌 나비도 오지 않는다'와 같은 말을 하면서 쓴맛을 다시는 게 늙은이들이다. '여자는 마흔이면 계집 행세를 못 하고, 남자는 쉰이면 사내 행세 못한다'고 하면 속에서 열불이 날 것이다. 제 딴에는 아직 펄펄 나른다고 생각하는데, 한껏 평가절하하는 세태가 원망스럽겠다. '떫은 배도 맛 들일 탓이라'고 외치며 나설 필요도 없다. 예나 제나 늘 그렇게 말하며 섞여 살아온 것이니까 말이다.

'끝도 가도 없다'고 했지만, 언젠가는 끝이 있다. '끝이 좋으면 다 좋다'고 하는데, 장엄하게 끝낼 그 무엇이 있으면 좋겠는데 유감스럽게도 없다. 개인의 역사는 참으로 허무하게 묻히기 마련이다. 아무리 생각해도 탐욕을 버리는 것이 그 중 큰일로 여겨질 것이다. 재물 욕심을 정리하고, 몸속에 웅크리고 있는 색욕을 없애는 일도 좋다. '볶은 콩에 꽃이 피랴', '볶은 콩에서 싹 날까' 하고 비아냥거리는 소리에 흔들릴 것도 없다.

색욕이 똬리를 틀고 있던 자리에 정, 그리움을 다시 채워야 할 것이다. 날뛰는 색욕 대신에 차분하고 부드러운 정을 채워 넣기 시작하면 정말 보람 있을 것이다. '낡은 섬에 곡식이 많이 든다'고 했다. 겉은 찌그러들어 보여도 무엇을 담기 시작하면 기대를 넘는다는 뜻이다. 정을 담아 채우고 주위에 나누어 주면 더 좋을 수 없겠다.

'늙어 친구가 젊어 벼슬보다 낫다'고 했다. '정 정 해도 늘그막의 정이 제일이라'고도 했다. 늘그막의 은근한 정으로 끌려들지 않을 사람 없겠다. 누구든 은근한 정으로 맞는 것이 지혜중 최상이다. '천리마는 뜰 안에서 길들일 수 없다'고 하며 여기저기 설치며 다녀봐야 노욕이란 힐책만 받는다. 그래, '천리마도 못된 버릇이 있다'고 단점을 흔쾌히 받아주는 사람이 많지 않다. '가을 날씨 좋은 것과 늙은이 기운 좋은 것은 믿을 수 없다'고 했다. '고로롱 팔십'까지 숨만 쉬고 있으면 뭘 하겠는가. '도깨비도 나이 먹은 도깨비가 낫다'고, 한철 뛰던 활기를 회복하여 다정다감하게 뭇사람을 대해야 할 것이다.

2. '색은 나이를 좀 먹어야 참맛을 안다'

나이를 좀 먹었다고 할 때, 몇 살을 말할까. 요즘이야 노인 나이를 70~75세 이상으로 잡아야 한다니, 바로 이전을 말할까. 50~60대 정도를 두고 나이 좀 먹었다 하겠는가. '비상 먹고는 살아도 나이 먹고는 못 산다'고 한창 떠드는 나이겠다. 사내는 나이가 들어야 철이 난다는 말은, 흔히 성력하고 관련지어 말하기도 했다. 짝짓기 능력이 떨어져 성욕이 사그라지면 철들었다고 할 것이다. 여자에게 환심을 사려고 하지 않고, 안정된 정서로 대하기 때문이다. '여편네는 남의 여편네가 곱고, 자식은 내 자식이 곱다'는 생각이 들지 않으면 제법 정서가 안정된 것이겠다.

'남자는 팔십이라도 거시기 생각을 못 버린다'고 했지만, 그렇게 시원찮은 힘으로 해내는 것을 어찌 온전한 짝짓기라 할 수 있겠는가. '늦게 분 바람이 달싸다'고 했다. 늦바람이 더 무섭다는 말과 같은 뜻이다. 뭣 모르고 달려드는 무지함이 무서운 것이지, 성 능력이 무서운 건 아니겠다. 늙기 시작하면 전립선에 문제가 생기고 오줌발이 약해지는 것은 당연하다. 오줌발이 약해졌는데 무서울 리가 있을까. 오줌발 보고 돈도 빌려준다는데, 늙은이는 돈 빌리기도 쉽지 않은 건 뻔하다. '서러워 못 오를 나무 없다'지만, 오르기를 허락하는 짝이 없으니 서러울 것이겠다.

사내가 한창 젊었다고 해도 한 여자조차 만족시키기 쉽지 않은 법이다. '사내가 잘나면 열 계집도 거느린다'고 했지만, 그건 성력으로 거느리는 게 아니고 돈 때문에 여자들이 붙어 있는 것일 뿐이다. '사내 못난 것이 오입질 자랑만 한다'고 하는데, '사내치고 허풍기 없는 놈이 없다'는 말이 맞다. 한 여자의 욕구조차 만족시키지 못하는 주제에 어찌 열까지 헤아리는가. '여자치고 시집살이 일 년 못하는 여자 없고, 남자치고 벼 한 섬 못 지는 남자 없다'고 했지만, 부분만 진실이다. 짝짓기에는 환장을 해서 달려들지만, 근력 쓰는 일에 제대로 나서는 사내 드물다.

    짝짓기의 참맛을 안다고 했을 때, 그 참맛이란 뭘까. 혈기 왕성하게 대들어 상대를 제압하듯 하지 않는다는 것일까. 다짜고짜 대들어 일을 치르는 데야 어찌 즐긴다고 할 수 있겠는가. 여유 있게 끌어들이고 내주면서 호흡을 맞춰야 한다는 뜻이겠다. 《카마수트라》, 《소녀경》에 적혀 있는 숱한 기술이란 사실 터무니없는 것이 많다. 참맛이란, 그런 까다로운 항목을 지킨다고 느낄 수 있는 것은 아니다.

    여유가 없이 덤벼들어 수탉처럼 일을 치르고 나니 '거시기도 하고 나면 싱겁다'는 소리를 하게 되는 것이다. 산전수전 공중전에 게릴라전까지 다 겪어낸 백전노장답게 임해야, "노병은 죽지 않는다"는 평가를 받을 수 있겠다. 한 사람에게 집중해야 몸 사랑이고 마음 사랑이고 깊은 인간미를 볼 것이겠다. 특히 젊은이들처럼 서두르지 않아야 한다. 이리저리 들쑤시고 다니는 사람에게서 안정감을 찾을 수 없는데, 깊은 정 깊은 사랑을 어찌 기대할 수 있을 것인가. '남자는 열 계집 마다 않는다'고 하는데, 괜스레 숫자만 과시하려는 허풍기에 지나지 않는다. 진지하지 않은 언행에서 진짜배기 사랑을 맛보기 요원한 일이다. '돌배도 맛들일 탓이라'고 했다. '떫은 배도 씹어볼 만하다'고도 했다. 사람마다 조금씩은 다르겠지만 '돌배와 아그배 차이라'고 할 것이다. 이름만 다를 뿐이라는 뜻인데, 깊은 정으로 서로 대하면 크게 다를 바 없겠다.

'쇠꼬리는 삶을수록 맛이 나고, 계집은 나이를 먹을수록 제맛이 난다'고 했다. 나이가 들어감에 따라 삶은 제 리듬을 갖추게 된다. 뭔가를 바쁘게 서두른다고 큰 의미가 있지 않다는 것을 깨닫게 된다. '홍수 속에 먹을 물 없다'는 것도 깨우치게 된다. 사람과 사람이 소박하고 깊은 정으로 만나야 진정한 인간을 만났다는 것을 알게 된다. 남녀 사이가 다를 바 없다. 나이 들어야 색의 참맛을 안다는 것도 똑같은 이치다.

3. '색정하고 원한은 한 가닥이라'

'임금님이 삼천 궁녀 마다할까'고 했다. 삼천이란 숫자가 사실이 아니겠지만, 황제니 왕들의 호색은 세계사에서 숱하게 확인할 수 있는 사실이다. 그들 행적을 보면 호색 정도가 아니라 원한이라고 해야 맞을 것이다. 색정에 한이 맺히지 않고서야 그렇게 많은 여자에 둘러싸여 살고 싶었을까. '여우는 잠을 자면서도 닭 잡는 꿈만 꾼다'고 했는데, 그들은 여자를 탐하는 것 외에는 다 여벌이었을 것이다. '등 따습고 배부르면 만사가 여벌이라' 했는데, 어찌 틀린 말이겠는가. 돈이나 권력이 짱짱하면 호색한다는 것은 자명한 이치다. '계집질은 비위가 좋아야 잘한다', '계집질은 염치가 없는 놈이 잘한다'고 했는데, 비위가 좋기로는 왕들을 능가할 수 없겠다. 색정에 아주 한풀이하듯 끝장을 보려는 인간들이었다.

'물 본 기러기가 그저 지나갈까', '물불을 헤아리지 않고 덤벼든다'는 정도는 남녀 구별없이 한때의 혈기라 하겠다. '핑계 김에 화냥질한다', '골 난 김에 서방질한다'는 구실이 없겠는가. 정도 사랑도 쌓일 틈도 없이, 제 몸을 우선 부리고 싶다는 충동은 누구에게나 때때로 엄습하는 것이어서 비정상적이라고 할 것도 없다. 그러나 주색에 빠져 '니나노 바람에 문전옥답 다 날린다'는 정도가 되면, 주색중독이고 병이라 하겠다.

일단 색정 중독이 되면 고치기 어렵게 된다. 담배나 마약 중독과 한가지다. 습성이 천성처럼 굳어지는 것이다. 천성이면 '개 꼬리 삼 년 두어도 황모 꼬리 되지 않는다', '개 꼬리 묻어 둬봤자 개 꼬리라'는 정도로 고착된다. 오입쟁이의 버릇을 고치는 것은 늑대를 초식동물로 만드는 것보다 더 어려울지도 모른다.

'남자는 다 늑대다', '남자는 다 도적놈으로 알아라'는 말은, 짝짓기에 대한 남자들의 집착을 말하는 것이다. '남자는 방망이로 망한다'고 하는데도 여자에 혈안이 된다. '남자는 백지장 한 장 들 기운만 있어도 그것을 한다', '문지방 넘을 기운만 있으면 별을 딴다'고 하듯, 한이 맺히지 않고서야 저럴까, 할 정도겠다. 여자도 마찬가지로 정에 헤프면 쓸어담기 어렵게 된다. 그래서 '젊어 정 헤픈 년, 늙어지면 술이 친구 된다'고 한 것이다.

한평생 더 원할 것도 없이 짝짓기를 한 사람에게 물어봐라. 마치 걸신 들린 듯, 원수라도 갚듯 했는데 뭐가 남느냐고 말이다. 이제 색욕에 대한 원한은 다 풀었다고 할까. 원수를 갚았으니 안심하고 육신을 훌훌 벗어던질 수 있다고 할까. 아마도 대부분은 그래도 충분하지 않아 원한의 찌꺼기 정도는 남아있다고 말할 것이다. '색정과 욕심은 죽어야 없어진다'고 하니 말이다. 관속에 넣은 후 사람들이 말하겠다. "과연, '원수는 세월이 갚고 남이 갚아준다'"고 할 것이다.

관속에서 생각할까. 색욕에 빠져 날뛰던 날을 반성할까. 어차피 한번 살고 마는 인생인데, 누가 뭐라든 미치광이 삶이라도 잘 살았다고 만족할까. '원수는 순리로 풀어라'고 했다. 원수도 아닌 사랑을 원수처럼 몰아가며, 설치던 모습이 스스로 안타까운 점은 있을 것이다.

색욕에 초연한 채로 잘 사는 사람도 많다. 수도자가 아니라도 지극히 소박한 색욕으로 견디는 사람이 적지 않다. 확실히 버릇을 잘 들여야 한다고 여길 것이다. '어느 놈의 거시기에는 금테를 둘렀나', '어느 놈은 거시기 없다더냐' 하면서 자존심을 내세우거나 오입쟁이에게 경고를 보내도 좋다. 견인주의堅忍主義자 공동체가 아니라도 좋은 본보기가 되는 인물이 적지 않다.

늙었는데도 색정을 떼지 못하고 말썽만 부리고 다니면, '여든 뒤 닷새 나도 사람질 하기는 글렀다'는 비난을 받을 것이다. 약의 도움을 받아 마지막 안간힘으로 색정의 끝을 붙잡고 있지만 '여름날 사흘 좋은 것하고, 노인네 사흘 근력 좋은 것하고는 아무도 모른다'고 했다. '시든 꽃도 꽃이라'고 안간힘을 쓰는 것이 가상하기는 하나 남들이 안타깝게 여길 것이다.

젊은이가 만개한 꽃이라면 늙은이는 낙화일까. 구태여 꽃일 필요가 있는가. 다음 꽃이 피도록 받침이나 해주는 꽃받침이라면 좋겠다. 여하튼 '시든 호박꽃에 물 준다고 더 예뻐질까' 했듯이, 한번 지면 꽃자리를 정리하며 떠나는 게 깔끔하다.

그리스 극작가 소포클레스는 〈트라키스 여인들〉이란 작품에서, "그녀의 젊음은 피기 시작하고, 내 젊음은 지는 것이 / 눈에 보이는데, 사람의 눈은 피는 꽃은 따 모으기를 / 좋아하지만, 시든 꽃들로부터는 발걸음을 돌리는 법이지"[105] 하고 말했다. 당연하다. 제가 시들어졌는데 이리저리 기웃거리면 더 추해진다.

'감나무에 올라가야 홍시도 따먹는다'고 하는데, 감나무에 올라갈 힘도 없다 보니 떡 쪄먹고 시루 엎은 꼴이 된 것이다. '주색잡기라 늙기에 혹하면 아주 빠지고 만다', '늙마에 용마루 벗겨지는 줄 모른다'는 말에 허허거릴 수밖에 없다. '오십에는 오다가다 하고, 육십에는 육체만 만지면 산다'는 정도면 다행이라 여길 일이다.

'도깨비도 나이 먹은 도깨비가 낫다'고 하지만, 이제는 아니다. 세상이 하도 빨리 변해 늙으면 세태를 따라가기가 벅차다. '늙어서 맛있는 건 호박

뿐이라'고 했던가. '나이가 들면 뼛속에서도 찬바람이 인다'고 했는데, 꽃이 진 자리에는 씨방만 남는다. 나비가 올 리 없다. 다음 꽃이 들어서도록 꽃자리를 정리해 줄 일이다.

24 장

'늦게 든 정이
　　　　더 뜨겁다'

　　늦게 든 정이 왜 더 뜨거운 것일까. 뜨거워 봤자 꺼풀 사랑에 가까운 것이 아닐까, 하고 무시를 할 것이다. 그러나 노년에 이르면 사랑이고 뭐고 다 끝난다고 생각하는 위기의식에서 오는 것이라면 이해가 될 수도 있겠다. 벼락에 맞는 듯한 쾌감을 한 번이라도 더 맛보고 싶은 간절한 욕망을 보이게 된다는 뜻이겠다.

　　'바람도 올 바람이 낫다' '바람도 지난 바람이 낫다'는 말은 늦바람을 경계하기 위한 것이다. '올바람보다 늦바람이 걷잡을 수 없다', '올바람은 잡아도 늦바람은 못 잡는다', '늦게 난 바람이 사흘 분다', '늦게 난 바람이 잘 줄 모른다'고 하는데, 그른 말이 아니다. '늦게 배운 노름이 날 새는 줄 모른다', '늦게 배운 도적질이 날 새는 줄 모른다'고 했는데, 노름 도적질에 대한 속담에 한정되는 말이라 생각하면 안 된다. 늦게 바람피우는 맛을 알아 정신이 없는 사람을 두루두루 쓰는 말들이다. '늦난봉은 밤 가는 줄도 모른다'는 뜻과 한가지다. 늦바람을 빗대는 말들은 많다. '늦바람에 머리털 세는 줄 모른다', '늦바람은 원님도 못 막는다', '늦바람이 곱새를 벗긴다', '늦바람이 용마루 벗긴다', '늦오입이 더 무섭다'는 말들이 그것인데, 나이 지긋해서 수렁에서 허우적거린다는 것이 이해하기 힘들 것이다.

　욕정은 늙은이에게서도 예외 없다는 것을 〈햄릿〉에서 볼 수 있다. 햄릿이 숙부와 사는 어머니 거투르드를 비난한다. "아, 수치심이여, 너의 부끄러움은 어디로 갔는가? 저주받은 정욕이여, 분별 있는 여인의 뼛속까지 자극하여 욕정을 그토록 태웠으니 불타는 청춘 앞에서의 미덕은 초같이 녹아 흘러야 마땅하리라. 타오르는 정욕의 불길에 온몸이 지글지글 타버린들 무엇이 부끄러울소냐. 늙은이의 싸늘한 피도 타올라 이성이 정욕의 포로가 되는 판에."[106]하는 부분이다. 늙은이의 식은 피도 정욕에 불타면 뜨거워지는데, 젊은 여인이 정욕의 포로가 되는 것이야 어쩔 수 없다는 말이다.

　아주 노골적 성속담에, '죽은 거시기도 세 번은 끄덕거린다'는 말이 있다. 아무리 늙어간다고 해도 최후에 한방이 없을까, 하고 덤벼댈 수도 있다. 남 보기에는 곱지 않게 보이겠지만, 당사자에게는 대단히 중요한 자기점검이겠다. 아무도 알아주지 않지만 제 역사의 전환점이라고 생각할 테니 말이다.

　'너무 오래 살면 욕 되는 일이 많다'고 하지만, 오래 살고 싶은 게 누구나의 욕심이다. 더구나 조금 남아있는 욕정까지 알뜰히 다 쓰겠다는 생각으로 혀를 날름거리면, 그보다 추한 모양은 없겠다. 그렇지만 '늙은 당나귀가 콩 마다다 할까' 했다. 콩은 먹을거리를 뜻하기도, 또한 여자를 뜻하기도 한다. 늙어도 여자에 관심 두는 건 마찬가지라는 말이다. 심지어 '늙은 말일수록 애콩만 찾는다'고 했다. 애콩은 젊은 여자를 말한다. 말은 그렇지만 젊은 여자가 늙은이에게 관심을 둘 리가 없다. 혹시 엄청난 유산을 상속받는다면 모르겠다.

　'늙은 놈이 젊은 첩 하면 날보리짚에 불 분다', '늙은 놈이 젊은 첩 하면 불 본 나비 날뛰듯 한다'는 말이 있다. 늙어 새 여자를 얻게 되면 너무 좋아서 분별력을 잃게 된다는 뜻으로 하는 말들이다. 왜 아니겠는가. '고목에는 눈먼 새도 앉지 않는다', '고목이 되면 오던 새도 안 온다'고 했는데, 저와 살겠다고 여자가 들어오니 보통 좋은 것이 아니겠나. 그러니 제 남은 정열이나 기력, 정성을 몽땅 쏟아부어 서비스를 할 일이 큰 부담일 것이다.

'귀신도 늙은 귀신이 더 낫다'고 하지만, 짝짓기는 빼놓고 하는 말이다. 힘없는 육체에서 올바른 판단이나 힘찬 에너지가 어찌 생겨날 수 있을 텐가. 그러니 '늙은 영감에 젊은 마누라한테는 온천이 약이다' 하는 말이 있는 것이다.

늙은 부부나 연인이 '나무는 돌 의지, 돌은 나무 의지' 하는 모양으로 사는 게 얼마나 정겹고 아름다운가. 그래서 '나이 먹으면 새는 멀어지고 정은 두터워진다'고 한 것이다. 짝짓기는 뜸해지고 대신 정이 더욱 피어난다는 것이다. '나이 먹으면 속이 들고, 나이 더 먹으면 속이 찬다'고도 했다. 나이가 들수록 품격이 나아진다는 말인데, 정을 더 내놓게 되기 때문이다.

'늦바람보다 올바람이 낮다'고 했다. 다 늙어 바람만 피다 생을 마감하면 얼마나 허무할 것인가. 젊을 때 실컷 바람을 피운 사람은 그나마 반성할 기회라도 있을 것이다. '늦바람 난 여편네 속곳 마를 여가 없다'고 하듯이 남녀 구별이 없다. '늦바람에 문전옥답 다 날린다'고 평생 모은 재산을 뒤늦게 날리면 회복할 기회도 없어진다.

늦게 든 정이 뜨겁다는 것은 화룡점정처럼 끝맺는 짝짓기를 두고 하는 말이 아니다. 서로 믿고 오래도록 살아온 것을 깨닫고 새삼스럽게 감격해서 나오는 감정을 두고 하는 말이다. 짝짓기에는 격정적이지만, 정서적 교감은 좀 낮은 젊은 사랑에 비해, 오래된 정은 얼마나 은근히 따뜻한가. '늙은이가 호박죽에 힘쓴다', '늙은이 사랑은 꺼풀 사랑이다', '군밤에서 싹 돋기를 바란다'는 말로 아무리 비꼬더라도 햇솜 같은 사랑을 서로 베푸는 모습이 아름답게 보일 것이다. 격정적으로 몰아가는 사랑만 사랑으로 여겼던 젊은 사랑이, 오래된 사랑을 보고 진정 뜨거운 사랑이라 하지 않겠는가.

1. '나무는 구새먹어 보여도 단 사과가 열린다'

'늦깎이가 먼저 득도한다'는 말이 있다. 늦게 시작했어도 먼저 경지에 이른다는 뜻이다. 짝짓기에도 득도란 말이 가능할까. 젊어서 숱하게 짝짓기를 해댔어도 참맛을 모르는 사람이 허다할 것이다. 불쑥불쑥 욕정이 치솟을 때마다 해소해버리면 그만이라고 생각하는 사람도 적지 않을 것이다. 그리움으로부터 시작해 오래 뜸을 들여, 켜켜이 쌓인 사랑이라야 맛이 든다는 사실을 알지 못할 것이다. 그 참맛이라는 걸 알면 득도라 할 수도 있겠다. 그 맛을 알아 '도끼자루 썩는지 모른다'고 했겠다.

'칠십에 음행이 터지면 삼이웃이 잠을 못 잔다'는 말이 참으로 재미있다. 인생칠십고래희人生七十古來稀라고, 얼마 전만 해도 칠십까지 사는 사람이 드물다고 했다. 이제는 칠십이면 애들이고, 경노당에 가면 주전자 들고 심부름할 나이라고 한다. 그래도 그렇지, 칠십에 짝짓기를 하도 열렬하게 해서 온 이웃들이 잠을 못 자게 한다? 정말 도사님이라 하겠다. 말이 그렇지 약이 도와주지 않으면 가능할 일이 아니겠다. 약이 도와준다 해도 후유증으로 건강에 큰 문제가 생길 것이다.

'첫바람에 반하고, 늦바람에 미친다'고 한다면, 한평생을 사랑에 몰두하다 생을 마감한다는 말이 되겠다. 첫바람과 늦바람 중 하나만 선택하라 해도 힘에 겨울 텐데, 시작과 끝을 짝짓기에 빠진다면 몸과 마음이 거덜 나는 건 일도 아닐 것이다. '여름날 사흘 좋은 것하고, 노인네 사흘 근력 좋은 것은 아무도 모른다'고 했는데, 오래된 몸으로 모험에 나설 일은 아니겠다.

'팔십 살의 청춘이 있고, 스무 살의 노인이 있다'고 하는데, 정말 특별한 사람도 있기는 하다. 타고난 건강이란 게 부모로부터 물려받은 DNA 때문에 그렇다고 하는데, 부분적으로만 옳다. 유전적 요인은 대략 20%라 한다. 나머지는 제가 몸을 어떻게 관리하느냐에 달렸다. 유별나게 관리해야 팔십 청춘이 가능할 것이다. '금이 간 뚝배기가 더 오래 쓰인다'고 하는 말은, 바로 사후 관리가 중요하다는 말이다. 병들었던 사람이 대오각성하여 제 몸을 철저히 돌보기 때문에 늦게까지 건강을 유지하는 것이겠다.

'나무는 구새먹어 보여도 단 사과가 열린다'는 말이 그럴듯하기는 하다. '나무는 늙고 삐뚤었어도 열매는 달다'는 속담과 같은 말이다. 사람이라면 몸은 부실해도 쏟아내는 사랑은 달콤하다는 뜻인데, 가능한 일인가. 분신쇄골粉身碎骨의 각오로 내쏟는 열정이라서 달디단 것일까. '늦감 맛이 더 달다', '늦게 난 바람이 사흘 분다', '늦게 난 바람이 잘 줄 모른다', '늦게 배운 도적질이 날 새는 줄 모른다', '늙은 말이 콩 마다랴', '늙은 말이 서 마지기 콩밭을 뜯어먹는다'는 말을 믿고 함부로 달려들어도 괜찮을까. 말은 그럴듯해도 늙은이는 조심해야 한다. '감은 늦감이 더 달고, 바람은 늦바람이 더 세다'는 말에 모두 그러는가 보다, 하고 나서면 어느 귀신이 채어가는 줄도 모른다. '얌전한 사내 늦바람이 무섭다'고 하지만, 얌전할수록 더욱 조심해야 하겠다. '젊잖은 양반도 여자 곁눈질은 더 잘한다'는 소리를 듣지 않도록 제 몸가짐을 단속해야겠다.

자기 스스로를 '물러도 준치, 썩어도 생치'라고 평가절상하는 경우는 더 위험하다. '일흔이 되면 잠자리도 바꾼다'는 말이 그냥 하는 소리가 아니겠다. '일흔부터는 덤으로 산다', '일흔하나부터는 남의 나이이다'는 말들은 평균수명이 짧았을 때 하던 말이기는 하지만, 지금도 여전히 함부로 나설 나이는 아니다.

'사십 전 바람은 잡아도 사십 후 바람은 못 잡는다'고 하는데 왜 사십일까, 하고 되물을 필요도 없다. 당연히 사람마다 다르기 때문이다. "사십이 되면 여자는 미친다"는 말을 항간에서 하기는 한다. 남녀 구별할 것도 없이 열정이 서서히 식어간다고 생각할 때일까. '여름밤 불나방이 불에 덤비듯 한다'고, 사생결단하고 덤빈다는 나이라고 하겠다.

나이가 먹어 몸이 구새먹을 정도가 되면 몸 사랑은 자제할 일이다. 혹시나 하고 욕정이 생기는 홀어미라도, '늙은 서방 얻다가는 송장 두 번 치른다'는 충고를 흘리지 않으면 좋다. '군밤과 젊은 여자는 곁에 있으면 그저 안 둔다'고 하는데, 뒤늦은 나이에 그런 정황이 있더라도 근신하면 좋다. 대신 마음속 깊은 곳에서 흐르고 있는 정과 사랑으로 주위 사람들에게 물줄기를 댈 일이다. 몸 사랑으로 내가 달콤했던 것을, 남이 달콤하도록 정과 사랑을 줘야 하겠다. 단 사과는 맛보려고 따는 것보다 달린 것을 두고 보는 게 좋다.

2. '달걀도 굴러가다가 서는 모가 있다'

달걀이 구르다 서는 게 모난 곳이 있기 때문일까. 아무리 살펴보고 만져봐도 모난 곳은 없을 것이다. 달걀이 구르다 서는 것은 힘이 다해서 그렇다. '메밀도 굴러가다 설 때가 있다'는 말과 의미는 같은데, 메밀은 분명 모가 여러 군데 있다. 어쨌든 외부에서 주는 힘이 없으면 구르다 선다. 달걀이나 메밀을 내세우지만 결국 오입질, 서방질을 빗대어 말하는 것이다. 아무리 오입질 서방질을 하고 다녔어도, 끝이 있다는 뜻으로 쓰는 말이다. 아무리 '오입쟁이치고 낯거리 않는 놈이 없다'는 사내도 끝을 보게 된다. '서방질은 한 번 하나 열 번 하나 욕먹기는 마찬가지라'고 하면서 나댔어도 그치기 마련이다. 사람은 제 내부의 힘이 부족해 짝짓기를 멈춘다.

'젊어 서방질이 늙어 서방질이라'고는 하지만, 바람도 불다 그치는 법이다. 자연사하기 직전까지 짝짓기를 할 수는 없겠다. '하던 지랄도 멍석 펴주고 하라면 못 한다', '하라고 해도 못 하는 놈이 바지부터 벗는다'는 경우가 있었을 것이다. 몸이 정욕을 따라갈 수가 없기 때문이다. '도끼 없이는 장작을 팰 수 없다'고, 제 짝이 부실해도 뭐가 잘 될 리 없다. 피가 식어지면 이래도 저래도 몸 사랑이 가능치 않다.

'남자는 빳빳한 게 연해지고, 연한 게 빳빳해지면 죽는다'고 했다. 거시기가 힘이 없어 축 늘어지고, 뼈마디나 살이 경직되면 저승에 갈 때가 됐다는 뜻이다. 여자도 마찬가지다. '물기 있던 거시기가 마르고, 말랐던 눈에 물기가 생기면 인생은 끝이라'고 했다. '사람이 죽는 마당에 잘난 사람 없다'고 성의 능력도 마찬가지다. 용빼는 재주 없이 세월 앞에 삭기 마련이다.

'약 중에 좋은 약은 세월이라'이라고 하는데, 누구나 세월이 야속하다고 한다. 늙는 것을 즐기는 사람은 거의 없다. 짝짓기만 끝나는 게 아니라, 희로애락이 모두 고갈되고 있다는 것을 느끼게 된다. '늙으면 용마도 삯마만 못하다', '늙으면 이미 산 인생 파먹고 산다', '늙으면 눈물이 헤퍼진다' '늙으면 설움이 많다'는 말들이 남의 말 같지 않게 되겠다. '물 밖에 난 용이요, 산 밖에 난 범이라'는데, 제 무기력한 하소연을 들어줄 사람도 없다. '갓끈 떨어진 신세'가 된 것이다.

'늙으면 정으로 산다'는데, 정이라고 멀쩡한 것은 아니다. 정으로 대하려다가 갑자기 화가 치솟고, 사랑을 주려다 갑자기 미움을 주게 된다. 행동은 느린데, 뭐에 쫓기듯 마음의 갈피를 못 잡는다. '늙은 유세하고 사람 치고, 병 유세하고 개 잡아먹는다'는 말이 과장이라 여기지 않을 정도로 과격해지는 사람도 있다.

'여색은 병을 돌보지 않는다', '여색은 목숨을 치는 도끼라'고 했다. 쾌락은 언제나 반대급부를 요구한다. 뇌가 화학물질을 최적으로 내놓아 심신의 균형을 잡으려 하지만, 무분별한 개개인의 습관이 제 건강을 파먹는 것이다. 살아가며 제 몸에 피가 많은지 적은지, 잘 도는 지 아닌지를 잘 관찰해야 한다. '핏종발이나 있다'는 젊은이들을 따라 하다가는 '어느 바람에 날아갈 줄 모른다'고 할 것이다.

'어느 말은 물 마다하고, 어느 말은 여물 마다할까' 하는데, 이런 말에 혹해서는 안 된다. '개구멍으로 족제비 드나들 듯 한다'고, 많은 여자를 두고 드나드는 늙은이를 상상해보자. 도저히 눈 뜨고 못 봐줄 것이다. '백 개 별이 달 하나만 못 하다'고 했다. 숱한 애인을 두는 것보다는 진짜배기 한 사람에 정을 쏟는 것이 나을 것이다. '계집을 여럿 데리고 사는 사람은 늙어지면 하나도 못 데리고 산다'는 말이 왜 있는가 생각해 볼 일이다.

'새는 날면 깃을 남기고 사람은 가면 인정만 남는다'고 했다. 서 푼어치 정을 여기저기 조금씩 나누려 하지 말고, 한 곳에 멈추고 몽땅 주는 것이 도리겠다. '주러 와도 미운 놈 있고, 받으러 와도 고운 사람 있다'고 하는데, 정과 사랑도 마찬가지다. 받으러 가도 곱다고 여길 사람이 될 일이다. 나이가 들면 여기저기 굴러다니던 달걀도 멈춰 서야 곱게 보이겠다.

3. '색정과 욕심은 죽어야 없어진다'

인생은 짧은데도, 매우 오랫동안 색정에 시달린 것처럼 느껴지는 게 사실이겠다. 자연 시간과 심리적 시간이 딴판으로 여겨지는 것은 당연하다. 세상 모든 것이 바뀌는데, 제 정, 사랑이 안 바뀌겠는가. '사랑도 미움도 세월이 지나면 변한다'는데, 말할 것도 없겠다. 변할 뿐만 아니라 늙은 색정은 완전히 사그라들어 더이상 쓸모가 없게 된다. 정기와 체액이 빠져나가면 마치 모든 게 몰락하는 듯 여겨질 것이다. 사내 거시기는 동산 겸 부동산이라 했는데, 어찌 그런 느낌이 들지 않을 수 있겠는가.

'색이 사람을 홀리는 것이 아니라, 사람이 색에 홀린다'고 했는데, 당연하다. 색 ᆫ에 정체가 있을 것인가. 남녀 구별할 것 없이, 색은 제가 만들어낸 것이다. 제 눈에 색으로 보일 뿐, 색을 만들어 내보인 사람은 없다. "색즉시공 공즉시색色卽示空 空卽示色"에서 색은 유형의 사물을 말하지만, 사람의 얼굴빛이나 성욕을 뜻하기도 한다. 아무리 도화살이 낀 여자가 있다고 해도, 유혹되지 않으면 색은 없는 것이나 한가지다. '색은 원수를 피하듯 하라'고 하지만, 쉬울 리 없다. 왜냐하면 색은 제 마음속에 달고 다니기 때문이다. 그러니 색에 홀린다는 것은 저에게 홀린다는 말이 된다. 대부분 사람이 점잖게 보이려고 해서 그렇지, 한때는 '색에 기갈이 들었다'고 할 수 있는 경험을 가졌으리라. 색에 기갈이 든 것을 자제하지 못하고 버릇이 들면 평생을 시달리게 되는 것이다.

원수처럼 붙어 다니던 색이 늙어짐에 따라 서서히 줄어지고, 끝내 떨어져 나가니 얼마나 가뿐할 것인가. 색을 계속 제 몸에 담아두려고 애쓰는 짓은 제가 생각해도 가련한 일이겠다. 색정이 유별난 사람일지라도 떼어낼 수밖에 없다. '이승의 삶은 한시절이고 저승의 삶은 천만 겁이라'고 했다. 영생을 믿지 않더라도, 지겹게 붙어 다니던 것을 떼어낸다는 것은 홀가분한 일이다. '사람이 죽으려면 옳은 말을 하고 죽는다'고 했는데, 색으로 무장한 영혼이 어찌 옳은 말을 할 수 있겠는가. 여색은 병을 돌아보지 않으니, 오입질에 병든 몸으로 무슨 옳은 말을 할까. '서방질 하는 년 족보 따로 없다'고 했지만, 아무나 하지 않는다. '서방질도 하는 년이 한다'는 것이 당연하다. 서방질하는 방법 외에 무슨 옳은 말을 하겠는가. 오랜 제 습성을 빨리 털어내야 뒤늦게라도 떳떳한 말을 할 수 있겠다.

소나무는 죽으면서 지상에 있던 수액을 내려, 뿌리 부근에 몽땅 저장한다. 그것을 스스로 단단하게 뭉쳐 백봉령이라는 약제가 된다. 인간은 이런 결실이 없다. 한 줌이 될까 말까 하는 흙이 되는 정도겠다. 정, 사랑이 발끝으로 내려 광채 나는 구슬이라도 남는다면 얼마나 좋을까. 생전 열심히 사랑한 사람일수록 더 빛나는 구슬이라면 삶의 흔적이라도 남을 것이다.

이름을 남긴다는 데 허명虛名일 뿐이다.

'죽은 정이 하루에 천 리 달아난다'고 했다. 사랑하는 사람이 죽음에 동반하지 못하니, 어차피 정을 떼고 가야 한다. 그러나 평생 든 정이 죽는다고 한들 쉽사리 떨어져 나가겠는가. 오히려 더 악착스럽게 한평생을 붙어다니기 일쑤다. 만약 살아생전 죽은 이에게 잘못해준 것을 크게 후회할 것이 있다면 더욱 그렇겠다. 앙드레 지드의 소설 《배덕자》의 경우가 그런 이야기를 담고 있다. 폐결핵에 걸려 사경을 헤매는 남편을 지극 정성으로 살려냈는데, 반대로 아내가 앓을 때는 정성 부족으로 죽게 했던 것이다. 더구나 아내가 앓고 있는 동안 몸 파는 여자와 상관을 했다. 그러니 스스로 배덕자라 죄책감을 갖는다.

'정이 질긴 사람은 삼년상을 물려도 못 떠난다'고 했지만 어쩌겠는가. 죽은 사람은 벌써 떠났는데, 살아 있는 사람이 못 잊어 정을 움켜쥐고 있는 것일 뿐이다. 그 정도 세월이 가면서 손아귀에 쥔 모래처럼 점차 빠져나갈 것이다. '가을바람 낙엽 거두어 가듯 한다'고 하듯, 사람이 죽으면 정을 거두어 가는 것은 당연하다. 죽은 정이 그러면 '가을 뱀 굴로 기어들 듯', 살아 있는 정도 서서히 자취를 감추게 된다.

'계집이란 아파서 열닷 냥, 피나서 스무 냥, 죽어서 백 냥'이라고 했다. 여자란 나이가 들수록, 남자가 필요로 할수록 가치가 더해진다는 뜻으로 이르는 말이다. 평생토록 정을 나누고 그 정이 쌓이면 사람값이 올라가는 것이다. 색정에 기갈이 든 몸으로는 도저히 제값을 높이지 못한다. 탁한 정이 맑게 되면서 값어치가 더해지는 것이겠다.

'사랑도 품앗이다', '정도 품앗이라', '인정도 품앗이라'는 말을 한다. 정도 주고받아야 한다는 말이다. '가는 정이 고와야 오는 정도 곱다'는 얘기다. 두 사람 사이 주고받는 사랑의 양量이 똑같을 수는 없는 일이다. '되로 주고 말로 받는다'거나 '말로 주고 되로 받는다'는 수도 있을 것이다. 중요한 건 받고 주려고 하지 말고, 주고서 받을 건 생각하지 말아야 진짜배기 정이 된다는 것이다. '주는 정이 있어야 받는 정도 있다'는 말이 그 말이다.

탁하기만 했던 색욕을 떼어내고 한동안 정신을 맑게 정화하는 시간을 가져야 하겠다. "맑고 향기롭게" 하고 말하는데, 향기는 못 내더라도 맑은 정신을 갖는 것은 가능하겠다. '사람을 보려면 다만 그 후반만 보라'고 했다. 죽음을 맞기 훨씬 전에 색욕을 떨쳐버리고, 맑은 노년을 개척할 일이다.

'일이 사랑이라'

그리움으로 시작한 사랑은 짝짓기로 발전했다. 혼인하고 한동안은 결혼생활에 성실이 의무를 다하려고 노력했겠다. 부부간에 관심이 조금 느슨해지고 밖으로 나돌며 다른 사랑을 구해보기도 했다. 늙어지면 짝짓기에 필요한 연료가 소진되고 욕구마저 사라지기 시작한다. 몸의 활력이 약해진 자리에 정과 사랑을 채운 정신을 새롭게 발동해야 한다.

'세월아 좀 먹어라' 하며 날뛰던 자신감이 '세월은 못 속인다'는 생각으로 바뀌면, 제 과거 행적까지 긴가민가하게 된다. 콩인지 보리인지 분별 못하고 내뛰던 연애감정이 점점 소진해 가며 제정신을 조금 회복하게 된다. '생각을 바꾸면 세상이 달라진다'고, 사랑에서 자유를 얻어 제법 점잖은 언행을 하고 세상사를 안정된 정서로 보게 된다.

그물의 벼리처럼 사랑이 삶의 핵심이라고 모두 생각은 한다. 그물에 맺혀있는 숱한 그물코처럼 곳곳에 사랑의 매듭이 있고, 최후로 모든 그물코를 이끄는 벼리가 있다. 사람의 일생도 크고 작은 수많은 사랑의 흔적을 남기며 전개된다. 그 흔적들을 이끌고 가는 사랑이 있는데, 각자 조금씩 다른 인생이다. 사랑을 떠안고 제 인생을 이끌고 가지만, 나가는 방향은 사람에 따라 정해져 있기도 하고 아예 없기도 하다. 생산적인 인생은 없거나 미약할 뿐이고, 자기 소모적인 경우가 대부분이다. 많은 학자가 현재의 가정을 진단하며, 석유가 고갈되기 전에 대부분 가정은 해체될 것이라고 경고한다. 서로 짝짓기 서비스를 하는 대신에 대가를 받으면서 유지되던 가정은, 피로 사회가 일반화되면서 정열이 소진되고 AI로 인해 많은 직업이 사라질 것이다.

산업사회가 다시 농경사회로 바뀌어 대부분이 농사와 목축업으로 먹고살게 될 것인가? 산업사회 속에서 키운 욕망 때문에 농경채집사회로 회귀하기 쉽지 않으리라. '한번 체했다고 아예 밥 안 먹으랴' 하면서, 죽자사자 산업화 사회를 유지하려고 안간힘을 쓸 것인가? 아무리 사회가 급변하더라도 인간이 가진 것은 몸밖에 없다. '일신이 천금이라'고 하지 않는가. 제 몸으로 다른 사람과 유대를 맺는 방법은 정과 사랑뿐이다. 여전히 벼리는 사랑이겠다. 짝짓기는 본능인지라 사라질 수는 없다.

인생에 대한 의미를 아무리 만들어보려 해도 불가능하다. 한번 살아보고 한번 죽는다는 우주의 공통된 순환원리 이상의 것이 없다. 그저 제 삶을 살아가면서 죄를 짓거나 폐를 끼치지 않는 게 최선의 삶이라 할 수 있겠다. 그러나 욕심 많은 인간이 그게 쉽지 않다. 개인이 남기는 것과 사회가 남기는 것이 사실 쓰레기밖에 없다. '하늘에 머리 두고 사는 인간들치고 죄 안 짓고 사는 놈 없다'는 말을 들으면 공범의식 때문에 좀 위로가 될까.

'호랑이도 넋이 빠지면 고깃덩이에 불과하다'는데, 사람도 다를 바 없다. 주색에 곯아 넋을 놓으면 고깃덩이에 지나지 않는다. 그저 불행은 엇 만나고 행복만 정통으로 만나길 갈구하며 살고 있을 뿐이다. '행복과 불행이 하나의 오솔길로 이어져 있다'는 것을 알고 있으면서도 오솔길이 행복으로만 연결돼 있기를 바랄 뿐이다. 그런 생각도 잠깐, '곯은 대추 삼 년 간다'는 무력감으로 생애의 끝을 견딘다. '죽어도 씨앗은 남기고 죽어라'고 해서 자식을 남겼지만, 그 희망마저 별수 없다고 여긴다.

'질긴 것이 인생이라'고 하며 '질기기는 소 힘줄보다 더하다'는데, 여린 사랑만으로 감당하기는 힘들겠다. 사랑은 질기기도 하지만 때로는 너무 가녀리다. 사랑이 삶의 벼리라고는 하지만 너무 쉽게 변해 잡아 곁에 두기가 정말 힘들다. '인생 백 년이 풀 끝에 이슬이라', '인생 제백사는 줄타기 놀음이라'고 했는데, 남녀관계에서도 당연히 줄타기 놀음으로 버틴다고 하겠다. 사랑도 풀 끝에 이슬처럼 쉽게 굴러떨어지거나 마르기 쉽다.

'사람은 뒤가 깨끗해야 한다'고 했다. 뒤란 모든 언행을 하고 난 후라는 뜻도 있지만, 인생을 거의 다 살고 난 마지막 무대를 의미하기도 한다. '사람을 보려면 다만 그 후반을 보라' 했다. '사람이 죽더라도 다하고 죽는다'고 했는데, 제 할 일을 다 하고 죽는 사람 드물다. 어떤 일을 완성하고 죽는다기보다는 제힘과 능력을 다 쓴다는 뜻일 뿐이다. '사람이 죽을 때면 옳은 말을 하고 죽는다'고 했는데, 사랑하고 사랑받을 말을 해야 하리라.

'오래 살다보면 고손자 거시기 패는 것도 본다', '오래 살다 보면 도랑새우가 거시기 하는 것도 본다'고 했다. 말하자면 볼 것 못 볼 것 다 본다는 말이겠다. '아흔아홉을 살아도 한 살 더 살기 바라는 게 사람 마음이라'고 하는데, 이젠 백 살만 살기 바라겠는가. 장수 욕심이라고 다른 욕심보다 못하겠는가. 그래서 '오래 살면 욕이 많다'고 한 것이다.

누구나 나이 드는 것을 두려워한다. '떨어진 꽃은 나뭇가지에 다시 올라 피지 못한다'는 말이 얼마나 서글프게 들리랴. 그러나 '나이보다 더 좋은 약이 없다'고 했다. 지혜가 트이기 시작하기 때문이다. 일하며 사람과 부딪치고 자연의 이치를 깨치기 때문이겠다. 함께 일하면서 사람들은 정, 사랑을 주고받게 된다. '놀고먹는 것은 개 팔자'라고 하는데, 사람이 놀고 먹어서는 안 된다는 뜻이다. '놀고먹으면 태산도 못 당한다'고 했다. 일해야 사랑도 이루어진다. 오죽하면 '삼대독자 외아들도 일해야 곱다'고 했겠는가.

함께 일하는 제 짝을 보면 어찌 사랑이 솟지 않겠는가. '놀다가 죽은 염소나, 일하다 죽은 누렁소나 죽기는 일반이라'니 놀다 죽겠다고 할 것인가. 판판이 놀다가는 제짝에게 소박맞기 딱 맞다. 일은 꾸준하게, 사랑은 틈틈이 해야 맛난 사랑이 될 것이다.

인생은 짧아 '검은 구름에 백로 지나가듯' 잠깐이어서, 사랑에만 전념한다 해도 보잘것없는 것을 이룰 뿐이다. 사랑이 삶의 전부라고 믿으며 전념했어도, '빈 하늘에 바지랑대'처럼 홀로 남게 되었다. 늙으면 제 주위에 아무도 남지 않는다는 생각을 하게 된다. 가족들이 얼씬거리지만 그림자로 느껴질 뿐이다. '기러기 왜가리 황새 뱁새 다 날아갔다'고 하더니, 늙어 힘 빠진 자신만 덩그러니 남아있을 것이다.

'나쁜 사람도 나이를 먹으면 좋게 된다'고 했는데, 힘이 사라져 객기도 허풍도 빠지니 그렇겠다. '나이가 들면 뼛속에서도 찬바람이 인다'고 하지 않는가. 짝짓기하고 싶은 욕망도 차게 식기 마련이다. '나이가 약이라', '나이가 농간한다'는 말에는 그런 뜻도 포함된 것이다.

'개구리와 남녀 사이는 어느 쪽으로 튈지 모른다'고 했지만, 같은 방향으로 튀려고 많은 노력을 해왔겠다. 사랑이란 정해진 방향을 모른다. 사람의 정만으로는 중심을 잡기 어렵다. 그래서 연인끼리 일을 같이해야 한다. 사랑을 견고하게 만들기 위한 일이다. 젊어서는 머릿속을 늘 자리잡고 있던 사랑이라는 게, 늙어 정열이 식게 되면 자주 자리를 비우기 시작한다. 그 자리에 일에 대한 신념을 채워야 한다. '천금사랑은 없어도 일사랑은 있다'는 말을 잘 깨우쳐야 한다.

사랑이란 게 좁의 의미의 애정 행위에 국한되는 게 아니라는 것을 알게 된다. 열심히 격려하며 최선을 다해 일하는 것도 사랑이다. 이것이 에릭 프롬이 말하는 생산적 사랑인 셈이다. 《조화로운 삶》의 저자인 헬렌은 죽은 남편 스코트에게 보냈다는 마지막 편지에, "우리는 50년 동안 사랑과 동지애 속에서 같이 살아왔습니다. 결혼은 결코 그 사랑의 본질이 아닌 듯합니다. 우리는 관심과 목표와 행동이 일치하는 두 사람으로서 함께 연결되어 있었습니다. 우리는 서로 좋아하면서 또한 함께해온 많은 것들을 좋아했습니다....우리는 어떤 신비한 작용으로 평등하게 되었고, 하나로 우리의 삶을 살았습니다."[107]하고 썼다. 서로 사랑한다는 것이 무엇인지 잘 요약하고 있는 것이다.

이 글로 보면 헬렌이 말하는 사랑은 함께 일하는 것이다. 사랑은 함께 할 일을 서로 확인하는 것이고, 사랑하면서 일을 추진해나가는 것이다. 물론 개인과 사회를 위한 옳은 일을 말한다. '옳은 일을 하면, 죽어도 옳은 귀신 된다'는 말이 아니라도, 공공선이라야 보람이 있고, 더구나 연인끼리 호흡을 맞추는 일이라면 대부분 악한 일이 아닐 것이기 때문이다.

'부모 자시 간에도 일이 사랑이라'고 했다. 제 인생사에 축軸은 일이다. '일이 사랑이라'고 하면 '일이 보배라', '일이 곱지 얼굴이 곱나', '오늘 일 다 하고 죽은 사람 없다'고 했다. 당연히 그렇겠다. 사랑도 마찬가지다. 사랑 다 하고 죽은 사람 없을 것이다.

'개똥밭 쇠똥밭에 살아도 이 세상이 좋다', '개똥밭에 구르며 이슬 받아먹고 살아도 이승이 좋다'고 했다. '거꾸로 매달아도 사는 세상이 좋다'고도 한다. 쓰디쓴 사랑일지라도 살아 있으니 해보았겠다. '가문 날에 빗방울 안 떨어지는 날이 없다'고, 쓰디쓴 사랑 속에도 달디단 사랑이 조금쯤 있었을 것이다.

일흔이 되면 잠자리도 바꾼다고 했지만 대수롭지 않다. 늙어 서로 각방을 쓴다고 부부간 사랑이 끝나는 것은 물론 아니다. 하지만 '계집은 젊어서는 여우가 되고, 늙어서는 호랑이가 된다'고 했다. 호랑이에게 사랑을 받는다는 게 쉽지는 않겠다. '고생 끝에 낙이 온다'고 하지만 늙으면 '고생 끝에 병 난다'는 것이 이치다. 병이 나기 시작하지만, '미련은 먼저 나고, 슬기는 나중 난다'고 했다. 몸이 약하면 지혜로 일해야 한다.

'나는 새 뒤를 흐리지 않는다'고 했다. 사람이 뒤끝이 깨끗해야 한다는 뜻으로 비유하는 말이다. 많은 사람이 젊어서는 뒤끝이 지저분한 일이 적지 않았을 것이다. 늙어 떠날 때가 되면 뒤끝을 깨끗하게 정리하며 살아야 한다. 뒤를 깨끗하게 한다는 뜻에서 죽기 전까지 꾸준히 일해야 할 것이다. 몸이 편치 않은데 어떻게 일하느냐고 말할 수 있다. 제 몸을 정결하게 하고, 건강을 유지하는 것도 일에 포함된다. 남에게 의탁하지 않고 끝까지 자율적으로 사는 것도 일이다. '사람이 죽는 마당에 잘난 사람 없다'는 말이 맞다. 잘나서 잘난 일을 해야 하는 건 아니다. '사람이 고운 게 아니라 일이 곱다'고 하였으니, 부족한 사랑, 쇠약해지는 사랑을 일로 보충해야 하겠다. '제 뼈가 공신이라'고 몸이 건강하다는 뜻으로 쓰는 말인데, 제 뼈가 제 공신이 되도록 애쓸 일이다. 제 뼈를 공신으로 하여 일을 사랑하며 사람을 사랑해야 할 것이다.

'일 다 하고 죽은 귀신 없다', '일 다 하고 죽은 무덤 없다'고 했다. 일 중독에 빠져 피로 사회를 넘어 광기 사회가 되도록 애썼지만, 과연 보람찬 일이었는지 판단하기도 힘들겠다. '죽음에는 노소가 없다', '죽음에는 빈부귀천이 없다'는 걸 모를 리 없다. '죽음에는 편작도 별수 없다', '죽음에는 급살이 제일이라'는 말을 즐겨 하지만, 죽음을 앞두면 더 큰 용기가 필요하다는 것을 깨닫게 되겠다. 믿을 건 '죽을 때 편히 죽는 건 오복의 하나다', '죽음 복이 있어야 후생이 편하다'는 생각일 것이다. 하지만 복도 제가 해놓은 일에 대한 보답으로 온다는 것을 잘 알아야 한다. 특히 제 생애에서 주위 사람들을 얼마나 사랑했느냐 하는 것이 제일 중요한 평가겠다. 사랑할 사람을 진정으로 사랑하면서 보람찬 일을 함께했다면, 그게 행운이고 복 중의 복이라 하겠다.

미주

1 《박인환 전집》(맹문재 엮음, 실천문학사, 2008), 112쪽.
2 H. Nearing, Loving and Leaving the Good Life (이석태 옮김, 《아름다운 삶, 사랑 그리고 마무리》, 보리, 2002), 240쪽.
3 《청마 유치환 시 전집 1》(정음사, 1984), 318쪽.
4 N. Hawthorne, The Scarlet Letter(김욱동 옮김, 《주홍글자》, 민음사, 2007), 165쪽.
5 플라톤·아리스토텔레스 지음, 《향연·파이돈·니코마코스 윤리학》(최명관 옮김, 을유문화사,1999), 27~107쪽.
6 심상태, 〈사랑〉, 우리사상연구소 엮음, 《우리말 철학사전 5》(지식산업사, 2008), 113쪽.
7 Erich Fromm, The Art of Loving (고영범, 이철범 옮김, 《소유냐 삶이냐 / 사랑한다는 것》(동서문화사, 2016), 246쪽.
8 〈햄릿〉, 《셰익스피어 4대비극》(이태주 옮김, 범우사, 1996), 45쪽.
9 H. Fisher, The First Sex (정명진 옮김, 《제1의 성》, 생각의나무, 2000). 19쪽.
10 〈오셀로〉, 《셰익스피어 4대비극》(이태주 옮김, 범우사, 1996), 403쪽.
11 S. Bayley, SXE (안진환 옮김, 해바라기, 2002), 31쪽.
12 H. Fisher, SEX CONTRACT(박매영 옮김, 《성의 계약》, 정신세계사, 1993), 35쪽.
13 K. Millett, Sexual Politics (김전유경 옮김, 《성 정치학》, 이후, 2009), 77쪽.
14 박후기, 〈사랑〉, 《내 귀는 거짓말을 사랑한다》(창비, 2010), 66쪽.
15 김형경, 〈사랑은 그네타기〉, 《시에는 옷걸이가 없다》(사람풍경, 2013), 68쪽.
16 한용운, 〈사랑하는 까닭〉, 《님의 침묵》(범우사, 2002), 98쪽.
17 설혜심 지음, 《서양의 관상학》(한길사, 2002), 290쪽.
18 한용운, 〈나는 잊고자〉, 《님의 침묵》(범우사, 2002), 8쪽.
19 손택수, 〈수묵의 사랑〉, 《떠도는 먼지들이 빛난다》(창비, 2014), 78~79쪽.
20 김용택, 〈그리운 그 사람〉, 《꽃산 가는 길》(창작과비평사, 1998), 8쪽.
21 이승희, 〈사랑은〉, 《저녁을 굶은 달을 본 적이 있다》(창비, 2006), 34~35쪽.
22 박노해, 〈사랑은 끝이 없다네〉, 김용택 외, 《사랑하니까, 괜찮아》(나라원, 2006), 156~158쪽.
23 K. Millett, Sexual Politics (김전유경 옮김, 《성 정치학》, 이후, 2009), 84쪽.
24 S. Bayley, SXE (안진환 옮김, 해바라기, 2002), 127쪽.
25 정희성, 〈한 그리움이 다른 그리움에게〉, 《한 그리움이 다른 그리움에게》(창작과비평사, 1991), 6쪽.

26 《김춘수 시전집》(민음사, 1994), 105쪽.
27 이동순, 〈눈부신 얼굴〉, 《꿈에 오신 그대》 (문학동네, 1995), 43쪽.
28 스탕달, 《적과 흑》(김붕구 옮김, 범우사, 1997), 148쪽.
29 H. Fisher, WHY WE LOVE(정명진 옮김, 《왜 우리는 사랑에 빠지는가》, 생각의 나무, 2005), 300쪽.
30 S. Bayley, SXE (안진환 옮김, 해바라기, 2002), 349쪽.
31 H. Fisher, H. Fisher, SEX CONTRACT(박매영 옮김, 《성의 계약》, 정신세계사, 1993), 15쪽.
32 천양희, 〈가시나무〉, 《너무 많은 입》(창비, 2006), 46쪽.
33 천양희, 〈희망이 완창이다〉, 《너무 많은 입》(창비, 2006), 75쪽.
34 니코스 카잔차키스, 《그리스 인 조르바》(이윤기 옮김, 열린책들, 2000), 59쪽.
35 H. Fisher, SEX CONTRACT(박매영 옮김, 《성의 계약》, 정신세계사, 1993), 8쪽.
36 J. D. Ratcliff, Your Body and how it works《당신의 몸 얼마나 아십니까》(리더스 다이제스트, 1997), 43~49쪽.
37 설혜심 지음, 《서양의 관상학》(한길사, 2002), 324쪽.
38 D. McNeill, The Face (안정희 옮김, 《얼굴》, 사이언스북스, 2003), 49쪽.
39 이성선, 〈깨끗한 영혼〉, 《절정의 노래》(창작과비평사, 1995). 75쪽.
40 R. J. Waller, The Bridges of Madison County (공경희 옮김, 《메디슨 카운티의 다리》, 1996, 시공사), 49쪽.
41 임철규 지음, 《눈의 역사 눈의 미학》(한길사, 2004), 73쪽.
42 D. McNeill, The Face (안정희 옮김, 《얼굴》, 사이언스북스, 2003), 40쪽.
43 D. McNeill, The Face (안정희 옮김, 《얼굴》, 사이언스북스, 2003), 61~62쪽.
44 D. McNeill, The Face (안정희 옮김, 《얼굴》, 사이언스북스, 2003), 78쪽.
45 R. Baker, Sperm Wars (이민아 옮김, 《정자전쟁》, 까치, 1997), 168쪽.
46 M. Harris, OUR KIND (김찬호 옮김, 《작은 인간》, 민음사, 1995), 178쪽.
47 문성해, 〈아랫도리〉, 《자라》(창비, 2005). 76쪽.
48 H. Fisher, SEX CONTRACT(박매영 옮김, 《성의 계약》, 정신세계사, 1993), 274쪽.
49 M. Harris, OUR KIND (김찬호 옮김, 《작은 인간》, 민음사, 1995), 189쪽.
50 시몬 드 보부아르, 《제2의 성, 상》 (조흥식 옮김, 을유문화사, 1997), 32쪽.
51 이인식 지음, 《짝짓기의 심리학》(고즈윈, 2006), 160쪽.
52 S. Bayley, SXE (안진환 옮김, 해바라기, 2002), 349쪽. 349쪽.
53 S. Bayley, SXE (안진환 옮김, 해바라기, 2002), 349쪽.
54 H. Fisher, SEX CONTRACT(박매영 옮김, 《성의 계약》, 정신세계사, 1993), 28쪽.

55 Vern Bullough·Bonnie Bullough, Woman and Prostitution (서석연·박종만 옮김, 《매춘의 역사》, 까치, 1992), 140쪽.
56 오르한 파묵, 《내 이름은 빨강》(이난아 옮김, 민음사, 2004년, 제1권), 329쪽.
57 H. Fisher, WHY WE LOVE(정명진 옮김, 《왜 우리는 사랑에 빠지는가》, 생각의 나무, 2005), 10쪽.
58 똘스또이, 《안나까레니나》(이명헌 옮김, 열린책들, 2020), 11쪽.
59 D. H. Lawrence, Lady Chatterley's Lover (오영진 옮김, 《채털리 부인의 사랑》, 범우사, 2006), 267쪽.
60 김승희, 〈부부의 성〉, 《냄비는 둥둥》(창비, 2007), 96~97쪽.
61 이광수 〈사랑〉, 《이광수 전집 25(시)》(태학사, 2024), 287쪽.
62 이순원, 〈은비령〉, 《현대문학상 수상소설집》(현대문학, 2003), 116쪽.
63 정호승, 〈이별노래〉, 《서울의 예수》(민음사, 1993), 63쪽.
64 신현림, 〈이별한 자가 아는 진실〉, 《세기말 부르스》(창작과비평사, 1996), 24~25쪽.
65 E. Hemingway, A Farewell to Arms (김병철 옮김, 《무기여 잘 있거라》, 범우사, 1999), 288쪽.
66 E. Hemingway, A Farewell to Arms (김병철 옮김, 《무기여 잘 있거라》, 범우사, 1999), 236쪽.
67 F. Phillips, Untying the Knot : a short history of divorce (박범수 옮김, 이혼의 역사, 동문선, 2001), 425~426쪽.
68 조나단 스위프트, 《걸리버 여행기》, 이동진 옮김, 해누리, 2001, 348쪽.
69 밀란 쿤데라, 《참을 수 없는 존재의 가벼움》, (이재룡 옮김, 민음사, 1999), 17쪽.
70 R. Baker, Human Sperm Competition (이민아 옮김, 《정자전쟁》, 까치, 1997), 260쪽.
71 Erich Fromm, The Art of Loving (고영범, 이철범 옮김, 《소유냐 삶이냐 / 사랑한다는 것》(동서문화사, 2016), 204쪽.
72 니코스 카잔차키스, 《그리스 인 조르바》(이윤기 옮김, 열린책들, 2000), 33쪽.
73 니코스 카잔차키스, 《그리스 인 조르바》(이윤기 옮김, 열린책들, 2000), 80쪽.
74 버어튼 판, 《아라비언 나이트 1권》(정봉화 역, 정음문화사, 1983), 25쪽.
75 H. Fisher, WHY WE LOVE(정명진 옮김, 《왜 우리는 사랑에 빠지는가》, 생각의 나무, 2005), 116쪽.
76 신현림, 〈자정의 시계〉, 《세기말 블루스》(창작과 비평사, 1996), 21쪽.
77 M. Harris, OUR KIND (김찬호 옮김, 《작은 인간》, 민음사, 1995), 183쪽.
78 J. Diamond, Guns, Germs, Steel (김진준 옮김, 《총, 균, 쇠》, 문학사상사, 1998), 233쪽.
79 레프 톨스토이, 《안나 카레니나 상권》(이철 옮김, 범우사, 1998). 60쪽.

80 박현욱, 《아내가 결혼했다》(문이당, 2006), 134쪽.
81 니코스 카잔차키스, 《그리스 인 조르바》(이윤기 옮김, 열린책들, 2000), 141쪽.
82 마리오 바르가스 요사, 《천국은 다른 곳에》(김현철 옮김, 새물결, 2010), 255쪽.
83 스탕달, 《적과 흑》(김붕구 옮김, 범우사, 1997), 95쪽.
84 D. H. Lawrence, Lady Chatterley's Lover (오영진 옮김, 《채털리 부인의 사랑》, 범우사, 2006), 336쪽.
85 에두아르트 푹스, 《풍속의 역사 I》(박종만 옮김, 까치, 1988), 15~16쪽.
86 《김춘수 시전집》(민음사, 1994), 105쪽.
87 《이상 전집 2》(권영민 엮음, 태학사, 2013), 78~79쪽.
88 R. Baker, Sperm Wars (이민아 옮김, 《정자전쟁》, 까치, 1997), 30쪽.
89 니코스 카잔차키스, 《그리스 인 조르바》(이윤기 옮김, 열린책들, 2000), 176쪽.
90 〈맥베스〉, 《셰익스피어 4대비극》(이태주 옮김, 범우사, 1996), 183쪽.
91 R. Baker, Human Sperm Competition (이민아 옮김, 《정자전쟁》, 까치, 1997), 123쪽.
92 니코스 카잔차키스, 《그리스 인 조르바》(이윤기 옮김, 열린책들, 2000), 141쪽.
93 화전정평, 《성과 결혼의 민족학》(심우성 역, 동문선, 1994), 303~304쪽.
94 앙드레 지드, 《좁은 문·전원교향곡·배덕자》(동성식 옮김, 민음사, 2015), 449~450쪽.
95 소포클레스, 《오이디푸스 왕》(황문수 옮김, 범우사, 2008), 78~79쪽.
96 조정래 《태백산맥 8권》(해냄, 1997), 278~279쪽.
97 빈 성과학연구소 편, 《성학사전》(강중위 옮김, 강천, 1996), 44~48쪽.
98 에릭 프롬, 《악에 관하여》(이용호 역, 백조출판사, 1974), 144쪽.
99 겐사부로, 〈사육〉(오상원역, 《일본전후문제작품집》, 신구문화사, 1060), 145~146쪽.
100 《미당 시전집 1》(민음사, 1995), 388쪽.
101 에리히 레마르크, 《서부전선 이상없다》(박환덕 옮김, 범우사, 1999), 115쪽.
102 H. P. Duerr, Der Erotishe Leib (박계수 옮김, 《에로틱한 가슴》, 히스토리아, 한길사, 2006), 451쪽.
103 한스 페터 뒤르, 《음란과 포격》(최상안 옮김, 한길사, 2003), 532쪽.
104 김용택, 〈첫사랑〉, 《그래서 당신》(문학동네, 2013), 66쪽.
105 소포클레스,〈트라키스 여인들〉, 《소포클레스 비극 전집》(천병희 옮김, 숲, 2008), 319쪽.
106 〈햄릿〉, 《셰익스피어 4대비극》(이태주 옮김, 범우사, 1996), 93쪽.
107 H. Nearing, Loving and Leaving the Good Life (이석태 옮김, 《아름다운 삶, 사랑 그리고 마무리》, 보리, 2002), 239쪽.